Anton van Dyck

PALAZZO REALE

Anton van Dyck
Riflessi italiani

A cura di
Maria Grazia Bernardini

SKIRA

In copertina
Elena Grimaldi Cattaneo
(particolare)
Washington, National Gallery of Art

Art director
Marcello Francone

Progetto grafico
Stefano Tosi

Redazione
Sergio Cima

Impaginazione
Monica Temporiti

Ricerca iconografica
Alessandra Montini

Traduzione
Language Consulting, Milano
Lidy Peters

Finito di stampare nel mese
di febbraio 2004
a cura di Skira, Ginevra-Milano
Printed in Italy

www.skira.net

Crediti Fotografici
Agenzia fotografica Luisa Ricciarini, Milano
Alte Pinakothek, München
Archivio fotografico Soprintendenza per il Patrimonio Storico Artistico e Demoetnoantropologico di Milano
Archivio fotografico Soprintendenza per il Patrimonio Storico Artistico e Demoetnoantropologico di Parma e Piacenza
Archivio fotografico Soprintendenza per il Patrimonio Storico Artistico e Demoetnoantropologico di Torino
Archivio fotografico Soprintendenza Speciale per il Polo Museale Fiorentino, Firenze
Archivio fotografico Soprintendenza Speciale per il Polo Museale Romano, Roma
Archivio fotografico, Museo Civico d'Arte e Storia, Vicenza
Artothek, Weilheim
Bildarchiv Preußischer Kulturbesitz, Berlin
The British Museum, London
Civico Archivio fotografico/Civica Galleria di Palazzo Bianco, Genova
Civico Archivio fotografico/Civica Galleria di Palazzo Rosso, Genova
The Cleveland Museum of Art, Cleveland
Collezione Banca Carige, Genova
Council of the Onze-Lieve-Vrouverkerk, Dendermonde
Courtesy of the National Gallery of Ireland, Dublin
Istituto Nazionale per la Grafica, Roma
Foto Archivio Scala, Firenze 2004
Germina Campus Spa, Roma
Koninklijk Museum voor Schone Kunsten, Antwerpen
Kunsthistorisches Museum, Wien
The Metropolitan Museum of Art, New York
Musée des Beaux-Arts, Strasbourg
Musées Royaux des Beaux Arts de Belgique, Bruxelles
Museo Nacional del Prado, Madrid
National Gallery, London
National Gallery of Art, Washington
The National Trust Photo Library, London
Publifoto, Palermo
Trustees of Dulwich Picture Gallery, London

Anton van Dyck
Riflessi italiani

Milano, Palazzo Reale
19 febbraio 2004 – 20 giugno 2004

Sotto l'Alto Patronato
del Presidente della
Repubblica Italiana

Mostra ideata e curata da
Maria Grazia Bernardini

Comitato scientifico
Claudio Strinati
Vincenzo Abbate
Luciano Arcangeli
Maria Grazia Bernardini
Piero Boccardo
Carlenrica Spantigati
Katlijne Van der Stighelen

Direzione mostra
Domenico Piraina

Coordinamento organizzativo
Giulia Sonnante

Progetto allestimento
Luca Ronconi
Margherita Palli

Progetto esecutivo e direzione lavori
Margherita Palli
Guia Buzzi

Progetto di illuminazione
Gigi Saccomandi

Revisione conservativa delle opere
Immacolata Afan De Rivera Costaguti
Giorgio Albanese

**Ministero per i Beni
e le Attività Culturali**

*Direttore Generale
per il Patrimonio Storico Artistico
e Demoetnoantropologico*
Mario Serio

Dirigente Servizio IV
Maria Grazia Benini

**Soprintendenza Speciale
per il Polo Museale Romano**

Soprintendente
Claudio Strinati

Direttore Amministrativo
Carmela Lantieri

Segreteria scientifica della mostra
Morena Costantini

Archivio e Laboratorio Fotografico
Direttore
Anna Lo Bianco
Laboratorio Fotografico
Giovanni Cortellessa
Massimo Taruffi
Mauro Trolese
Gianfranco Zecca
Archivio Fotografico
Maria Castellino
Lia Di Giacomo
Giorgio Guarnieri
Angelo Sinibaldi

Biblioteca
Direttore
Angela Negro

Maria Teresa Gallo
Daniele Iori
Paola Ranieri

Ufficio Stampa
Antonella Stancati

Milano
Comune di Milano

Sindaco
Gabriele Albertini

Cultura e Musei

Assessore
Salvatore Carrubba

*Responsabile scientifico
per l'attività espositiva
di Palazzo Reale*
Flavio Caroli

Direttore Centrale
Alessandra Mottola Molfino

Direttore del Settore
Rossana Ferro

Ufficio Stampa
Maria Grazia Vernuccio

La mostra è stata realizzata grazie a:

CREDIT SUISSE

FASTWEB

Con la collaborazione di

CORRIERE DELLA SERA

Sponsor tecnici

THE WESTIN PALACE MILAN

TRENITALIA

ATM AZIENDA TRASPORTI MILANESI S.p.A.

ARTERÌA

PALAZZO REALE

Dirigente
Sandrino Schiffini

Responsabile Servizio Mostre
Domenico Piraina

Segreteria organizzativa
Giuliana Allievi
Cristina Andena
Antonella Cantatore
Patrizia Evangelista
Mariella Gemelli
Patrizia Lombardo
Giulia Sonnante

Assistenza tecnica
Andrea La Boccetta
Luciano Madeo
Saverio Russo

Custodia
Corpo di Guardia
di Palazzo Reale

Mondomostre

Organizzazione generale
Emilia Ceribelli
Cristina Lenti
Valerio Pozzi
Tomaso Radaelli
Simone Todorow

Ufficio Stampa
Sveva Fede

Progetto grafico della mostra
Studio FM, Milano

Visite guidate
Ad Artem

Audioguide
Antenna Audio

Trasporti
Arterìa

Assicurazioni
Lloyds

Allestimento
Morini & Mancinelli

Impianti illuminotecnica
Volume

Prevendita e biglietteria
PBS

Catalogo

A cura di
Maria Grazia Bernardini

Testi
Vincenzo Abbate
Luciano Arcangeli
Maria Grazia Bernardini
Piero Boccardo
Carlenrica Spantigati
Katlijne Van der Stighelen
Claudio Strinati

Schede
Maria Grazia Bernardini
Luciano Arcangeli (cat. nn. 5, 29, 30, 32)

Redazione
Roberta Rinaldi

Albo dei Prestatori

Anversa, Koninklijk Museum voor Schone Kunsten
Berlino, Staatliche Museen zu Berlin, Gemäldegalerie
Bruxelles, Musées Royaux des Beaux Arts de Belgique
Cleveland, The Cleveland Museum of Art
Dendermonde, Onze-Lieve-Vrouwekerk
Dublino, National Gallery of Ireland
Firenze, Galleria Palatina di Palazzo Pitti
Genova, Collezione d'arte della Banca Carige
Genova, Galleria di Palazzo Bianco
Genova, Galleria di Palazzo Rosso
Londra, Dulwich Picture Gallery
Londra, The National Gallery
Madrid, Museo Nacional del Prado
Milano, Soprintendenza per i Beni Architettonici e il Paesaggio
Milano, Pinacoteca di Brera
Monaco, Bayerische Staatsgemäldesammlungen, Alte Pinakothek
New York, The Metropolitan Museum of Art
Parma, Galleria Nazionale
Roma, Collezione Germina Campus S.p.A.- Coldiretti
Roma, Galleria Nazionale d'Arte Antica di Palazzo Corsini
Roma, Soprintendenza Speciale per il Polo Museale Romano, Museo di Palazzo Venezia
Roma, Pinacoteca Capitolina
San Michele di Pagana (Rapallo), chiesa di San Michele
Strasburgo, Musée des Beaux-Arts
Torino, Galleria Sabauda
Vicenza, Museo Civico, Pinacoteca di Palazzo Chiericati
Vienna, Kunsthistorisches Museum
Washington, National Gallery of Art

Ringraziamenti

Un ringraziamento speciale a Giuseppe Lamastra che ha sostenuto l'iniziativa con fiducia e impegno.

La mostra è stata resa possibile grazie alla disponibilità e collaborazione di:
Sivigliano Alloisi, Paola Astrua, Maria Elisa Avagnina, Dean Paul de Baere, Paolo Bedoni, Sergio Benedetti Giovanni Berneschi, Holm Bevers, Piero Boccardo, Don Gianlorenzo Borzini, Helena Bussers, Clario Di Fabio, Wolf Dieter Dube, Earl A. Powell III, Maria Teresa Fiorio, Lucia Fornari Schianchi, Fabrice Hergott, Paul Huvenne, Mons. Francesco Isetti, Dominique Jacquot, Jan Kelch, Kathreen Lee Reid, Philippe de Montebello. Germano Mulazzani, Serena Padovani, Antonio Paolucci, Wolfgang Prohaska, Konrad Renger, Arthur K. Wheelock, Wilfrid Seipel, Desmond Shawe Taylor, Karl Shütz, Carlenrica Spantigati, Charles Sumarez Smith, Maria Elisa Tittoni, Miguel Zugaza

Un ringraziamento particolare al Comando Carabinieri Tutela Patrimonio Culturale per l'impegno profuso quotidianamente anche in questa occasione.

Si ringraziano, inoltre
Angela Acordon, Maria Albani, Roberta Anelli Monti, Luisa Arrigoni, Gioacchino Barbera, Francesca Benini Guicciardini, Gaia Bianchi di Lavagna, Giuseppina Biolcati, Niccolò Bitossi, Bernabò Bocca, Gianni Bonazzi, Assia Bordonaro, Giovanna Borletti, Stefano Bornigia, Anna Maria Brignardello, Klive Britton, Roberto Bucci, Stefano Bucci, Michael Bury, Giuliana Calandra, Tullia Carratù, Emanuela Cattaneo, Arabella Cifani, Roberto Contini, Keith Christiansen, Adalberto Cremonesi, Giulia Maria Crespi, Carmela Crisafulli, Francesco de Ferrari, Elisabetta de Ferrari, Lucilla de Luca, Gaddo della Gherardesca, Mario di Bartolomeo, Elena di Giovanni, Sybille Ebert Schifferer, Gea Fatta dal Bosco, Emilio Fede, Caterina Filocamo, Gabriele Finaldi, Stanislao Fiorillo, Carlo Fornaro, Giuliana Forti, Flavia Fossa Margutti, Marco Fossi, Maria Fossi, Caterina Ginzburg, Giuliano Giovannini, Monica Giuliani, Silvana Grosso, Sergio Guarino, David Jaffé, Julian Kliemann, Fabrizio Lanza Tomasi di Lampedusa, Marta L'Erede, Walter Liedtke, Stefano Lucchini, Massimo Maggio, Francesca Mareschi, Paolo Mazzanti, Nicoletta Mazzei Balduino, Neil Mc Gregor, Giovanni Mendola, Gaetano Micciché, Adriano Milia, Emilio Molinari, Martina Mondadori, Franco Monetti, Paolo Moretti, Fabrizio Mosca, Laura Nicotra, Carolina Ognissanti, Annamaria Padula, Salvatore Pagano, Filippo Pagliani, Livia Pandolfini, Milena Pasqualino, Lorenzo Pelagallo, Massimiliano Perri, Simona Piergiovanni, Carlo Pirovano, Antonella Planeta Cataliotti, Leonella Poles, Antonella Purpura, Paolo Radaelli, Stefano Randazzo, Daniela Rivetti, Veronica Rodi, Claudia Ruffo di Calabria, Franca Russo, Elisabetta Santori, Franco Sapio, Mario Serio, Emanuela Settimi, Katy Spurrell, Flavia Terribile, Bernardo Tortorici di Raffadali, Bert Treffers, Umberto Trocino, Alejandro Vergara, Francesco Viero, Paola Zanussi, Antonella Zivillica

La mostra "Anton van Dyck. Riflessi italiani", allestita presso la Sala delle Cariatidi del Palazzo Reale di Milano, corona una operazione svolta dalla Soprintendenza al Polo Museale Romano e dal Comando Carabinieri Tutela Patrimonio Culturale, che ha permesso l'acquisizione allo Stato del Compianto di Cristo *di Anton van Dyck.*
Due organi del Ministero testimoniano l'eccellenza raggiunta in Italia dagli specialisti del restauro e da coloro che perseguono i reati contro il patrimonio storico-artistico.
L'esposizione, straordinaria per la qualità dei dipinti, offre al pubblico la possibilità di riscoprire un grande capolavoro e analizzare un aspetto particolare della produzione artistica del pittore fiammingo: il suo rapporto con la cultura italiana.
L'Italia e i Paesi Bassi sono stati legati per secoli da intensi scambi commerciali e culturali, ma l'ammirazione reciproca si intensificò proprio nel primo Seicento. Basti pensare al grande maestro fiammingo Pieter Paul Rubens, che visse otto anni in Italia, soggiornando a Roma, a Mantova e a Genova. Rubens amava l'Italia: tornato ad Anversa pubblicò una serie di incisioni dedicate ai palazzi di Genova.
Un esempio inverso è quello del cardinale Guido Bentivoglio, nunzio apostolico nelle Fiandre, innamorato talmente di quel paese da scriverne la storia in una monografia monumentale di ventiquattro volumi.
I rapporti culturali, economici e politici tra paesi europei sono oggi un tema di grande attualità, e forse la mostra di Van Dyck ci aiuta a capire da quanto lontano partano i nostri legami e quanto siano solide le fondamenta su cui stiamo costruendo la nuova realtà europea.
Un dato acquisito: l'Europa è una realtà politica unita da una moneta unica e da solide Istituzioni. È però guardando all'epoca di Van Dyck che possiamo comprendere quanto profondi siano soprattutto i legami culturali e quanto il linguaggio dell'arte abbia contribuito all'identità culturale europea.

Giuliano Urbani
Ministro per i Beni e le Attività Culturali

Van Dyck e l'Italia: ci si potrebbe domandare perché Milano dedichi una mostra al grande artista fiammingo, dopo la grande esposizione tenutasi a Genova solo pochi anni fa, nel 1997. La mostra genovese si era soffermata sul soggiorno di Van Dyck nella città ligure e sull'analisi dei suoi rapporti con i committenti e con gli artisti del luogo. Qui, invece, partendo dal ritrovamento di un suo dipinto fortemente intriso di arte italiana, lo studio si estende all'impatto della cultura figurativa del nostro Paese sull'arte del maestro fiammingo.
Si passa dal particolare al generale, a una visione d'insieme che considera non solo i ritratti, ma tutta la produzione di Van Dyck, prendendo in esame, accanto alle opere eseguite in Italia, anche quelle dipinte nelle Fiandre ma legate alla nostra cultura artistica.
È noto come l'Italia abbia costituito per secoli una tappa obbligata nel percorso formativo di generazioni di artisti stranieri. Van Dyck non sfugge a questa tradizione. Ad affascinarlo fu anzitutto Tiziano, per il quale manifestò un vero e proprio culto, e poi Correggio, Federico Barocci, Annibale Carracci, Guido Reni.
Dotato di eleganza innata, di una sensibilità acuta, di uno straordinario senso del colore, Van Dyck ricercava tra le nostre testimonianze quelle che maggiormente esaltavano le sue qualità di pittore – la grazia e la raffinatezza, i delicati impasti – e che riflettevano gli esiti di una ricerca interiore – l'espressione degli affetti, la profonda religiosità.
La mostra illustra con capolavori di eccezionale livello la sintesi personalissima di arte fiamminga e italiana rivissute dall'artista con sensibilità ormai barocca.
Con questo evento culturale Milano offre un apporto significativo alla diffusione e conoscenza dell'arte figurativa italiana ed europea, coniugando l'aspetto dello studio scientifico con la volontà di appassionare anche il grande pubblico.

Gabriele Albertini
Sindaco di Milano

La mostra che Palazzo Reale dedica ad Anton van Dyck può considerarsi veramente eccezionale per almeno tre ragioni.
La prima ragione è lui, Van Dyck, erede di Rubens e grandissimo interprete della civiltà fiamminga al suo fulgore, di cui la mostra presenta circa quaranta capolavori, alcuni dei quali esposti per la prima volta in Italia, altri mai mostrati al pubblico. Fulcro dell'esposizione il meraviglioso Compianto di Cristo, *da poco entrato a far parte del patrimonio artistico nazionale, che riassume efficacemente i tratti più caratteristici dell'influenza che l'arte italiana ha esercitato sul grande pittore di Anversa. Tutte le opere qui esposte, secondo il progetto scientifico di Maria Grazia Bernardini, permettono di ricostruire questo influsso, decisivo sull'arte del fiammingo e frutto della sua lunga permanenza in Italia; fu anche per suo tramite che l'arte italiana avrebbe esercitato un fascino duraturo su quella dei Paesi Bassi e sull'intera civiltà barocca. La mostra permetterà anche di cogliere l'importanza del dipinto di Van Dyck recentemente rimesso in luce proprio a Palazzo Reale e inserito ora nel percorso permanente del Museo della Reggia.*
Il secondo motivo di interesse sta nella collaborazione tra il Nucleo Tutela del Patrimonio Artistico dell'Arma dei Carabinieri e la Soprintendenza Speciale per il Polo Museale Romano, che ha reso possibile la mostra, fortemente voluta a Milano, nella sala delle Cariatidi. All'Arma dei Carabinieri, in particolare, dobbiamo il recupero del Compianto di Cristo. *Questa mostra è dunque anche l'occasione per esprimere agli uomini dell'Arma l'affetto, la vicinanza e la costante riconoscenza della città e delle sue istituzioni per il quotidiano impegno che essi profondono nella difesa dell'ordine pubblico, nella tutela del comune patrimonio artistico e nel consolidamento delle condizioni di convivenza in tante parti del mondo.*
Un impegno sempre esercitato con efficienza e serenità anche a costo di prezzi altissimi, come quello pagato a Nassirya.
La terza ragione di speciale interesse si chiama Luca Ronconi: il grande regista, infatti, affronta qui per la prima volta il tema di un allestimento espositivo. Il suo esordio a Palazzo Reale è un'ulteriore conferma del suo legame con Milano, consolidatosi in questi anni attraverso il ruolo di direttore artistico del Piccolo Teatro e le collaborazioni con la Scala. Il risultato qui sottoposto all'attenzione dei visitatori apre, ne siamo sicuri, nuove prospettive all'arte del grande regista.
Con questa mostra Palazzo Reale conferma il suo ruolo centrale nella cultura del nostro Paese: l'impegno di istituzioni tanto importanti per allestire, proprio a Milano, questo eccezionale appuntamento, di rilevanza internazionale, rappresenta per tutta la città un riconoscimento di cui siamo fieri e che ci deve spingere a fare sempre meglio.

Salvatore Carrubba
Assessore alla Cultura e Musei
Comune di Milano

Il Compianto di Cristo *è rimasto nascosto per molti anni all'ammirazione del grande pubblico e al giudizio degli storici dell'arte da una serie di vicissitudini risolte di recente per iniziativa della Soprintendenza per il Patrimonio storico artistico e demoetnoantropologico di Roma che il Comando Carabinieri Tutela Patrimonio Culturale ha supportato con intuizione giuridica e capacità operativa.*
L'opera, di proprietà privata ed esportata clandestinamente nella seconda metà del secolo scorso, è rientrata in Italia nell'estate del 1997, in regime di "temporanea importazione" dalla Svizzera, per essere restaurata presso la Galleria Nazionale di Arte Antica, dove la rilevanza storico-artistica del dipinto e la provenienza italiana (documentata fin dal XVII secolo) hanno motivato il Comando a effettuare una serie di attività, accertamenti e rogatorie internazionali fino al blocco dell'esportazione e al sequestro del dipinto stesso. Un intervento sollecito che ha consentito di sottrarre quest'opera a una ulteriore illecita fuoriuscita dall'Italia per una successiva compravendita in territorio elvetico, assicurandone una futura pubblica fruibilità.
Un motivo di orgoglio in più per tutto il personale appartenente al Comando carabinieri Tpc che, costituito nel lontano 1969, è stato il primo organismo operativo/investigativo in Italia, in Europa e nel mondo, preposto in via permanente, esclusiva e continuativa alla tutela e salvaguardia del patrimonio culturale e che, collocato nell'ambito del Ministero per i beni e le attività culturali, opera alle dipendenze e secondo le direttive del Ministro.
Compiti come la prevenzione dei reati specifici, l'attività repressiva di polizia giudiziaria, il recupero di beni e di oggetti d'arte vengono svolti attraverso la struttura di Comando di Roma con il Reparto operativo e con gli undici Nuclei distribuiti sul territorio nazionale, in collaborazione con gli altri reparti dell'Arma e con le altre forze di polizia.
Il Comando si avvale inoltre di un rilevante, fondamentale e spesso determinante strumento, la banca dati, dove giornalmente vengono inserite le informazioni sui beni sottratti in Italia e talvolta anche all'estero, secondo le segnalazioni pervenute dall'Interpol.
Da qualche anno, un considerevole numero di opere da ricercare presenti nel data-base (oltre 7600) è consultabile in tempo reale attraverso le pagine web del sito internet dell'Arma dei carabinieri www.carabinieri.it e dalle stesse pagine, i proprietari di oggetti d'arte possono "scaricare" un semplice modulo elaborato secondo gli standard internazionali da compilare con la descrizione dell'opera: un accorgimento di fondamentale importanza in caso di furto, poiché consente di identificare con precisione l'opera scomparsa, aumentando così le possibilità di un suo ritrovamento.
Rinvenimenti e recuperi di opere preziose di cui non sempre è possibile o facile il semplice racconto o la spettacolarizzazione mediatica: e se a volte il valore di un'opera può rivelarsi nelle forme di un capolavoro, per noi rimane l'utilità di un servizio pubblico di cui speriamo siano tutti, cittadini italiani e non, ad averne vantaggio e a tenerne memoria.

Generale Ugo Zottin
Comandante Carabinieri
Tutela Patrimonio Culturale

Ecco una mostra costruita intorno a un quadro, il Compianto di Cristo *di Anton van Dyck, opera benemeritamente assicurata allo Stato Italiano dal Nucleo Tutele del Patrimonio Artistico dell'Arma dei Carabibnieri.*
Intorno a questo capolavoro, databile circa al 1630, si raccoglie, nell'allestimento di Luca Ronconi, una fulminea documentazione sul lavoro dell'artista fiammingo che fu allievo di Rubens, ma trascorse sei anni fondanti della sua vita in Italia, fra il 1621 e il 1627: a Genova, a Palermo (dove incontrò la vecchissima Sofonisba Anguissola, di cui capì la grandezza), a Venezia (dove fu folgorato dall'immensità di Tiziano), a Torino e a Roma, dove sentì i primi palpiti della pittura barocca.
Ecco una mostra esemplare di quel programma di Palazzo Reale che abbiamo convenuto di intitolare Milano-Mondo. *Le radici della cultura italiana nutrono l'arte internazionale con una fertilità che non si finirà mai di documentare in tutta la sua ampiezza.*

Flavio Caroli
Responsabile scientifico per l'attività espositiva di Palazzo Reale

Contribuire a diffondere la bellezza, tenere viva nel mondo di oggi l'attenzione verso la nostra storia, la storia europea, nella quale l'arte ha svolto un ruolo così importante: in Credit Suisse abbiamo sempre ritenuto giusto impegnarci per queste idee.
La partecipazione ai grandi appuntamenti con l'arte è diventata per noi un'attività tradizionale, che anche nell'anno appena concluso si è tradotta in alcune importanti esposizioni in tutto il mondo.
Ricordare uno dei massimi protagonisti dell'arte fiamminga del primo Seicento, Anton van Dyck, è un'iniziativa che abbiamo sostenuto con entusiasmo per le qualità assolute dell'artista, per la sua originalità, per il fatto di rappresentare un punto di riferimento nella storia dell'arte.
Le trentaquattro opere esposte nella Sala delle Cariatidi dimostrano l'ineguagliabile capacità di rappresentare il suo mondo, invitano a entrare nel segno inconfondibile della sua pittura, ad ammirarne l'originalità dello stile, le asimmetrie, le pose elaborate, i suggerimenti di movimenti. Con i suoi soggetti vivi e imponenti, Van Dyck ha inaugurato uno stile di ritrattistica formale, che ancora oggi è emulata.
Ci piace contribuire alla riscoperta di questo patrimonio, l'idea di poter regalare emozioni attraverso la visione di queste opere.
Ci piace anche pensare che, in fondo, esiste un legame tra il nostro lavoro di tutti i giorni e l'arte di Anton van Dyck: l'attenzione per i dettagli, quello che fa la differenza e spesso determina il giudizio dei clienti su un servizio come quello finanziario.

Tino Rampazzi
Amministratore Delegato Credit Suisse

Sostenendo l'evento "Anton van Dyck. Riflessi italiani", FastWeb, società del Gruppo e.Biscom, ha voluto partecipare ad una mostra che per molti motivi si presenta come unica nel suo genere. Unica perché costruita su un'importante acquisizione al patrimonio pubblico fatta dai Carabinieri del Nucleo di Tutela del Patrimonio Culturale, unica perché ricrea la magia e l'emozione del lavoro di Anton van Dyck, affascinato dalla nostra arte, unica perché per la prima volta i curatori hanno affidato ad un maestro quale Luca Ronconi il progetto di allestimento.
Questa combinazione di eccellenza culturale e unicità distingue gli eventi ai quali FastWeb fornisce il proprio contributo. Siamo convinti che le attività culturali possano migliorare molto la propria attrattività nei confronti del grande pubblico, se riusciranno a utilizzare meglio gli strumenti della tecnologia e i metodi organizzativi e promozionali propri delle attività imprenditoriali. E parallelamente, un'azienda di comunicazione come FastWeb può trovare nel mondo della cultura e dell'arte occasioni di valorizzazione della propria immagine.
Cultura e tecnologia: un binomio che può offrire al nostro Paese grandi opportunità di sviluppo civile ed economico. Nell'era dell'economia dell'informazione, nella quale la qualità dei servizi dipenderà dalla qualità e ricchezza dei contenuti, gli immensi "giacimenti culturali" italiani sono una straordinaria risorsa sulla quale costruire spirito di nuova cittadinanza - intesa come partecipazione consapevole a un comune grande passato - e occasioni d'impresa, per diffondere la partecipazione ai valori culturali.
La mostra a Palazzo Reale si colloca a pieno titolo in questo percorso. Per questo FastWeb è onorata di aver partecipato alla sua realizzazione.

Silvio Scaglia
Presidente di e.Biscom

Sommario

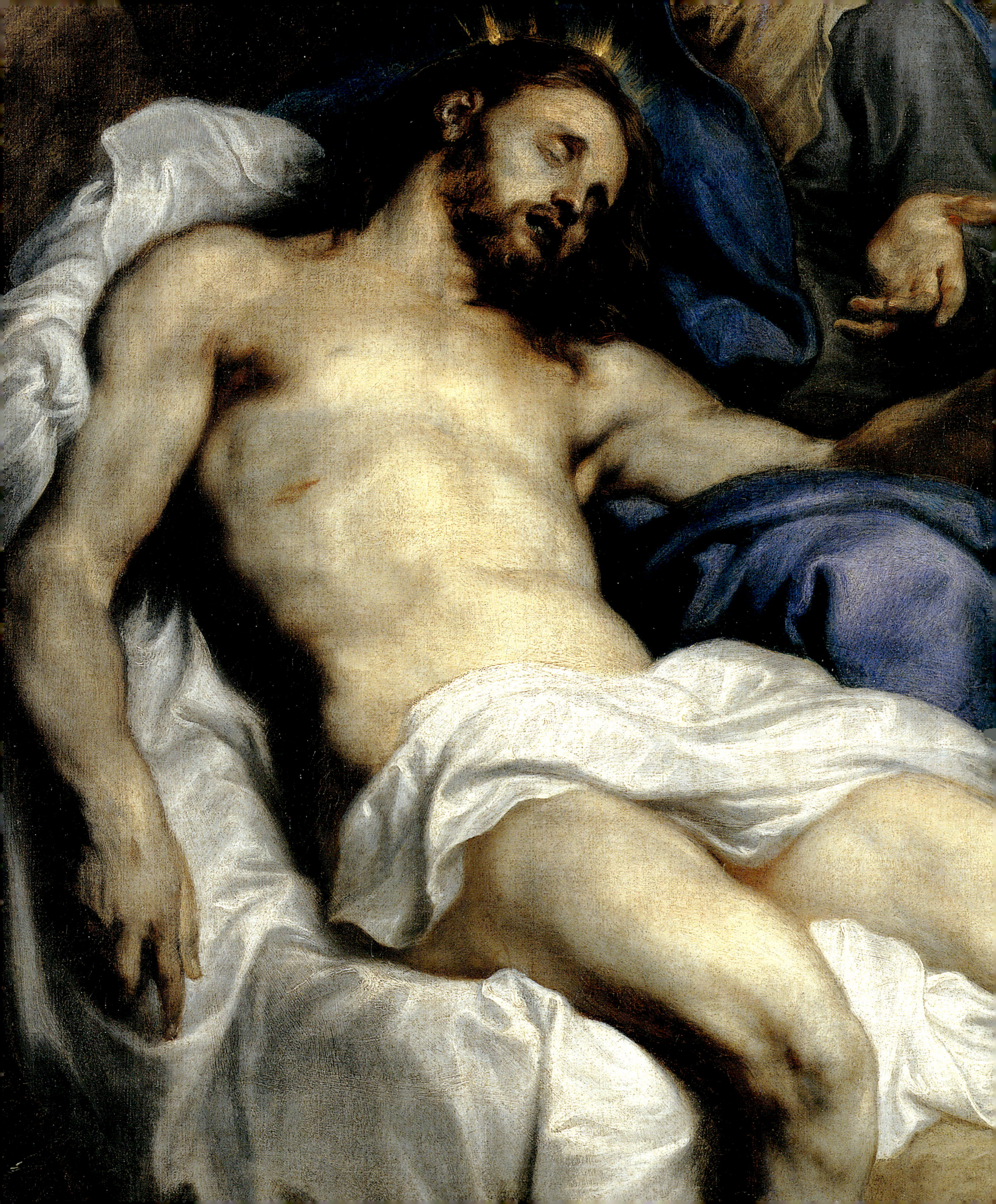

Il compianto di Cristo e l'arte sacra in Van Dyck

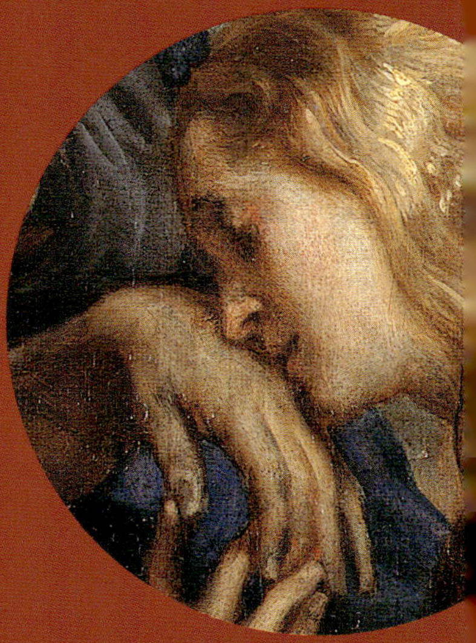

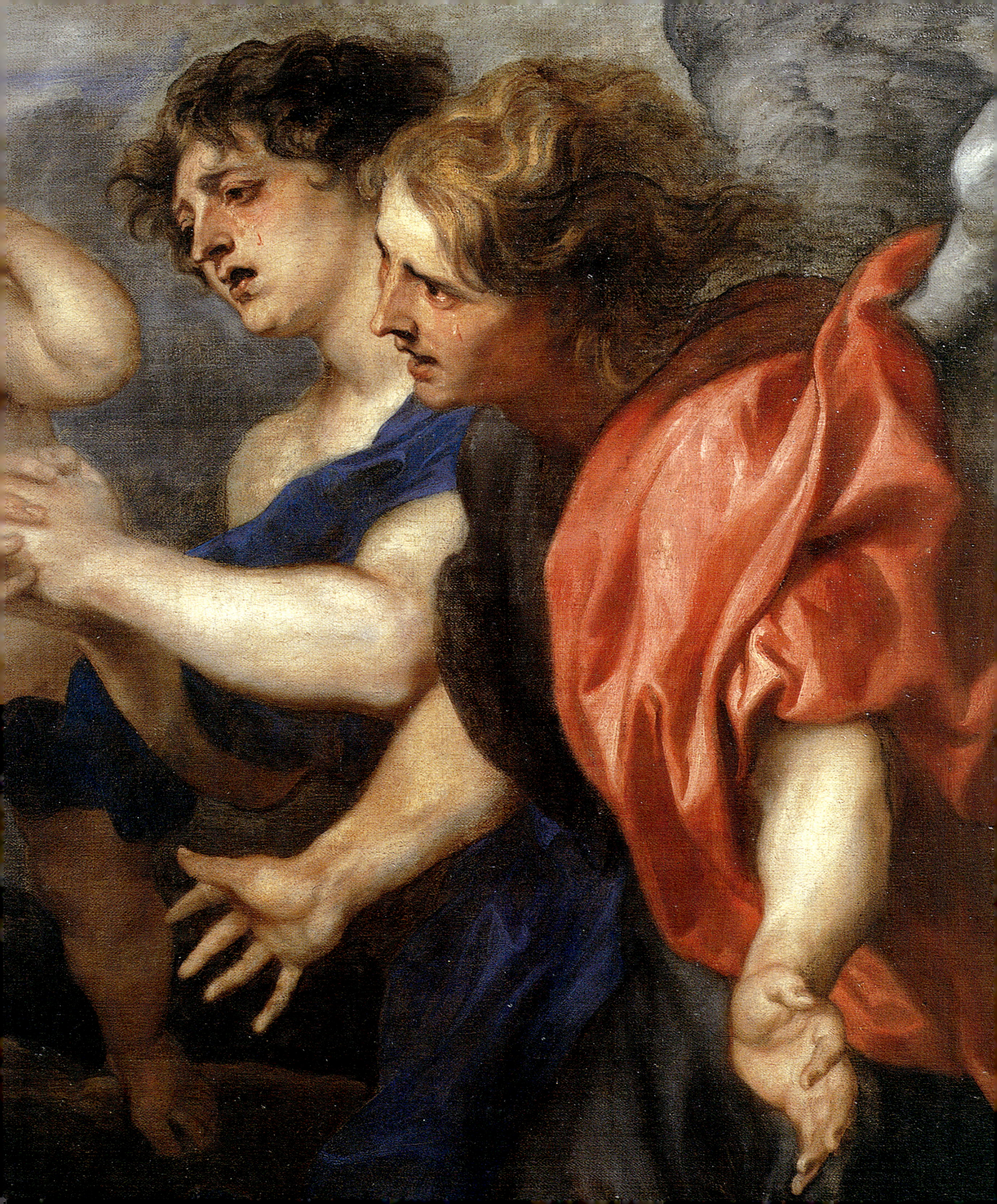

1 Il Compianto di Cristo: l'arte della commozione

Anton van Dyck, *Compianto di Cristo* (particolare), Roma, in deposito presso il Museo di Palazzo Venezia (cat. n. 26)

Il *Compianto di Cristo* (cat. n. 26) di provenienza palermitana e ora in deposito presso il Museo di Palazzo Venezia di Roma ha una storia recente ma complessa: in regime di "temporanea importazione"[1], nel 1997 venne presentato alla Soprintendenza per i beni storici e artistici di Roma[2], per una verifica dello stato di conservazione. Il laboratorio di Restauro della Soprintendenza ha preso in esame l'opera e ha effettuato le indagini ai raggi ultravioletti e agli infrarossi che hanno rivelato uno stato di conservazione molto buono, con limitate cadute di colore e alcune abrasioni soprattutto nei colori scuri (fig.1). Nello stesso tempo il proprietario avanzava una proposta di vendita allo Stato.

Era così riapparsa un'opera che dal lontano 1947 era svanita nell'anonimato di una collezione privata romana. Era stata pubblicata per la prima volta dall'Hoogewerff[3] che aveva avuto occasione di vederla nel 1947 a Roma, lì trasportata da Palermo. Infatti il proprietario, il duca Airoldi di Cruillas, durante la guerra aveva nascosto il dipinto sotto il proprio letto, smontandolo dal telaio. Pur salvata dalla distruzione, in quella situazione l'opera si era rovinata, si erano formati attacchi fungini sul retro della tela, e il proprietario decise di trasportarla a Roma per sottoporla a restauro. Evidentemente lì rimase, perché nel 1980 e ancora nel 1988 il Larsen la pubblica come presente a Roma, in collezione privata. Le citazioni che si trovano nelle pubblicazioni successive[4] riportano i dati del Larsen, senza un esame diretto dell'opera, perché risultava sconosciuta l'ubicazione. Come era possibile dunque che il dipinto si trovasse in "temporanea importazione" se veniva sempre citato come presente a Roma? Quando era uscito dall'Italia? Il possessore dichiarò che l'opera era stata in Vaticano e durante la guerra era stata trasferita in Svizzera, ma non aveva nessun documento al riguardo. Era legittimo il dubbio di una esportazione illecita dallo Stato italiano e per questo venne richiesta la collaborazione del Comando carabinieri tutela patrimonio artistico. L'opera è attualmente in deposito presso il Museo di Palazzo Venezia.

Quando l'Hoogewerff pubblicò l'opera nella miscellanea dedicata a van Puyvelde nel 1949[6], usò toni entusiasti, perché si era ritrovato l'originale delle varie versioni che si conoscevano di quella composizione. Fino ad allora si era ritenuto prototipo la versione del duca di Newcastle di Clumber (oggi nel Museo de Bellas Artes di Bilbao[7]), anche se già Glück[8] la giudicava fredda e accademica nell'esecuzione. Hoogewerff sosteneva decisamente che la versione Clumber non fosse autografa, perché lo spazio dato alla raffigurazione del cielo sopra il gruppo dei personaggi contrasta con la concezione spaziale di Van Dyck. Lo studioso vedeva invece nella versione Barlet, oggi nel Museo di Boston, o nella copia di bottega conservata nella chiesa di San'Antonio di Anversa, la derivazione più corretta da una composizione originale dispersa e ora, nel 1947, ritrovata nel dipinto palermitano[9]. Sia Hoogewerff che Larsen non citano un'altra versione di bottega che si trova nella Galleria Regionale di Palazzo Abatellis di Palermo, proveniente dal monastero di San Martino delle Scale, la cui composizione rispecchia nel dettaglio la versione originaria romana, ma è indubbiamente non autografa per la resa pittorica, fredda e asciutta, tanto più evidente oggi che si conosce il dipinto originario, strepitoso proprio per quel tocco leggero, trasparente, vibrante che lo rende un capolavoro assolutamente autografo.

Purtroppo del *Compianto di Cristo* ritrovato non si hanno riferimenti precisi: non viene citato dal Bellori, che pure è molto dettagliato nella descrizione del soggiorno italiano dell'artista, né dall'anonimo estensore del manoscritto del Louvre, né sono stati ritrovati gli inventari della famiglia Airoldi, per-

[1] Legge 1089 del 1 giugno 1939, art. 42, prevede che le opere importate dall'estero possano essere riesportate nell'arco di cinque anni.
[2] Ora Soprintendenza speciale per il Polo museale romano.
[3] Hoogewerff 1949, pp. 157-162.
[4] Viscuso 1990[a], pp. 166-169.
[5] Come previsto dall'art. 123 com. 3 del T.U.
[6] L'articolo di Hoogewerff è datato 1947.
[7] Brown 1991, p. 250. L'autore cita altre versioni dell'opera nella Collezione Thuélin a Parigi e al Kunstmuseum di Bâle, e cita la versione romana, che ha potuto vedere solo in fotografia, considerandola il prototipo originale. Nel Rijksmuseum di Amsterdam è conservata un'incisione tratta da F.van den Wyngaerde che riproduce l'esemplare Clumber (*Antoine van Dyck et l'estampe*, 1999 p. 230).
[8] Glück 1931, pp. 364-365.
[9] Secondo Hoogewerff 1949, durante il trasporto da Palermo a Roma, il *Compianto di Cristo* venne ridisteso su un nuovo telaio, leggermente più piccolo di dimensioni, per cui i bordi vennero ripiegati, misurando così 117 × 252 cm. Dopo il restauro, il dipinto avrebbe dovuto misurare 120 × 254 cm. Questa misura, secondo l'autore, è la stessa della versione Clumber, esclusa la parte superiore dedicata al cielo. In realtà il dipinto misura 117,5 × 249,5 e non presenta i bordi ripiegati. Il supporto di tela è costituito da un classico tovagliato veneziano a righe.

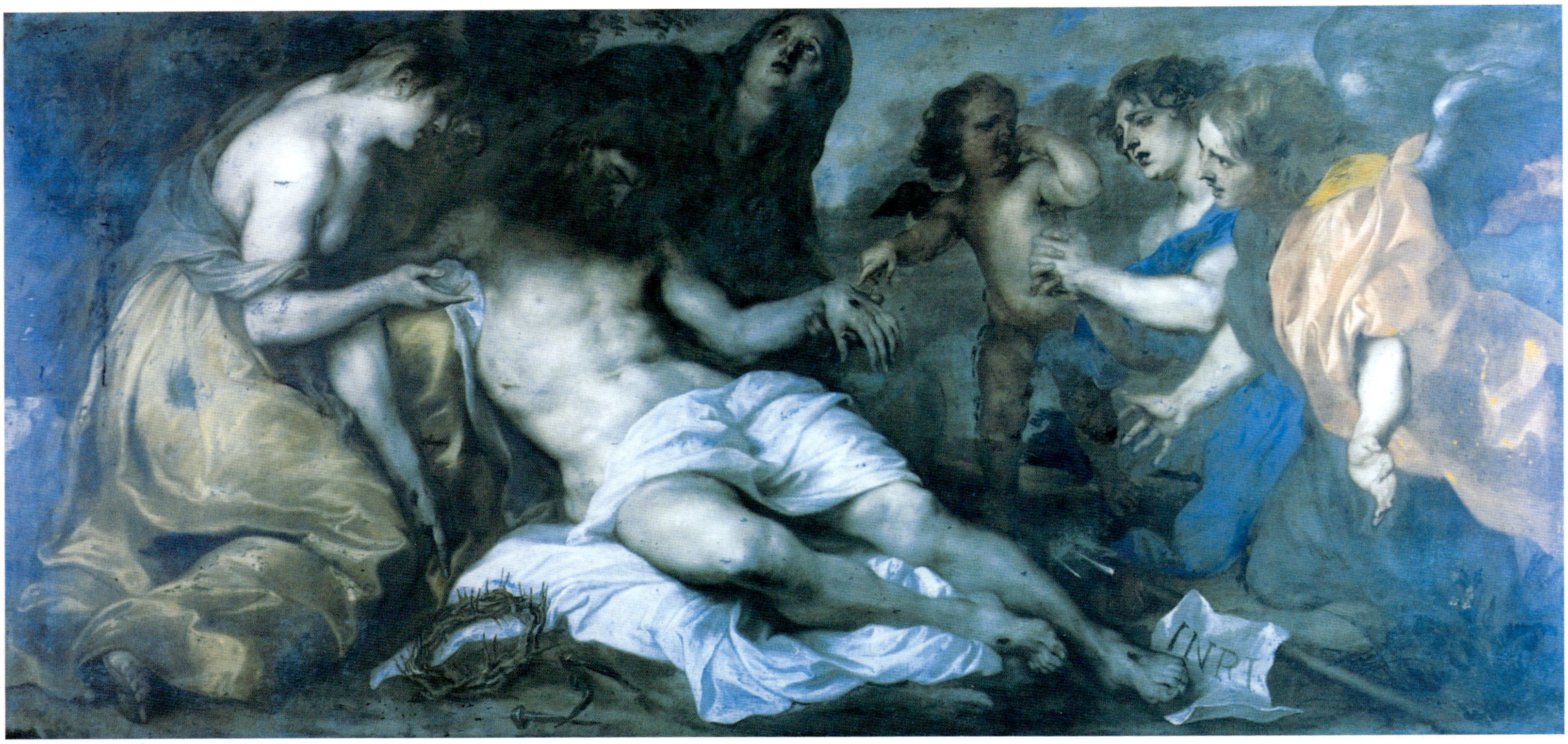

tanto non si può che datare in base a una analisi stilistica delle opere vandyckiane. Nel suo saggio Hoogewerff propose una datazione intorno al 1635, poiché a suo giudizio il *Compianto* romano rappresentava una fase intermedia tra la piccola tavola di Monaco del 1634 (fig. 3) e la tela molto simile nelle dimensioni sviluppate in senso orizzontale, del Museo di Anversa, databile agli anni 1634-36 (cat. n. 34). Il Larsen propose invece una datazione più tarda, gli anni 1636-40. A nostro giudizio è invece riferibile al 1630 circa, cioè al soggiorno ad Anversa a ridosso del periodo italiano.

Anton van Dyck ha trattato il tema del compianto di Cristo lungo tutto l'arco della sua vita artistica, fin dagli anni giovanili, quando nel 1617-1618 e di nuovo nel 1620 dipinse due versioni di un *Compianto* (fig. 2), la prima conservata a Monaco e la seconda a Oxford, in cui la composizione è sviluppata in senso verticale, il Cristo è al centro, sorretto per le braccia dalla Vergine e da san Giovanni Evangelista, mentre la Maddalena, in secondo piano ha le mani giunte in preghiera. La composizione, serrata e centrata sulle quattro figure, è caratterizzata da una alta drammaticità, suscitata dal corpo abbandonato di Cristo spinto in primo piano, e mantiene i modi stilistici del linguaggio fiammingo, e in particolare di Rubens, nella struttura compositiva dispiegata in altezza, nella gamma cromatica giocata su colori forti e chiari, nelle tipologie dei personaggi.

Nel 1628 Van Dyck ritornò sul tema del compianto in una pala di grandi dimensioni (303 × 225 cm), commissionatagli per l'altare maggiore della chiesa del Beghinaggio di Anversa[10], di cui esiste una versione autografa di dimensioni ridotte nel Museo del Prado di Madrid[11] (cat. n. 22). L'opera rivela il lungo percorso e la profonda maturazione artistica di Van Dyck a contatto con l'arte italiana, e in particolare con Tiziano e con l'arte emiliana dei Carracci e del Reni[12]: qui l'artista elabora una composizione di grande respiro, pone attenzione ai valori formali nel corpo bellissimo di Cristo e nella figura della Maddalena, indugia sulla preziosità materica, esaltando i valori cromatici delle vesti, infonde un forte sentimento religioso con l'espressione addolorata della Vergine e della Maddalena.

Nel 1634 Van Dyck elaborò una nuova variante sul tema nella tavola di 109 × 149 cm, conservata nell'Alte Pinakothek di Monaco[13] (fig. 3). La composizione qui è ridotta nelle figure, la Vergine che sorregge il Cristo, due angeli e puttini, la struttura è più serrata: sullo sfondo della croce, che disegna una piramide, si inserisce il gruppo della Vergine con il Cristo, che così circoscritto richiama maggiormente il tema della pietà. Il senso drammatico della scena viene sottolineato dal corpo di Cristo in primo piano, dall'espressione dolorante della Vergine e degli angeli, e soprattutto, dal segno nervoso che attraversa tutta l'opera, dai duri

1. Anton van Dyck, *Compianto di Cristo*, Roma, in deposito presso il Museo di Palazzo Venezia, ripresa ai raggi ultravioletti

2. Anton van Dyck, *Compianto di Cristo*, Monaco, Bayerische Staatsgemäldesammlungen, Alte Pinakothek

[10] Oggi conservata nei Musées Royal des Beaux-Arts di Anversa.

[11] L'opera è presente in mostra e per l'occasione è stata sottoposta a restauro, per il quale ringrazio Gabriele Finaldi e Alejandro Vergara. Il restauro ha rivelato una materia di altissima qualità, confermando l'autografia dell'opera. Simile nell'impianto compositivo era la versione del Kaiser-Friedrich-Museum di Berlino, andata distrutta.

[12] Kurtz 1957.

[13] La data e la firma sono segnate sul retro della tela.

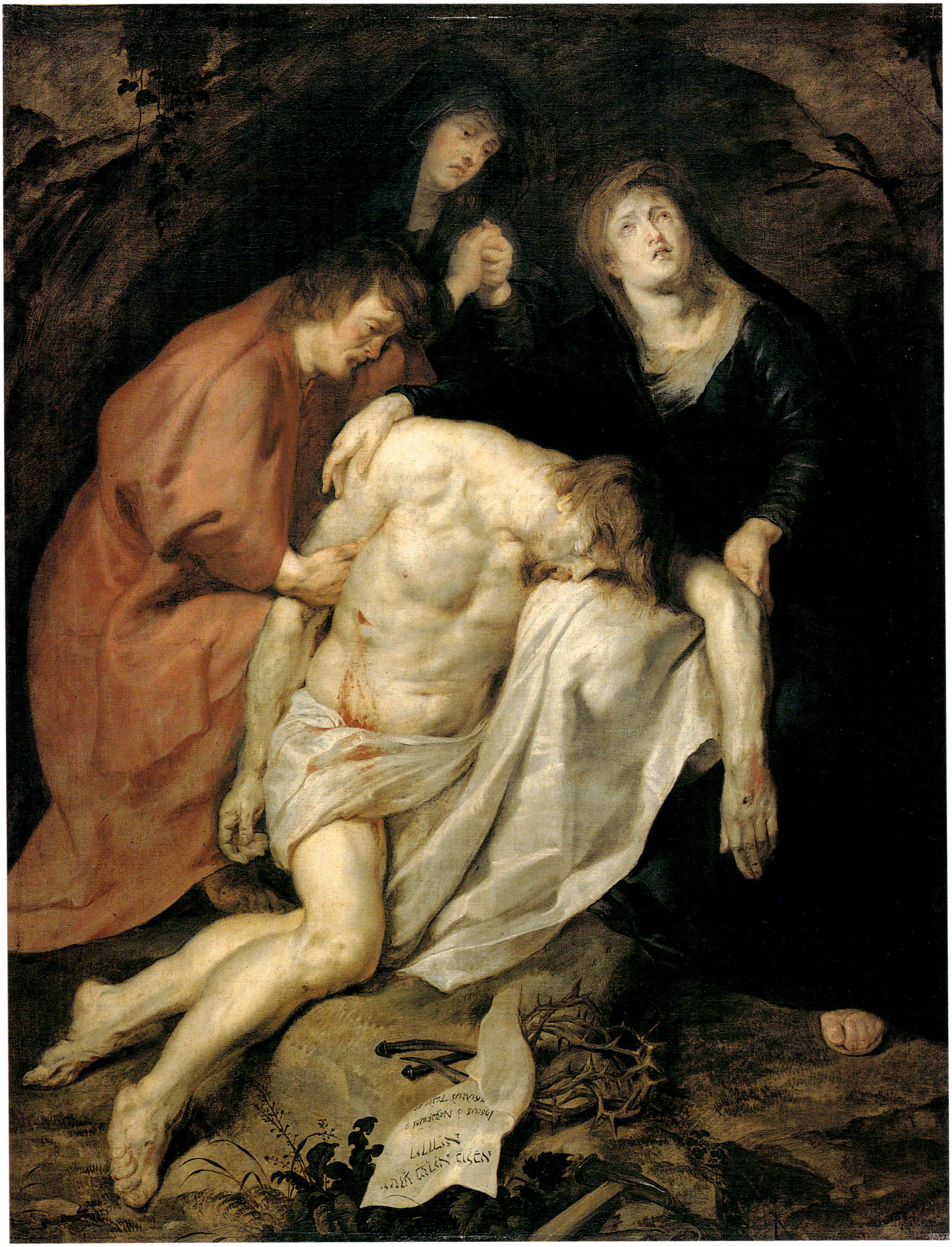

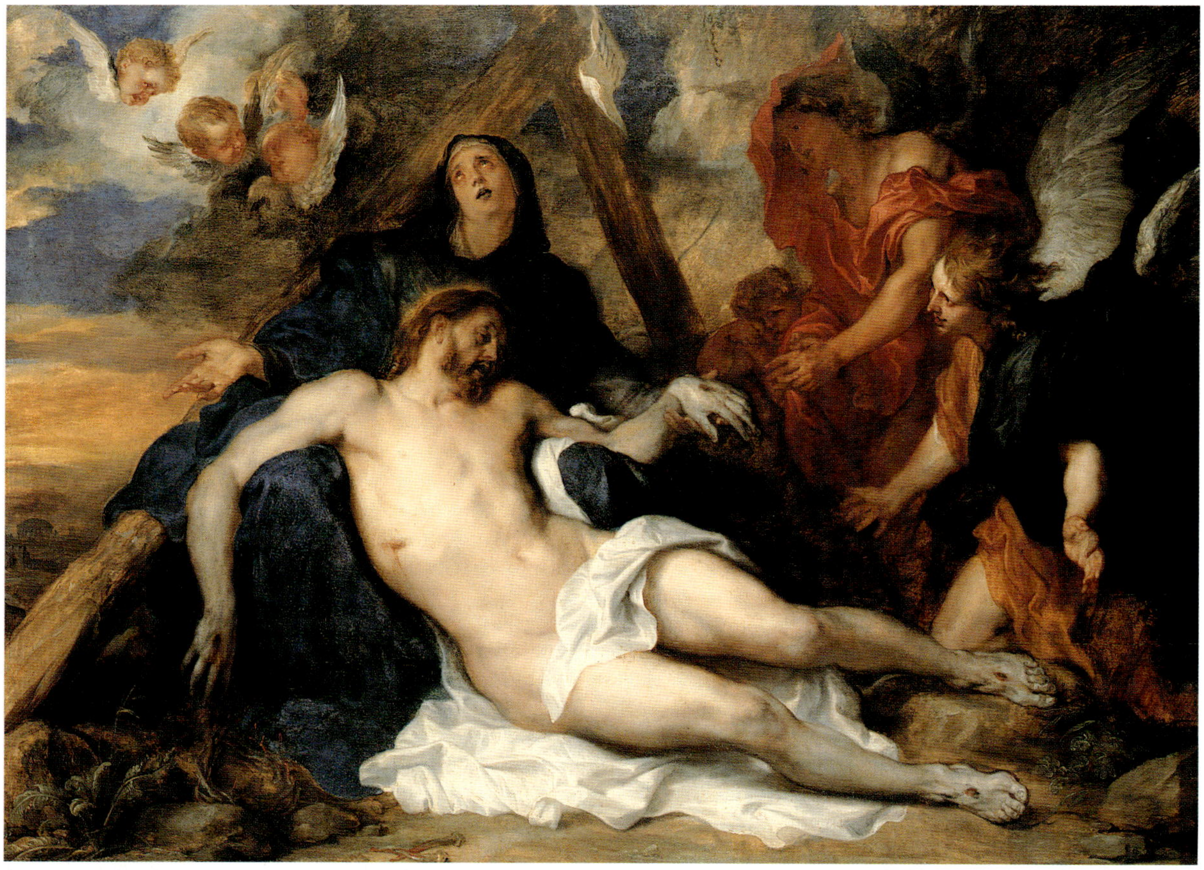

3. Anton van Dyck, *Compianto di Cristo morto*, Monaco, Bayerische Staatsgemäldesammlungen, Alte Pinakothek

accordi cromatici e dalla densa pennellata. Nello stesso anno, 1634, ricevette dall'abate Scaglia, rappresentante del duca di Savoia a Bruxelles, la commissione per un *Compianto* per la cappella di Nostra Signora dei Sette Dolori nella chiesa dei Recolletti in Anversa. Secondo Hoogewerff, Larsen e Wheelock[14], l'opera, iniziata nel 1634, durante il breve soggiorno ad Anversa, fu completata in Inghilterra intorno al 1636, mentre Egerton nella scheda per il catalogo della mostra di Anversa e Londra del 1999 sostiene che l'opera venne eseguita durante il soggiorno anversese, nel 1635. Al di là dello scarto di circa due anni per la data del dipinto, esso rispecchia i modi figurativi che l'artista aveva elaborato nell'ultima fase della sua carriera artistica: la tavolozza si schiarisce, la pennellata è più larga e più distesa, l'atmosfera è più intima e scevra del sentimentalismo degli anni precedenti, ma non per questo meno drammatica soprattutto per l'atteggiamento della Vergine che con le braccia aperte trasmette tutto il suo dolore disperato (cat. n. 34).

Partendo da queste quattro composizioni che si dispiegano lungo il percorso artistico di Van Dyck, il *Compianto* romano si avvicina al *Compianto* di Anversa del 1628, di cui partecipa lo stesso sentimento religioso.

In queste opere si espande un'atmosfera di sentimenti delicati che riflette l'aspetto devozionale dell'arte italiana del primo Seicento, e in particolare dell'arte bolognese. Come indagato recentemente dalla mostra "Visioni ed Estasi" che si è tenuta a Roma[15] e dalla bibliografia, che si è andata arricchendo negli ultimi anni su questo tema, il clima spirituale tra la fine del Cinquecento e i primi due decenni del Seicento era segnato da una intensa religiosità. La forte spinta riformistica della Chiesa con il concilio di Trento, e la crisi dei valori rinascimentali e umanistici sulla quale nasceva la nuova sensibilità dell'epoca moderna, fatta di incertezze, di tormenti interiori, di fragilità, del senso della grandezza e del mistero della natura, dell'infinità dello spazio e delle forze ignote che regolano l'universo, avevano ristabilito un legame più forte e intimo tra Dio e il fedele.

In questa temperie culturale, la finalità dell'arte era quella di trasmettere questo profondo messaggio spirituale, ed esprimere quel generale sentimento di devozione, di anelito verso il divino, di fiducioso abbandono in Dio, che aveva la massima espressione negli scritti dei santi mistici della fine del secolo XVI, come santa Teresa d'Avila, il cui culto si diffuse enormemente anche nelle Fiandre, san Filippo Neri, san Giovanni del-

[14] Wheelock 1990, n. 79, p. 300.
[15] *Visioni ed Estasi*, Roma 2003.

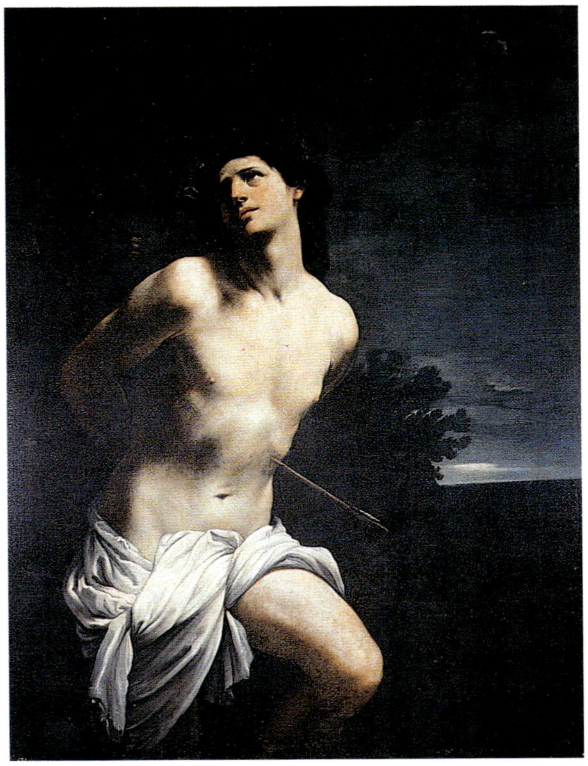

4. Guido Reni, *San Sebastiano*, Madrid, Museo Nacional del Prado

la Croce, solo per citare i più famosi. Un messaggio, questo, che poteva essere trasmesso solo emotivamente, elaborando composizioni che esaltassero la componente miracolistica della scena, ricorrendo a espressioni dolenti, sentimentali, usando la luce come mezzo fondamentale sia simbolicamente che tecnicamente per creare una pittura vibrante e drammatica, più attenta all'espressione affettiva che alla forma. Sono gli esponenti della scuola bolognese, Ludovico e Annibale Carracci, Guido Reni, Lanfranco, Guercino, a elaborare nuovi mezzi espressivi finalizzati alla resa emotiva dell'immagine. D'altronde proprio a Bologna nel 1582 era stato pubblicato dal cardinale Paleotti il famoso trattato *Discorso intorno alle immagini sacre e profane*, che dettava alcune norme sull'arte. Secondo tale teoria, le immagini dovevano essere rigorose nel rispettare la verità storica, dovevano adottare un linguaggio piano, semplice, affinché potessero essere comprese anche dal popolo meno colto, ma soprattutto dovevano saper *movere* l'affetto di chi le guarda, "onde, se tanta efficacia hanno le parole, che si odono o leggono, di tramutare i sensi nostri, con molta maggiore violenza penetreranno dentro di noi quelle figure, dalle quali si vedrà spirare pietà, modestia, santità e devozione". Attraverso la forza delle immagini, l'arte poteva veicolare il messaggio religioso e ottemperare al proprio compito di elevare spiritualmente gli animi[16]. Così nelle opere di Guido Reni, la Vergine, le Marie Maddalene, gli angeli, i santi assumono l'atteggiamento orante e volgono gli sguardi al cielo, hanno movenze delicate ed eleganti (fig. 4); lo sfondo assume il tono dorato della gloria celeste, accentuata dalla presenza degli angioletti in volo. Anche nelle opere dell'astro nascente di Giovan Lorenzo Bernini, si coglie forte l'affettività espressa dai personaggi, nel corpo esanime del *San Sebastiano* della collezione Thyssen-Bornemisza del 1616, nell'espressione estatica del *San Lorenzo* (Palazzo Pitti, 1616), nell'ardore della *Santa Bibiana* (1624) (fig. 6).

Nel *Compianto di Cristo* di Roma Van Dyck realizza un'opera emblematica di tale poetica. Se si possono individuare precisi riferimenti alle opere di Correggio, soprattutto alla *Deposizione* (fig. 8) e al *Martirio dei santi Placido, Flavia, Eutichio e Vittorino* della Galleria Nazionale di Parma, sia nello schema compositivo che nel particolare degli angeli di destra che ricordano la posizione dei santi Placido e Flavia, e all'arte di Tiziano nella figura di Cristo e nell'impasto cromatico, è soprattutto ad Annibale Carracci che Van Dyck guarda. Anche Annibale aveva realizzato varie opere sul tema della pietà e del compianto[17]: aveva eseguito nel 1585 la grande pala della Galleria Nazionale di Parma, complessa macchina di intensa spiritualità, con un brano di vera commozione nella figura della Vergine svenuta per il dolore; nel 1597 eseguì un disegno poi inciso da Agostino Carracci (fig. 9); tra il 1599 e il 1600 dipinse il famosissimo capolavoro di Capodimonte (fig. 10), poi realizzò la versione per San Francesco a Ripa di Roma (ora al Museo del Louvre), una versione su rame conservata al Kunsthistoriches Museum di Vienna, e infine, nel 1606 circa, la piccola tela della National Gallery di Londra. Il tema della pietà o del compianto, in sé così ricco di drammaticità, offrì ad Annibale Carracci l'opportunità di dar corpo ai sentimenti più intimi di dolore, di

[16] A questo aspetto della teorica del Paleotti è stato ultimamente dedicato un convegno: *Docere, Delectare, Movere. Affetti, devozione e retorica nel linguaggio artistico del primo barocco romano*, a cura della Bibliotheca Hertziana e dell'Istituto Olandese a Roma, 1998.
[17] Boschloo 1998, pp. 43-60.

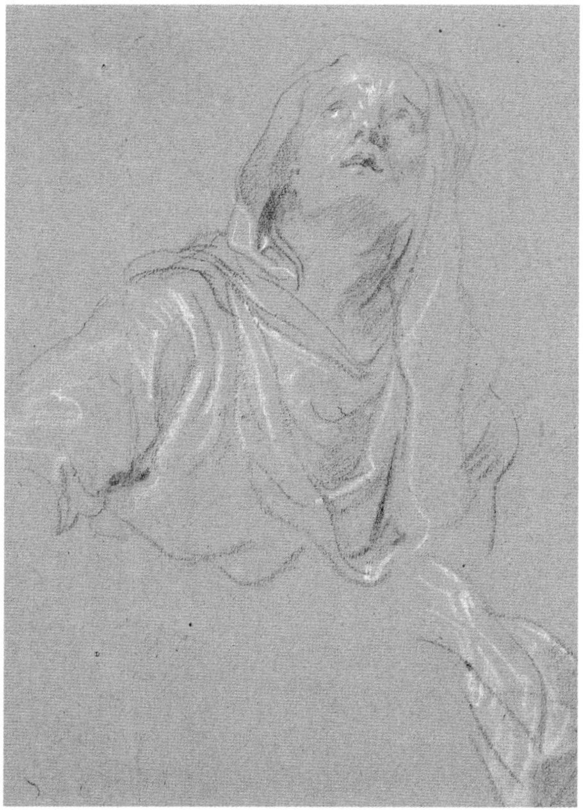

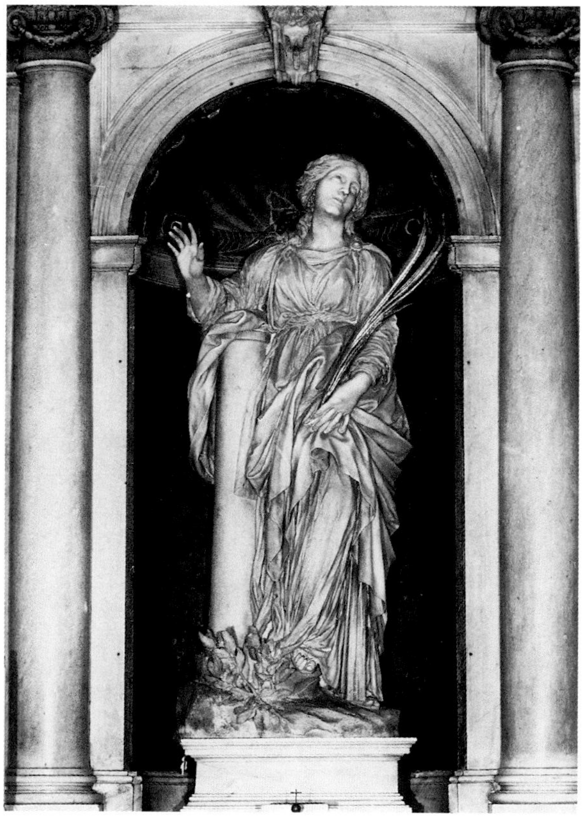

5. Anton van Dyck, *Volto della Vergine*, studio preparatorio, Berlino, Staatliche Museen zu Berlin, Kupferstichkabinett

6. Gian Lorenzo Bernini, *Santa Bibiana*, Roma, chiesa di Santa Bibiana

7. Anton van Dyck, *Crocifissione*, Lille, Musée des Beaux-Arts

rassegnazione, di preghiera, e nel tempo stesso di coinvolgere lo spettatore emotivamente, di far rivivere quei momenti tragici, di ispirare la meditazione sulla passione di Cristo: nel dipinto di Napoli, Annibale raggiunse il suo scopo non solo attraverso quel senso di abbandono che emana dal corpo di Cristo e di intimo dolore dall'espressione della Vergine, ma grazie alla mobile luce e al gesto veramente eloquente dell'angioletto che indicando la spina acuminata della corona, suscita il pensiero della passione che sopportò Cristo. Van Dyck si ispirò a tale gesto e pose al centro della composizione la mano ferita di Cristo, dolcemente sorretta dalla Vergine e indicata dal piccolo angelo piangente. Fulcro della composizione è dunque la mano ferita e tema dell'opera è la meditazione sulla passione di Cristo, evocata anche dagli strumenti di tortura posti in primo piano, la corona, i chiodi, la lancia; ai lati la Maddalena e gli angeli partecipano al dolore così come l'eventuale spettatore.

È conservato nel Kupferstichkabinett di Berlino un disegno preparatorio relativo al volto della Vergine (fig. 5), in cui l'espressione implorante del volto rivela ancora più chiaramente il carattere devozionale dell'opera richiamando i modi stilistici in particolare di Guido Reni[18].

Anche la presenza degli angeli adulti rivela la profonda conoscenza dei fatti artistici italiani: normalmente la pietà o il compianto è accompagnato dalla presenza degli angioletti. La scelta di raffigurarli in età adulta potrebbe averglielo suggerito il dipinto del Guercino raffigurante la *Maddalena penitente con due angeli*, realizzato per la chiesa di Santa Maria Maddalena delle Convertite di Roma e che Van Dyck delineò nel proprio taccuino (f. 6v). Era inoltre molto diffusa l'incisione di Agostino Veneziano che riproduceva la *Pietà* di Andrea del Sarto (perduta), in cui Cristo viene sorretto da un angelo con ali grandissime, e si era intensificato tra la fine del Cinquecento e i primi decenni del Seicento il culto dell'angelo custode. Era stata dedicata agli angeli una delle chiese più importanti di Roma, ristrutturata da Michelangelo, la chiesa di Santa Maria degli Angeli, erano usciti vari scritti sul tema degli angeli e infine nel 1612 Paolo V aveva concesso di introdurre nella celebrazione della messa l'officio dell'Angelo custode.

Il *Compianto di Cristo* conservato attualmente nel Museo di Palazzo Venezia di Roma è certamente significativo delle scelte artistiche fatte da Van Dyck, perché su tale tema vi era una lunga tradizione figurativa nelle Fiandre, il *Vesperbild*, iconografia diffusissima, e in Italia per tutto il Cinquecento i modelli erano state le opere di Michelangelo. Van Dyck

[18] Pietra nera con colpi di matita bianca su carta azzurra, mm 444×318. Brown 1991, n. 79, p. 250, lo riferisce al 1635, anno in cui data il dipinto. Poiché a nostro giudizio il *Compianto* è databile intorno al 1630, anche il disegno va retrodatato allo stesso anno.

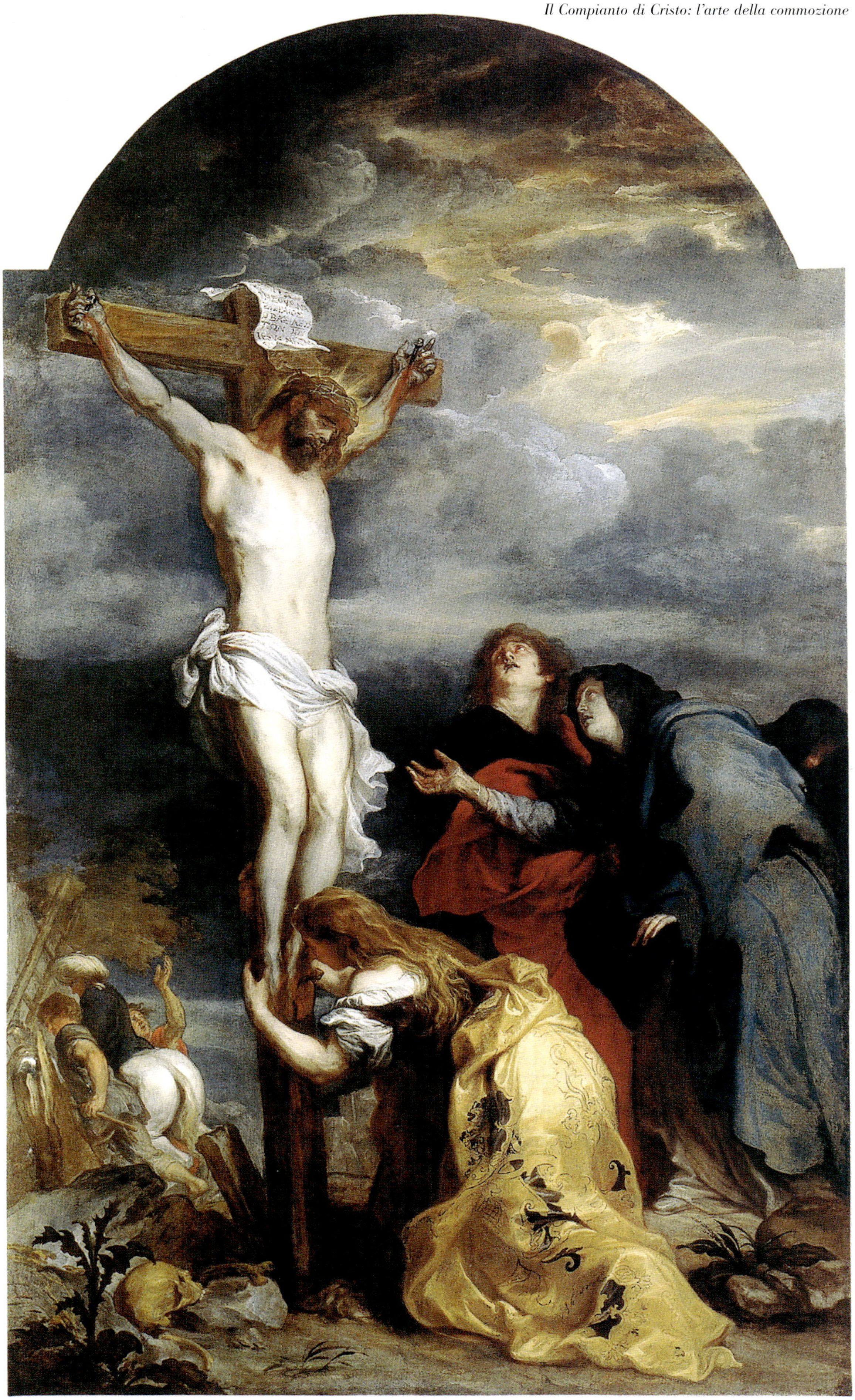

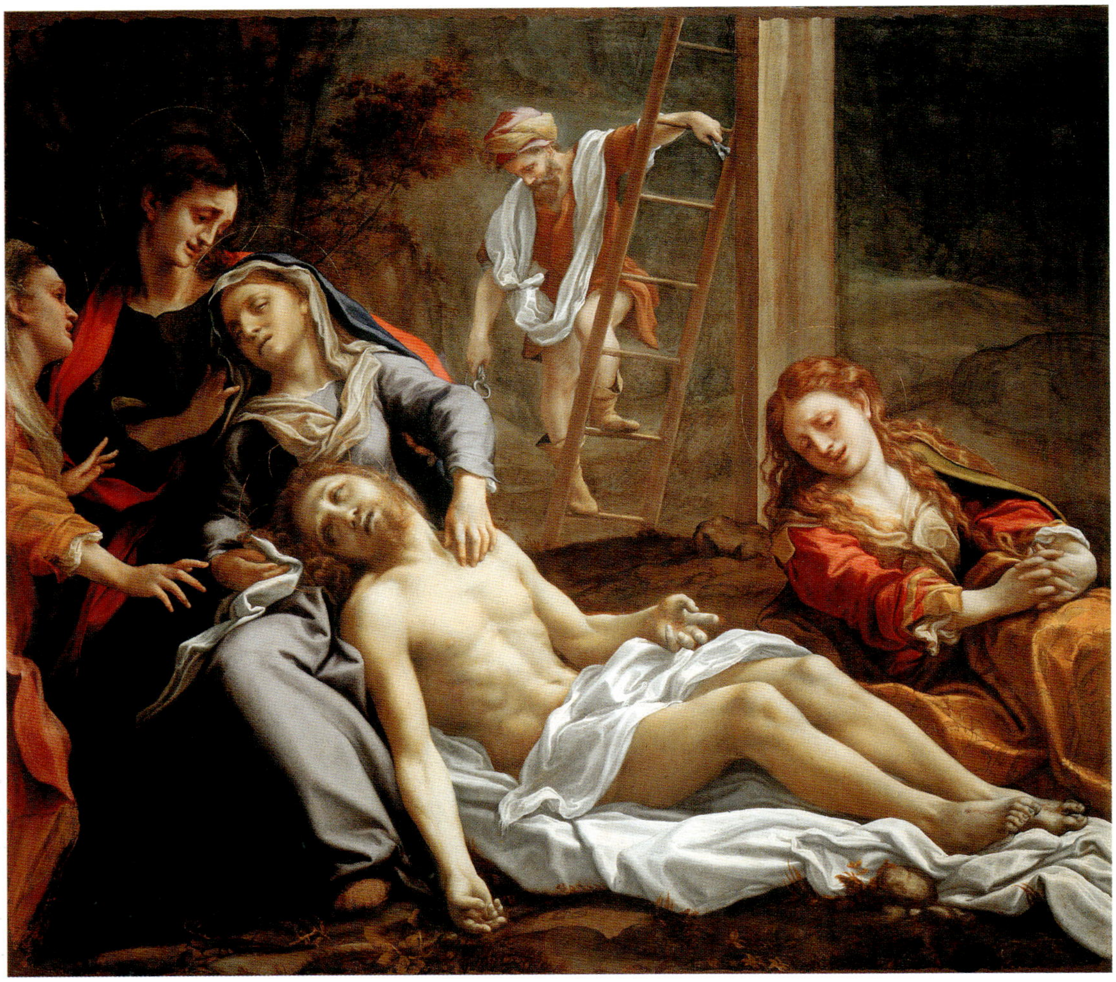

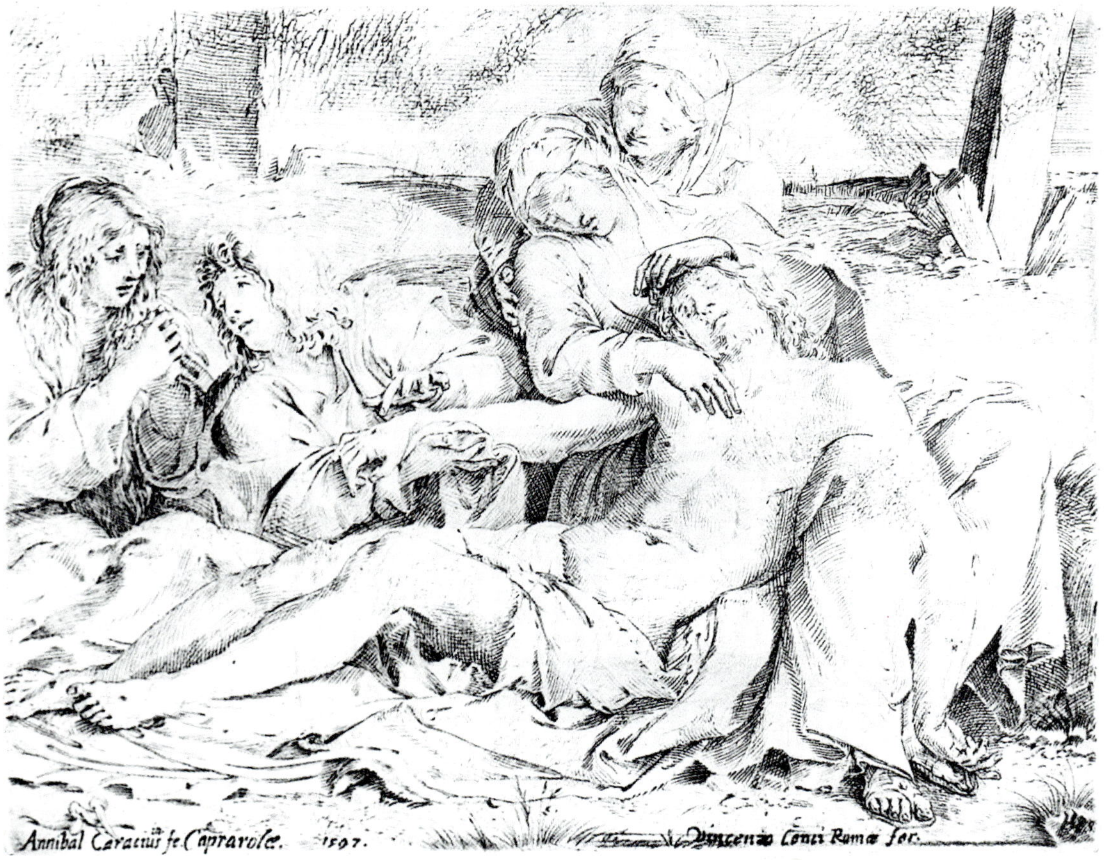

8. Correggio, *Deposizione*, Parma, Galleria Nazionale

9. Agostino Carracci, *Cristo di Caprarola*, da un disegno di Annibale Carracci

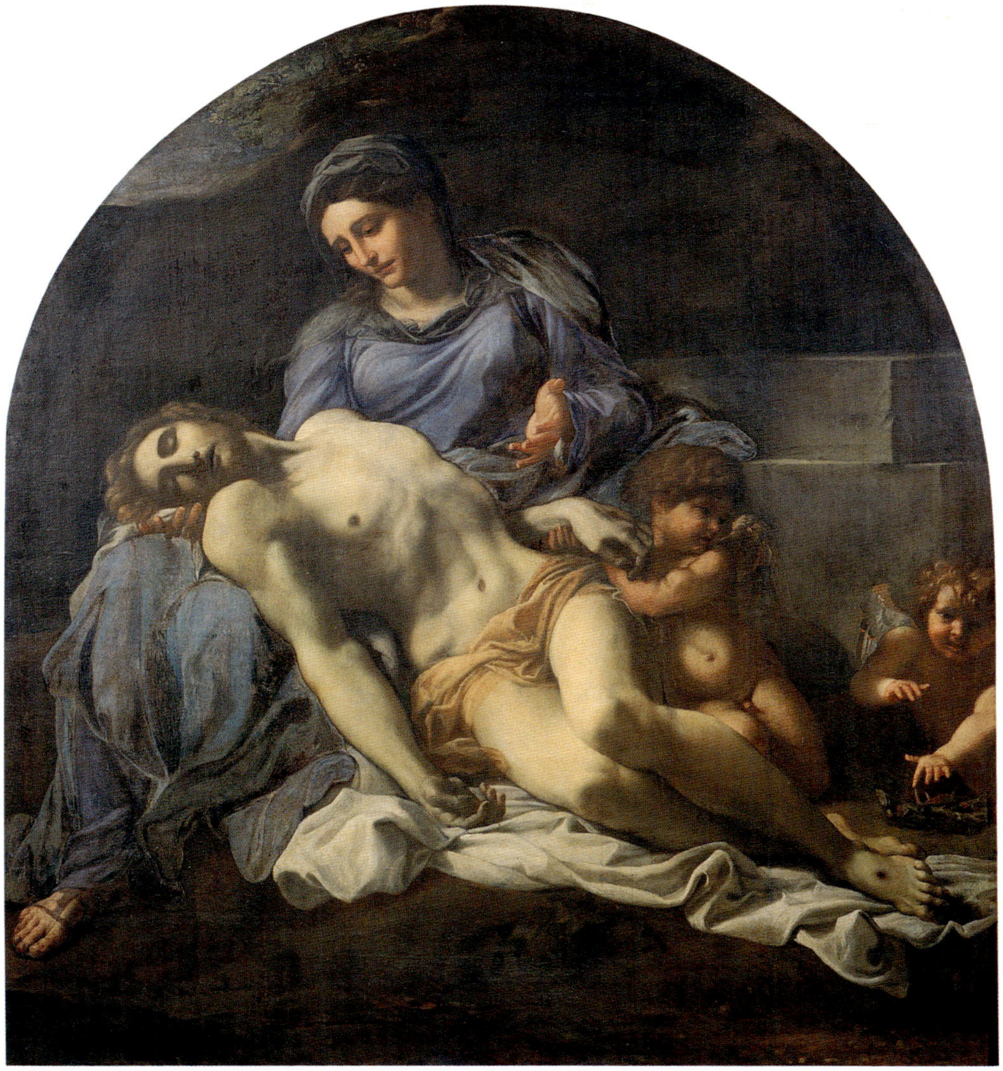

10. Annibale Carracci, *Pietà*, Napoli, Museo di Capodimonte

invece si ispirò all'iconografia italiana diffusa da Correggio e dai Carracci, esprimendo in questo modo una chiara disposizione intellettuale.

Verso una nuova e più consapevole meditazione sull'arte italiana, veneta ed emiliana in particolare, Van Dyck fu spinto dai gravosi compiti che dovette affrontare in patria, al ritorno dal viaggio in Italia. L'artista ricevette numerose e prestigiose commissioni per le più importanti chiese di Anversa, favorite da alcune circostanze, la frequente assenza di Rubens da Anversa, la presenza di tre sue sorelle nel monastero del Beghinaggio, ma certamente frutto della fama e del prestigio acquisiti in Italia: eseguì le grandi pale d'altare l'*Estasi di sant'Agostino* (Museo di Anversa), la *Vergine con il Bambino, santa Rosalia, san Pietro e san Paolo* di Vienna (cat. n. 24), *Cristo in croce con san Domenico e santa Caterina da Siena* di Anversa, i due grandi dipinti del museo di Lille, *Sant'Antonio da Padova e l'asino di Rimini* e la *Crocifissione* (fig. 7), i dipinti per la chiesa di Dendermonde, tra cui l'*Adorazione dei pastori* esposta in mostra (cat. n. 31).

In queste opere Van Dyck realizza una mirabile sintesi tra le grandi e solari composizione venete di Tiziano, Veronese, Tintoretto, Giorgione, Correggio, tra il nuovo linguaggio figurativo della scuola emiliana dei Carracci, di Guercino, di Reni e i modi artistici rubensiani che faranno sempre parte del suo lessico, vagliati alla luce della sua profonda sensibilità, del suo vivo sentimento religioso, della sua grazia e eleganza innate. Questo contatto con la cultura italiana permise all'artista fiammingo di sviluppare quelle doti che già nelle opere giovanili si affacciavano ed erano i tratti distintivi che lo differenziavano dal suo grande maestro Rubens e dal suo stile eroico, quella spontaneità di atteggiamenti, impalpabili velature, delicate e raffinate composizioni, ricchezza cromatica, un profondo senso lirico. Già nelle opere del periodo italiano ritroviamo queste caratteristiche, ma si definiscono meglio nel periodo anversese. Basti pensare al sostrato culturale italiano che informa lo straordinario capolavoro di *Rinaldo e Armida* di Baltimora, datato 1629 (fig. 11), per quel senso di lirismo che pervade l'opera e che ricorda le "poesie" di Tiziano, così come informa l'*Estasi di sant'Agostino*, caratterizzato per quell'aspetto devozionale che è appunto il tratto pecualiare del *Compianto* romano. Anche nei dettagli l'opera romana si avvicina alle opere di questo periodo: l'angioletto piangente che indica la mano ferita del Cristo è lo stesso puttino del *Rinaldo e Armida* di Baltimora, gli angeli adulti con le ali hanno la stessa fisionomia degli angeli dell'*Estasi di sant'Agostino* del Museo di Anversa, dell'*Adorazione dei Pastori* di Dendermonde, del san Giovanni della *Crocifissione* di Lille. Ma è soprattutto quell'impasto impalpabile di velature, quella ricchezza cromatica, la raffinatezza della pennellata che rivela come il dipinto di Roma debba essere datato a questo periodo e non come proponeva l'Hoogewerff, seguito dal Larsen a un'epoca più tarda. Negli anni successivi, dopo il trasferimento a

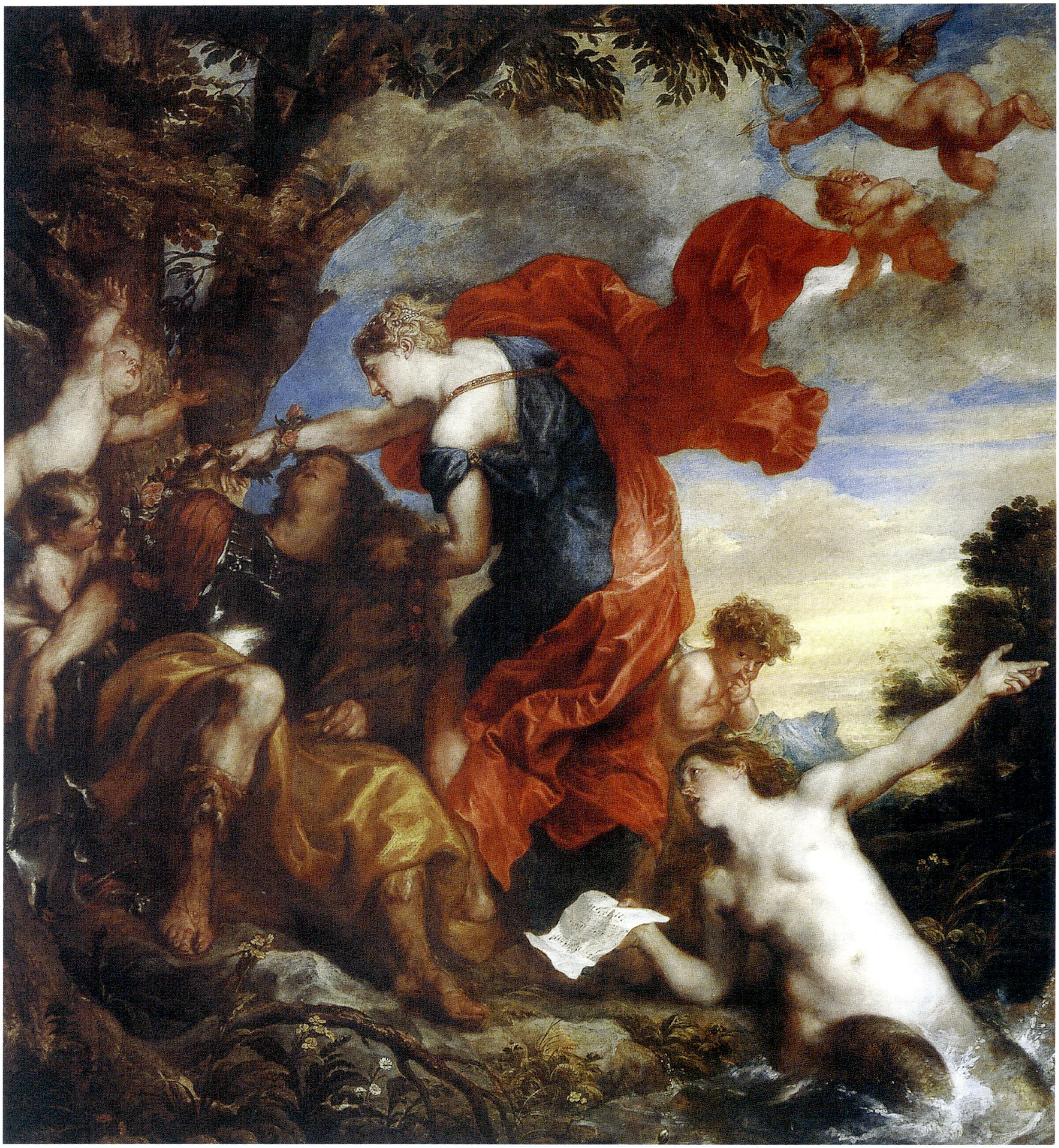

11. Anton van Dyck, *Rinaldo e Armida*, Baltimora, Museum of Art

12. Tiziano, *Bacco e Arianna*, Londra, The National Gallery

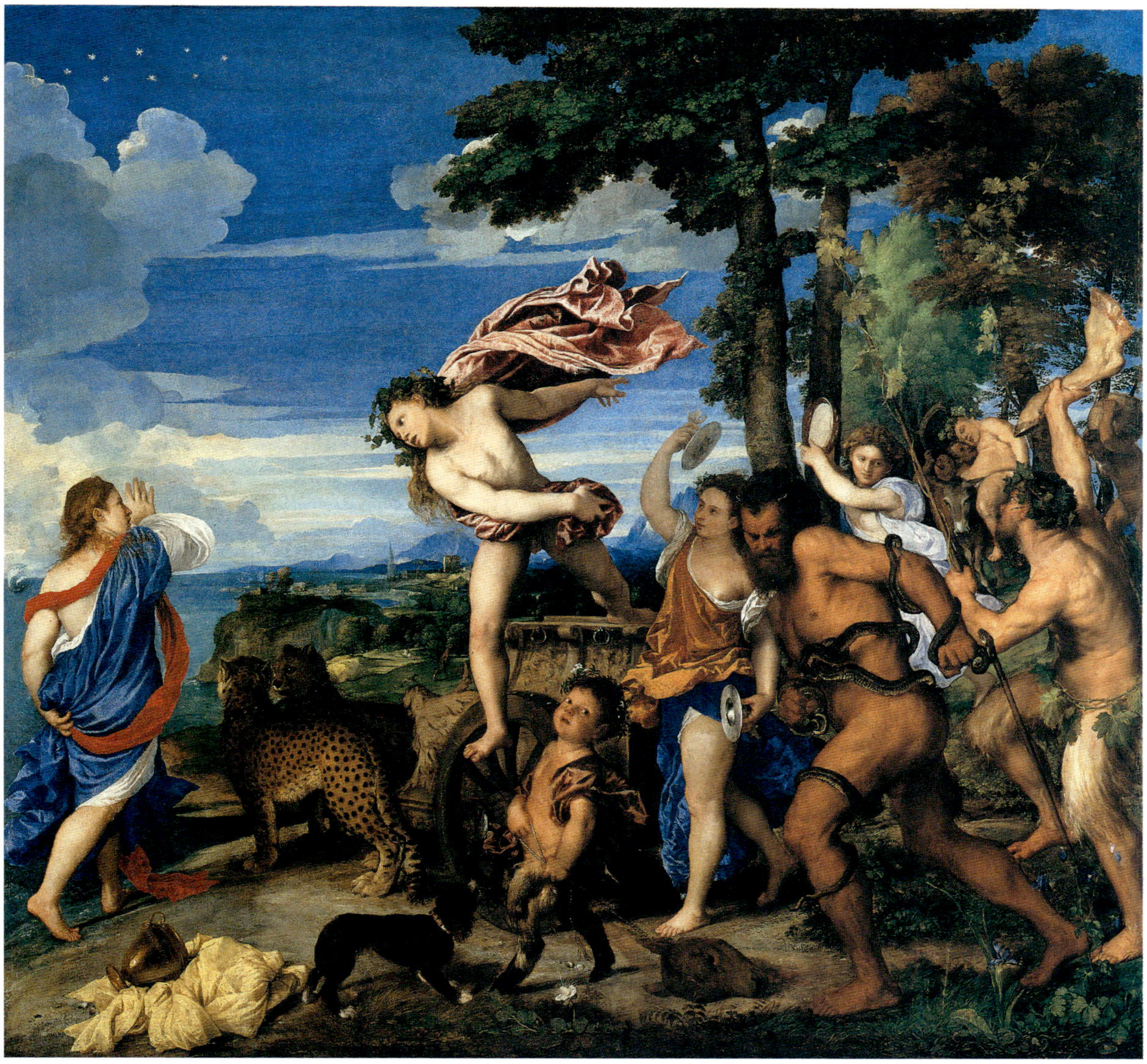

Londra, l'artista modifica i suoi modi espressivi, appunto esemplificati dal *Compianto* Scaglia (cat. n. 34). Se dunque il *Compianto di Cristo* ritrovato fu eseguito negli anni del secondo soggiorno anversese, quando raggiunse Palermo? Fu una committenza palermitana o giunse in Sicilia più tardi? Impossibile stabilirlo in mancanza di documenti. Sappiamo[19] che l'artista si fermò a lungo a Palermo, aveva stretto numerosi rapporti con le famiglie del luogo, e aveva ricevuto una serie notevole di commissioni come testimoniano le citazioni di opere dell'artista fiammingo negli inventari. Viscuso[20] cita ad esempio l'inventario del nobile Lucchesi del Campo, dove viene registrata un'opera del Van Dyck, "Quadro di N.S. della Pietà", che a tutt'oggi non è ancora stata individuata, così come Abbate ha rintracciato nell'inventario della quadreria di Don Tommaso Joppolo, Maestro segreto del regno, un'altra citazione di un dipinto raffigurante un *Compianto con la Vergine e la Maddalena*. Che l'artista avesse mantenuto rapporti con l'Italia anche negli anni successivi è certamente plausibile, consegnò la pala della Madonna del Rosario dopo essere tornato a Genova, e lo stesso Sterling[21] propone per il dipinto raffigurante *Santa Rosalia che intercede per la città di Palermo* della città di Ponce una data intorno al 1629. Inoltre la copia di bottega conservata nella Galleria Regionale di Palazzo Abatellis di Palermo, proveniente dal monastero di San Martino delle Scale, fu secondo il Matranga[22] realizzato nel 1630. Ciò documenta che l'originale era conosciuto a Palermo già a quella data, confermando implicitamente la datazione qui proposta, 1629-1630.

[19] Mendola 1999, pp. 88-105.
[20] Viscuso 1990ª, pp. 166-169.
[21] Sterling 1939, pp. 59-62.
[22] Matranga 1908, pp. 11-18.

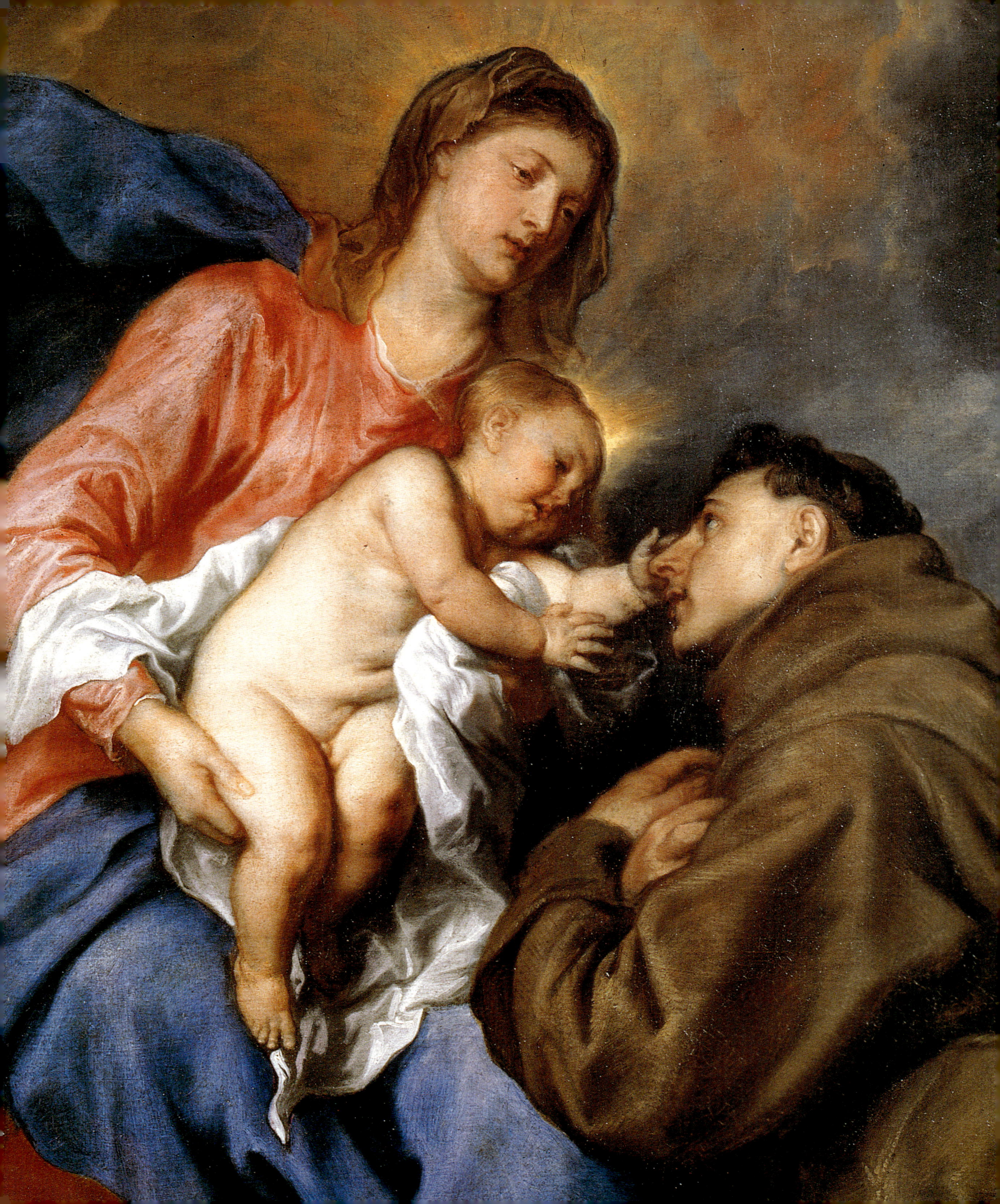

Luciano Arcangeli

2

La pittura religiosa di Van Dyck e la conoscenza dell'arte italiana

Anton van Dyck, *La Vergine offre il Bambino a sant'Antonio* (particolare), Milano, Pinacoteca di Brera (cat. n. 23)

L'assoluto prestigio goduto già in vita da Van Dyck ritrattista, e la straordinaria seduzione esercitata dalla sua interpretazione del modello in posa (che diverrà prototipo vincolante, si può ben dire, per tutta la pittura anglosassone fino agli inizi del Novecento), ha fatalmente relegato in secondo piano l'attenzione alle sue qualità come pittore di temi religiosi.

L'ingombrante vicinanza della imponente produzione sacra di Rubens, con la sua vitalissima e drammatica immanenza, potrebbe a tutta prima far considerare quella di Van Dyck come una semplice variante, per quanto di altissima qualità, all'interno della corrente principale espressa dal maestro. Niente di più errato: nel quadro di storia sacra Van Dyck si esprime con un assoluta originalità che, partendo da presupposti molto più radicati nell'espressionismo fiammingo di quanto non sia il romanizzato Rubens, giunge all'effettiva sintonia con il linguaggio rubensiano da cui si distingue però presto per una sua vena più lirica e patetica, si costruisce quindi un suo dialogo diretto con l'arte italiana, segnatamente veneta, per arrivare alle soluzioni sofisticate delle ultime opere, coincidenti con il periodo inglese e gli ultimi rientri in patria.

Non è questa la sede per ripercorrere nella sua complessa molteplicità tutta la produzione religiosa di Van Dyck: nello spirito della mostra, questo intervento intende segnalare alcuni punti nodali di quel percorso in rapporto all'arte italiana, agli echi e alle suggestioni di essa che il pittore ha saputo rielaborare e rendere suoi.

Già in alcuni primi saggi dell'artista non ancora ventenne, segnati da un furore esecutivo e da una carica espressiva che si andranno placando con gli anni, sono presenti riflessi italiani che agiscono sul substrato formativo tipicamente fiammingo: così il *Martirio di san Sebastiano*, oggi al Louvre, è la prima di una serie di variazioni sul tema cui l'artista aggiunge un tocco di esibizionismo autobiografico dando i propri lineamenti al santo, il nudo del protagonista, nel suo classico contrapposto, rivela una suggestione di modelli italiani (uno possibile potrebbe essere identificato nel san Sebastiano della pala di Tiziano per San Nicolò ai Frari a Venezia, oggi in Pinacoteca Vaticana) che contrasta con la caricata intensità del volto; mentre il coevo *Martirio di san Pietro* di Bruxelles (Musées Royaux des Beaux-Arts), affianca alle qualità "venete" della pittura un'economia compositiva che sembra rimandare a una matrice caravaggesca[1].

Uno degli esempi più perfetti, in questa prima fase dell'attività di Van Dyck, della capacità di trasfondere all'interno di schemi di matrice italiana corpo, sangue e fervore nordici è costituito dal *Matrimonio mistico di santa Caterina* del Museo del Prado. Si tratta di un'opera di tale fiamminga corporeità, nel contrasto tra le epidermidi bianche della pesante santa Caterina, quelle arrossate della Vergine e del Bambino, fino a quelle abbronzate e segnate da rughe dei due santi frati dietro la martire di Alessandria, da far attribuire per lungo tempo il dipinto a Jordaens, fino al riconoscimento della paternità di Van Dyck, suffragata dai disegni preparatori. L'opera dimostra la fortuna e la diffusione in ambiente fiammingo dei modelli di Tiziano. La figura femminile di profilo è infatti desunta dal *Matrimonio mistico di santa Caterina e santi* del maestro veneto già in casa Grimani a Venezia e poi nelle collezioni estensi a Modena (oggi a Dresda), anche in quel caso contrapposta a due santi barbuti, mentre il gruppo della Madonna col Bambino è più liberamente ispirata ad altri modelli del cadorino[2].

Con questo dipinto siamo agli anni 1618-1620, che vedono il giovane Anton affiancato come collaboratore a Rubens. A questa vicinanza corrisponde un generale placarsi dell'urgenza esecutiva delle precedenti composizioni di Van Dyck; l'influenza del pittore più anziano è rilevabile, al di là delle tipologie fisiche, nell'accentuata plasticità delle figure, come nel turgore della paletta pittorica.

[1] Sia il *San Sebastiano* del Louvre che il *Martirio di san Pietro* di Bruxelles vengono datati agli anni 1615-1616; cfr. C. Brown, in *Van Dyck 1599-1641*, 1999, schede 4 e 5, pp. 98-100.

[2] Per il quadro del Prado cfr. Brown 1999, scheda 12, pp. 116-118, che segnala come possibile modello per la Santa Caterina di profilo lo studio a olio di Rubens per la *Santa Domitilla* della chiesa Nuova (Bergamo, Accademia Carrara).

Tipiche di questo periodo di particolare vicinanza a Rubens sono le scene affollate di personaggi, svolte talora su formato orizzontale e concepite come un fregio: è il caso dell'*Entrata di Cristo in Gerusalemme* di Indianapolis come della *Moltiplicazione dei pani* già a Potsdam.

Forse mai come in queste opere Van Dyck è pittore di storie, e meno di sentimenti, dispiegando un gusto narrativo particolarmente denso. Con questo non si vuol dire che l'adozione in pieno del linguaggio rubensiano si traduca in un calo d'inventiva del più giovane pittore anversano, ma che la sua più intima e personale interpretazione del tema religioso viene momentaneamente accantonata a favore di un'eloquenza più sostenuta. D'altra parte bisogna ricordare che a questo punto Van Dyck non solo affianca come aiuto e collaboratore Rubens, ma si propone in proprio come artista autonomo in gara con i maggiori pittori presenti ad Anversa per ottenere le commesse della cittadinanza e degli ordini religiosi, e da ciò la necessità di una cifra più monumentale e riconoscibile, assieme alla dimostrazione della capacità di gestire grandi masse per composizioni destinate a pale d'altare o comunque per dipinti devozionali di ampio respiro.

L'importante opera di assistenza e collaborazione esercitata da Van Dyck a fianco di Rubens – puntualmente ricordata dal Bellori – in occasione della preparazione dei cartoni per gli arazzi con le *Storie di Decio Mure*, ordinati a Rubens dalla committenza genovese ed eseguiti tra il 1616 e il 1618, offrì ad Anton per la prima volta la possibilità di esercitarsi sui temi e le iconografie del grande repertorio classico romano: armature, trofei, are e urne vengono dottamente esibite in scene di *adlocutio*, di battaglia o di sacrificio, popolate da personaggi scultorei[3]. Questa sorta di immersione totale nell'antico, destinata a non avere più seguito nella pittura di Van Dyck, si riverbera anche su alcune grandi composizioni sacre contemporanee o immediatamente successive.

Nella grande tavola con l'*Incontro tra sant'Ambrogio e l'imperatore Teodosio*, in origine destinata quasi sicuramente a una chiesa di Genova o della Lombardia, condotta anch'essa da Rubens con larga partecipazione di Van Dyck (il quale ne esegue in seguito una versione autonoma di piccolo formato con larghe varianti, specie nelle fisionomie), lo splendido gruppo di guerrieri di età diverse che formano la quinta di sinistra e la stessa figura dell'imperatore rimandano alle citazioni romane del ciclo di *Decio Mure*[4]. Lo stesso stile caratterizza anche una delle più potenti invenzioni di Van Dyck sullo scorcio del secondo decennio del '600, nota in più repliche: l'*Incoronazione di spine* (fig. 14). Anche se opera autonoma dell'artista più giovane, essa si colloca nel solco del linguaggio rubensiano più "erculeo", riempiendo tutto lo spazio in primo piano con figure di straordinaria presenza. Nella prima e più felice delle redazioni, quella già conservata nel Kaiser-Friedrich-Museum di Berlino e andata distrutta nel corso della seconda Guerra mondiale, tutta la parte sinistra era dominata dal guerriero romano coperto dalla pelle di felino, fratello di quello al centro del cartone con *Decio Mure che racconta il suo sogno*; guerriero che nella redazione più tarda, donata dal pittore a Rubens e oggi al Prado, ha lasciato spazio alla figura dell'aguzzino che infierisce su Cristo, e in basso a un cane[5]. In entrambe le redazioni è possibile notare come Van Dyck abbia fatto proprio lo stile eroico del maestro, anche con diretti prestiti: lo scorcio scultoreo del manigoldo inginocchiato in primo piano a destra ripropone la posa,

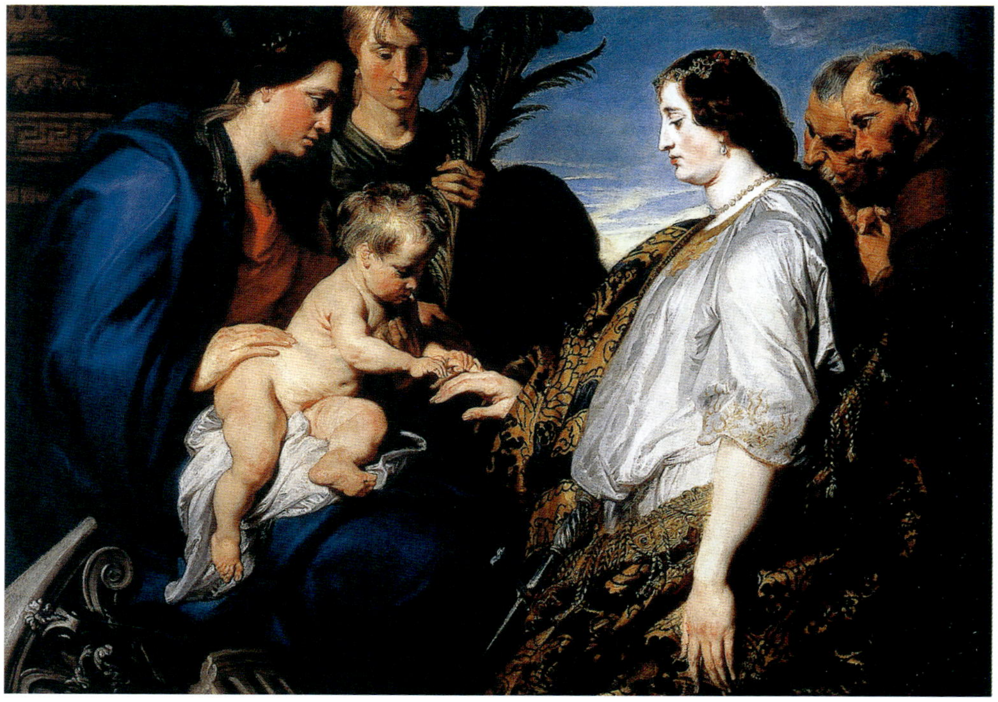

13. Anton van Dyck, *Nozze mistiche di santa Caterina*, Madrid, Museo Nacional del Prado

[3] "Fece li cartoni e quadri dipinti per le tappezzerie dell'istorie di Decio"(Bellori ed.1976, p. 272). Per il ciclo dei cartoni, oggi a Vaduz, Collezioni del Principe di Liechtenstein, cfr. R. Baumstark, in *Liechtenstein...* 1985, pp.338-355; su tutta la questione dei modelli su tavola di Rubens e la partecipazione di Van Dyck ai cartoni, cfr. Jaffé 1989, nn. 350-364, pp. 214-216.

[4] La pala con *Sant'Ambrogio che riceve l'imperatore Teodosio* è a Vienna, Kunsthistorisches Museum. La versione più piccola (149 x 113 cm contro 362 x 246 dell'altra), interamente di mano di Van Dyck, si trova a Londra, The National Gallery. Al di là della condotta più fluida e nervosa, Van Dyck opera in questa versione una totale rielaborazione delle fisionomie, pur mantenendo la composizione sostanzialmente invariata. Cfr. Jaffé 1989, p. 227, n. 424; Brown 1999, scheda n. 20, pp. 133-134.

[5] Per le due versioni dell' *Incoronazione di spine* e per la mirabile serie di disegni collegate a questa invenzione, cfr Martin, Feigenbaum 1979, pp. 60-73, nn.10-15. Secondo gli autori Van Dyck derivò la figura dell'uomo in armi che pone la corona di spine sulla testa di Cristo dall'incisione con *Il Cavaliere, la Morte e il Diavolo* di Dürer.

meno contratta, del portatore nudo dell'*Incontro di Abramo e Melchisedec* dipinto da Rubens intorno al 1617[6]; e lo stesso Cristo muscoloso è della stirpe di Sansone o di qualche gladiatore prigioniero piuttosto che la rappresentazione dell'Uomo di Dolore quale ritroveremo più tardi nell'opera di Van Dyck. Al tempo stesso elementi italiani sono ravvisabili sia nella posizione stessa del busto del Cristo, che riprende quella di vari *Ecce Homo* tizianeschi (si pensi in particolare alla versione dell'Escorial, oggi al Prado), che negli effetti di luce sulla corazza dell'armigero, d'impronta veneto-lombarda, e forse anche nell'ambientazione spaziale con la grata dietro cui si sporgono i curiosi, quasi un'eco caravaggesca.

Probabilmente proprio poco tempo prima di partire per l'Italia, Van Dyck elabora quello che va considerato uno dei suoi massimi raggiungimenti nel quadro di storia sacra, la *Cattura di Cristo* (fig. 15). Eseguita anch'essa in più versioni, di cui la definitiva e più sorvegliata è quella donata dallo stesso pittore a Rubens e poi passata nelle collezioni reali spagnole (Prado), la *Cattura* mostra un artista giunto al pieno dominio delle sue possibilità. La lezione di Rubens, che ha insegnato ad Anton il "far grande" e la capacità di orchestrare grandi masse, è metabolizzata e in certo modo superata dalla sensibilità nervosa di Van Dyck, così come gli eventuali richiami al luminismo veneto vengono riassorbiti nel ritmo febbrile di una condotta pittorica tesa allo spasimo. L'estremo contrasto drammatico della scena è mirabilmente evidenziato dalla condotta in diagonale; a partire dall'angolo in basso a sinistra, la marea urlante monta dietro a Giuda fino all'acme visivo costituito dalle due mani che stanno lanciando una corda al di sopra della testa di Cristo: vero e proprio "fortissimo" orchestrale, cui risponde la brusca cesura verticale del Cristo, quasi immobile e assorto nell'accettazione del male necessario. Con una grande invenzione cromatica Van Dyck rafforza il senso di isolamento di Gesù: in una composizione illuminata dai riflessi giallastri delle torce, il Salvatore si staglia in una tunica nera accompagnata a un mantello rosso sangue, chiara allusione al lutto per il tradimento umano e al sacrificio che ne seguirà[7].

A questo punto, il viaggio in Italia viene a costituire un'interruzione in questo percorso estremamente teso e ormai giunto a una sua individuata maturità; il maestro ventiduenne, a contatto con la cultura italiana e col diverso mondo sociale dei suoi nuovi committenti ed estimatori, elaborerà una nuova coscienza di sé e la sua maturazione lo porterà verso nuove dimensioni espressive, in cui particolarmente la pittura religiosa non potrà più essere la stessa.

Venire in Italia implica il contatto diretto, quotidiano con i grandi modelli del Cinquecento. Nell'immenso patrimonio che si offre al suo studio, Van Dyck opera scelte ben precise, guidato da un intento che quasi azzera ogni altro interesse: impossessarsi dell'arte di Tiziano. Già conosciuto attraverso qualche originale e sicuramente attraverso copie, disegni e incisioni durante gli anni del tirocinio anversese e del primo viaggio in Inghilterra[8], Tiziano diventa il nume tutelare (e lo resterà per tutta la vita) dell'artista fiammingo, che nei suoi spostamenti nella penisola tra Genova e Roma – e più tardi Palermo – non avrà praticamente occhi che per il genio veneto e in misura minore per opere degli altri grandi maestri della scuola veneziana del Cinquecento. Il *Taccuino italiano* di schizzi di Van Dyck è fitto, oltre che di disegni, di appunti sulle cose di Tiziano da vedere. In questo universo di riferimento tutto veneto, l'attenzione si sposta ben di rado su altri modelli: pressoché assenti gli artisti italiani moderni, solo Raffaello appare studiato in più di un foglio occasionale. Naturalmente il *Taccuino italiano* non può essere considerato come unica traccia delle scelte e delle opere studiate da Van Dyck in circa sei anni di permanenza in Italia; certamente subì l'influenza degli emiliani, specialmente di Correggio, e la stessa attenzione a Raffaello si rivela essere stata maggiore di quanto documentino i pochi disegni rimasti.

Il tema più frequente nei fogli del *Taccuino italiano* è costituito dalla Madonna col Bambino. Non è un caso che, di fronte ai modelli di assoluta perfezione offerti dall'arte italiana in questo campo, Van Dyck ne abbia fatto il soggetto centrale della sua pittura religiosa fin dai primi tempi del suo arrivo in Italia. Concentrandosi sul gruppo della madre con il figlio, talvolta appena allargato a qualche altro sacro personaggio, l'artista nel corso degli anni italiani

[6] Rubens, *Incontro di Abramo e Melchisedec*, Caen, Musée des Beaux-Arts. I rispettivi disegni dei due artisti per la stessa figura nuda mostrano il loro diverso approccio tecnico ed espressivo, cfr. Martin, Feigenbaum 1979, p. 68 n. 13. Un altro dipinto di storia sacra di Van Dyck da mettere in stretta contiguità cronologica e stilistica con l'*Incoronazione di spine* è il *San Martino che divide il suo mantello* per la chiesa del santo a Zaventem, caratterizzato dallo stesso linguaggio rubensiano con grandi figure che "forano" lo spazio del quadro con la loro ridondante fisicità. Se il muscolosissimo nudo del mendicante che funge da *repoussoir* al centro è una figura ideata a stretto contatto con Rubens, negli altri personaggi sono identificabili derivazioni italiane: il san Martino a cavallo è esemplato su una figura della stampa di Domenico dalle Greche da Tiziano con il *Passaggio del Mar Rosso*, mentre lo storpio a destra riflette la conoscenza del cartone di Raffaello con la *Guarigione dello storpio*, che nel 1619 si trovava – assieme agli altri cartoni degli *Atti degli Apostoli* – a Bruxelles (cfr. Martin, Feigenbaum 1979, pp. 74-78, n. 16; Vlieghe 1999, scheda n.18, pp. 126-128).

[7] Le tre versioni dipinte della *Cattura di Cristo* sono a Bristol, Museums and Art Gallery; al Minneapolis Institute of Art; e a Madrid, Prado. Senza entrare in merito alla sequenza cronologica dei tre dipinti (cfr. in proposito Martin, Feigenbaum, 1979, pp. 98-112, nn. 24-29; Brown, 1999, scheda n.24, pp.144-146), andrà osservato come la più piccola versione di Minneapolis e quella grandiosa del Prado seguano la stessa impaginazione, con il gruppo principale spostato verso destra e l'inserimento a sinistra di san Pietro che infierisce su Malco, mentre nel dipinto di Bristol Van Dyck non introduce quest'ultimo episodio ma pone alle due estremità del gruppo di assalitori lo stesso, inconfondibile modello usato in tanti suoi dipinti giovanili, caratterizzato da capigliatura e barba fulve e dai lineamenti crudeli, visto da due angolazioni diverse.

[8] Van Dyck compì un primo viaggio in Inghilterra tra l'ottobre del 1620 e il febbraio del 1621, nel corso del quale ebbe modo di entrare sotto la protezione del conte di Arundel, Thomas Howard, e di frequentarne le ricche collezioni di marmi e dipinti, tra cui opere di Tiziano (un riflesso della maniera pittorica del maestro veneto è nel ritratto del conte di Arundel eseguito in quel primo soggiorno inglese, oggi nel J. Paul Getty Museum di Los Angeles). Altro suo protettore e committente in questo viaggio fu George Villiers, il futuro duca di Buckingham, che vantava una cospicua raccolta di opere di Paolo Veronese.

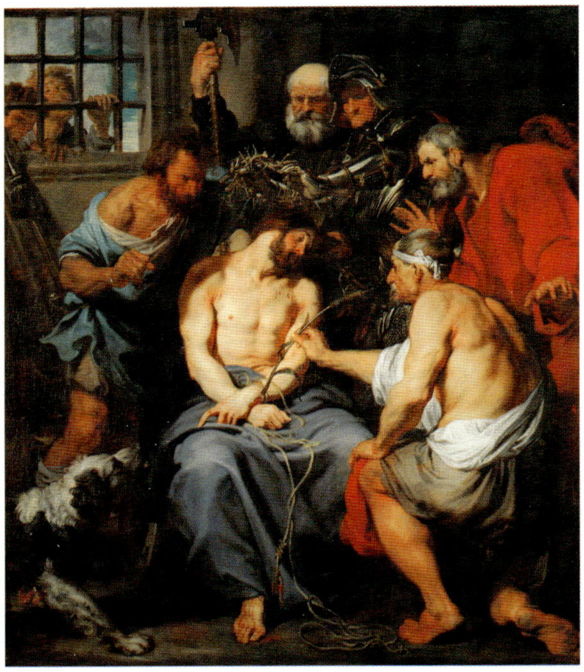

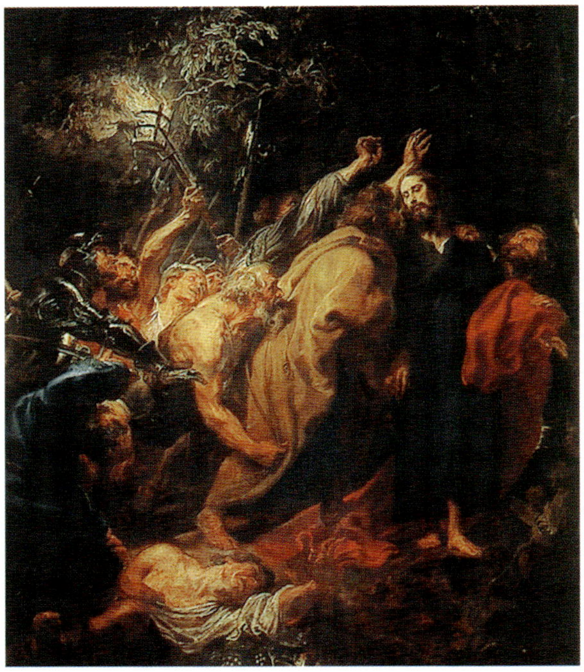

14. Anton van Dyck, *Incoronazione di spine*, Madrid, Museo Nacional del Prado

15. Anton van Dyck, *Cattura di Cristo*, Madrid, Museo Nacional del Prado

mette a punto una serie di variazioni costruite su una calibrata tenerezza di gesti, e in cui è presente una sensibilità elegiaca che, al di là della diversa ricerca formale, segna il netto distacco dalle più terrene Madonne di Rubens. Tra i primi esempi di elaborazione del tema, dove più scoperta è la suggestione dei modelli formali offerti dalla pittura italiana, sono da considerare la *Madonna con il Bambino dormiente* di Parma (cat. n. 13), che sull'impianto veneto del gruppo introduce la lieve scorciatura idealizzata del volto di ascendenza raffaellesca (quale appare ad esempio nella *Galatea* della Farnesina), e la *Madonna col Bambino dormiente* della Galleria Nazionale di Palazzo Corsini a Roma (cat. n. 17), dove Van Dyck mostra di aver guardato a Correggio nell'adozione dello sfumato che ammorbidisce i contorni. Un ulteriore svolgimento del tema è offerto dalla *Sacra Famiglia con san Giovannino* di Genova (cat. n. 15), già in collezione Doria (oggi nelle collezioni d'arte della Banca Carige) che rimanda direttamente a Tiziano, sia nell'impostazione spaziale incentrata sulla base posta in diagonale della colonna, che nelle tipologie dei personaggi[9]. In tutti questi dipinti è evidente come l'artista operi un raffinamento idealizzante delle sue figure, in sintonia con la ricerca di bellezza cui lo porta il continuo confronto con l'arte italiana.

In questo clima nascono opere come il *San Giovanni Battista* di Los Angeles, che ha fatto dubitare alcuni critici della paternità di Van Dyck, per la misura classica in cui è calato il giovane in rapporto al paesaggio solitario; distante dalle numerose versioni offerte dai caravaggeschi, l'opera sembra precedere il percorso intrapreso di lì a poco da Guido Reni nei suoi Santi adolescenti[10].

Tutti i dipinti finora esaminati si scalano dopo il soggiorno romano, e sono opere di formato ridotto o comunque contenuto, destinate al collezionismo privato. Un problema fino a oggi rimasto senza soluzione è costituito dalla pala con il *Martirio di santo Stefano*, oggi a Tatton Park (Collezione Egerton) (fig. 16), che secondo una tradizione risalente solo ai primi dell'Ottocento sarebbe stata eseguita da Van Dyck a Venezia (quindi tra i due soggiorni romani, rispettivamente del 1622 e del 1623) "per la cappella spagnola in Roma". Un'opera siffatta non è testimoniata né in San Giacomo degli Spagnoli né in Santa Maria di Monserrato, principali chiese della nazione iberica nella capitale pontificia, e non è stata rintracciata presso altre chiese descritte nelle guide della città; pertanto l'unica ipotesi – se si vuole dare fede al documento ottocentesco – sarebbe quella della commissione da parte di qualche personalità spagnola per la cappella privata di un palazzo[11]. Nel silenzio di Bellori come delle più antiche fonti biografiche dell'artista, resta come dato sicuro l'esecuzione negli anni italiani. In questa, che dovrebbe quindi essere la prima composizione religiosa di ampio respiro dipinta dal fiammingo in Italia, è interessante notare l'intrecciarsi di rimandi a modelli italiani, sia desunti direttamente che filtrati attraverso l'opera di Rubens. Il dipinto cui Van Dyck si richiama è infatti il grande pannello centrale con la scena del *Martirio* del trittico di Santo Stefano eseguito da Rubens nel

[9] Andrà sottolineata, a partire da quest'opera e ancor meglio evidenziata nella *Sacra Famiglia con sant'Anna e san Giovannino* della Galleria Sabauda, l'importanza della *Pala Pesaro* di Tiziano ai Frari nel percorso di Van Dyck, per l'organizzazione dello spazio secondo fughe prospettiche in diagonale, come per il ruolo di fulcro architettonico e simbolico che ha la colonna.

[10] Il dipinto di Los Angeles, County Museum of Art, inizialmente datato da Glück intorno al 1625, è stato recentemente anticipato dalla Barnes ai primissimi mesi del soggiorno italiano tra 1621 e inizi 1622, e avvicinato alla *Susanna e i vecchioni* dell'Alte Pinakothek di Monaco (Barnes 1997, scheda n. 68, p. 322).

[11] La prima fonte sulla provenienza romana del *Santo Stefano* è costituita dal catalogo della vendita Delahante presso Philips, Londra 3 giugno 1814, che afferma "painted at Venice … for the Spanish chapel at Rome". L'opera ha comunque una provenienza spagnola, perché nel 1793 si trovava nella chiesa di San Pascual Bailon a Madrid, dove rimase fino al 1803-1806, quando fu portata dal Primo Ministro Godoy nel suo palazzo madrileno (Brown 1999, scheda n. 32, p.166).

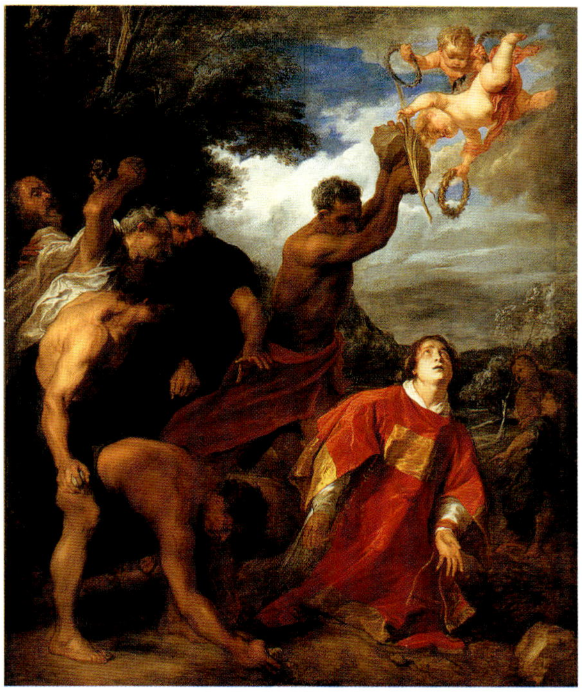

16. Anton van Dyck, *Martirio di santo Stefano*, Tatton Park, collezione Egerton

1616-1617 per l'abbazia benedettina di Saint-Amand presso Valenciennes (oggi nel Musée des Beaux-Arts della città), a sua volta ispirato all'omonima pala ideata dal Cigoli nel 1597 per la chiesa di Montedomini a Firenze (oggi nella Galleria Palatina, Palazzo Pitti). Pur riutilizzando testualmente alcune figure del dipinto di Rubens, quale il gruppo con funzione di quinta degli aguzzini a sinistra, con l'uomo proteso in avanti con il pugno chiuso e la pietra nell'altra mano, e l'uomo chino a raccogliere un sasso, Van Dyck arriva a una decisa innovazione della composizione sia in rapporto al maestro che al più antico modello fiorentino. In confronto all'accalcarsi di figure dai muscoli prorompenti che risucchia al centro della pala di Rubens il santo martire (effetto ribadito dalla turgida macchina di nuvole con la Trinità e dal groppo di angeli corposi che si avventano verso il basso), Van Dyck opera un radicale sfoltimento e sposta il baricentro della scena sulla destra, isolando la figura del santo contro il paesaggio. Come nella *Cattura di Cristo* (fig. 15), c'è un elemento dinamico ascensionale (la turba degli aguzzini) che pervade una parte del dipinto e culmina qui nella grossa pietra sollevata per abbattersi sulla testa della vittima: a quel punto il ritmo si sospende, dando forza allo sguardo di Stefano verso il cielo, dove la sobria apparizione di due puttini non disturba il respiro naturalistico dello spazio circostante. È questo l'elemento più nuovo e distante da Rubens (e, più alla lontana, da Cigoli): in confronto allo spazio convulso e pieno di forme turgide – corpi, architetture, nuvole – del dipinto di Valenciennes, qui il paesaggio, di evidente derivazione veneta, si dilata. Esso rimanda a Tiziano anche nell'impostazione, con la grande proda frondosa in ombra quale quinta da una parte, e la veduta che si allarga in profondità dall'altra (tra le opere in cui Tiziano adotta questo espediente, si veda ad esempio la *Maddalena penitente* già in Palazzo Barbarigo a Venezia e oggi all'Ermitage, o il *San Giovanni Battista* della chiesa di Santa Maria Maggiore sempre a Venezia, oggi nelle Gallerie dell'Accademia).

In confronto al veneteggiante *Martirio di santo Stefano*, il debito verso Rubens è evidente in misura molto maggiore nella più importante opera religiosa eseguita da Van Dyck in Italia, la pala con la *Madonna del Rosario e santi* (*Pala della peste*) di Palermo[12] (fig. 39).

Ma va notato che il modello cui l'artista guarda non è il Rubens da lui conosciuto e affiancato ad Anversa, ma il giovane Rubens del periodo romano. Punto di riferimento scelto per il dipinto palermitano è infatti la prima pala eseguita da Rubens per la chiesa di Santa Maria in Vallicella, e, a seguito del rifiuto da parte degli oratoriani, inviata in patria, dove Van Dyck doveva conoscerla benissimo, essendo stata posta fin dal 1610 dallo stesso Rubens sul monumento funebre della propria madre nella chiesa di San Michele ad Anversa. Da essa Van Dyck mutua lo schema architettonico, con il prospetto ad arco trionfale aperto al centro, con i santi che si dispongono sul proscenio e la Madonna in alto circondata da angioletti. Inoltre il gruppo di sante sulla destra deriva, nella disposizione e nelle fisionomie, dalla pala di Rubens; in particolare, la santa col ramoscello d'olivo accanto a Caterina da Siena (sant'Olivia), riprende anche nel gesto la santa Domitilla, mentre la testa di profilo ricalca testualmente la prima impostazione che Rubens aveva dato alla testa di quella figura, documentata da bozzetti e studi preparatori. Anche per lo scorcio estatico di santa Caterina Van Dyck si riferisce alla pala rubensiana, al santo eunuco (Nereo o Achilleo) alle spalle di Domitilla. Ma in confronto alla scansione monumentale dei personaggi di Rubens l'artista più giovane introduce note più drammatiche e intense nel putto centrale che fugge coprendosi il naso, colpito dai miasmi della peste, e nel gruppo di figure peroranti a sinistra, culminante nel san Do-

[12] Sulla pala dell'Oratorio del Rosario e sulla permanenza di Van Dyck in Sicilia cfr. Mendola 1999, pp. 58-63; e il saggio di V. Abbate in questo catalogo.

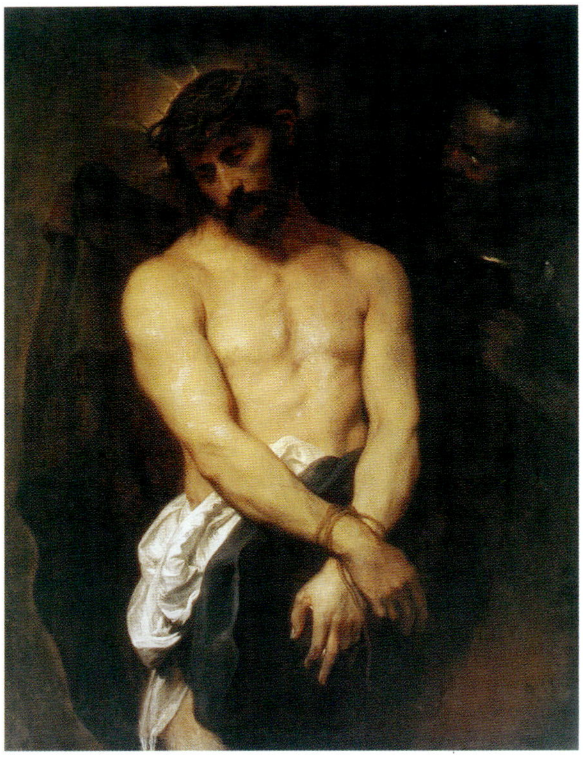

17. Anton van Dyck, *Ecce Homo*, Birmingham, Barber Institute of Fine Arts

menico che è vero figlio dei santi attori e protagonisti delle pale di Tiziano, a partire dall'*Assunta* dei Frari. Un riferimento più specifico per la disposizione di san Domenico con il braccio proteso e della Vergine inclinata verso di lui si può trovare nella pala tizianesca di *San Giovanni Elemosinario*.

In stretta connessione con la pala palermitana sono le varie redazioni aventi come soggetto santa Rosalia, eseguite almeno in parte durante il soggiorno in Sicilia. A parte la più complessa raffigurazione con *Santa Rosalia presentata dalla Madonna alla Trinità*, nota attraverso il dipinto dell'Alte Pinakothek di Monaco e una replica in collezione privata palermitana, Van Dyck ha concentrato la sua attenzione sull'immagine ascetica della santa, elaborandone almeno tre diverse composizioni (anch'esse note in più repliche): *Santa Rosalia trasportata in cielo dagli angeli*, dove il ritmo rapinoso che investe la santa, le cui fattezze ricordano quelle della santa Domitilla rubensiana nella redazione finale dell'altare della Vallicella, è sottolineato dal lieve piegarsi all'indietro della figura[13]; *Santa Rosalia in estasi*, in cui la santa, vista frontalmente, mostra significative assonanze sia nella posizione che nell'ambientazione con il *San Francesco in estasi* di Guido Reni della chiesa dei Girolamini (San Filippo Neri) a Napoli, dipinto dall'artista bolognese intorno al 1622[14]; e infine la *Santa Rosalia che intercede per la città di Palermo*, a proposito della quale andrà notato che Van Dyck, nella versione Rospigliosi qui presentata (cat. n. 12), adotta ancora una volta per la santa le fattezze della santa Domitilla di Rubens nell'edizione finale della Vallicella e accenna solo indefinitamente al paesaggio sottostante, mentre nella versione del Museo di Ponce (Portorico) la figura mostra lineamenti più affilati, e il pittore opta per un'ambientazione più definita, aprendo a sinistra lo spazio sulla veduta della città di Palermo.

Legata al periodo italiano di Van Dyck è anche la definizione di un una nuova immagine di Cristo, dove è più che in altri casi evidente il distacco dalla prima produzione anversese nel segno di Rubens. Sollecitato, oltre che da Tiziano e dai veneti, dai modelli di bellezza apollinea offerti da Correggio (ma anche da Annibale Carracci, la cui *Pietà* per il cardinal Farnese lascerà una traccia durevole sul pittore di Anversa), Van Dyck raffina l'anatomia dell'Uomo di Dolore mentre la stesura pittorica ne definisce con estrema sensibilità le epidermidi; la acuta sensibilità del pittore carica queste figure di una bellezza estenuata e sensuale, ormai lontana dal massiccio Cristo coronato di spine (fig. 14) di qualche anno prima. Appartiene a questa nuova dimensione emozionale l'*Incredulità di san Tommaso* dell'Ermitage, la cui appartenenza al periodo italiano è oltretutto comprovata dalla nitida impressione ricevuta dalla vista dell'*Incredulità di san Tommaso* di Caravaggio per i Giustiniani, che si traduce nella citazione dell'apostolo colpito dalla luce sulla fronte mentre è proteso a scrutare le ferite di Cristo. Ancora il Caravaggio dell'*Ecce Homo* oggi nella Galleria di Palazzo Bianco a Genova – sia che il quadro vada riconosciuto in quello della gara romana indetta da Monsignor Massimi tra Caravaggio, il Cigoli e il Passignano, sia che esso venga dalla committenza genovese – è il modello, unito allo studio dello stesso tema nelle varie redazioni eseguite da Tiziano, per l'*Ecce Homo* di Birmingham (fig. 17), dove Van Dyck spinge al massimo l'effetto patetico e quello sensuale, sottolineando quest'ultimo con il ricercato contrapposto tra le carni pallide del Cristo e il negro che gli impone con feroce ironia il mantello[15].

L'omaggio più palese tributato a Tiziano dall'artista fiammingo nel corso dei suoi anni genovesi è costituito dal celebre *Tributo della moneta* (Genova, Galleria di Palazzo Bianco) (cat. n. 14), verosimil-

[13] New York, The Metropolitan Museum of Art (cfr. scheda).

[14] Vedi Gordon 1979, pp. 127-128, n. 34.

[15] L'*Ecce Homo* di Birmingham proviene dalla collezione genovese di Francesco Maria Balbi; va collocato in un momento abbastanza avanzato del soggiorno italiano, dato che Van Dyck dimostra di mettere a frutto, sull'ineludibile substrato tizianesco, la conoscenza dei modelli offerti da Cigoli e soprattutto dal citato *Ecce Homo* di Caravaggio a Palazzo Bianco, dal quale è testualmente ripreso il gesto del manigoldo che impone il mantello sulle spalle di Cristo. Cfr. Di Fabio 1997, n. 3, p. 156; Barnes, *ibidem*, n. 67, p. 320.

mente eseguito sulla base dell'incisione di Martin Rota dal dipinto del maestro veneto, già allora nelle collezioni reali spagnole; mentre nella sequenza dei Crocifissi del periodo italiano – ancora incerta da definire, stante la discussa autografia della maggior parte di essi – il pittore è ancora in linea con i modelli offerti da Rubens nel tipo fisico e nell'inconfondibile, espressiva stiratura cui è sottoposto il corpo, dalle braccia protese verso l'alto a formare una "Y". Ma anche qui, negli esempi di sicura mano di Van Dyck, e cioè il *Crocifisso* oggi in Palazzo Reale a Genova e la pala con il *Crocifisso adorato da Francesco Orero e santi* di San Michele di Pagana presso Rapallo, unico dipinto religioso di destinazione pubblica eseguito dall'artista durante il soggiorno ligure, si assiste a quel processo di raffinamento di forme e contenuti emotivi nei confronti del maestro, sostituendo alla dimensione di epos tragico conferita da questi ai suoi Cristi eroici, un'elegiaca, talvolta straziante, pateticità. A questo risultato concorrono varie esperienze italiane, non solo venete, ma anche emiliane e forse non ultima la suggestione della pala di Federico Barocci con il *Crocifisso, i dolenti e san Sebastiano* nel duomo di Genova.

Un più evidente richiamo alla pala genovese di Barocci si ritroverà inaspettatamente in un'opera di qualche anno dopo, quando Van Dyck sarà ormai rientrato ad Anversa, divenendone uno dei pittori più richiesti per soggetti religiosi. Si tratta della *Crocifissione* eseguita per i Frati Minori e oggi nel Musée des Beaux-Arts di Lille (fig. 7), dove le ancora fresche reminiscenze italiane e il rinnovato influsso di Rubens si fondono in una delle più felici redazioni del tema offerte dal pittore, pervasa da una tensione che non cede un solo momento a formule più retoriche quali ogni tanto Van Dyck si trova ad adottare in queste opere di grande impegno e di ampio respiro. Oltre al richiamo alla pala del duomo genovese nell'asse compositivo ed emotivo formato dal gruppo della Madonna e san Giovanni a destra e dal Crocifisso posto in leggero scorcio verso di loro, una reminescenza da Barocci (e, risalendo, da Correggio) può essere colta nella figura della Maddalena inginocchiata ai piedi della croce. La rappresentazione della croce posta di scorcio nella scena del Calvario, già sperimentata dai maestri veneti del Cinquecento e utilizzata (anche se solo con una lieve – ma quanto efficace – rotazione dello spazio) da Barocci nella citata pala del duomo di Genova, aveva poi avuto un'efficacissima consacrazione in ambito fiammingo nel celebre *Calvario* dipinto da Rubens per l'altar maggiore della chiesa dei Recolletti di Anversa (*Le coup de lance* oggi nel Koninklijk Museum voor Schone Kunsten della città) entro il 1620. Van Dyck nelle varie redazioni del tema della crocifissione che eseguirà durante il secondo soggiorno anversese adotterà sia l'impostazione di scorcio che quella più usuale frontale[16]. Come si è gia accennato, il rientro ad Anversa costituisce l'inizio di una intensa attività costituita da grandi commissioni sacre, che attestano il prestigio ormai consolidato dell'artista nei territori d'origine, e il favore che il suo stile, elegante e sensibile, e a quel punto anche più "italiano" di quello di Rubens, incontrava presso le comunità religiose oltre che presso i privati. Ma tale attività, concentrata in circa quattro anni e mezzo (Van Dyck è di rientro ad Anversa dall'Italia nel settembre del 1627), induce l'artista a una continua rielaborazione degli stessi impianti devozionali, affollati di personaggi, e questo non è senza conseguenze sui risultati, ancorché sorretti da un altissimo magistero. In realtà il pittore rientrato dall'Italia ha ormai elaborato un nuovo codice espressivo, dove non ha più posto la narrazione incalzante degli anni della prima giovinezza, o la volontà di delineare contrasti etici attraverso movimenti corali; ormai egli deliba le singole figure, le sottopone a una rallentata quanto armoniosa stilizzazione formale, ne potenzia la carica di seduzione emotiva nei confronti dell'osservatore. In fondo l'unico appunto che Bellori muove all'artista nel delinearne la biografia, e cioè che "nell'istorie però non si mostrò sufficiente e stabile nel disegno, né sodisfece con perfetta idea, mancando in questa e nell'altre parti che si convengono all'azzione de' componimenti"[17], pur partendo da un pregiudizio teorico che pone come livello più alto e nobile della pittura la rappresentazione appunto di "istorie", coglie l'elaborazione più faticosa delle scene sacre in confronto alla suprema sicurezza nell'esaltare l'uomo nei suoi tratti e nella sua dimensione sociale. Peraltro se Van Dyck va mostrandosi meno a suo agio nelle composizioni solenni destinate alla pubblica

[16] Nel secondo soggiorno anversese Van Dyck eseguirà almeno cinque grandi pale d'altare sul tema della Crocifissione. Oltre alla citata *Crocifissione* per i Minoriti di Lille, che è quella con la maggior dinamica spaziale, nel 1629 esegue il *Crocifisso tra san Domenico e santa Caterina da Siena* per le Suore Domenicane di Anversa (oggi nel Koninklijk Museum della città), d'impianto rigidamente frontale; a questa seguiranno la *Crocifissione con i Dolenti e san Francesco* per la chiesa dei Cappuccini di Dendermonde e la *Crocifissione* per la chiesa di San Michele a Gand, quest'ultime due ancora frontali, ma con l'impianto simmetrico mitigato nella pala di Gand dalla quinta dei cavalieri con l'alto vessillo; e ancora la *Crocifissione* della cattedrale di Mechelen, che riprende la posizione di scorcio della Croce e introduce anche la raffigurazione dei due ladroni, dimostrando una più diretta dipendenza dal *Calvario* rubensiano dei Recolletti di Anversa. Un aspetto importante legato alle opere sacre di questo secondo periodo fiammingo di Van Dyck è costituito dalla loro traduzione in incisioni: il pittore si è reso conto, sulla scorta di Rubens, della potenzialità di diffusione di un'immagine attraverso la stampa, e quindi assicura la notorietà delle composizioni religiose create affidandone la traduzione ad artisti quali Paulus Pontius o Pieter de Jode il Giovane.

[17] Bellori, ed.1976, pp. 283-284.

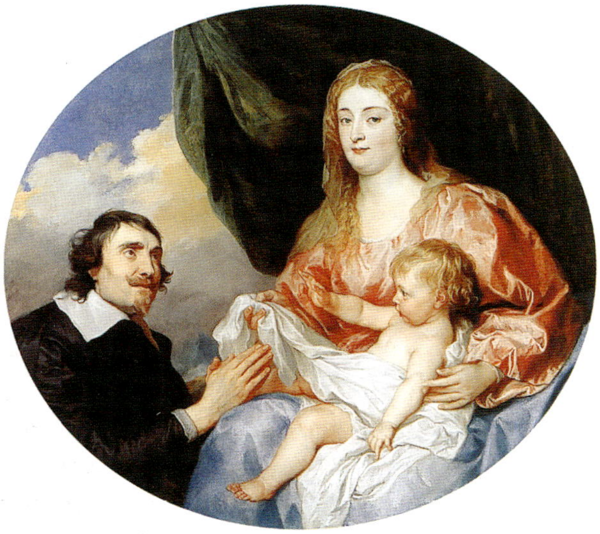

18. Anton van Dyck, *L'abate Scaglia che adora la Vergine col Bambino*, Londra, The National Gallery

devozione, riuscirà a dare sempre forma perfetta e originale a una religiosità più intimistica, o comunque calata in una dimensione lirica, affine a quella delle sue "poesie" mitologiche.

Un caso esemplare del rapporto del nuovo Van Dyck con il tema religioso è quello offerto dall'opera forse più impegnativa, dal punto di vista dottrinale come da quello del prestigio, tra quelle intraprese durante il rientro in patria, l'*Estasi di sant'Agostino* (fig. 21), eseguita nel 1628 per l'altare sinistro della chiesa degli Agostiniani di Anversa in gara con Rubens e Jordaens, rispettivamente autori dell'enorme pala dell'altar maggiore e di quella per l'altare destro[18]. Per affrontare la raffigurazione del padre della Chiesa in contemplazione dei misteri della Trinità, affiancato da angeli, santa Monica e dal padre agostiniano donatore, Van Dyck fa ricorso a una composizione di icastica frontalità. Il pittore fa sfoggio della sua conoscenza di illustri precedenti italiani, riprendendo testualmente il Cristo sulle nuvole dal Cristo di Raffaello nella *Disputa del Sacramento* delle Stanze vaticane, e inserendo elementi tizianeschi ed emiliani (compresa la citazione della *Santa Caterina* di Annibale Carracci in Santa Caterina dei Funari a Roma nell'angelo in basso a destra); anche l'impaginazione su due piani è di derivazione italiana, e tra i modelli è possibile citare il *Perdono di Assisi* di Barocci, universalmente noto tramite l'incisione eseguita dallo stesso artista. L'opera compiuta da Van Dyck si fa ammirare per la sintesi originale di questa molteplicità di rimandi e per la sostenutezza dello stile, piuttosto che per un'effettiva capacità di suggestione religiosa. Anche alcune delle grandi *Crocifissioni*, a partire dal *Crocifisso tra i santi Domenico e Caterina da Siena*, dipinto nel 1629 in ricordo del padre, parlano un linguaggio troppo sorvegliato nelle attitudini retoriche di rappresentazione del dolore, per tradursi in valida alternativa ai tragici "fortissimo" dei *Calvari* rubensiani. Al contrario un tema quale il *Compianto sul Cristo morto*, che veicola il dramma in una sfera di dolore più intimo, avrà in Van Dyck una mirabile serie di diverse interpretazioni, in cui il più alto contenuto emotivo va di pari passo con la originale bellezza delle soluzioni ideate[19]. In questo caso, più che in ogni altro tema religioso, gli apporti, fiamminghi e italiani, sono riassorbiti nel linguaggio personale del maestro di Anversa. Nella prima e più celebre tra le versioni giunte fino a noi, il *Compianto sul Cristo morto* eseguito per la chiesa del Beghinaggio di Anversa, in cui vivevano tre sorelle del pittore (una di esse, secondo Bellori, sarebbe stata ritratta da Van Dyck nella Maddalena)[20], è evidente il richiamo alla *Pietà* di Annibale Carracci per il cardinal Farnese (oggi a Napoli, Museo di Capodimonte) (fig. 10), cui la unisce, al di là della ripresa delle posture, la resa della bellezza apollinea del Cristo non scalfita dalla morte. Di forte impronta veneta era l'altro *Compianto* di grande formato, eseguito alla fine del terzo decennio, già conservato a Berlino e andato distrutto con la seconda Guerra mondiale, in cui Van Dyck riecheggiava nella testa del san Giovanni l'omonimo santo nella *Deposizione* di Tiziano per i Gonzaga, che sarebbe in seguito passata nella collezione di Carlo I d'Inghilterra.

Il rapporto con l'Italia durante questo primo rientro ad Anversa verrà mantenuto vivo non solo attraverso le persone con cui Van Dyck è in rapporto e il bagaglio di conoscenze artistiche acquisite, ma anche grazie alla fedeltà a una particolare devozione, quella verso santa Rosalia, appresa in Sicilia. Dopo aver contribuito a creare negli anni italiani l'iconografia della santa palermitana, rientrato nelle Fiandre il pittore divenne membro della Confraternita dei Celibi di Anversa, che aveva acquisito alcune reliquie della santa, e nel 1629 eseguì per la Confraternita stessa la pala con la *Madonna col*

[18] Le tre pale raffigurano la *Madonna con il Bambino in trono adorata dai santi* (Rubens), il *Martirio di sant'Apollonia* (Jordaens), e l'*Estasi di sant'Agostino* (Van Dyck), e sono conservate attualmente nel Koninklijk Museum di Anversa, in deposito dalla chiesa degli Agostiniani.

[19] Vedi il saggio di M.G. Bernardini *Il Compianto di Cristo: l'arte della commozione* in questo stesso catalogo.

[20] Bellori, ed. 1976, p. 276: "Ritrasse nel volto della Santa la sua propria sorella monaca, a cui ne fece dono". Potrebbe trattarsi, tra le tre, della sorella Anna, cui è dedicata la stampa del *Compianto* che il pittore fa incidere dall'amico Paulus Pontius.

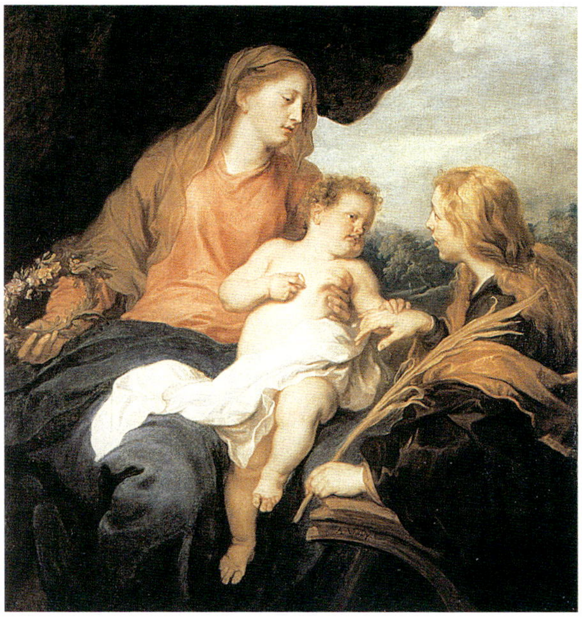

19. Anton van Dyck, *Nozze mistiche di santa Caterina*, The Royal Collection - Her Majesty Queen Elizabeth II

Bambino e santa Rosalia, san Pietro e san Paolo (oggi a Vienna, Kunsthistorisches Museum) (cat. n. 24). Per l'occasione il pittore scelse di eseguire una pala d'impostazione tutta italiana, riprendendo lo schema diagonale della pala delle *Nozze mistiche di santa Caterina* dipinta da Paolo Veronese per l'omonima chiesa di Venezia (oggi alle Gallerie dell'Accademia) e di essa riecheggiando, oltre la disposizione della Madonna e della santa inginocchiata davanti a lei, lo sfarzo delle vesti nel manto che copre santa Rosalia; mentre il san Paolo a sinistra, chiuso in severa meditazione, discende dall'omonimo santo nella raffaellesca *Estasi di santa Cecilia* di Bologna. Per la stessa Confraternita dei Celibi Van Dyck esegue l'anno successivo la *Visione del beato Hermann Joseph* (fig. 20). In questa pala d'altare di formato contenuto, raffigurante un matrimonio mistico al maschile, limitato ai due protagonisti (il giovane monaco e la Madonna) e ai due angeli testimoni, Anton dà prova di una padronanza artistica senza pari: la regia di gesti e di sguardi che veicolano sentimenti, l'inaudita raffinatezza di gamme cromatiche attutite – bianco perlaceo, ocra, azzurro polvere – ne fanno uno dei più sofisticati dipinti di tema religioso di tutto il Seicento[21]. Un altro dialogo sacro, la *Vergine offre il Bambino a sant'Antonio* della Pinacoteca di Brera (cat. n. 23), forse di poco precedente, non arriva a quella sottigliezza di effetti: ma è ammirevole la composizione, che potenzia il gesto affettuoso del Bambino ponendolo al centro della struttura geometrica definita dalle due figure maggiori.

L'artista continua anche nel periodo anversese a produrre felici variazioni sul tema della Madonna col Bambino: ne è un tipico esempio la *Madonna col Bambino e santa Caterina* del Metropolitan Museum di New York (cat. n. 27), che nell'aggraziato piegarsi della testa della Vergine denuncia un ricordo parmigianinesco. Capolavoro del genere è il *Riposo nella fuga in Egitto* dell'Alte Pinakothek di Monaco (cat. n. 28), la cui mirabile capacità di fondere componenti italiane e fiamminghe in un superiore equilibrio e di calare ogni cosa nell'incanto di un idillio già arcadico ne fa un'opera di riferimento per la pittura europea a venire.

Con il trasferimento in Inghilterra la produzione sacra dell'artista subirà una drastica rarefazione, peraltro prevedibile, dato il terreno critico rappresentato da una pittura religiosa in una nazione la cui corte professa più o meno apertamente fedeltà al cattolicesimo, mentre la vecchia guardia aristocratica e la maggioranza della popolazione sono pronte a difendere tenacemente l'indipendenza anglicana. Anche se si ha notizia di dipinti religiosi per l'entourage del Re e della Regina, andati dispersi o distrutti[22], è nel corso dei rientri in patria che si concentrano le ultime testimonianze della produzione sacra di Van Dyck. Tra queste occupa un posto centrale il *Compianto sul Cristo morto*, che è anche l'assunto centrale su cui stata costruita questa mostra.

Nelle redazioni più tarde del tema l'artista adotta invariabilmente il formato orizzontale, assecondando il disporsi del corpo del Cristo. In queste opere i ricordi italiani sono ormai completamente riassorbiti nel linguaggio maturo e patetico del maestro, e solo nel nudo del Cristo riappaiono con una certa evidenza. Il *Compianto* del 1634 dell'Alte Pinakothek di Monaco (fig. 3) e quello con la Maddalena qui esposto (cat. n. 26) mostrano, tra i numerosi punti in comune nella composizione, la ripresa dell'invenzione dell'angelo a destra che apre le braccia in un moto di costernazione; ambedue, pur nella diversità di stesura (nervosa e veloce, quasi sommaria, nel dipinto

[21] Sulla *Visione del beato Hermann Joseph* cfr. il recente contributo di C. Diskant Muir, *Art and Religion in Seventeenth-century Antwerp: Van Dyck's Mystic Marriage of the Blessed Hermann Joseph*, in "Simiolus", 28, 2000, pp. 51-69.

[22] A parte una serie di dipinti di soggetto sacro per il Cavalier Digby (*Deposizione dalla Croce*; *San Giovanni Battista nel deserto*; *Maddalena in estasi*; un *Crocifisso* spirante), Bellori ricorda un "Crocifisso con cinque angeli che in tazze d'oro raccolgono il sangue delle piaghe, e sotto la Croce... la Vergine, San Giovanni e Madalena" per il conte di Northumberland, e una "Madonna col Bambino e San Giuseppe rivolti ad un ballo di angeli in terra, mentre altri di loro suonano in aria con veduta di paese vaghissima" per la regina Enrichetta Maria (ed. 1976, pp. 280-281). Mentre degli altri non si hanno ulteriori elementi, quest'ultimo quadro potrebbe essere una versione del *Riposo in Egitto* di cui si conoscono due redazioni, una all'Ermitage, autografa ma mancante degli angeli musicanti in cielo, l'altra a Palazzo Pitti, corrispondente alla descrizione ma di bottega. Un'ulteriore traccia della presenza di quadri religiosi di Van Dyck alla corte di Londra potrebbe essere costituita dal *Matrimonio mistico di Santa Caterina* delle Collezioni Reali inglesi, forse identificabile con quello mandato in dono a Carlo I e Enrichetta Maria da sir Balthazar Gerbier, agente del re nelle Fiandre, nel 1631.

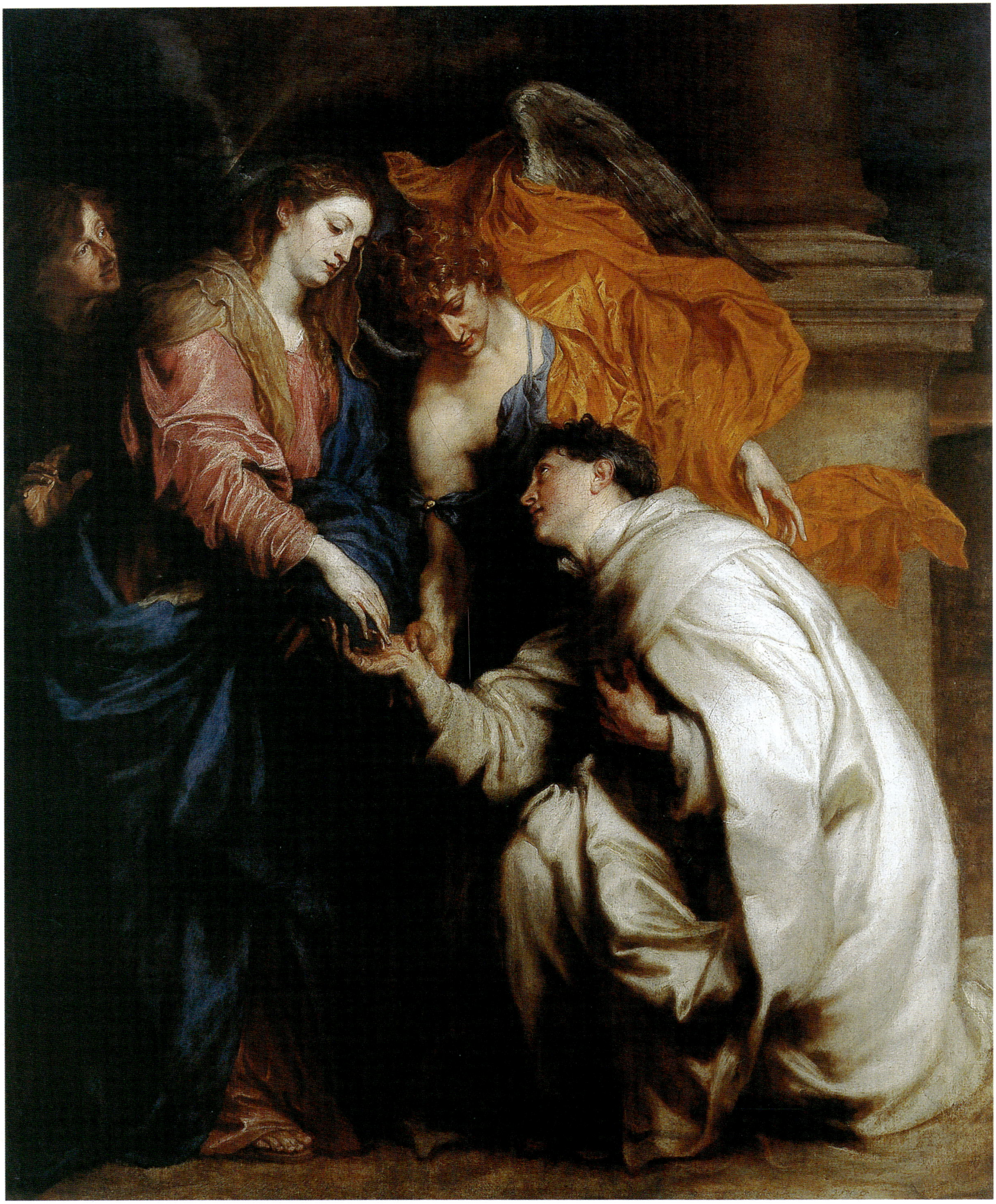

20. Anton van Dyck, *Visione del beato Hermann Joseph*, Vienna, Kunsthistoriches Museum

21. Anton van Dyck, *Estasi di sant'Agostino*, Anversa, Koninklijk Museum voor Schone Kunsten

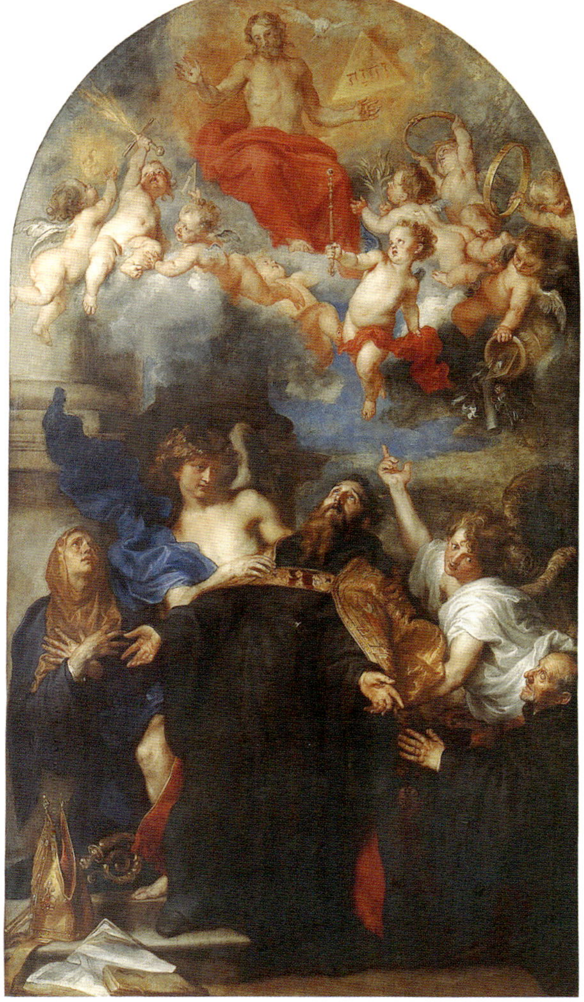

di Monaco; più tornita e vigorosa, nel dipinto di Roma) appartengono alla sfera di più intensa tragicità ideata dal pittore, che in ambedue pone come fulcro la maschera di dolore della Madonna.

L'ulteriore, ultimo sviluppo della pittura sacra di Van Dyck sarà costituito dai dipinti commissionati dall'abate Cesare Alessandro Scaglia, ambasciatore del duca di Savoia (nonché agente segreto al servizio degli interessi spagnoli), eseguiti intorno al 1635, durante un rientro nelle Fiandre, anche se non è escluso che il pittore abbia continuato a lavorarvi in Inghilterra.

Con stupefacente disinvoltura, nella *Madonna con il Bambino adorati dall'abate Scaglia* (fig. 18), Van Dyck reinventa l'immagine sacra con il donatore, partendo da un prototipo tizianesco conosciuto in Italia e annotato sul *Taccuino italiano*, ma conferendogli una forte carica mondana. Nella Madonna è a evidenza ritratta una dama, che fissa il suo sguardo sullo spettatore con un compiacimento appena trattenuto, che crea un sottile disagio, acuito dal trasporto religioso dell'abate in preghiera ai suoi piedi. Curiosamente, non sembra aver destato molta attenzione il fatto che l'identica dama appaia ritratta in abito da cerimonia nel dipinto al M.H. De Young Memorial Museum di San Francisco, di cui è stata proposta senza molto fondamento l'identificazione con la duchessa de Croy[23]. La ricontestualizzazione del ritratto come protagonista del quadro sacro è un'operazione inedita in Van Dyck, ed è probabilmente sintomo di uno svuotamento dei valori più direttamente devozionali dell'opera religiosa all'interno della civiltà di corte.

Ben diversa intensità ha l'ultima opera per Scaglia, il *Compianto sul Cristo morto* oggi conservato nel Koninklijk Museum di Anversa (cat. n. 34) ma originariamente destinato alla chiesa del monastero dei Recolletti della stessa città, nel quale Scaglia si era ritirato e dove morì. Nell'affrontare ancora una volta il tema tragico della Madre col Figlio morto, Van Dyck crea un capolavoro di assoluta originalità, sicuramente il Compianto più sofisticato e prezioso di tutto il Seicento per scelte cromatiche, che sembrano direttamente ispirate alle ali della ghiandaia – nocciola chiarissimo, terra di Siena bruciata e azzurro turchese nell'abito della Madonna. E tanta raffinatezza crea più lancinante contrasto con il volto della Vergine e con il corpo di Cristo, di cui, sfruttando il formato fortemente schiacciato e lungo della tela (forse concepita originariamente come una predella), il pittore accentua l'abbandono sul grembo materno. Ma alla forte drammaticità del Cristo, estremo omaggio a Tiziano, Van Dyck contrappone un elemento più moderno, il san Giovanni e gli angeli piangenti al suo fianco, le cui zazzere lisce o ricciute sono quelle dei principi e dei paggi della corte Stuart. Così anche in questa straordinaria immagine sacra si inserisce una sottile valenza mondana, che ne acuisce il fascino e sottolinea gli insospettati traguardi cui la pittura religiosa di Van Dyck aveva finito per approdare.

[23] Sui dipinti di Van Dyck per l'abate Scaglia cfr. A. Cifani, F. Monetti, 1992, pp. 506-514, che propongono di riconoscere la dama che funge da modella per la Madonna del quadro della National Gallery in Enrichetta di Lorena, principessa di Phalsbourg, il cui ritratto documentato di Van Dyck (Kenwood, The Iveagh Bequest) presenta però una fisionomia molto lontana da quella della *Madonna* Scaglia.

Opere in mostra

Anton van Dyck
Il compianto di Cristo
Anversa, 1628
olio su tela, 114 × 100 cm
Madrid, Museo Nacional del Prado
(cat. n. 22)

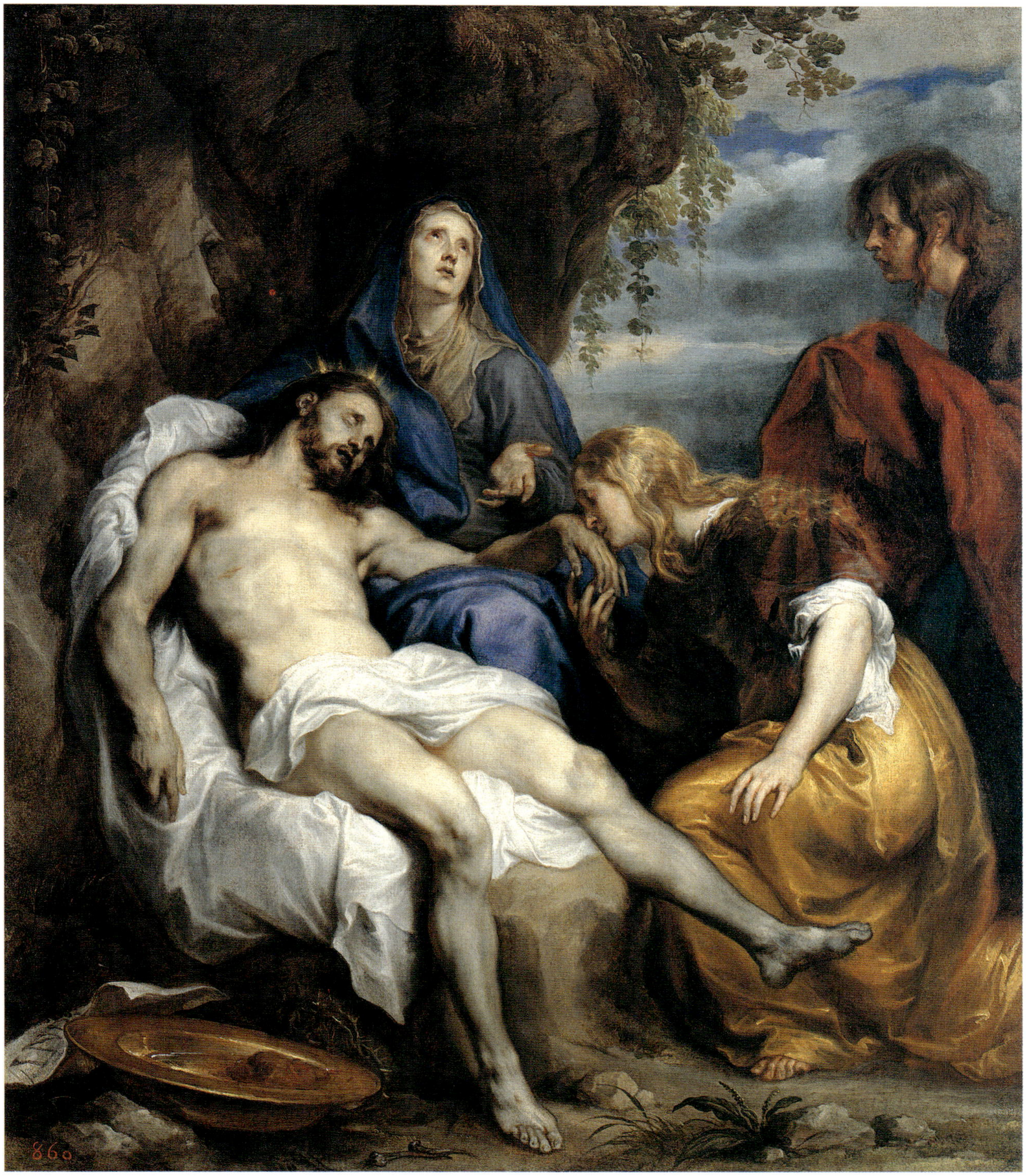

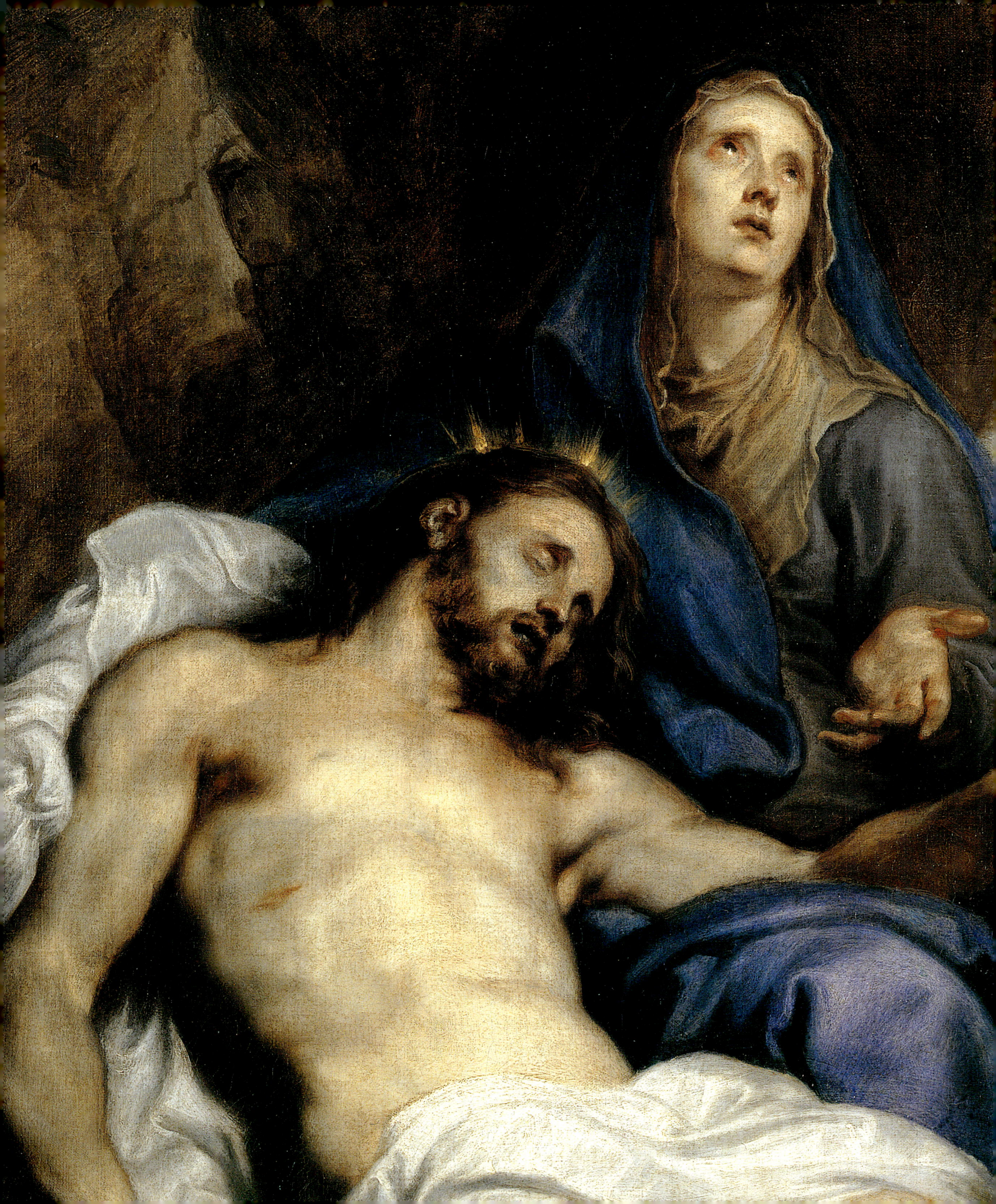

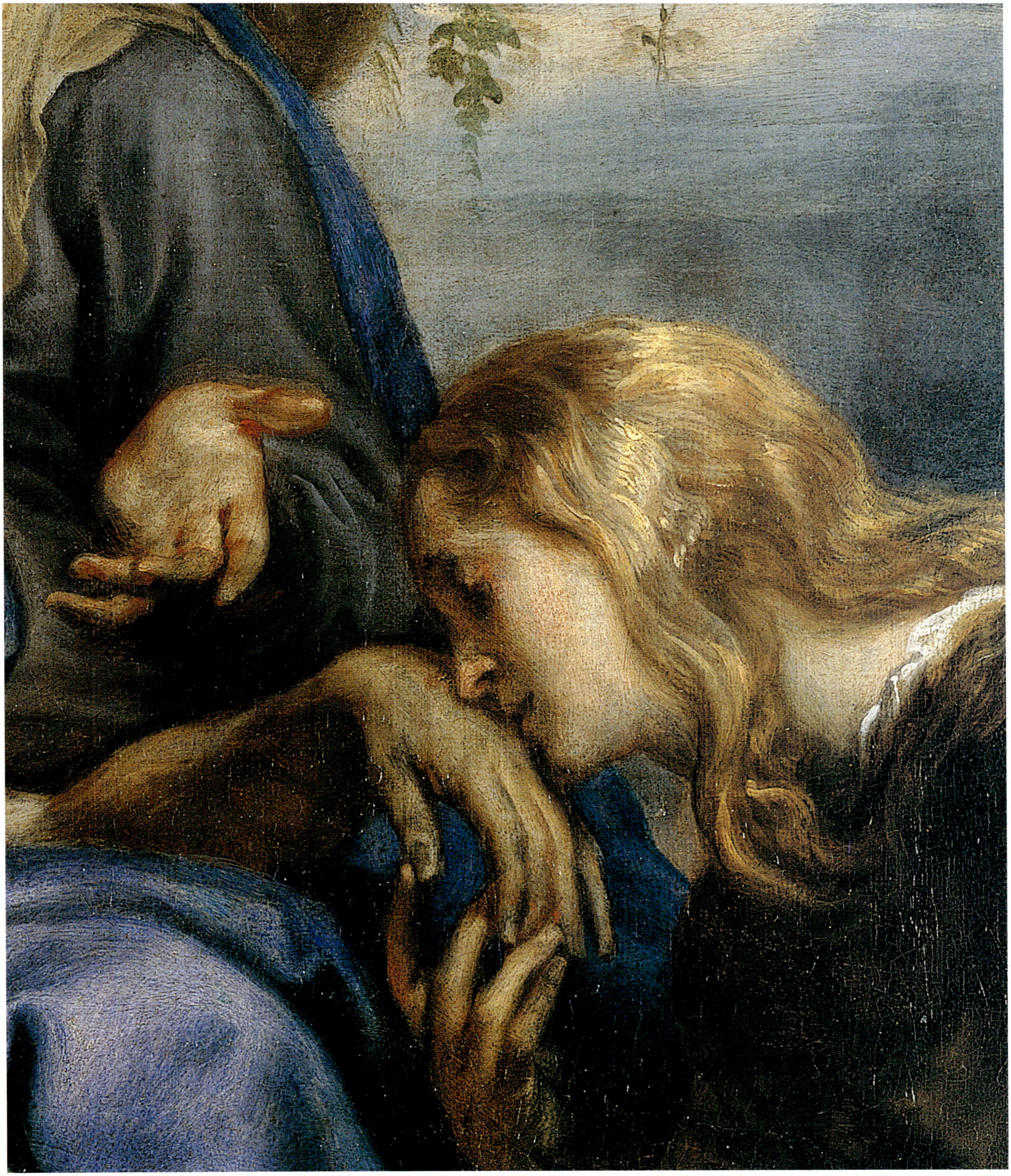

Anton van Dyck
Il compianto di Cristo
Fiandre, 1630 circa
olio su tela, 117,5 × 249,5 cm
Roma, in deposito presso il Museo
di Palazzo Venezia
(cat. n. 26)

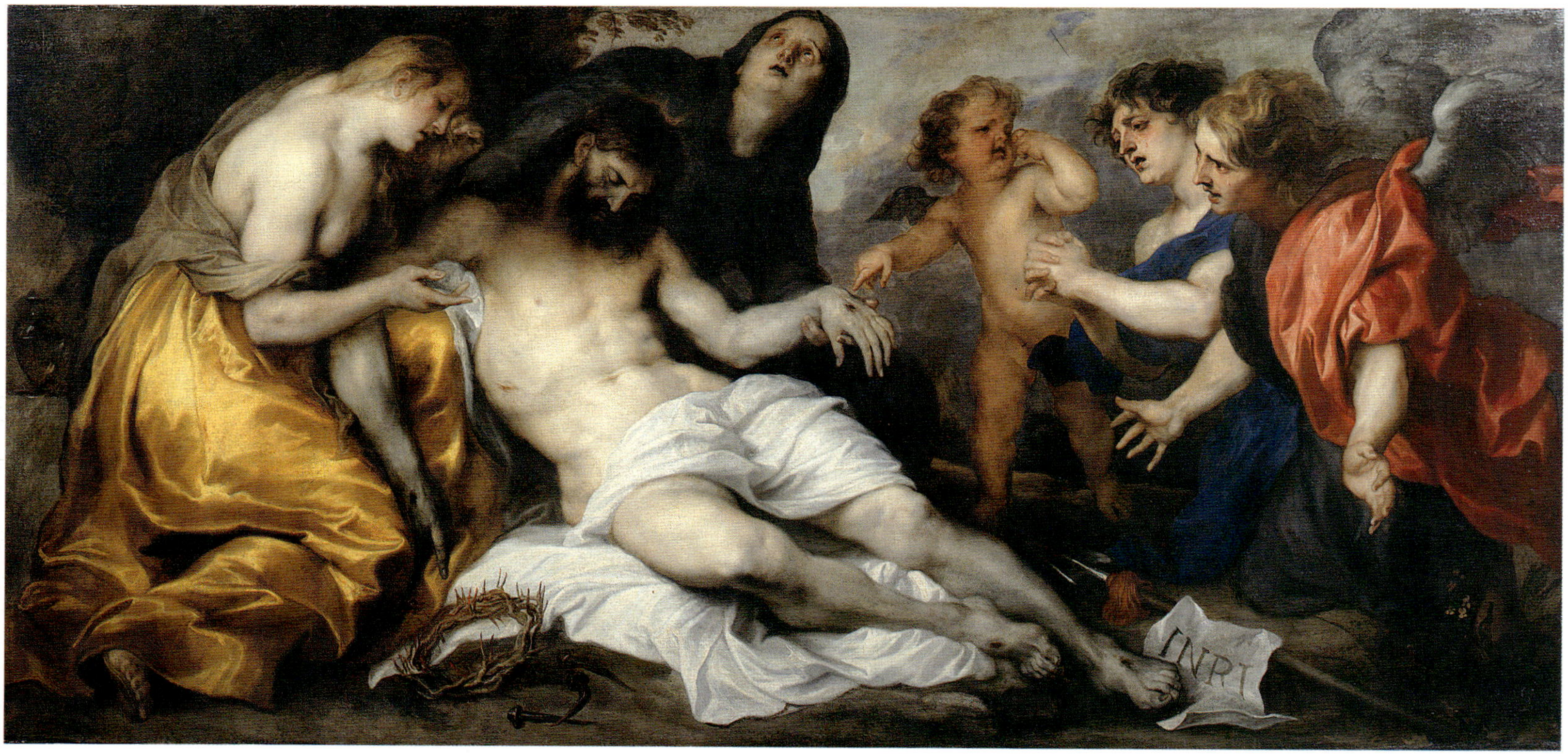

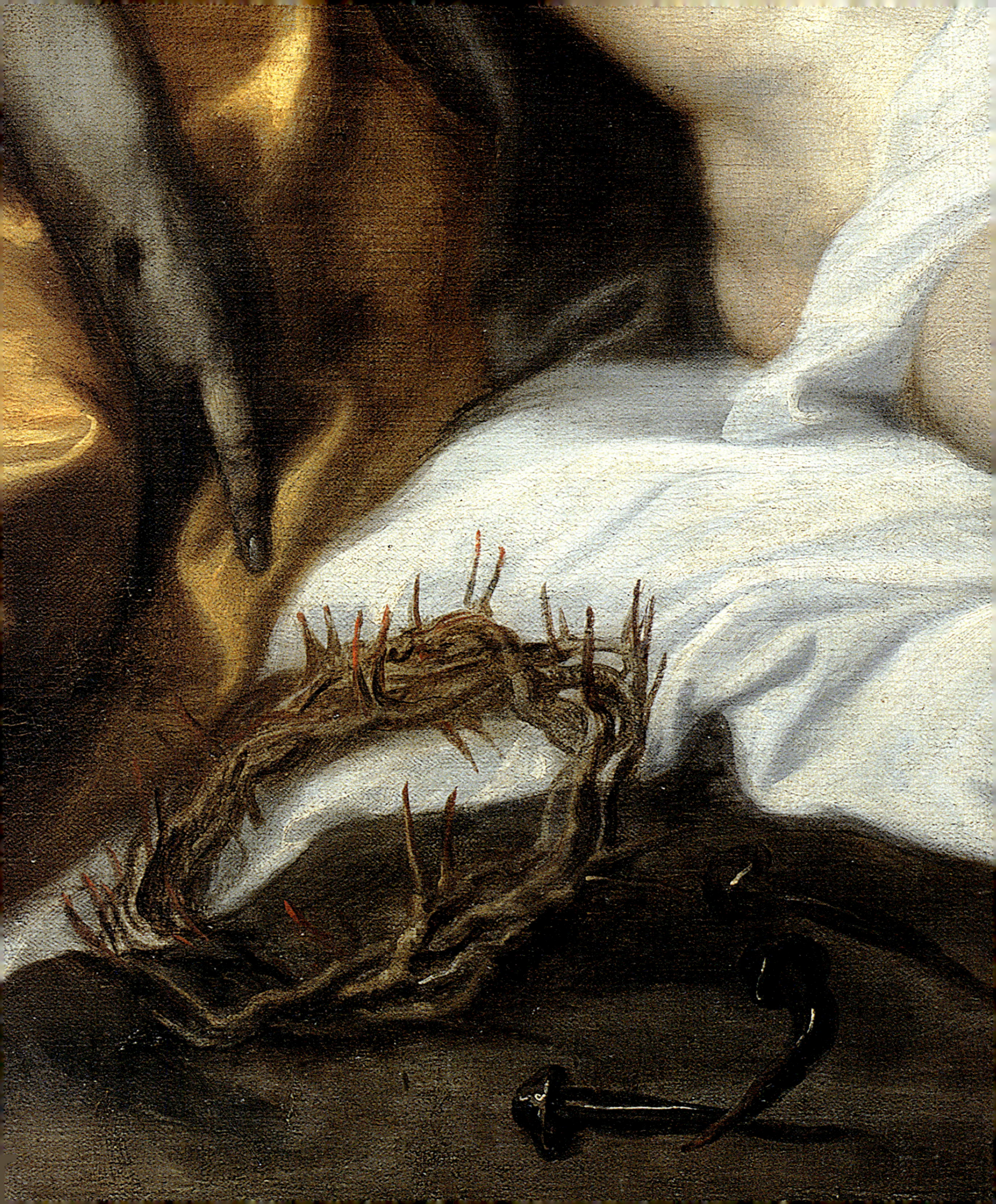

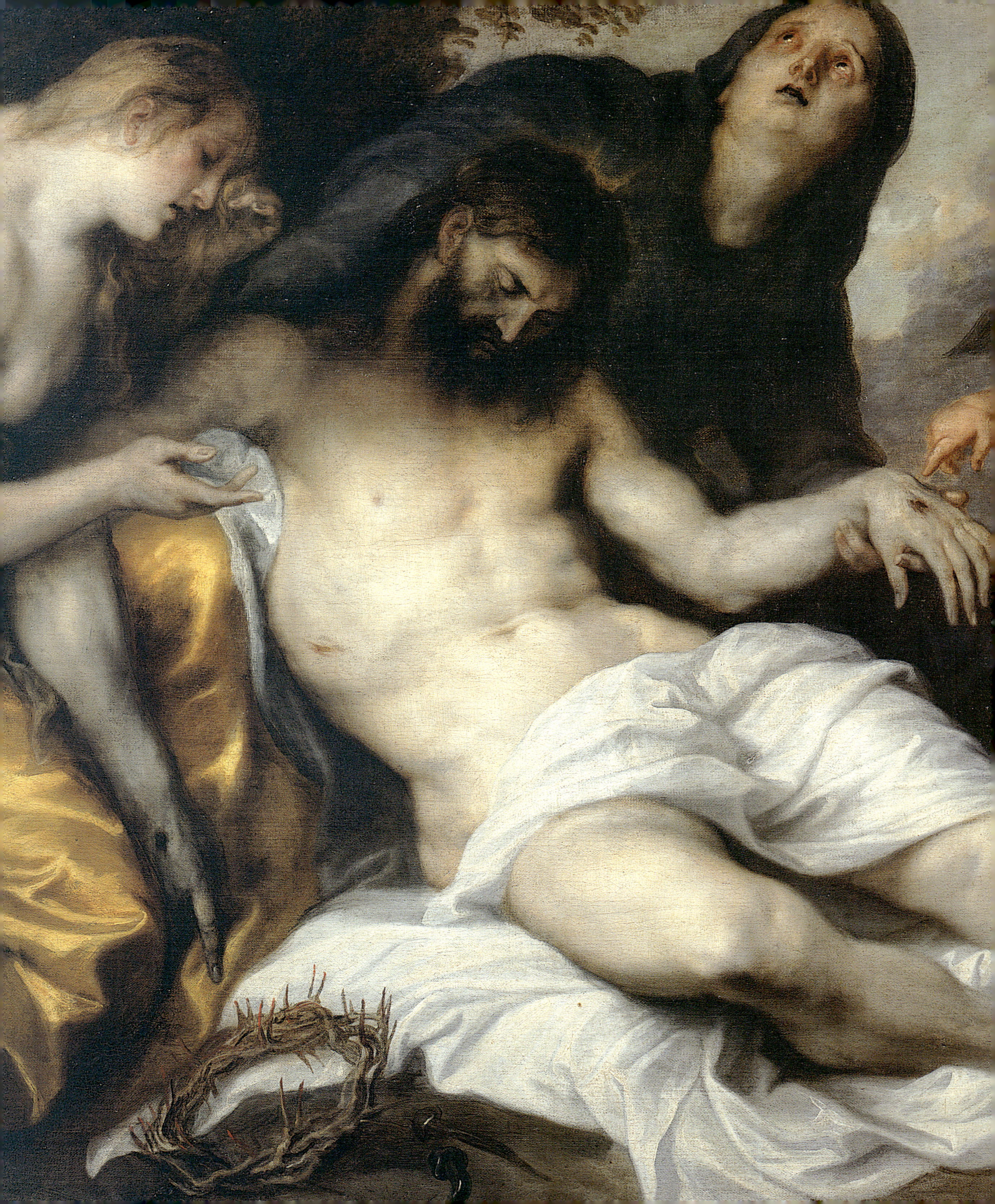

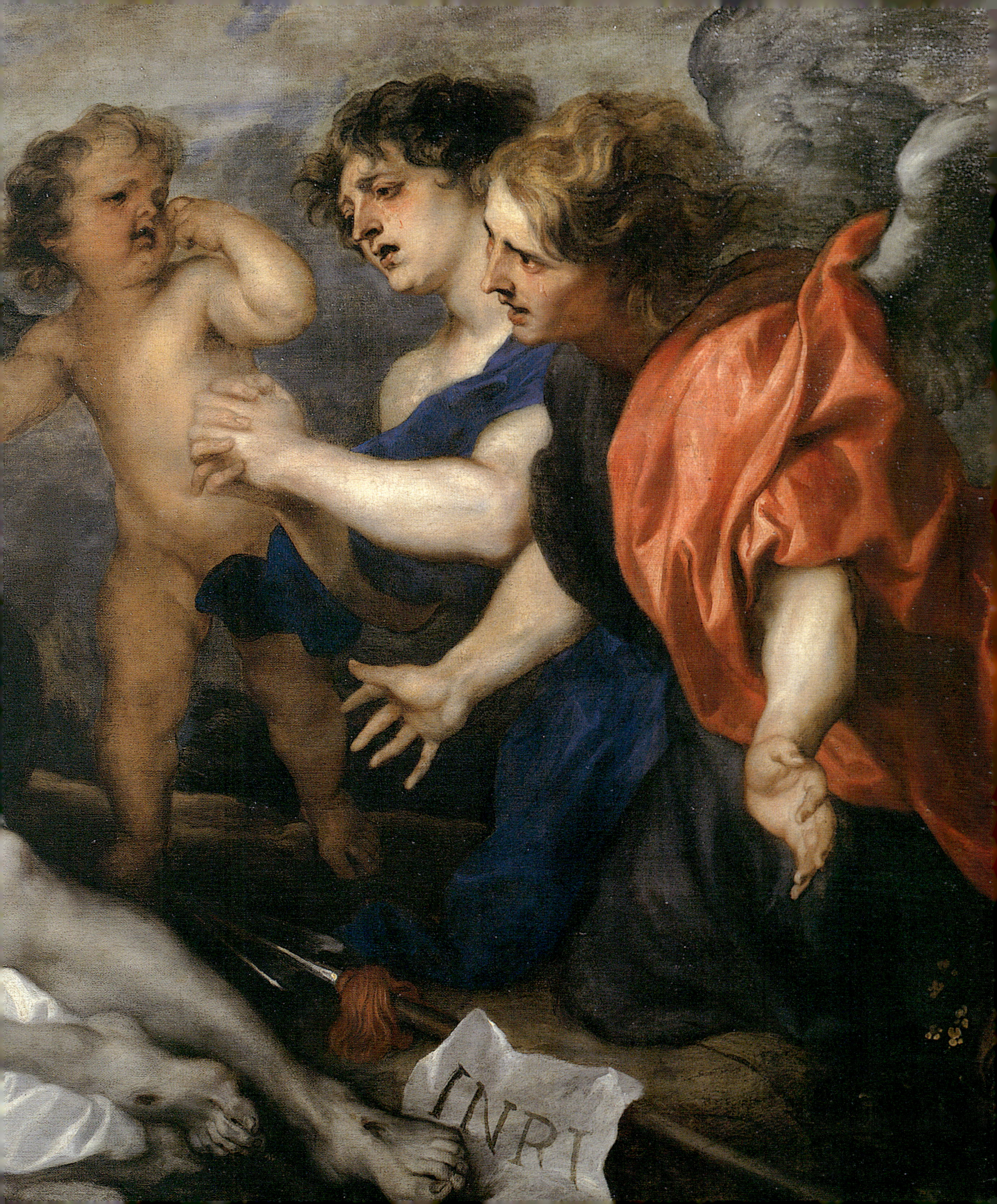
INRI

Anton van Dyck
Il compianto di Cristo
Fiandre-Londra, 1634-1636
olio su tela, 115 × 208 cm
Anversa, Koninklijk Museum
voor Schone Kunsten
(cat. n. 34)

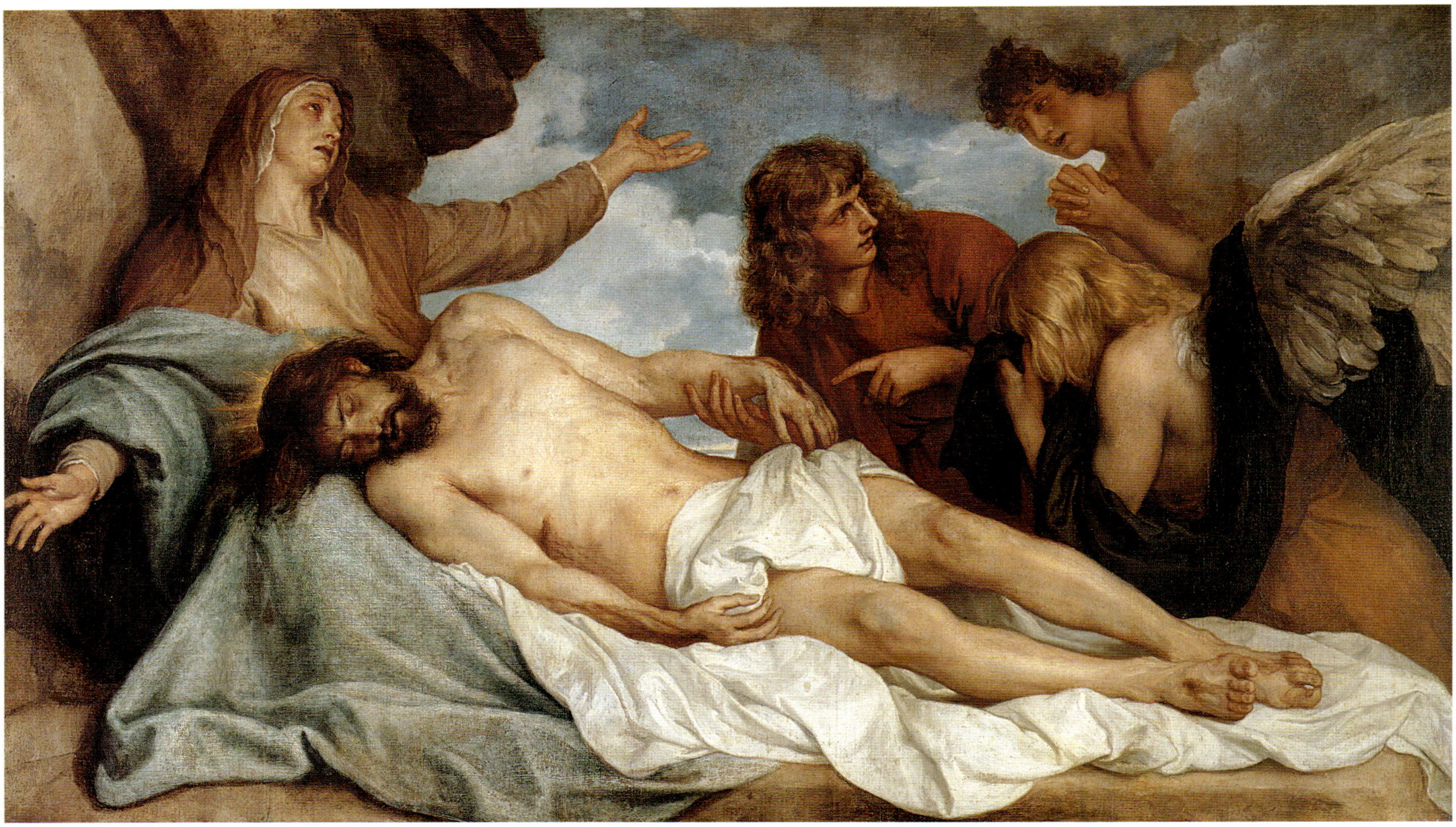

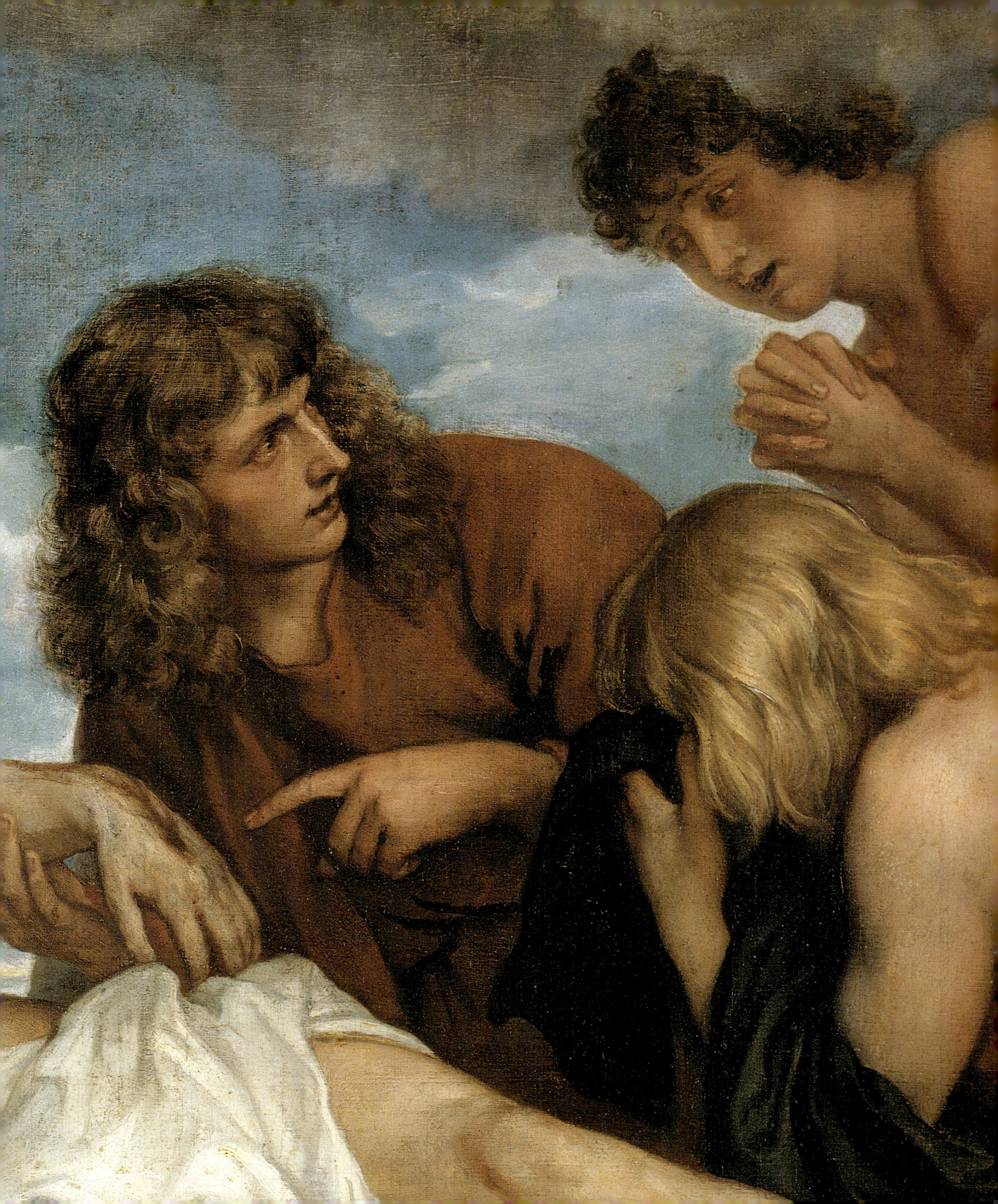

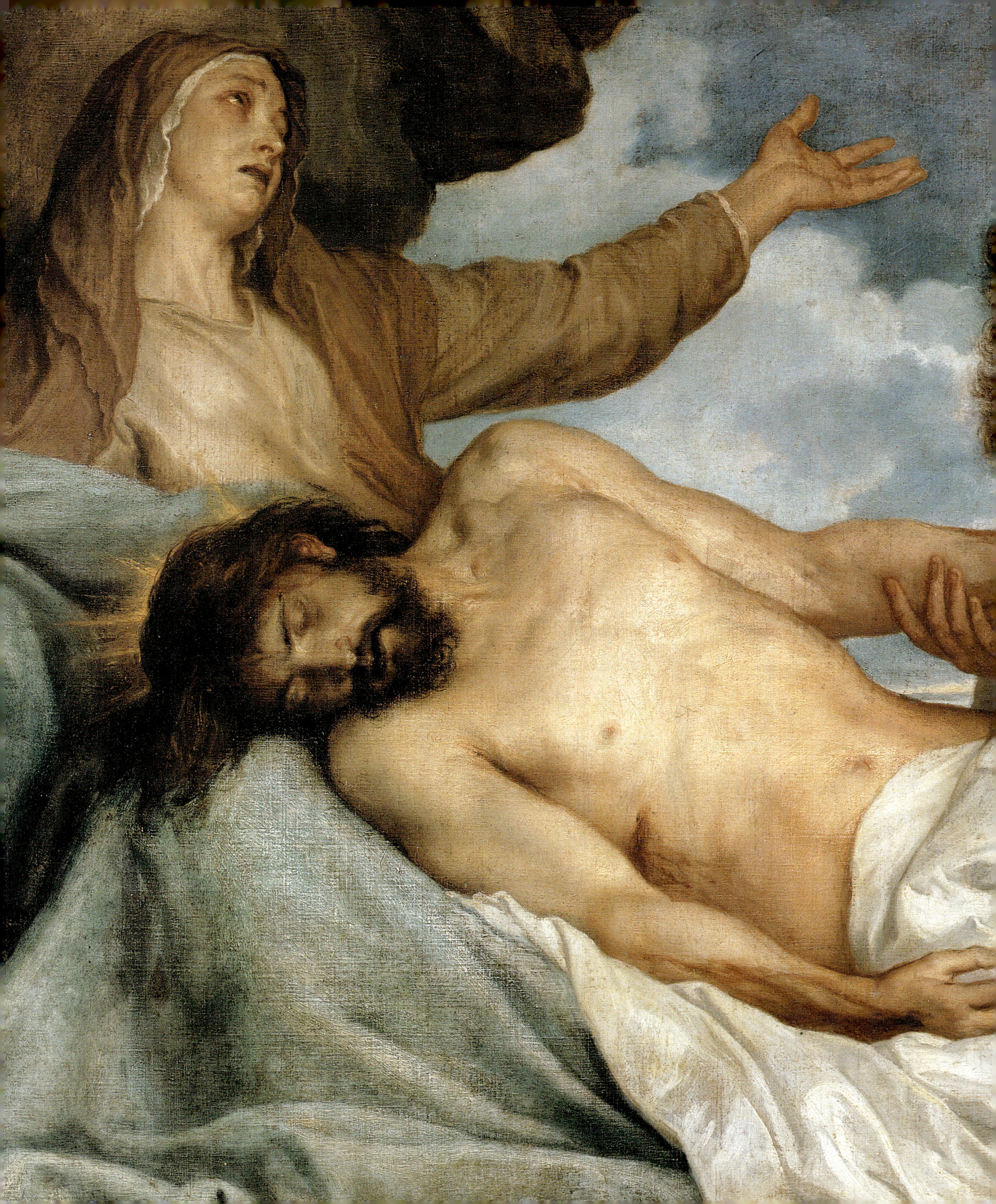

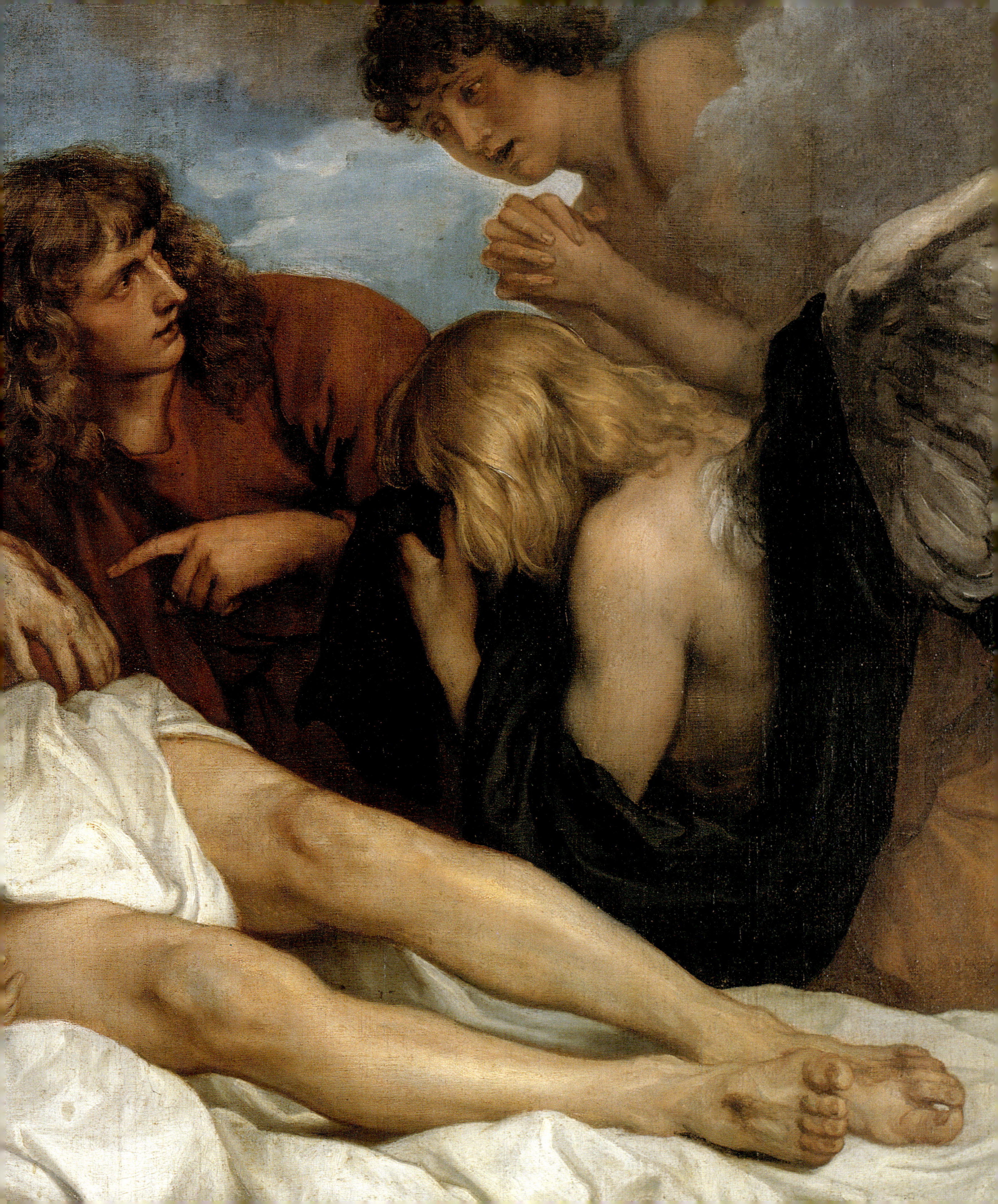

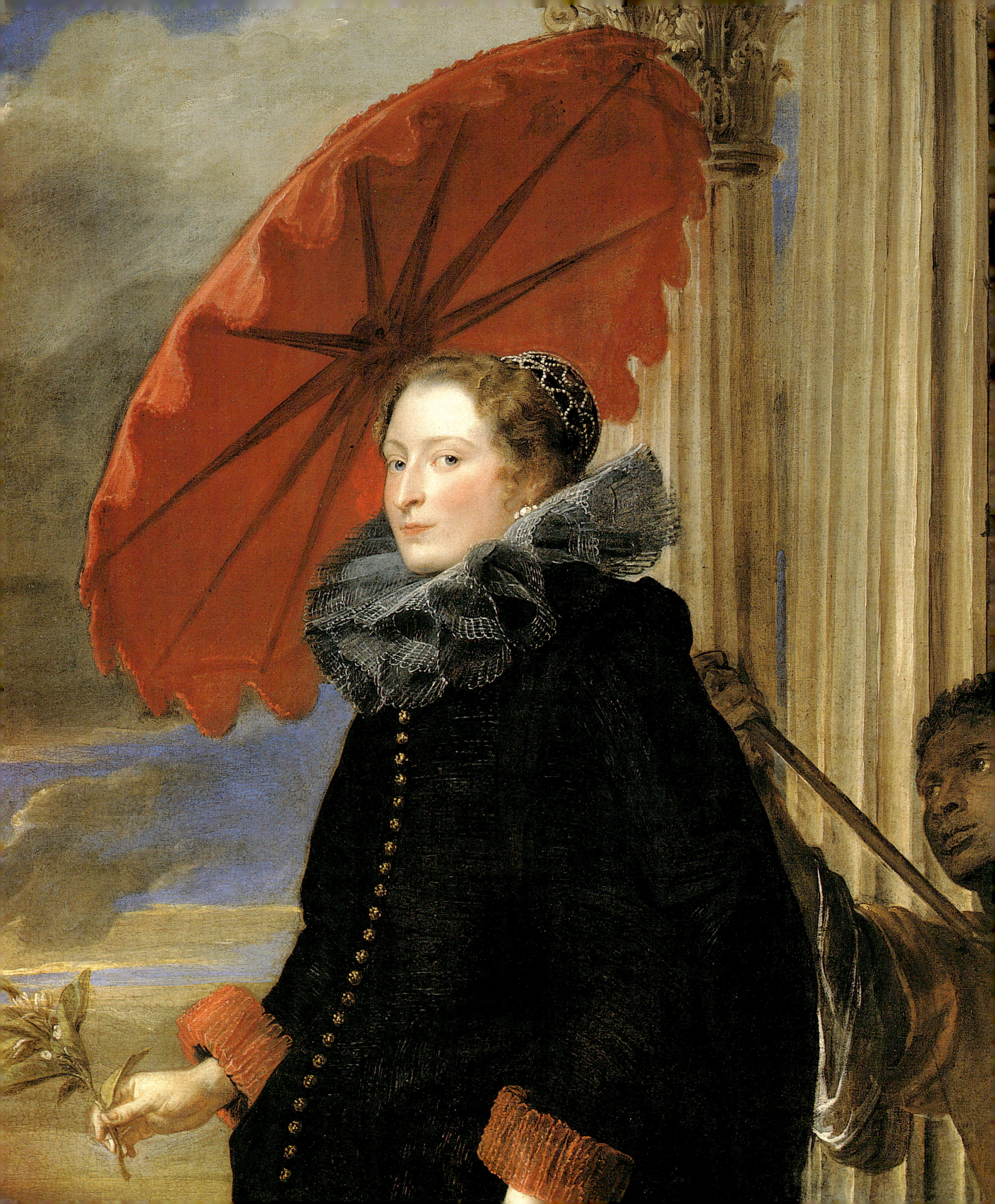

Van Dyck e l'Italia

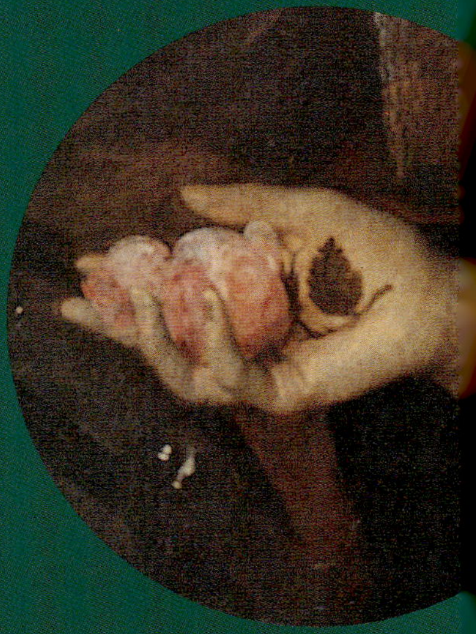

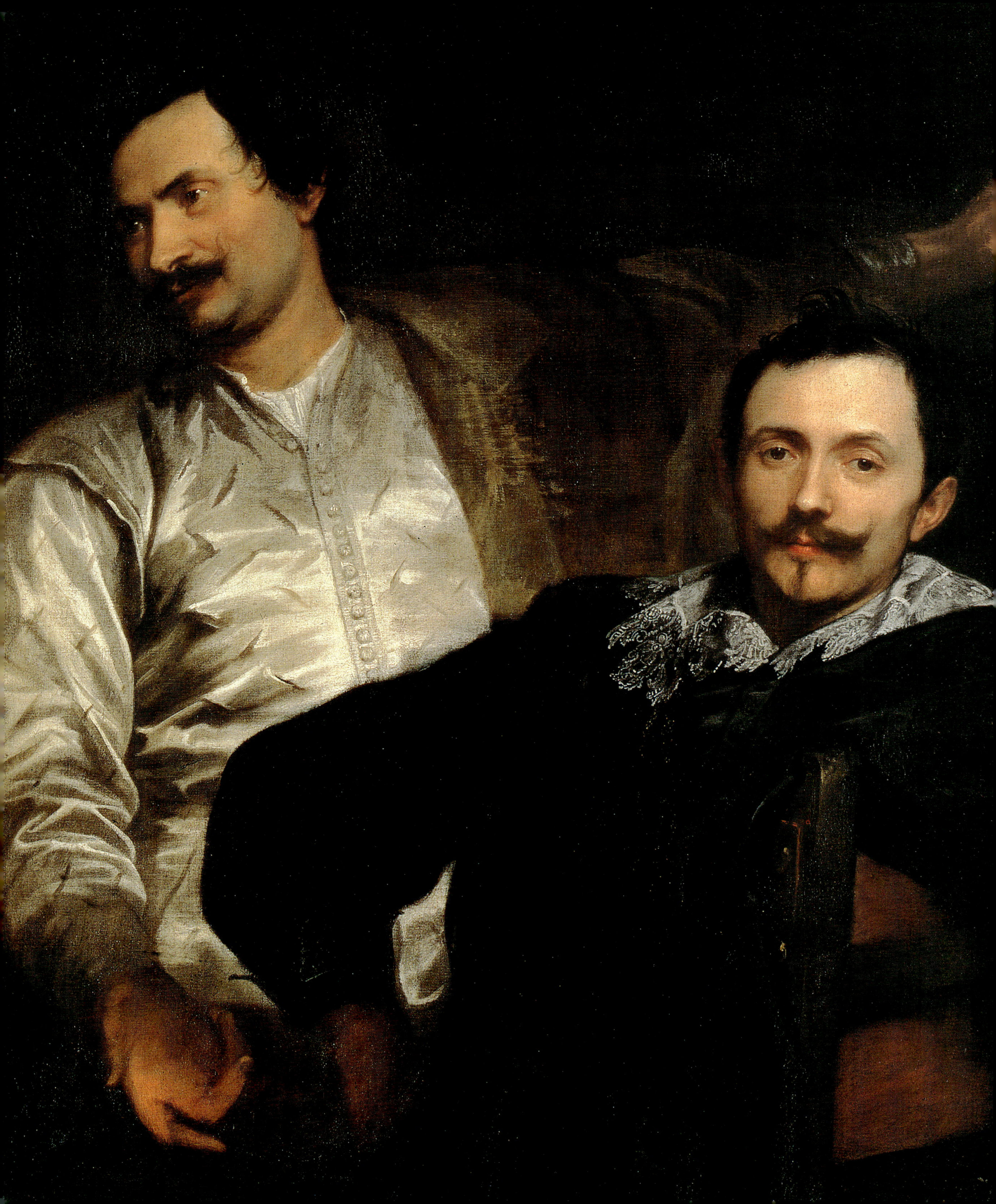

3 Il viaggio in Italia: 1621-1627

Anton van Dyck, *Lucas e Cornelis de Wael* (particolare), Roma, Pinacoteca Capitolina (cat. n. 19)

Il 20 ottobre 1621[1] Anton van Dyck lasciò Anversa per raggiungere l'Italia, dove arrivò il 20 novembre. Aveva ventidue anni, giovanissimo, ma già pittore affermato: la lunga militanza presso la bottega di Rubens, che lo coinvolgeva negli incarichi più prestigiosi, la gestione di un proprio *atelier*, l'iscrizione alla gilda di San Luca ad Anversa nel 1618, l'attività presso la corte del re d'Inghilterra lo avevano consacrato come l'artista più importante dopo Rubens. Il viaggio in Italia era considerato dai pittori fiamminghi una tappa obbligata nel processo formativo del proprio bagaglio culturale e figurativo, e così aveva fatto il suo grande maestro Rubens, che si era fermato in Italia ben otto anni (1600-1608).

Le notizie circa il soggiorno dell'artista fiammingo in Italia vengono fornite dalla biografia di Giovan Pietro Bellori, molto informata e dettagliata, dalla biografia del Soprani del 1674 per quanto riguarda soprattutto la permanenza a Genova, e da un manoscritto conservato negli archivi del Louvre, commentato dal Vaes nel 1924, pubblicato nel 1975 dal Larsen e ora anche nel catalogo della mostra di Genova del 1997[2], che si basa sulla corrispondenza tenuta tra Cornelis de Wael e Lucas van Uffel. Nel 1986 Susan Barnes[3] dedicò uno studio completo al periodo italiano, e ultimamente le ricerche di Abbate, Boccardo, Di Fabio e Mendola[4] hanno apportato ulteriori elementi che gettano nuova luce sul soggiorno in Italia di Van Dyck e sui suoi rapporti con i committenti. Rimangono alcune incertezze sulla sequenza delle tappe che l'artista fece nelle varie città italiane, e soprattutto resta difficile stabilire l'esatta cronologia dei dipinti, e in particolare dei ritratti, per mancanza di dati documentari.

Sappiamo che il 20 novembre 1621 arrivò a Genova, dove fu accolto dai fratelli De Wael (cat. n. 19), figli di pittori e pittori essi stessi, che avevano fatto della loro casa e della loro bottega il punto di riferimento per gli artisti fiamminghi. Fu un soggiorno breve, ma Van Dyck ebbe comunque la possibilità, proprio grazie ai fratelli De Wael che lo inserirono nella società locale, di farsi conoscere e apprezzare quale ritrattista. Risalgono a questo primo periodo alcuni straordinari capolavori: sono databili tra la fine del 1621 e l'inizio del 1622 opere come il ritratto di *Agostino Pallavicino in abito di ambasciatore presso il papa* (fig. 22), dove la rutilante cromia cremisi dell'abito rivelò l'altissima qualità pittorica dell'artista; i ritratti di *Anziana gentildonna di casa Spinola* e di *Alessandro Giustiniani* del Museo di Berlino, e il ritratto di *Luigia Cattaneo Gentile* di Strasburgo (cat. nn. 1, 2, 3).

Nel febbraio del 1622 si imbarcò su una feluca, come racconta l'anonimo estensore del manoscritto del Louvre, per Civitavecchia da dove raggiunse Roma e vi rimase fino ad agosto. In questi mesi Van Dyck si dedicò alla scoperta della grande arte di Roma, guardò all'arte classica, a Raffaello, a Carracci, a Guercino, ma anche lì cercò soprattutto le opere di Tiziano, che poteva ammirare nelle collezioni della nobiltà romana, gli Aldobrandini, i Borghese, i Ludovisi. Lo documentano gli schizzi del suo taccuino, che riproducono i famosi dipinti di Tiziano: i *Baccanali, Venere che benda Amore, Amor sacro e Amor profano* (fig. 42). Risalgono con certezza a questo primo soggiorno i ritratti di *Sir Robert Shirley* e *Lady Theresa Shirley* (figg. 58 e 59) abbigliati nella foggia persiana, in quanto ambasciatori di Persia. Come attesta la biografia del Louvre, anche a Roma entrò in contatto con l'ambiente fiammingo e conobbe François Duquesnoy, artista affermato e del quale eseguì il ritratto[5].

Da Roma si trasferì a Venezia: vi rimase solo due mesi, che dedicò quasi completamente allo studio dell'arte veneta, di Tiziano, il suo nume tutelare, di Veronese, di Giorgione, di Tintoretto; annotò nel suo taccuino (f. 120) le chiese e le collezioni da vedere, ritrasse anche scene dalla vita reale, visitò Padova.

A Venezia Van Dyck ebbe due incontri importanti, con Lucas van Uffel e con la contessa d'Arundel. Van Uffel, originario di Anversa, mercante,

[1] Vaes 1924, p.183.
[2] Bellori ed. 1976; Vaes 1924; Larsen 1975; *Van Dyck a Genova*... 1997, pp. 391-394.
[3] Barnes 1986.
[4] Abbate 1990^a, 1991, 1999; Boccardo 1988, 1992, 1994, 1997; Boccardo-Di Fabio 1996; Di Fabio 1997; Mendola 1994, 1999.
[5] Il ritratto di Duquesnoy è identificato dalla maggior parte della critica con l'opera dei Musées Royaux des Beaux-Arts di Bruxelles.

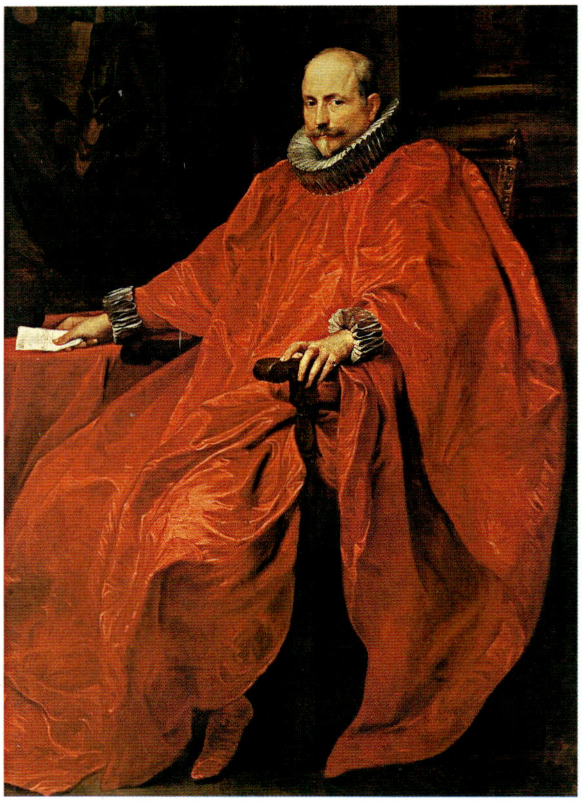

22. Anton van Dyck, *Agostino Pallavicino in abito di ambasciatore presso il papa*, Los Angeles, Paul Getty Museum

23. Anton van Dyck, *Lucas van Uffel*, Braunschweig, Herzog Anton Ulrich Museum

collezionista, armatore, si era trasferito a Venezia dove aveva fissa dimora; disponeva di notevole ricchezza, grazie alla quale formò una prestigiosissima collezione di opere d'arte, collezione che portò con sé quando si trasferì ad Amsterdam. Il rapporto d'amicizia che ebbe con Van Uffel è testimoniato dalla dedica posta in calce ad una sua incisione tratta da un'opera raffigurante *Tiziano e la sua cortigiana*, "in segno d'affectione et inclinatione amorevole [...] patrone e singularissimo amico", e dall'interesse che Van Uffel dimostrò nei confronti del pittore fiammingo nella sua corrispondenza con Cornelis de Wael, fonte preziosa di notizie per l'anonimo estensore della biografia di Van Dyck conservata al Louvre. Van Dyck lo ritrasse due volte, nel dipinto conservato nel Herzog Anton Ulrich Museum di Braunschweig (fig. 23) e nell'altro, di straordinaria qualità, conservato oggi nel Metropolitan Museum di New York[6].

Entrò in amicizia anche con la contessa d'Arundel[7], che aveva già conosciuto ad Anversa e, al suo seguito visitò Mantova, Milano, per arrivare infine a Torino.

Qui le strade si separarono, la contessa tornò in Inghilterra passando per Genova, Van Dyck si diresse a Firenze (gennaio 1623) dove incontrò Sustermans ed eseguì ritratti della famiglia de' Medici. La Barnes ipotizza che possa risalire al soggiorno fiorentino il dipinto dell'*Ecce Homo* (fig. 17) (Birmingham, Barber Institute), poiché richiama l'*Ecce Homo* di Cigoli (fig. 53), che si trovava appunto a Firenze, mentre Arcangeli (vedi il saggio in questo catalogo) individua nell'*Ecce Homo* di Caravaggio nella Galleria di Palazzo Bianco a Genova il modello a cui l'artista si ispirò. Non vanno dimenticati gli schizzi raccolti nel suo taccuino ai ff. 20-21 che ancora una volta derivano da opere di Tiziano (figg. 25-26). Nella primavera, passando per Bologna, Van Dyck ritornò a Roma, dove si fermò per otto mesi. Il soggiorno nella città eterna non dovette essere facile per il giovane artista, che venne osteggiato dalla stessa comunità fiamminga e dall'ambiente artistico italiano. Gli artisti fiamminghi, come precisa lo stesso Bellori, tenevano una condotta goliardica e triviale, che non poteva incontrare il favore di Van Dyck, che invece conduceva una vita dai modi raffinati, che gli era valso il soprannome di "pittore cavalieresco". Aveva una eleganza innata, dimostrava una notevole ricercatezza nel suo abbigliamento, e amava la frequentazione dell'alta società. Tutto ciò provocò invidia e disprezzo che lo allontanarono dalla comunità dei suoi connazionali. Ma anche nell'ambiente culturale romano l'artista non dovette avere maggiore successo. I ritratti, per cui Van Dyck era apprezzato, facevano parte di un genere meno considerato di fronte alla grande pittura di storia. Puntualmente il Bellori infatti registra i commenti dei contemporanei, secondo i quali egli sapeva "appena colorire una testa" e "se bene egli non fu sì capace di inventioni, né ebbe pari lo spiri-

[6] Come precisa Freedberg 1994, pp. 153-176, non si hanno dati certi per stabilire se i ritratti di Van Uffel siano stati eseguiti a Venezia, a Roma o a Genova, ma è certo che furono eseguiti negli anni 1622-23.

[7] La contessa d'Arundel occupava un posto di primo piano nella corte inglese ed ebbe incarichi diplomatici di alto rilievo; fu coinvolta in un avvenimento increscioso, in quanto fu accusata di aver favorito Antonio Foscarini che venne condannato a morte il 23 aprile del 1622. Cfr. Vaes 1924, pp. 204-205.

24. Anton van Dyck, *Virginio Cesarini*, San Pietroburgo, Ermitage

to, e la facilità nelle opere copiose, e grandi, essendo l'harmonia de' suoi colori più propria di una camera. Conseguì egli il pregio maggiore ne' ritratti [...]"[8]. Tale situazione spinse Van Dyck a lasciare Roma. Tale situazione è confermata dalle opere che il pittore fiammingo eseguì durante questi otto mesi romani, legate per lo più a committenti che avevano rapporti con le Fiandre o personaggi stranieri. Eseguì infatti il ritratto del *Cardinale Bentivoglio* (cat. n. 5), che era stato nunzio pontificio nelle Fiandre e aveva scritto la *Storia di Fiandra* in ventiquattro volumi, pubblicati a Colonia tra gli anni 1632-39. L'opera è uno dei massimi capolavori della ritrattistica di tutti i tempi: la straordinaria potenza del ritratto venne già sottolineata dai contemporanei, dal Bellori stesso e soprattutto dall'anonimo biografo parigino, che scrive "dopo di esso non ha più dipinto nulla di maggior valore. Tutta Roma accorse a vedere questa meraviglia dell'arte, e ognuno voleva essere ritratto dalla mano del nostro artista". Realizzò inoltre una serie di ritratti a mezzo busto, che seguono uno stesso schema compositivo e una simile intonazione cromatica, in quanto giocata su poche tinte scure, e sono accomunati da quell'attenzione alla personalità e alla psicologia dell'effigiato, che li rende veramente eccezionali. Sono i ritratti di *George Gage con due uomini* (cat. n. 6), di *Georg Petel* (Monaco, Alte Pinakothek), di *Jean Leclerc*, dell'*Autoritratto* dell'Ermitage, di *Virginio Cesarini* (fig. 24), ai quali si affianca il ritratto di *Lucas van Uffel*[10], che secondo parte della critica potrebbe essere stato eseguito a Roma.

Verso la fine del 1623 l'artista fece ritorno a Genova, ma ancora una volta il suo soggiorno fu breve: verso la metà del 1624 l'artista venne chiamato dal principe Emanuele Filiberto di Savoia a Palermo. Secondo le recenti scoperte di Mendola, qui Van Dyck si sarebbe fermato da maggio 1624 al 3 settembre del 1625, quando si trasferì definitivamente a Genova e lì rimase fino al rientro ad Anversa verso la fine del 1627. In questo ultimo soggiorno genovese, l'artista fu praticamente stabile, se si esclude una visita a Marsiglia il 4 luglio del 1625 (citata nella biografia del Louvre), e una probabile tappa a Parma, suggerita dalla Barnes, per l'influenza del Correggio che si accentua nelle opere di questo periodo[11].

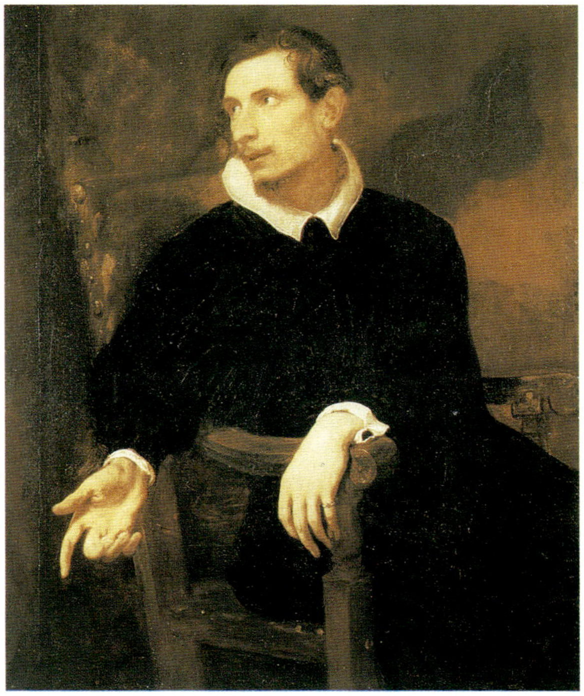

Da questo diario, Van Dyck appare un artista inquieto: per tre anni, tra la fine del 1621 e maggio del 1624, si sposta con grande frequenza, desideroso di conoscere e di vedere tutto: Genova, Roma, Venezia, Milano, Padova, Torino, Bologna, Parma, Firenze. Solo a Palermo si sofferma per più di un anno per poi individuare in Genova la sua città d'elezione. A Roma tentò due volte di inserirsi nell'ambiente artistico, ma evidentemente la sua arte non incontrava il gusto della nobiltà, degli esponenti di spicco della Chiesa, e tanto meno di quello di papa Gregorio XV: Van Dyck non ricevette alcuna grande commissione pontificia e comunque le opere di soggetto religioso o storico che dipinse sono veramente esigue se raffrontate al notevole numero di ritratti che invece realizzò. A Roma, con l'arrivo di papa Boncompagni Ludovisi, si era attenuata la corrente caravaggesca e si era affermata la scuola bolognese con Guercino, Domenichino, Lanfranco, gli allievi di Annibale Carracci, – che aveva lasciato una delle testimonianze artistiche più importanti nella volta della Galleria Farnese –, nella loro arte avanzavano i fremiti barocchi di un'arte devozionale ed emozionante, illusiva, coinvolgente. Lanfranco, tra il 1621 e 1623, dipingeva la cappella Sacchetti a San Giovanni dei Fiorentini, mentre negli stessi anni Simon Vouet realizzava la cappella Alaleona a San Lorenzo in Lucina. Domenichino era occupato nell'impresa decorativa della calotta absidale di Sant'Andrea della Valle, Guercino dipingeva la *Maddalena penitente consolata dagli angeli* e la grandissima pala di *Santa Petronilla* per la Basilica Vaticana, la *Fama* e l'*Aurora* nel Casino Ludovisi.

[8] Bellori ed. 1976.
[9] *La Vie...*, in *Anton van Dyck a Genova...* 1997, pp. 392-394.
[10] Freedberg 1994, pp. 153-176.
[11] Barnes 1986, p. 17.

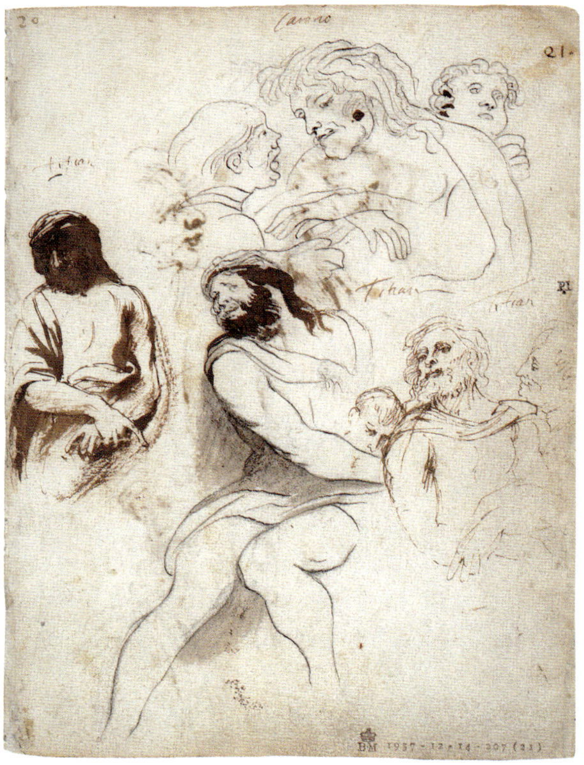

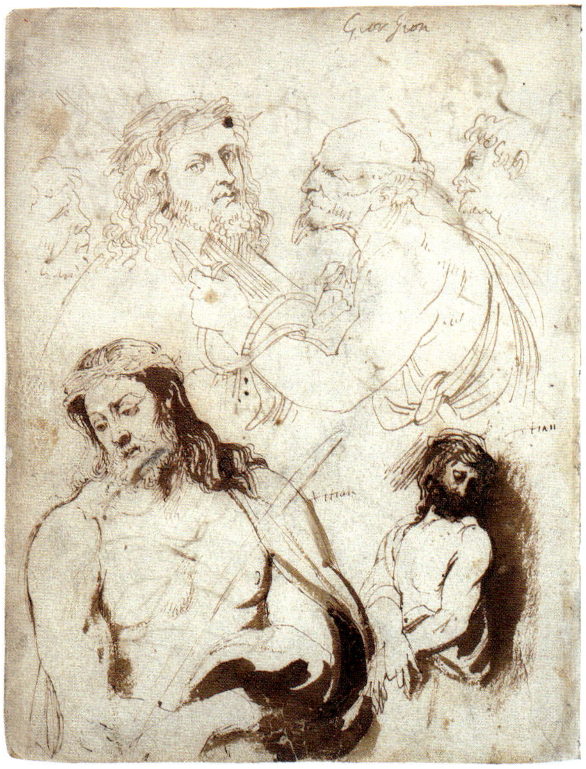

25-26. Anton van Dyck, studi da Tiziano, ff. 20v-21 del *Taccuino italiano*, Londra, The British Museum

Accanto al gruppo dei bolognesi lavoravano Giovan Lorenzo Bernini, che realizzava i famosi gruppi scultorei per il cardinale Scipione Borghese e la statua della *Santa Bibiana* (fig. 6) per la chiesa omonima, e il giovane Pietro da Cortona. Inoltre, tra il marzo e maggio del 1622 si svolsero a Roma le pompose cerimonie per la canonizzazione di cinque santi, santa Teresa d'Avila, sant'Ignazio, san Filippo Neri, sant'Isidoro, san Francesco Saverio. Roma era la città santa, e l'arte era chiamata a rispondere all'esigenza di decorare edifici sacri, per cui si richiedevano all'artista complesse composizioni storiche ad illustrazione dei fatti sacri.

Nei suoi anni giovanili Van Dyck si era cimentato con grandi opere di carattere religioso, la *Cattura di Cristo* (fig. 15), *San Martino e il povero*, l'*Incoronazione di spine* (fig. 14), eppure giunto a Roma, non riceve commissioni a destinazione pubblica, come invece aveva avuto Rubens, che aveva realizzato le tre pale per l'altare della Vallicella. Sarà a Palermo e a Genova che potrà cimentarsi in questo genere.

A Palermo infatti la sua presenza raccolse una grande successo ed esercitò una forte influenza sull'ambiente figurativo locale[12]. Fu qui che infatti realizzò l'opera più impegnativa dal punto di vista della struttura compositiva di tutto il periodo italiano, la pala della *Madonna del Rosario*, per l'Oratorio del Rosario di Palermo (fig. 39). Il dipinto lo vede attento all'arte di Rubens, alle cui opere romane si riallaccia, ma anche alla tradizione italiana delle grandi pale d'altare con la suddivisione delle due sfere, celeste e terrestre. Fu certamente la città di Genova ad essere per l'artista fiammingo il luogo ideale per l'affermazione della sua arte[13], in quanto la ricca aristocrazia richiedeva dipinti di rappresentanza, e Van Dyck seppe rispondere alle loro esigenze eseguendo ritratti di grande eleganza, raffinatezza, sontuosità. Ritrasse tutta la nobiltà genovese, i Cattaneo, i Balbi, i Brignole-Sale, i Lomellini, i Doria, gli Spinola, i Durazzo: le loro figure si stagliano alte ed eleganti, abbigliate con abiti riccamente decorati, con l'espressione distaccata, spesso velata di melanconia. Tra questi è doveroso citare alcuni capolavori, i ritratti della dama detta *Paolina Adorno Brignole-Sale* della Frick Collection di New York[14], il ritratto della *Battina Balbi Durazzo con i due figli* detto *La dama d'oro*, della Collezione Durazzo Pallavicini a Genova (fig. 61), la *Marchesa Elena Grimaldi Cattaneo* della National Gallery di Washington, databile al 1623 (cat. n. 7): è questa un'opera eccezionale per qualità pittorica e originalità compositiva, veneti sono il colore, la luce, l'atmosfera, straordinaria l'immagine della donna che incede, l'aulicità dell'insieme, la grazia della figura. Fu certamente grazie al contatto con l'arte di Tiziano, che il pittore fiammingo accentuò la naturalezza del personaggio, sottolineò il risvolto psicologico, drammatizzò la tavolozza, suscitò il senso del movimento, ma gli esiti raggiunti sono origi-

[12] Si rimanda a Mendola e Abbate 1999.
[13] Si rimanda a *Van Dyck a Genova*... 1997.
[14] Boccardo in *Van Dyck a Genova*... 1997, pp. 29-58.

27. Anton van Dyck, studi da Tiziano, f. 12r del *Taccuino italiano*, Londra, The British Museum

28. Anton van Dyck, studi da Tiziano, f. 3v del *Taccuino italiano*, Londra, The British Museum

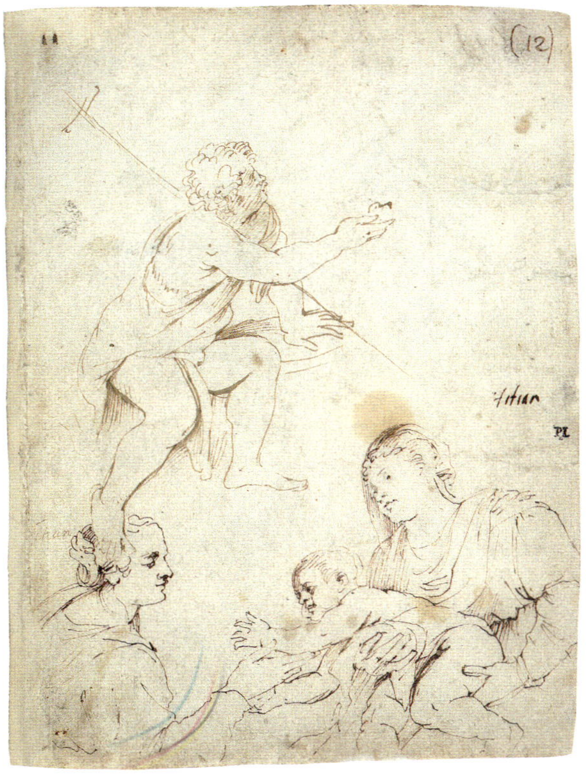

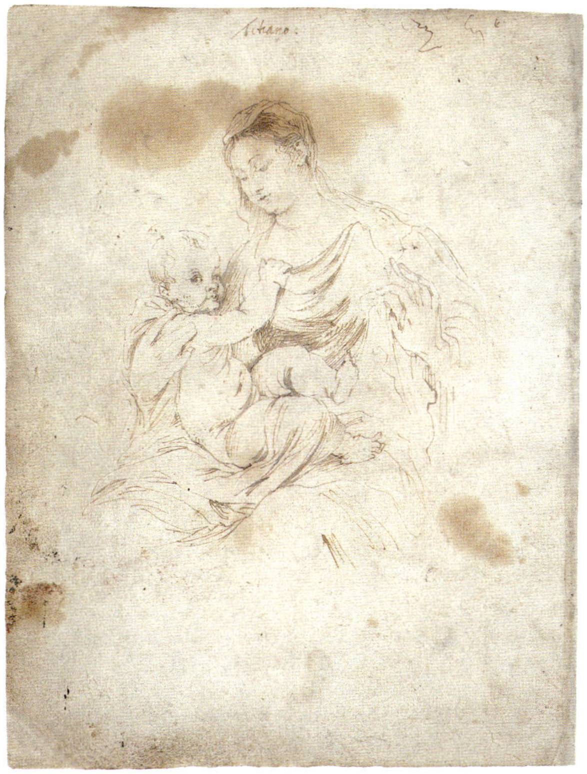

nalissimi e personalissimi. Eseguì anche opere a carattere sacro, come il *Tributo della moneta* (cat. n. 14), la *Crocifissione con santi e il committente Orero* di San Michele di Pagana (cat. n. 20) e soprattutto una serie di dipinti di piccolo formato dedicati al tema della Vergine con il Bambino (cat. nn. 13, 17), tema caro a Van Dyck come rivela il suo taccuino. Van Dyck annotò sul suo libro molti studi ripresi da opere di Veronese e Tiziano su questo soggetto, a volte solo ispirati dall'arte veneta e rielaborati secondo un suo modo di sentire, che amava dare risalto al tenero rapporto tra Madre e Figlio (cat. nn. 27, 28) o all'intreccio di relazioni affettive con i santi raffigurati (cat. n. 15). Alla fine del 1627 Van Dyck tornò ad Anversa. Ormai artista famosissimo, in patria ricevette commissioni di grande prestigio, per le chiese più importanti di Anversa: per Sant'Agostino, per la chiesa de Recolletti, per la chiesa del Beghinaggio, per la Confraternita dei Celibi, realizzando, proprio a ridosso del soggiorno italiano, alcuni dei suoi massimi capolavori, soprattutto a soggetto sacro, ancora intrisi dell'arte veneta di cui aveva colto l'essenza: la supremazia del colore sul disegno, lo sfumato, la naturalezza delle espressioni, l'intimità dei sentimenti, la resa materica delle stoffe, elementi che permisero a Van Dyck di perfezionare la propria cifra stilistica fatta di spontaneità, di impalpabili velature, di delicate e raffinate composizioni, di ricchezza cromatica, di un profondo senso lirico, che riproporrà in opere come *Rinaldo e Armida* del Museo di Baltimora (fig. 11), l'*Estasi di sant'Agostino* o il *Compianto di Cristo* (Anversa, Koninklijk Museum voor Schone Kunsten), *La Vergine con il Bambino, santa Rosalia e i santi Pietro e Paolo* (cat. n. 24), o *La visione del beato Hermann Joseph* del Kunsthistorisches Museum di Vienna, il *Riposo nella fuga in Egitto* dell'Alte Pinakothek di Monaco (cat. n. 28), la *Crocifissione* del Museo di Lille (fig. 7), l'*Adorazione dei pastori* e la *Crocifissione* per la chiesa di Dendermonde (cat. n. 31). Con il trasferimento in Inghilterra nel 1632, Van Dyck tralascerà sempre più i riferimenti all'arte veneta per elaborare nuovi modi stilistici.

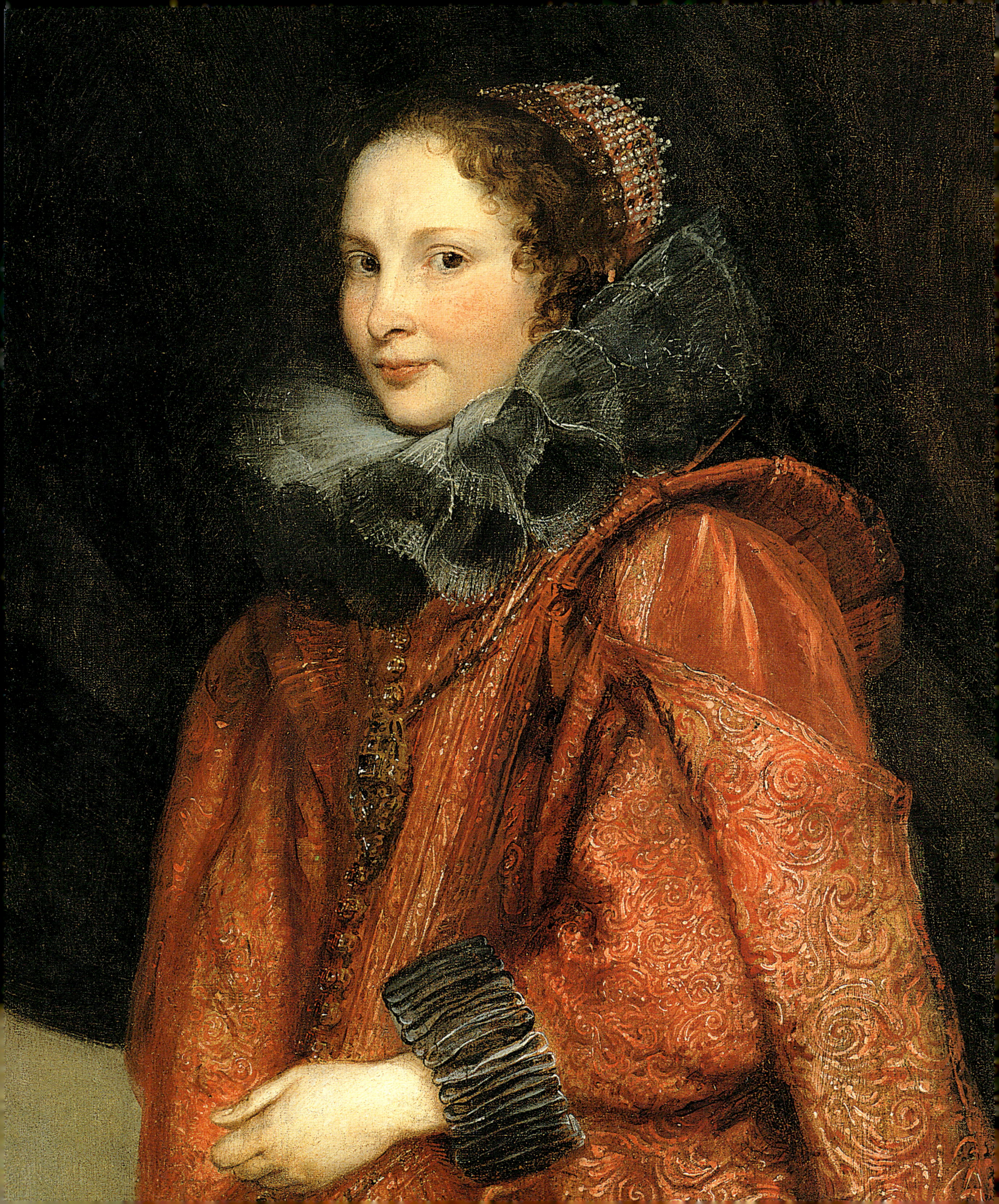

Piero Boccardo

4

Genova e Van Dyck. Contesto e committenza[1]

Anton van Dyck, *Nobildonna genovese con la figlia* (particolare), Cleveland, The Cleveland Museum of Art (cat. n. 9)

Nel primo quarto del Seicento Genova visse una straordinaria stagione culturale connessa a un altrettanto strepitoso *boom* economico legato alle attività finanziarie, ovvero commerciali e di credito, condotte da una parte cospicua di esponenti del ceto di governo cittadino soprattutto nei confronti della monarchia ispanica e dei domini – Spagna, Fiandre, Milano, Napoli e Sicilia – a essa sottoposti.

I documenti attestano l'incredibile flusso di metalli preziosi verso la Superba – fino a tre quarti dell'argento che arrivava in Europa dall'America – e i palazzi e gli edifici sacri cittadini tuttora testimoniano in che modo veniva convertita una parte consistente di quelle ricchezze. Come già alla metà del secolo precedente, quando sorsero le auliche dimore di Strada Nuova – oggi via Garibaldi – e le ville, in quelli che allora erano i sobborghi, per merito dei Pallavicino, degli Spinola, dei Grimaldi... e una chiesa gentilizia "fuori scala" come la basilica di Santa Maria Assunta di Carignano, interamente finanziata dai Sauli, una nuova generazione di banchieri e finanzieri riprese e rilanciò la politica dell'edilizia di prestigio quale prova tangibile e duratura della potenza economica raggiunta. A riguardo, valga fra tutte la testimonianza di monsignor Agostino Agucchi che nel 1601, al seguito del cardinal Aldobrandini in viaggio verso la Francia, annotò nel suo diario a proposito di Genova "[...] in pochi altri luoghi d'Italia si potrebbe mostrare eguale magnificenza poiché in pochissimi si trovano gli ori, gli argenti, le gioie e drappi e le ricche suppellettile che si vedono qui, oltre li palazzi et habitationi regie, che non hanno paro altrove, ma soprattutto l'abbondanza del danaro contante"[2]. E una prova ancor più eloquente dell'impatto che i tanti magnifici edifici avevano su quanti allora visitavano la città è il volume che, dopo i suoi soggiorni genovesi, Pieter Paul Rubens volle dare alle stampe ad Anversa nel 1622: quei *Palazzi di Genova* che resero celebre il capoluogo ligure in tutta Europa, tanto più per il fatto che all'architettura s'accompagnavano la scultura – il marmo di Carrara era quasi un monopolio genovese – e la pittura, laddove ricorrente era l'uso degli affreschi per gli interni – ma anche per le facciate dei palazzi – in genere affidati ai pittori della scuola locale.

Ma la committenza genovese non si esauriva nell'edificazione di residenze prestigiose e riccamente decorate o nel patronato di chiese o cappelle doviziosamente provviste di marmi, bensì – in perfetta linea coi tempi – nel raccogliere dipinti dei più affermati artisti italiani e fiamminghi, i quali per altro risulta nei fatti quanto fossero sensibili alle lusinghe dei finanzieri della Superba. Le date dei soggiorni a Genova di alcuni dei nomi allora più quotati sono molto indicative in questo senso. Oltre a Rubens, che fra 1604 e 1607 vi fa ripetute soste al seguito del duca di Mantova Vincenzo I Gonzaga e che, dopo aver eseguito nel 1605 la pala della *Circoncisione* per la chiesa del Gesù, rientrato poi ad Anversa, da lì nel 1620 spedisce quella coi *Miracoli di sant'Ignazio* per la stessa chiesa; nel 1605 arriva, ospite dei Doria, Caravaggio che però, in quell'occasione, non risulta abbia dipinto alcunché; nel 1606 in compagnia di Vincenzo Giustiniani giunge il Pomarancio; nel 1610 arrivano Agostino Tassi e Ventura Salimbeni; nel 1614 circa Jan Wildens; nel 1618 Giulio Cesare Procaccini e Battistello Caracciolo; nel 1619 circa il Passignano e i fratelli De Wael; nel 1620-1621 Simon Vouet; nel 1621 Orazio Gentileschi e, appunto, Anton van Dyck.

La situazione delineata può da sola ben spiegare, quindi, perché nell'ottobre 1621 Van Dyck, ventiduenne, mettendosi sulla strada che dalla natia Anversa, attraversati il Lussemburgo, la Franca Contea e la Svizzera, l'avrebbe condotto in Italia, ovvero a Roma – dalla fine del Quattrocento mèta privilegiata nella Penisola per ogni artista fiammingo – aveva già comunque deciso di fare tappa a Genova. Anche per diretta informazione del suo maestro,

[1] Questo saggio costituisce una rielaborazione e una sintesi di alcuni testi che ho già dedicato all'argomento e a cui rimando per eventuali approfondimenti: Boccardo 1992, pp. 459-463; Boccardo 1994, pp. 79-102; Boccardo 1997, pp. 29-58; Boccardo 1999, pp. 49-57.
[2] Cfr. Neri 1877, pp. 263-278.

Rubens, sapeva infatti di poter contare su una ricca committenza che nelle qualità di ritrattista del giovane pittore trovò una forma di adeguata celebrazione che sanzionasse in un'immagine il potere che derivava dal denaro.

Se era credibile, per altro, che Van Dyck, figlio di un agiato mercante di stoffe, avesse anche già avuto contatti con la florida colonia di genovesi residente ad Anversa – la più importante "nazione" straniera in quella città, come dimostrano i contributi imposti per il mantenimento delle truppe e il fatto che le trentasette aziende commerciali e finanziarie genovesi che erano attive nel capoluogo delle Fiandre nel 1551, fossero diventate ben centoquarantasette entro il 1640 – la recentemente documentata circostanza che, poco prima di partire per l'Italia, il pittore abbia eseguito l'effigie di Gio Agostino Balbi – primo genovese, per quanto si sa, che si sia fatto ritrarre da Van Dyck – dimostra la veridicità di quell'assunto. E un'ulteriore conferma in questo senso viene dal fatto che, giunto nel capoluogo ligure, l'artista dipinse i ritratti di almeno quattro dei cinque nipoti del Balbi (oggi rispettivamente a Mamiano di Traversetolo, Fondazione Magnani Rocca; a Genova, Galleria di Palazzo Reale e collezione privata; un quarto, documentato con sicurezza, è oggi dato per disperso). Anzi, una tradizione orale che si è significativamente mantenuta attraverso i secoli, anche quando si era persa la cognizione della conoscenza ad Anversa tra Van Dyck e Gio Agostino Balbi, individua in una stanza di quella che fu la residenza genovese di quest'ultimo uno dei luoghi in cui l'artista dimorò durante i suoi frequenti e prolungati soggiorni a Genova (fig. 31). Questa notizia, pur senza prove, integra bene l'unica informazione fornita a riguardo dalla storiografia locale: quella, cioè, che il pittore sia stato ospite di Lucas e Cornelis de Wael[3]; infatti, poiché di tutti gli artisti fiamminghi di passaggio per Genova è stato sempre ripetuto che alloggiavano presso i due fratelli – quasi che i De Wael esercitassero altresì il mestiere di albergatori – si è indotti a credere invece che questi ultimi abbiano piuttosto favorito l'attività di Van Dyck e degli altri pittori loro connazionali mettendo a disposizione – fors'anche a pagamento – dello spazio all'interno del loro *atelier* (in effetti questo permetterebbe di spiegare in che modo artisti dalle presenze non continuative in città potessero sempre contare sull'indispensabile collaborazione dei garzoni di una bottega). In ragione delle sue naturali qualità e delle richieste che riceveva Van Dyck a Genova divenne dunque essenzialmente pittore di ritratti, eseguiti a decine, per un ampio novero di casate della classe di governo cittadina: oltre ai Balbi, già citati, sono state identificate con sicurezza effigie di esponenti delle famiglie Pallavicino, Spinola, Gentile, Cattaneo, Durazzo, Giustiniani, Lomellini, Doria e Brignole-Sale. In essi, sintetizzando le tipologie veneziane del secolo precedente e i modelli che il suo stesso maestro aveva elaborato per i genovesi qualche anno prima, il giovane fiammingo venne impostando i caratteri di una nuova ritrattistica ufficiale, o meglio "di stato", rimasti da allora praticamente invariati fino al XX secolo. Senza eccessi esornativi, captando quella serietà un po' severa e certo pomposa che caratterizzava i suoi committenti, Van Dyck costruì l'immagine "di classe", presentando i genovesi, come in effetti erano, diversi da altri ceti dominanti, da altre aristocrazie. Ritratti silenziosi, espressività percepibile ma non ostentata, architetture che evocano e non contengono, mobili che non arredano; notazioni psicologiche, attenzione alla realtà interiore degli effigiati e, insieme, alla precisione fisionomica, sensibilità per la sfera degli affetti, atmosfere intense o serene, allusioni a situazioni individuali, domestiche, sociali e, perfino, alla vicenda storica coeva. Ma nessuna descrizione, niente narrazione. Un magnifico contegno che pervade questi grandi quadri di ritratto e ne mantiene inalterato il fascino. In un crescendo di prove ritmato da immagini sempre più caricate di vis celebrativa, alcune appaiono emblematiche: *Agostino Pallavicino* (Los Angeles, Paul Getty Museum) (fig. 22) che nel 1621 cominciava con un'ambasciata al papa Gregorio XIII il *cursus honorum* che lo avrebbe infine visto doge della Repubblica; *La famiglia del doge Giacomo Lomellini* (Edimburgo, National Gallery of Scotland) esalta l'amor di patria insieme alle virtù civili e domestiche nel momento in cui, per il pericolo corso da Genova nella guerra scatenata dal duca di Savoia (1625), esse sono più necessarie; la superba immagine equestre *di Anton Giulio I Brignole-Sale* (fig. 30), insieme a quella del-

[3] Cfr. Soprani, 1674, pp. 446-447.

29. Anton van Dyck, *Paola Adorno Brignole-Sale*, Genova, Galleria di Palazzo Rosso

30. Anton van Dyck, *Anton Giulio Brignole-Sale a cavallo*, Genova, Galleria di Palazzo Rosso

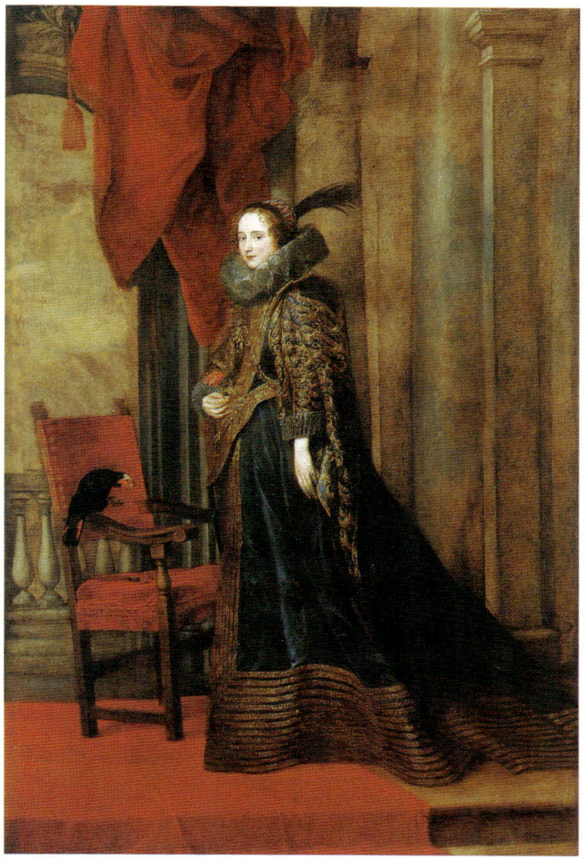

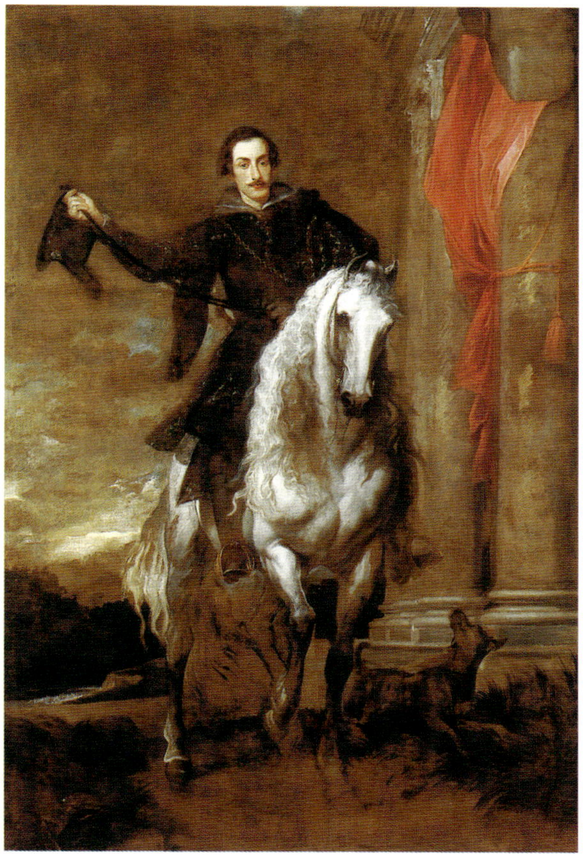

la moglie Paola (fig. 29) tra le tele più grandi dipinte dall'artista in Italia (Genova, Galleria di Palazzo Rosso), ha eternato le fattezze di un intellettuale, di un letterato e, soprattutto, di uno dei più ricchi esponenti del ceto di governo della Repubblica genovese in una chiave celebrativa che lo stesso Van Dyck qualche anno dopo avrebbe applicato all'*imagérie* ufficiale del maggior campione dell'assolutismo monarchico europeo, l'inglese Carlo I Stuart. Scelta inaudita, questo suo utilizzare, per esaltare un sovrano, un'iconografia studiata per un membro di un'aristocazia repubblicana – che per di più commerciava seta –, e che si spiega soltanto con la forza suggestiva e la compattezza semantica di una sintesi artistica perfettamente riuscita[4].

Il successo dilagante dell'artista e la necessità sociale dei suoi committenti genovesi sono dimostrati in maniera quasi paradossale dall'intensa immagine di *Dama genovese col figlio* della National Gallery di Washington (cat. n. 18), erroneamente chiamata nel passato *Paola Adorno Brignole-Sale*, in cui diversi elementi – la positura di pieno profilo e lo sguardo perso nel vuoto della gentildonna assisa, e il gesto del figlio, che stupendamente evoca solidarietà, affetto e sollecitudine speciale verso la madre – hanno indotto a pensare che la protagonista fosse cieca: fatto davvero inaudito nella storia della ritrattistica celebrativa occidentale[5]. Alcuni cognomi ricorrenti fra gli effigiati – quando non siano, come nell'ultimo caso, privi di fondamento – non devono però indurre a generalizzare e a ritenere che il ritratto di un singolo personaggio o quelli dei membri di un intero nucleo familiare possano dimostrare un'incondizionata attenzione nei confronti dell'artista fiammingo da parte di tutta una casata o dell'intero ceto aristocratico genovese. All'interno, infatti, delle circa trecento famiglie che agli inizi del Seicento erano ascritte al *Libro d'oro*, ovvero ammesse a fornire gli uomini di governo, esistevano divisioni, contrasti politici e sociali anche duri, né più né meno che altrove[6]. La principale contrapposizione schierava i cosiddetti "nobili vecchi", ovvero le casate di più antica appartenenza all'aristocrazia cittadina, pur dedite ad attività mercantili e finanziarie, ai "nobili nuovi", cioè le famiglie che solo in tempi più recenti avevano fatto fortuna col commercio – nel Cinquecento in particolare quello della seta e dei tessili in genere – e che, in ragione del potere economico acquisito, erano state ammesse al governo dello Stato. Anche nell'ambito del primo gruppo, comunque, la situazione non era omogenea: per esempio alcune delle casate più conosciute come gli Spinola, i Doria e i Lomellini, per citare gli esempi più macroscopici, erano articolate in alcune decine di ra-

[4] Cfr. in particolare Barnes 1990, pp. 147-149; e Boccardo, Di Fabio 1997, pp. 278-281, 294-297.

[5] La mia intuizione in questo senso è stata recepita da Barnes 1997, p. 252.

[6] Cfr. Doria, Savelli, 1980, pp. 277-355; e Bitossi 1990.

mi genealogici paralleli, sicché accadeva che portassero lo stesso cognome personaggi con patrimoni, posizioni politiche, residenze o interessi culturali assai differenti. In questa situazione, dunque, non si può procedere – pena il travisamento dei fatti – con valutazioni che investano un intero gruppo familiare, laddove, nei casi citati, lo stesso termine "famiglia" può apparire inadeguato in considerazione del numero di componenti della stessa e dei vincoli di parentela non sempre stretti fra i suoi vari rami. Si aggiunga poi che le origini e l'attività commerciale e finanziaria del patriziato genovese e l'ordinamento repubblicano dello stato comportarono in genere forme di celebrazione più personale che dinastica, e comunque quasi sempre limitate agli spazi privati, mentre nel contempo il discontinuo andamento dell'economia – spesso legata agli incerti della navigazione – e i consistenti movimenti di capitali, dovuti al pagamento delle doti e alle successioni ereditarie, determinarono di tempo in tempo l'*exploit* di alcune famiglie e il ridimensionamento di altre. Fattori questi che, uniti all'indole dei singoli, condizionarono inevitabilmente le possibilità economiche e gli atteggiamenti nei confronti della committenza artistica. A questo proposito va specificato che proprio le collezioni d'arte, messe insieme con maggiore o minor passione da chi, per reale interesse personale, o più prosaicamente per moda o per diversificazione degli investimenti, aveva capitali sufficienti da impiegare in questo campo, pur rappresentando uno dei più eloquenti *status symbol* di una posizione sociale eminente quando non di vertice, non risulta abbiano mai risentito di particolari condizionamenti culturali, ovvero di un gusto "ufficiale" quale poteva essere, altrove, quello di un sovrano, ma corrispondevano piuttosto alle singole vicende biografiche di chi le aveva raccolte e alle "occasioni" che gli si erano presentate.

Le stesse vicende – *boom*, fallimenti, doti, successioni ereditarie, estinzioni – che furono tra le cause dei diversi atteggiamenti da parte del ceto di governo genovese nei confronti della committenza artistica, ebbero altresì conseguenze sulle nobili residenze cittadine che nel tempo appartennero a più d'una di queste famiglie, cambiando o aggiungendo via via i nomi, mentre le quadrerie che in esse trovavano posto potevano essere, di volta in volta, lasciate in situ o spostate nella nuova dimora del proprietario o, ancora, vendute all'asta, divise fra gli eredi o accorpate ad altre collezioni. Vicende di questo genere hanno fatto sì che già nel 1658, cioè solo trent'anni dopo la partenza di Van Dyck, un suo ritratto virile potesse aver già perso l'identità[7]; mentre quando nel 1780 lo storiografo locale Carlo Giuseppe Ratti pubblicò la seconda edizione della sua guida[8] – certamente la più completa descrizione del patrimonio artistico genovese pubblico e privato prima della caduta della Repubblica – solo per una decina dei più di settanta ritratti complessivamente riferiti a Van Dyck era ancora in grado di fornire le generalità, in alcuni casi, per altro, rivelatesi errate[9].

Tutti questi fatti e, ancora, la fine del regime oligarchico nel 1797, le guerre napoleoniche e la grande crisi economica susseguente, in concomitanza con la forte richiesta del mercato artistico inglese, determinarono poi, fin dall'inizio del XIX secolo, uno stillicidio di vendite di opere d'arte e la dispersione di intere collezioni, per cui un gran numero di capolavori – e fra questi molti ritratti – lasciò definitivamente Genova. Presso i mercanti e nelle nuove collezioni di destinazione presero a radicarsi fittizie identificazioni dei personaggi effigiati, le quali in realtà spesso traevano origine semplicemente dal casato dell'ultimo proprietario genovese o erano basate su somiglianze che solo con l'invenzione della fotografia hanno potuto essere verificate e, ancorché con molte resistenze, smentite. Adesso che le indagini sulla committenza e sul collezionismo a Genova cominciano a fornire dati oggettivi e importanti sull'ambiente culturale e artistico cittadino fra Cinque e Settecento, la ricerca e il riscontro documentario a proposito dell'identità dei magnificenti personaggi rappresentati da Van Dyck perdono ogni connotazione di mera curiosità erudita e vengono a costituire parte integrante di quelle stesse indagini, permettendo spesso di fornire utili indicazioni, quando non precisi elementi circostanziali, sulla data d'esecuzione di quelle opere. Emblematico è in questo senso il caso di Paola Adorno Brignole-Sale (†1648), che la storiografia ancora recente[10] identificava in ben quattro diverse effigie a figura intera, ancorché una di esse in termini dubitativi. I libri di conti dei

[7] È quanto risulta nell'inventario della collezione di Gio Battista Balbi pubblicato in Boccardo, Magnani 1987, p. 8, nota 54.
[8] Ratti 1780. Di quest'opera esiste una prima edizione, pubblicata sempre a Genova nel 1766, che, sebbene risulti nel complesso meno dettagliata, in qualche caso fornisce dati che non si ritrovano nel testo di quattordici anni dopo.
[9] In appendice a Boccardo 1994, pp. 98-102, è riportato l'elenco di tutti i ritratti attribuiti a Van Dyck nella seconda edizione della guida del Ratti (cfr. nota precedente), con l'indicazione dell'attuale ubicazione, laddove conosciuta.
[10] Ci si riferisce specificamente a Larsen 1980; e Larsen 1988.

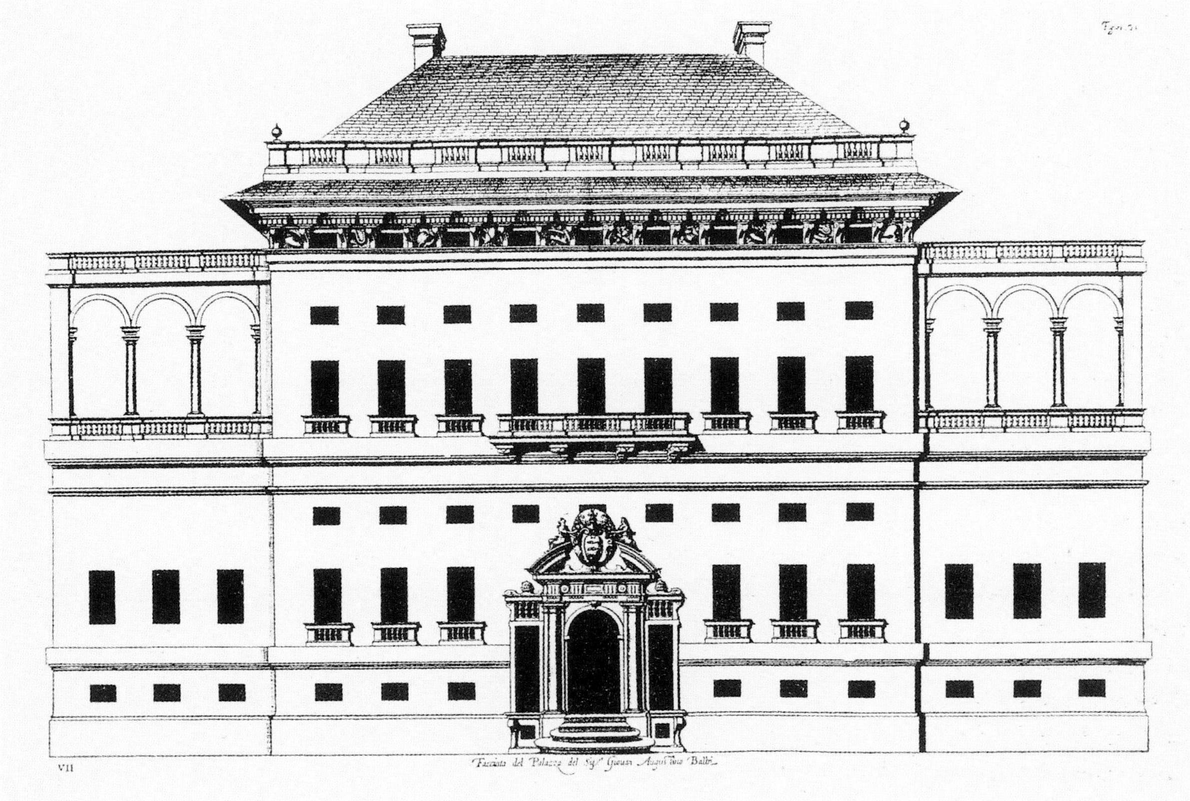

31. *Facciata del palazzo del signor Giovan Agostino Balbi*, da Pieter Paul Rubens, *I Palazzi di Genova*, Anversa

Brignole-Sale e la successiva documentazione disponibile attestano in maniera incontrovertibile che il ritratto di *Paola Adorno Brignole-Sale* (fig. 29) venne eseguito da Van Dyck nel corso dei primi sei mesi del 1627, insieme a quello già citato del marito Anton Giulio e a quello doppio della madre e della sorella di quest'ultimo, Geronima Sale Brignole e Aurelia, ed è quello rimasto, come gli altri due, nella residenza della nobile casata, il cosiddetto palazzo Rosso[11]. Per contro, degli altri tre ritratti in cui è stata riconosciuta la stessa gentildonna, quello di Washington, cui si è già fatto riferimento e che è presentato in occasione di questa mostra (cat. n. 18), raffigura una dama con un bimbetto di cinque o sei anni laddove Paola, sposatasi nel 1625, ebbe il primo figlio nel 1631, ovvero quattro anni dopo la definitiva partenza di Van Dyck da Genova; lo splendido ritratto della Frick Collection (fig. 60), pur non potendosi negare una certa somiglianza, enfatizzata senza dubbio dall'analoga impaginazione compositiva, rappresenta una vedova – come attestano gli elementi di costume[12] – e da questo punto di vista, oltre ai dati storici sopra riportati, merita altresì registrare che fu Paola a morire prima del marito e non viceversa; in ultimo, per il ritratto del Taft Museum di Cincinnati, l'unico di cui l'identificazione tradizionale è stata messa in dubbio, appare paradossale che l'incertezza risulti fondata sulla mancanza di somiglianza rispetto alle altre tre effigie citate!

Pur nella sua difficoltà, trattandosi molte volte di documenti di archivi privati, spesso accessibili con difficoltà e, se ordinati, quasi sempre solo in ragione della gestione del patrimonio, è dunque la ricerca sui libri di conti e sugli inventari che può dare l'esito più attendibile in questo campo. E in conclusione si ritiene opportuno riferire che derivano da questo tipo di indagini gli ultimi risultati a riguardo: la conferma, per il magnifico ritratto di Berlino, della tradizionale identificazione con Alessandro Giustiniani Longo (cat. n. 3), in quanto da lui passato, attraverso l'unica figlia Caterina, ai Saluzzo che ne risultano proprietari agli inizi del XVIII secolo[13]; e l'attestazione, attraverso il più antico inventario delle raccolte del settimo marchese del Carpio, del cognome Doria per il *Fanciullo* (cat. n. 8) della National Gallery of Ireland di Dublino[7].

[11] Sui tre ritratti cfr. Boccardo, Di Fabio 1997, pp. 288-290, 294-300.

[12] Cfr. Cataldi Gallo 1994, p. 119.

[13] I documenti relativi sono ancora inediti.

[14] Boccardo 2002, p. 225; mentre per la citazione inventariale cfr. Burke, Cherry 1997, I, p. 473, n. 173: "Una pintura en lienço de Un Retrato de Un Niño Rubio de la Cassa de oria bestido de colorado y a sus pies Un perrillo hechado blanco y Rojo con la lengua sacada arrimado a Un balaurte de piedra de la mano de Vandique de dos baras y media de Cayda y bara y terçia de ancho [210 x 112 cm] con su marco negro".

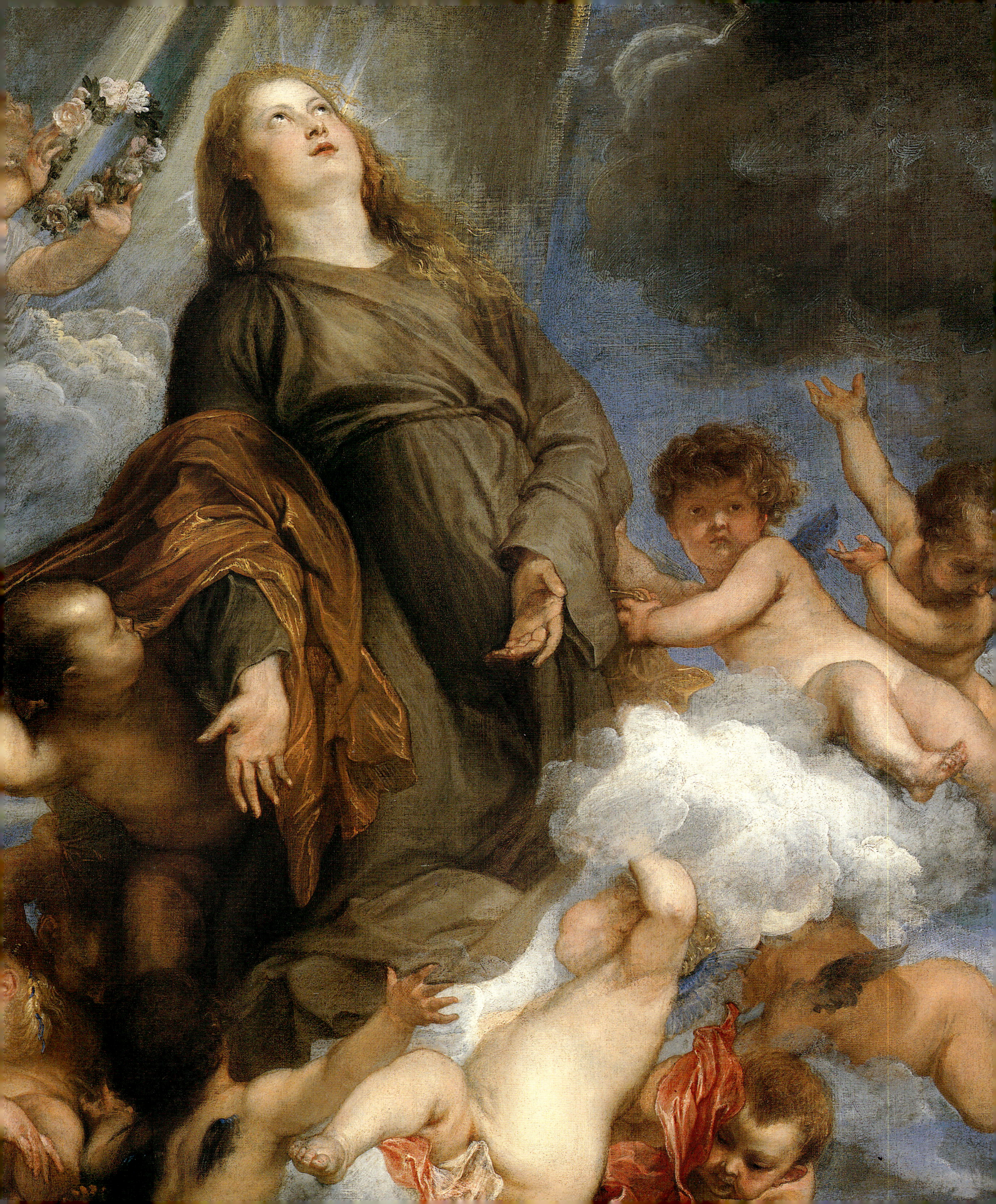

5 Van Dyck a Palermo

Anton van Dyck, *Santa Rosalia in gloria, intercede per la fine della peste a Palermo* (particolare), New York, The Metropolitan Museum of Art (cat. n. 11)

Scrive Bellori che "venne desiderio di Antonio di trasferirsi in Sicilia, dove trovandosi il Principe Filiberto di Savoia all'ora viceré, fece il suo ritratto"[1].

In maniera analoga solo il tardo manoscritto del Louvre, basato in larga misura sulle lettere che Cornelis de Wael indirizza da Genova al suo corrispondente veneziano Lucas van Uffel, si sofferma sul ritratto di Emanuele Filiberto a Palermo lasciando addirittura intendere che alla base del viaggio di Van Dyck in Sicilia ci fosse uno specifico incarico del principe[2].

Ma, a prescindere delle ipotesi formulate dal Vesme[3], pur se la commessa venne direttamente dal Savoia – magari agevolata dai contatti già intrattenuti dal pittore con la famiglia di lui durante il breve soggiorno a Torino dove, reduce da Venezia e al seguito della contessa di Arundel, si trattiene tra il dicembre 1622 e il febbraio 1623, ad un anno quindi dalla nomina a viceré di Sicilia –, non dovettero davvero mancare a Van Dyck tutti gli appoggi per agevolarne il soggiorno nell'isola.

Al suo arrivo, verisimilmente nella primavera del 1624 egli può contare su un vasto giro di amicizie e conoscenze, dirette o mediate, di suoi connazionali: a Palermo ci sono i ricchi mercanti Hendrick Dich (o Dych o Van Dich: forse parente, oltre che omonimo, a maggior ragione se si considera che il padre del pittore, Frans, era un mercante di tessuti di seta?), console generale della "nazione" fiamminga, originario di Anversa e in contatto con i fratelli Van Uffel, e il socio Andrea Rademacher che commerciano in sale, frumento, zolfo e arazzi di Fiandra; ci sono i Papè, anch'essi commercianti anversesi ormai trapiantati da tempo; i pittori connazionali Geronimo Gerardi e Giovanni Basquens, nonché gli amici Gaspar de Momper e Jan Brueghel II, già presente in città nel 1623 e poi ancora tra l'aprile del 1624 e l'estate del 1625[4]; mentre a Messina, la città della seta – penultima tappa d'obbligo del lunghissimo tragitto per mare da Genova a Palermo che ovvie situazioni di prudenza consigliavano via Portovenere, Livorno, Piombino, Porto Ercole, foce del Tevere, Nettuno, Gaeta, Pozzuoli, Napoli, Camerota e Diamante –, opera invece Ettore Vanachtoven in contatto d'affari con Dich. Per non parlare poi delle referenze genovesi che ovviamente gli aprivano la strada nei confronti della folta e ricca compagine ligure da tempo stanziatasi nel capoluogo isolano.

Solo di recente, grazie alle attente ricerche archivistiche di Giovanni Mendola[5], il soggiorno di Van Dyck a Palermo si è arricchito di una messe notevole di notizie e documenti che ne protraggono la presenza in città almeno sino al 3 settembre 1625, contrariamente all'opinione diffusa di una comparsa davvero fugace in quanto interrotta dal dilagare della peste in città in piena estate 1624.

Di certo, all'arrivo, la città dovette aprirglisi in tutta la sua vivacità meridionale, con i suoi odori, i suoi suoni, le sue voci, immediatamente recepite e annotate nel suo taccuino: scene di strada, attori della commedia dell'arte con un suonatore di liuto (fig. 32), una strega condotta al giudizio; una città davvero cosmopolita con le sue "nazioni" straniere e i suoi mercanti genovesi, fiorentini, fiamminghi, alemanni, catalani, affannati e indaffarati in quel quartiere della Loggia, a ridosso dell'antico porto della Cala, che a lui – forestiero tra forestieri – dovette tornare subito familiare se sin dall'inizio trova ospitalità proprio qui, presso l'amico Hendrick Dich, nella casa da lui abitata accanto alla chiesa di Santa Maria di Portosalvo al Cassaro[6].

Alla luce delle prove documentarie e dei recenti studi condotti sul collezionismo palermitano del Seicento[7], un fatto pare oggi più che certo: Van Dyck arriva a Palermo da Genova con fama ormai consolidata di provetto ritrattista e in questo genere, almeno in prima istanza, viene principalmente coinvolto. Ne è testimonianza diretta, per l'appunto, lo splendido ritratto di rappresentanza di *Emanuele*

[1] Bellori ed. 1976, p. 254.
[2] Sul manoscritto si veda Vaes 1924, pp. 163-234 e la trascrizione di Larsen 1975. Il Soprani 1674, pp. 305, 306, invece non fa assolutamente riferimento alla committenza del principe. Ma per la questione si rimanda al recentissimo contributo di Failla, Goria 2003, pp. 68-70, 86, n. 226.
[3] Baudi di Vesme 1885, pp. 25, 26; le ipotesi di Vesme sono riportate da Failla, Goria 2003, p. 68.
[4] Il contesto mercantile tra Genova e le Fiandre è stato indagato in particolar modo da Boccardo 1997 (in particolare cfr. pp.46-47) e da Di Fabio 1997, p. 89, cui si rimanda anche per la precedente bibliografia. Per la Sicilia si veda in particolare Mendola 1999. I documenti d'archivio reperiti da Giovanni Mendola (*ibid.*, p. 104, note 8 e 9) segnalano tra l'altro la presenza a Palermo di Lucas van Uffel tra la fine del 1623 e gli inizi del 1624, quando, anche per conto del fratello Davidt, commercia sale da Trapani a Venezia, nonché la vendita il 19 ottobre 1625 da parte dei soci Dich-Rademacher di quattordici arazzi con storie di Giuseppe il Giusto provenienti da Anversa e pagati dall'acquirente, don Fabrizio Gravina e Coriglies, ben 607 onze e 10 tarì.
[5] Mendola 1999.
[6] Mendola 1999, p. 99.
[7] Cfr. in merito Abbate 1990^{a} e 1999; Morreale 1990, id. 1999; Mendola 1999.

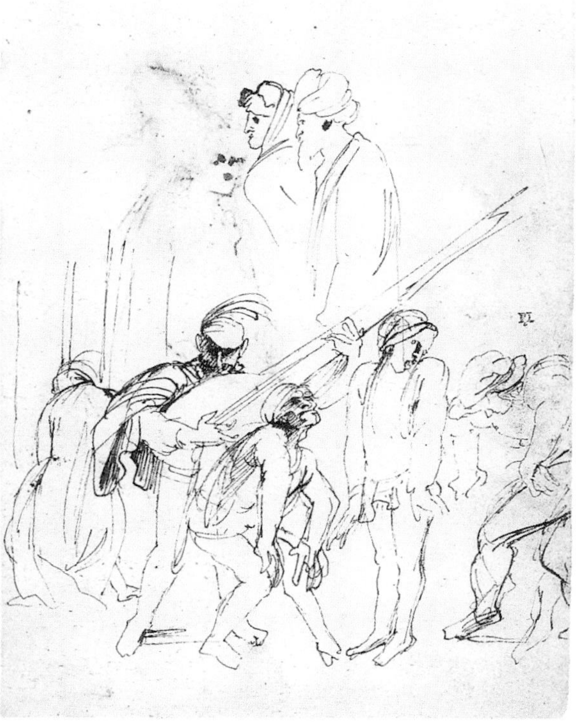 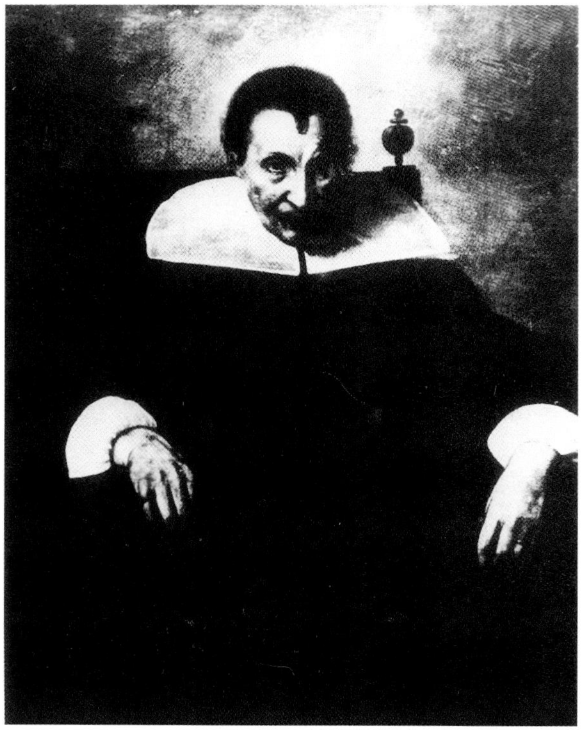

32. Anton van Dyck, *Gruppo di commedianti con suonatore di liuto*, dal *Taccuino italiano*, c. 60r, Londra, The British Museum

33. Anton van Dyck, *Ritratto di Sofonisba Anguissola*, già Amsterdam, Formerly Nauta Collection

Filiberto di Savoia, oggi alla Dulwich Picture Gallery di Londra[8] (cat. n. 10) dove l'esigenza di "decoro", scaturente ancor più dall'alta carica ricoperta, viene magistralmente resa dal portamento, magnifico, dell'effigiato e dove, al tempo stesso, "ornamenti", "atti" e "gesti convenenti" servono a dare risalto alla nobiltà, alla sapienza, al ruolo di questo giovane sfortunato viceré che di peste morirà appena qualche mese dopo nell'agosto del 1624: un "novello Ercole" mancato, ma che nel breve tempo di reggenza (era approdato a Messina solo a febbraio del 1622), oltre a mirabili prove di saggezza e buon governo, non si era esentato – da uomo colto e raffinato collezionista qual era – dal dare nuovi stimoli alla cultura e alla vita intellettuale della capitale isolana, facendosi promotore della rinascita dell'Accademia dei Riaccesi "da lui ristorata e migliorata"e restituita a nuova vita all'interno del Palazzo Reale di Palermo e chiamandovi come "principe" il dotto matematico Carlo Maria Ventimiglia[9].

D'altronde non poteva essere che così, qualora, a ulteriore prova, non dovesse bastare la quantità enorme di gioie, argenti, vetri, abiti, quadri, cortinaggi, "tessuti d'imborcato" banditi al pubblico incanto alla Loggia a un anno esatto dalla sua morte[10]: Emanuele Filiberto (1588-1624), principe di Oneglia, gran priore di Castiglia e Leon dell'Ordine gerosolimitano, generale del mare e grande ammiraglio della flotta spagnola, era infatti figlio terzogenito di Carlo Emanuele, duca di Savoia, e dell'infanta di Spagna Catalina Micaela, secondogenita di Filippo II e della sua terza moglie Isabella di Valois. Nel ritratto del viceré va a concretizzarsi appieno quel concetto di grandezza e maestà, utile talora a coprire "il difetto del naturale" che a Van Dyck, secondo Susan J. Barnes[11], deriva dalla conoscenza della trattatistica italiana tardo-cinquecentesca, in particolare di Lomazzo e del suo pensiero sulla ritrattistica espresso in quel *Trattato dell'arte della pittura, scultura ed architettura*. In virtù di tale principio, equamente condiviso, trovo naturale e spontaneo che Van Dyck, preventivamente informatone a Genova, dovesse cercare all'arrivo a Palermo un'altra ritrattista di fama, la grande Sofonisba Anguissola, sposata in seconde nozze al mercante genovese Orazio Lomellini e ormai stabilmente residente in città almeno dal 1615 in quella "domus magna in contrata di lo Pileri", a un tiro di schioppo della chiesa "nazionale"di San Giorgio dei Genovesi.

A parte il nuovo interessamento della corte palermitana all'anziana pittrice (l'Anguissola da giovane, alla corte di Madrid tra il 1568 e il 1572, aveva dato lezioni e forse i primi rudimenti di pittura alle infante Catalina Micaela e Isabella Clara Eugenia, futura arciduchessa e governatrice dei Paesi Bassi e pertanto è chiaro che fosse vicina al cuore e ai sentimenti del viceré Savoia), la visita del Van Dyck rappresenta un chiaro atto di omaggio del pittore a questa donna-collega straordinaria, ormai ultraottantenne e quasi cieca, ma dalla "memoria et l'servelo prontissimo, cortesissima". Resto del parere che la visita del 12 luglio 1624 (il medesimo giorno in cui sul

[8] Per gli ultimi approfondimenti e la bibliografia precedente si rimanda a Failla, Goria 2003, pp. 68-70.

[9] Lo stesso Ventimiglia ne avrebbe tessuto le lodi nell'orazione funebre (1625): "ebbe abbondantissima la storia, la memoria dell'Antichità, la maestria delle attieni buone e gloriose: Fu nelle scienze morali e politiche, nelle naturali anche profondissimo: Nelle matematiche fu poi eccellente: Fan di ciò fede i commenti suoi della logica, i volumi delle cose filosofiche, [...] l'Accademia di questa città, fondata da D. Francesco De Castro Conte di Lemos, Filiberto cascata l'innalzò, nuda l'arricchì, vaga la stabilì, nel suo proprio tetto, nel seno suo proprio l'accolse, la favorì, l'esaltò, la magnificò [...]. Vivo esempio di perfettissimo eroe"; ma cfr. Abbate 1990[b], p. 72, id. 1999, pp. 107-108.

[10] Cfr. Abbate 1990[a], p. 40-42; id. 1999, pp. 107-108.

[11] Barnes 1997, p. 68.

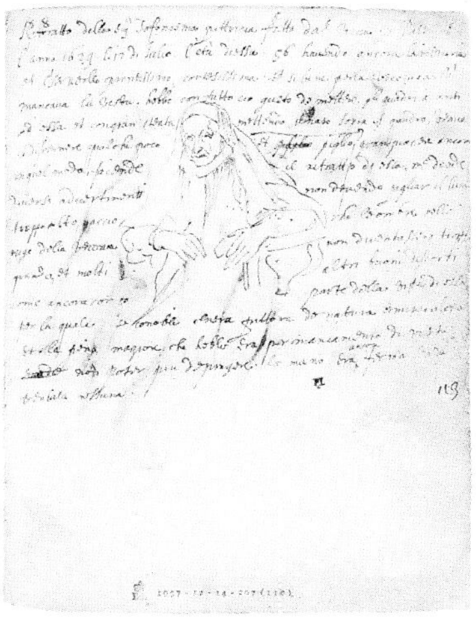

34. Anton van Dyck, *Studio per il ritratto di Sofonisba Anguissola*, dal *Taccuino italiano*, f. 110r, Londra, The British Museum
"Ritratto della Sigra. Sofonisma pittricia fatto dal viva in Palermo l'anno 1624 li 12 di Julio: l'età di essa 96 havendo ancora la memoria et il serverllo prontissimo, cortesissima, et sebene perla vecciaia la mancava la vista, hebbe con tutto cio gusto de mettere gli quadri avanti ad essa et congran stenta mettendo il naso sopra il quadro, venne a discernere qualche poca et piglio gran piacere ancora in quel modo, facende il ritratto de essa, mi diede diversi advertimenti non devendo pigliar il lume troppo alto, accio che le ombre nelle ruge della vecciaia non diventassero troppo grande, et molti altri buoni discorsi come ancora conto parte della vita di essa per la quale se conobbe che era pittora de natura et miraculosa et la pena magiore che hebbe era per mancamento di vista non poter più dipingere: la mano era ancora ferma senza tremula nessuna".

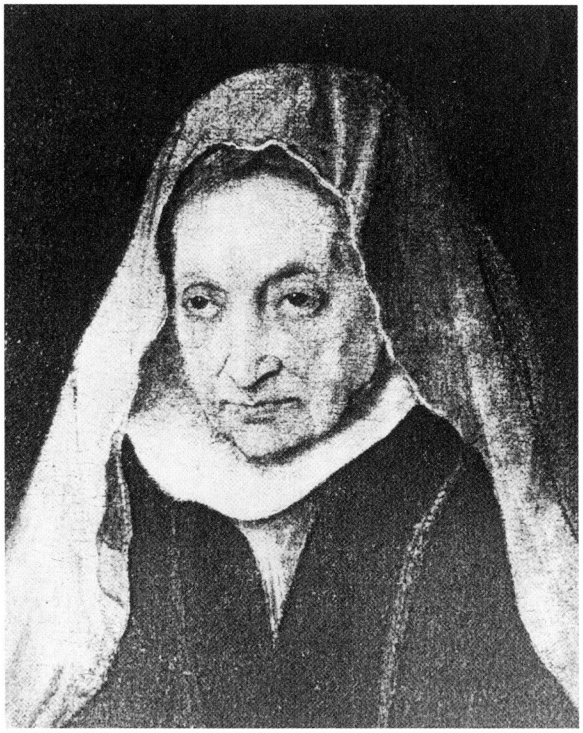

35. Anton van Dyck (?), *Ritratto di Sofonisba Anguissola* (?), Knole, Collection Lord Sackville.

monte Pellegrino venivano ritrovate le ossa di santa Rosalia), rimasta memorabile perché annotata nel famoso *Taccuino italiano* del pittore assieme allo schizzo estemporaneo di "ritratto fatto dal viva" (fig. 34), non sia stata l'unica e forse neppure la prima se il pittore, come plausibilmente riteniamo, arrivò a Palermo nella primavera di quell'anno.

Così come – a quanto pare – non uno solo fu il ritratto della pittrice. Già il Larsen ne rendeva noti ben due: quello, oggi non rintracciabile ma tempo fa presso la collezione Nauta di Amsterdam (fig. 33) che, a giudicare dalla posa, potremmo considerare con tutti i carismi dell'ufficialità; l'altro a carattere più intimo con la pittrice sul letto di morte, conservato presso la Galleria Sabauda di Torino (collezione Gualino)[12]. Lo studioso invece non ha accettato come autografo il frammento di tela individuato da Millar in collezione Lord Sackville a Knole (Kent) e pubblicato come *Portrait of an Old Woman, here identified as Sofonisba Anguisciola* (fig. 35), per la evidente rispondenza dei tratti e dell'abbigliamento a quelli dello schizzo del *Taccuino italiano* (fig. 34)[13].

In realtà quale quadro (o quadri) il 12 luglio 1624 Van Dyck mise sotto il naso della pittrice nel tentativo di farle discernere quanto l'ormai avanzato stato di cecità le consentisse? Un ritratto in corso d'opera, dal momento che è lo stesso pittore ad annotare che stava "faciende il ritratto de essa"? Dovremmo in tal caso pensare a quello già in collezione Nauta che in modo palese mostra una ripresa e conseguentemente una impostazione luministica dall'alto, dovuta alla posizione stessa dell'anziana donna sulla poltrona? Pur nella tecnica preziosa e al tempo stesso calda di Van Dyck un ritratto forse troppo realistico e crudo per lei "pittora di natura", adusa al concetto cinquecentesco di "verosimiglianza" così come traspare dalle sue opere? Cosa che a lei, donna "cortesissima", formata alle buone maniere di corte, avrebbe suggerito non un rifiuto bensì quei "diversi advertimenti" al pittore "non dovendo pigliare il lume troppo alto, acciò che l'ombre nello ruge della veccaia non druentasseo troppo grande".

Da tale confronto tra artisti poteva scaturire l'idea di un secondo ritratto con una ripresa sempre frontale ma dal basso, così come farebbe pensare lo schizzo "dal viva" del taccuino e di cui il ritratto di Sackville (o il suo originale) dovrebbe rappresentare la versione pittorica? Così come, alla luce del prolungato soggiorno a Palermo del pittore di Anversa testè ricordato, troverebbe ragioni maggiori il ricordato *Ritratto di Sofonisba sul letto di morte*, che l'artista avrebbe potuto realizzare poco prima della partenza, ormai documentata al settembre del 1625. Di lì a due mesi, il 16 novembre, la pittrice moriva a 90 anni di età: a San Giorgio dei Genovesi il marito Orazio Lomellini, "straziato da immane dolore", tributandole onore estremo, "grandissimo invero per i mortali, esiguo se rapportato a tanta donna (*si tantae mulieri*)" ne avrebbe eternato nel marmo il ricordo[14].

Tra la visita all'Anguissola del 12 luglio, attestataci dallo stesso pittore e il 21 novembre del 1624, data del documento più antico reso noto da Mendola[15] che conferma di nuovo la presenza di Van Dyck a Palermo, corrono solo i quattro martoriati mesi rispondenti in pieno all'infierire della peste in città: il 3 agosto lo stesso viceré, rimastone contagiato, si era spento nel palazzo reale di Palermo, lasciando tutti nel rimpianto e facendo declamare in seno alla sua accademia

"Deh lascia ò Musa le girlande omai
d'Allor, di Mirto, e di Gelsomin ch'invece
la fronte di Cipresso ornar ti fece
e di lagrime il sen…"[16]

Ma i focolai infettivi, pur a fronte del lento recedere del morbo attribuito all'intercessione della Vergine romita Rosalia da subito eletta patrona, non

[12] Larsen 1988,vol. II, p. 131, schede nn. 32, 321; per il dipinto di Sofonisba Anguissola sul letto di morte, esposto alla mostra di P. Novelli del 1990, si rimanda alla scheda di Viscuso 1990[a], pp. 148-149.
[13] Millar 1969, p. 417.
[14] Sacchi 1994, pp. 71 e 401.
[15] Mendola 1999, p. 97 e nota 88.
[16] I versi sono dell'accademico riacceso Gio Domenico Cannata di Alcamo e tratti dalla miscellanea manoscritta di *Poesie*, in ms. sec. XVII, Palermo, Bibl. Com., 2 Qq 25, c. 106; cit. da Abbate 1990[b], p. 72.

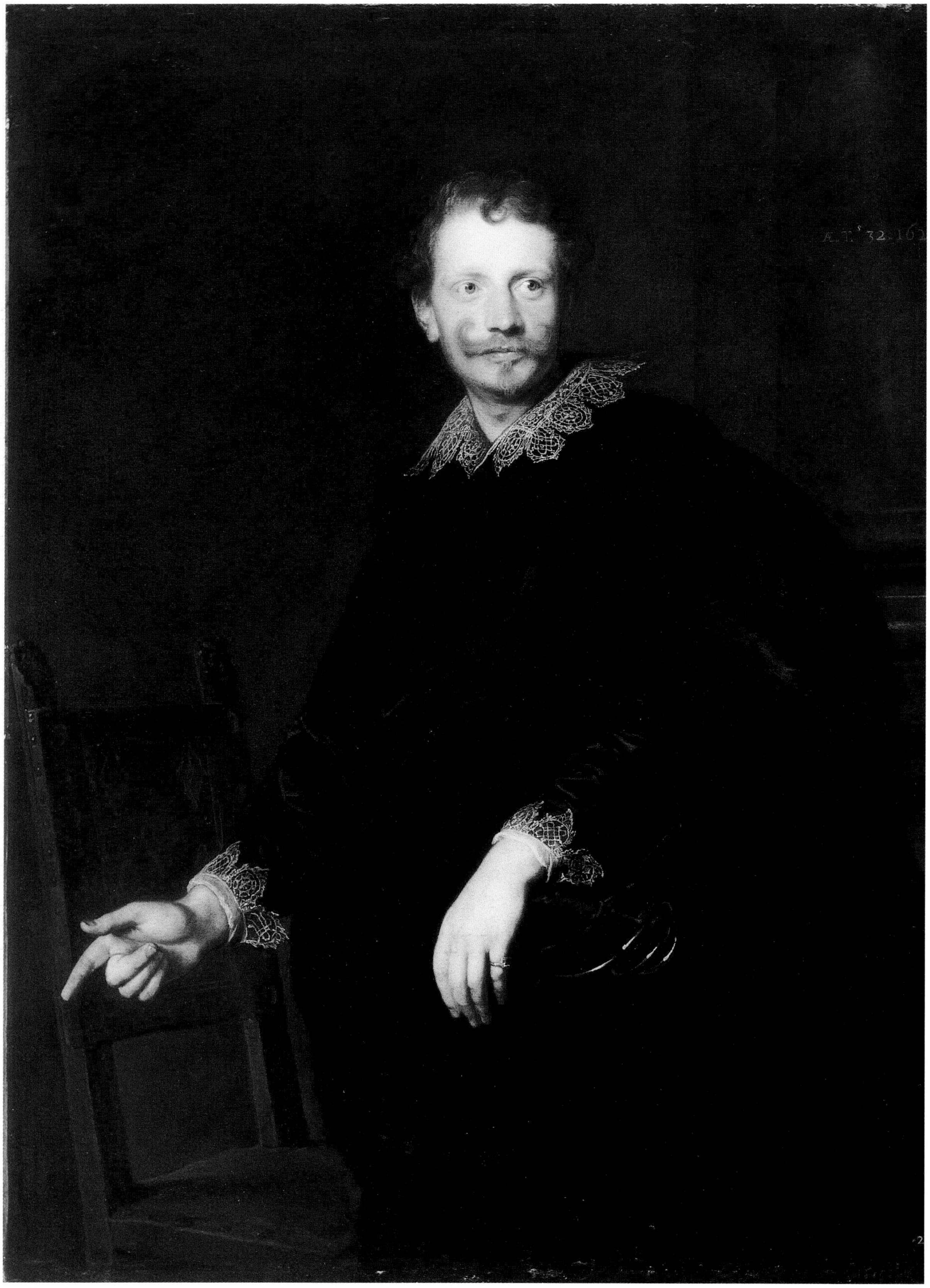

36. Anton van Dyck, *Ritratto di Desiderio Segno* (?), Vaduz, Sammlungen des Fursten von Liechtenstein

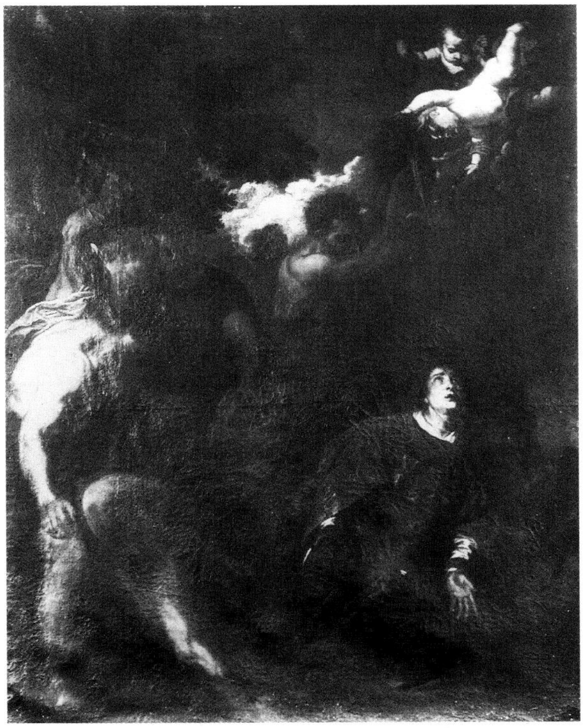

37. Anton van Dyck (copia da?), *Martirio di santo Stefano*, già Palermo, ubicazione sconosciuta

dovettero estinguersi presto se ancora nel 1625, il 6 di maggio, a Monreale moriva di peste il pittore Pietro Antonio Novelli, padre del più celebre Monrealese, per il quale – se è da identificare con quel "Petrus Antonius pincturi" testimone alla redazione dell'inventario dei beni del defunto principe concluso solo l'11 novembre 1624, cui poté benissimo partecipare in qualità di perito estimatore[17] – non andrei a escludere una trasmissione del contagio proprio nel corso di tali operazioni.

Di certo in autunno avanzato la situazione non doveva essere tra le più confortanti, se in una missiva da Messina del 24 novembre 1624 il conte Giovanni Cortesi – il più eminente degli ambasciatori inviati in Sicilia dal duca di Modena Alfonso d'Este in considerazione del fatto che la moglie Isabella di Savoia, sorella di Emanuele Filiberto, per testamento era stata da lui designata erede universale – poteva asserire, nonostante "il pensiero risolutissimo di recarvisi" comunque e a qualsiasi costo, che "chi entra in Palermo non habbia più alcun modo di potervi uscire"[18]; tant'è che sbarcatovi col suo seguito, dopo un rocambolesco viaggio, "alli 24 sul tardi" non può fare a meno di notare che "nilla ripa [...] concorse genti in grandissimo numero parendo loro miracolo il vedere quello che nilla conditione di questi miserissimi tempi rari volti si vede, cioè che vengano persone in quella città dalla quale per fuggiri i suoi pericoli tanto volentieri si ni partissero".

Ma, come dicevamo, Van Dyck è di nuovo a Palermo il 21 novembre 1624, presente alla stipula di una atto che non lo coinvolge direttamente, ma in qualità di garante dell'amico Jan Bruegel per un prestito di denaro ricevuto il 29 luglio precedente da Hendrick Dich[19].

Oltre a Clemente Pilo di famiglia mercantile genovese trapiantata a Palermo, è presente come testimone quell'Ettore Vanachtoven già ricordato, amico e corrispondente messinese di Dich, nei confronti del quale agisce talora in qualità di procuratore[20], e per suo tramite evidentemente conosciuto dallo stesso Van Dyck. Mi chiedo se in quei quattro mesi cruciali della peste – tanti, ma non abbastanza per avallare un pur supposto rientro nella lontana Genova, con ritorno– il pittore non abbia potuto riparare proprio a Messina, in casa Vanachtoven; in tal senso potrebbe trovare conferma il passo del Susinno, autore di provata veridicità e solitamente alquanto documentato sui fatti messinesi, quando a margine della vita del fiammingo Jan Vanhoubrachen attivo nella città dello Stretto annota che "Ettore Vanactoven [...] in quel tempo stimato il più ricco mercante ed uomo di gusto molto delicato [...] fe' venire apposta da Palermo Antonio van Eix (sic) per farsi fare dui ritratti, uno per sé e l'altro per sua moglie, in mezze figure. Quali ritratti il marchese di Pintidattilo, genero del predetto Ettore Vanactoven, ultimamente li regalò al marchese del Carpio, allorché venne da Roma al governo del regno di Napoli"[21]. Due ritratti *en pendant*, dunque, secondo una moda diffusa nelle Fiandre, sicuramente ben nota al raffinato Vanachtoven (che peraltro a detta di Susinno si faceva realizzare pure da Abraham Casembrat, il pittore olandese operoso a Messina, "due ritratti in pie', uno suo e l'altro della sua moglie"), ma di certo una novità per l'Italia e per la stessa Genova dove solo in pochi casi, sulla scia di Rubens, veniva sperimentata da Van Dyck[22]. E non è da escludere che un altro ritratto avesse potuto riguardare benissimo quel l'Hendrick Dich, suo ospite palermitano, tenuto conto che con atto del 6 aprile 1625 – scrive Mendola–

[17] Failla, Goria 2003, pp. 39 e 71, nota 13.
[18] Failla, Goria 2003, pp. 37-38.
[19] Mendola 1999, p. 97.
[20] Mendola, 1999.
[21] Susino 1960, p. 166.
[22] La citazione del Susinno è nella *Vita di Abraham Casembrot* (1960, p. 162): "Egli fu più forte nelle cose picciole che nelle grandi, riusciva buon maestro in far somiglianti ritratti, come viddesi in due gran tele, cioè due ritratti in pie': uno di Ettore Vanacthoven, mercante stimato il più ricco di Messina e suo compatriota, e l'altro della sua moglie".

il pittore anversese da una parte e il console dei fiamminghi dall'altra hanno modo di dichiararsi vicendevolmente soddisfatti al riguardo di certi negozi fra loro intrattenuti fino a quella data e in particolare "de o(mn)ibus alimentis per eum (Enrico Dich) sibi (Van Dyck) prestitis in eius domo et d(ittu)s de vandych ab eodem de dich stip(ulan)te de o(mn)ibus picturis per eum factis d(ict)o de dich usque ad p(raese)ns"[23]. Relativamente a tale genere specifico, infatti, va detto subito che le prove documentarie – anche se indirettamente– testimoniano di almeno altri due ritratti eseguiti dal pittore durante il suo soggiorno palermitano. Di quello di Simone Sitaiolo, *utriusque iuris doctor*, ci dà diretta notizia lo stesso committente, allorquando nel suo testamento del 26 febbraio 1632 (quindi di pochi anni dopo), pure reso noto da Mendola, dispone specificamente che nella vendita di mobili e suppellettili di casa dopo la sua morte, oltre a due miniature "di mano di lo Castelli di Genoa", venisse escluso "lo ritratto di esso testatore quatro fatto di mano di Ant(oni)o Vandic flamenco"; contestualmente non possiamo fare a meno di ricordare che nell'inventario ereditario redatto il 20 marzo successivo, subito dopo la morte di Sitaiolo, venivano segnalati "un quatro d'un satiro, un quatro grande di san Gio(vanni)", una santa Rosalia e "un quatro della Madonna con n(ost)ro Sig(no)re in bracza santa rosolea e san joanne", tutti "di mano di Ant(onio) Vandic"[24].

Del secondo ritratto, quello del mercante Desiderio Segno, troviamo citazione nell'inventario dei beni redatto alla sua morte avvenuta a Salaparuta nel dicembre del 1630 (trattasi anche in questo caso di un documento redatto a soli cinque anni di distanza dalla partenza del pittore), in cui espressamente vengono annotati "un ritratto del quondam sign. Desiderio, di mano di Antonio Vandich, con guarnazione negra; [...] un quatro di santa Rosalia in gloria, di mano di Antonio Vandich, un quatro di esposizione in croce, di mano dello stesso, con guarnizione come sopra; [...] un quatro con una testa che sbadiglia, di mano dello stesso Vandich, con guarnizione nigra et dorata"[25].

Qualche anno fa (1999), la revisione del contesto socio-mercantile palermitano tra Cinque e Seicento, alla luce di nuove scoperte documentarie e in

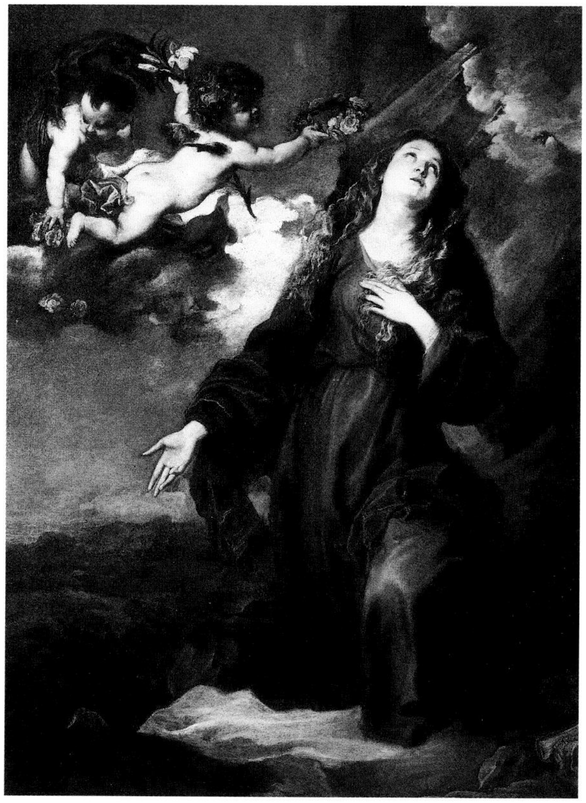

38. Anton van Dyck, *Santa Rosalia, incoronata dagli angeli, intercede per Palermo*, Houston, The Menil Collection

preparazione della Mostra *Porto di mare*, emblematicamente allestita nella chiesa di San Giorgio dei Genovesi, ci portava ad approfondire la personalità e le conoscenze di questo giovane primogenito di famiglia genovese trapiantata a Palermo dal padre Gio Agostino ricchissimo mercante che già nel 1611 troviamo documentato a Palermo tra i rettori della chiesa "nazionale" di San Giorgio e con cappella di proprio giuspatronato all'interno[26]. Una vita di successo, diremmo oggi, una carriera brillante, caratterizzata da una intensa attività mercantile e – a giudicare almeno dalle continue cariche ricoperte – da un forte impegno sociale in seno alla comunità genovese di Palermo ereditato dal padre "presidio dei suoi compatrioti", ma soprattutto da uno straordinario accumulo di ricchezze che dal 1617 gli deriveranno dai lucrosi negozi condotti in società col cognato Gio Agostino Arata, a parer mio la vera mente organizzatrice degli affari di famiglia.

A Desiderio Segno sicuramente non poteva mancare il piglio di *amateur*, il gusto del collezionista d'arte, né tantomeno i denari per essere egli stesso committente; e sin da giovane, se nel 1616 è già in

[23] Mendola 1999, p. 101 e note 116 e 117.
[24] Abbate 1999, p. 113.
[25] Abbate 1999, p. 111 e nota 27.
[26] Abbate 1999, pp. 111-115.

contatti d'affare con Lucas van Uffel – vale a dire il già ricordato ricco mercante *flamingus* residente a Venezia e grande collezionista di Tiziano, Ribera, Rubens, Van Dyck, e poi ancora di Reni, Albani, Domenichino, Guercino, Poussin, Rembrandt e persino di Abraham Casembrot che da Messina gli dedicava 13 incisioni[27] – e se dal 1615 affianca in qualità di "massaro" Orazio Lomellini, in quell'anno console della Nazione genovese, e pratica la sua casa. Continuo a convincermi che l'anziana Anguissola abbia potuto esercitare su di lui un ascendente particolare, quantomeno in termini di educazione culturale e di interesse verso la pittura. Del resto lo stesso inventario, redatto dopo la sua morte davvero prematura, dà piena cognizione dei gusti e della personalità di quest'uomo con la casa ricca di cortinaggi, mobili, arazzi, quadri, argenterie e gioie – così come il suo status sociale giustamente pretendeva –, ma al tempo stesso colto e raffinato a giudicare dalla presenza di "diversi libri di poesia, et storia, grandi et piccoli da 60 in circa" e poi dalla stessa quadreria. E se quel "quatro di un bagno di Ninfe sopra pietra di mano del Cambiaso" dovette provenirgli sicuramente da Genova; se quel "quatro del ritratto di Amilcare Anguisciola, di mano della Signora Domina Sofonisba sua figlia" sarà stato frutto di un dono o di un lascito della stessa pittrice, segno – come dicevamo – di affinità elettive e affettive, i quattro dipinti del Van Dyck in suo possesso derivano – come il ritratto – da commesse dirette o acquisti durante il soggiorno palermitano del pittore[28].

Alla ricerca proprio di quest'opera dimenticata e perduta nei meandri d'una serie di personaggi ritratti da Van Dyck e per noi oggi ancora anonimi, nel 1999 proponevamo di identificare nel *Ritratto di nobiluomo* di Van Dyck nei Sammlungen des Fursten von Liechtenstein di Vaduz (fig. 36) il ritratto di Desiderio Segno, sulla scorta innanzitutto dell'iscrizione e della data segnate sulla tela "AET. s 32. 1624", di un conteggio circostanziato dell'età presunta di Segno in quell'anno, e confortato dai pareri del Larsen e della Barnes che nel dipinto, acquisito alle collezioni principesche solo nel 1733, individuavano rispettivamente "a nobleman from the court of Palermo" e genericamente "an Italian Nobleman"[29].

Del resto cosa avrebbe potuto impedire a Segno di entrare immediatamente in contatto con Van Dyck al suo arrivo a Palermo? Non di certo le possibilità economiche, né tantomeno i tramiti delle amicizie: suo cognato Gio Agostino Arata era in contatti d'affare con il Cardinale Giannettino Doria, Arcivescovo di Palermo, pure lui genovese, e con la corte vicereale tramite Cristoforo Massa; a palazzo Reale, "Principe" dell'Accademia dei Riaccesi c'era quel Carlo Maria Ventimiglia, sicuramente suo parente per parte di madre (Camilla Ventimiglia). Per di più c'era il legame sincero con Orazio Lomellini e con Sofonisba Anguissola della quale abbiamo ricordato i contatti con il pittore. Ma soprattutto c'è un dato inconfutabile, che non lascia adito a dubbi: quando Van Dyck arriva a Palermo da Genova, nella primavera del 1624, Desiderio Segno è in città il "Console" della nazione genovese, vale a dire "il massimo rappresentante della Repubblica di Genova a Palermo": ricopre ininterrottamente questa carica dal novembre 1623 e forse sino al dicembre dell'anno successivo, affiancato in qualità di "massari" dal cognato Gio Agostino Arata e da Orazio Lomellini in quei mesi convulsi della seconda metà dell'anno sotto il terribile imperversare della peste.

Il ritratto di Desiderio Segno va a configurarsi così come ritratto "ufficiale" a tutti gli effetti, secondo quella tendenza invalsa presso l'aristocrazia genovese a farsi ritrarre nei momenti in cui vengono ricoperti incarichi e ruoli pubblici[30]. Conseguentemente si colloca sullo stesso piano del ritratto altrettanto "ufficiale" del viceré Emanuele Filiberto, sicuramente coevo e di cui ripete la medesima posa statica e convenzionale rilevata dalla Barnes[31], ma con quella resa immediata così come al pittore veniva stimolata dal connubio di esperienze tra "le proposte audaci e grandiose" dei ritratti di Rubens e la "verosimiglianza parlante" del ritratto a mezzo busto d'estrazione romana tra Carracci, Leoni e Vouet[32].

Del ruolo ricoperto l'effigiato di Vaduz sembra portarne ogni attributo esteriore che nel vestiario – neppure a farlo apposta – pare riproporre quanto, tra le altre cose, è dato ritrovare nell'inventario di Segno: "un ferraiolo, et un rubuni di Sassonia nigri, calzuni e gippone di velluto negro [...], una spata, et un pugnali argentati, cum suo pendenti, et cintu-

[27] ASPA, Not. F. Comito, *Minute*, vol. 914 (aa. 1615-16), c. 600r, cit. da Abbate 1999, in particolare p. 131, nota 44; su Van Uffel collezionista si veda Vaes 1925, pp. 164-165.

[28] Cfr. Di Giovanni 1889, pp. 285-289, cit. da Abbate 1999, p. 131, nota 46.

[29] Abbate 1999, in particolare pp.113-114. L'identificazione è stata condivisa da S. Barnes con una comunicazione scritta.

[30] Si veda in merito Barnes 1997, pp. 64-81, in particolare p. 73.

[31] Barnes 1986, p. 277, n. 52; Brown in *Van Dyck 1599-1641*, 1999, pp. 172-173.

[32] Barnes 1997, in particolare p. 67.

rino" e tra una filza di anelli quello "di oro, con uno diamanti ingastato, rutto in dui pezzi" (forse perché nel 1630 non lo si poté sfilare facilmente dal mignolo grassoccio del defunto?).

E se il "robone" fu indumento proprio dei procuratori della Repubblica, se la splendida trina del colletto è tangibile prova della diffusione della dentelle di Fiandra, se la colonna di fondo addossata al pilastro potrebbe far pensare a quelle tardo-rinascimentali di San Giorgio dei Genovesi a Palermo, la posizione dell'indice della mano destra volutamente proteso a indicare, "segnare" qualcosa (nulla affatto casuale come in altri dipinti del pittore) potrebbe essere letta come metafora "muta" dello stesso cognome "Segno"?

Forse a Desiderio, in particolari occasioni, mancò soltanto il "fiuto" sottile del "conoscitore"; a maggior ragione quando ebbe a che fare con persone losche, come quel don Fabrizio Valguarnera sicuramente il collezionista palermitano più spregiudicato di tutti i tempi, ormai ben noto per le sue avventure e le vicende giudiziarie[33], ma al tempo stesso il più esaltante, nell'ambito dei cui interessi personali – da "pratico de pitture" qual era – va spiegata l'immediata attenzione per Van Dyck al suo arrivo a Palermo; il quale, dal canto suo, ne annotava il nome sul foglio due del suo taccuino "Don Fabricio Malguarnero (sic) dottore in Palermo", dopo esserne venuto a conoscenza forse già a Genova, alla vigilia della partenza per l'isola, e magari per tramite di Cornelis de Wael che – come Rubens (anche se qualche anno più tardi) – sappiamo in sicuro contatto con il nobile siciliano[34].

Da un atto di obbligazione del 22 aprile 1626 rileviamo infatti che Desiderio Segno "[...] tenet loco pignoris unciarum octaginta", da lui "datas ad cambia et ricambia" all'illustrissimo don Fabrizio Valguarnera il 6 maggio 1624, e con il benestare di donna Giovanna moglie di quest'ultimo, i seguenti dipinti: "quattro quadri del testamento vecchio con sue cornici nigre di altezza di sei palmi jn circa, e di larghezza di sette palmi in circa che dicono siano di mano del Titiano ubi depicta sunt, videlicet: la sommersione di faraone, la cascata de la manna, la scaturition dell'acqua e lo sacrificio del vitello, nec non un quatro del martirio di Santo Stefano quod dicunt che sia di mano di Antonio Vandich fiamengo di altezza di nove palmi incirca, e sette palmi incirca di larghezza". Donna Giovanna Valguarnera e Desiderio Segno si obbligavano reciprocamente l'una a versare la somma anticipata entro il mese successivo, l'altro conseguentemente a "restituere [...] statim et incontinenti [...] dictos quatros"[35].

L'unica cosa losca ai danni dell'investimento di Segno sulle ottanta onze anticipate potrebbe stare nel fatto che – secondo quanto ci attesta un altro documento reso noto da Mendola– solo tre anni prima, nel 1623, l'*utriusque juris doctor* Fabrizio Valguarnera aveva commissionato al fiammingo Geronimo Gerardi proprio quattro copie di dipinti a soggetto veterotestamentario. D'accordo con Mendola, non mi meraviglia affatto se Valguarnera, aduso alle truffe e imbroglione, avesse voluto aggirare – complice la moglie – l'inesperto Segno rifilandogli per "Tiziano" originali quattro copie recenti di Geronimo Gerardi.

La partita comunque, con buona pace di tutti, si chiuse nel giugno del 1627[36], così come definitivamente si chiude per noi, cui resta solo la memoria del fatto, sicuramente di estremo interesse per le considerazioni che ci sono permesse: in primo luogo il valore intrinseco dei dipinti come fonte di investimento; subito dopo gli interessi collezionistici dei due personaggi coinvolti; poi ancora come nella Palermo del Seicento le calde e vellutate tonalità di dipinti fiamminghi potessero far generare – non a caso e a determinati livelli – confusione con opere di Tiziano; e per ultimo la circolazione – a tal punto sempre più cospicua – di quadri di Van Dyck a soggetto religioso e profano.

Certamente la presenza tra i quadri di Segno di quel *Martirio di santo Stefano* lascia molto a riflettere, ancor più nel momento in cui le dimensioni della tela (225 x 175 cm circa) sono leggermente più grandi di quella con il medesimo soggetto (178 x 150 cm) oggi a Tatton Park (Cheshire The National Trust, Collection of The Earl Egerton), di cui non sono molto chiare le vicende antiche e la presunta originaria destinazione alla chiesa di San Giacomo degli Spagnoli a Roma, per la quale sarebbe stata dipinta dal pittore intorno al 1623 in occasione del suo secondo soggiorno a Roma[37].

[33] Sulla vicenda del Valguarnera a parte chi scrive, cui si rimanda (Abbate 1990[a], pp. 42-46), si sono soffermati in particolare Sciascia 1989, pp. 30-43 e *Roma 1630...*, 1994.

[34] Per Lucas e Cornelis de Wael, presenti a Genova già nel 1620, cfr. Vaes 1925 e Di Fabio 1997, pp. 82-104, in particolare p. 229. I contatti tra Valguarnera e De Wael sono attestati direttamente dal nobile siciliano nella sua dichiarazione al processo del 1631, per cui cfr. i documenti in *Roma 1630...*, 1994, in particolare p. 229.

[35] ASPA, Not. F. Comito, *Minute*, vol. 923 (aa. 1624-25), c. 507r; ma cfr. Abbate 1999, p. 112 e Mendola 1999, p. 89.

[36] *Ibid.*, vol. 924 (aa. 1626-26), c. 661r.

[37] Cfr. la precedente bibliografia citata da Abbate 1999, p. 131, nota 42.

Dovremmo pensare a un unico esemplare modificato nelle misure o piuttosto a una replica di cui in Sicilia dovette circolare a fine Ottocento almeno una copia(?) coeva, oggi di ubicazione ignota, (fig. 37) resa nota da chi scrive nel 1990?[38] Comunque, non senza interesse, va rilevato che un "Quatro grandi del martirio di Santo Stefano" compare nel 1639 nell'inventario della quadreria di Don Tommaso Joppolo, Maestro segreto del regno, dove tra l'altro – accanto a un san Cristoforo, al san Sebastiano, al san Gioseppe (sic) e a un sant'Andrea dello Spagnoletto, a una santa Cecilia del Cappuccino (lo Strozzi), alla "*Susanna con li vecchi* del Bassano", al "*Ritratto di Anton di Leva* del Titiano", alla "*Donna romana che dona il latte al padre* del Manfrè", al "*San Giovanni che sta bivendo* del Tintoret" troviamo ben sei dipinti dati a Van Dyck: "un quatro della Magdalena [...], un quatro di Santo Antonino [...], un quatro della Madonna con suo puttino con sua corona in mano [...], un quatro di un Cristo morto in bracza della Madonna con san Giovanne e la Magdalena [...], un quatro della Madonna del Rosario con diversi figorini [...], un quatro della Madonna con suo puttino in bracza"[39], opere di cui più o meno sono note copie coeve o di sicuro riferimento ancora circolanti in Sicilia e tra cui, in special modo, "il Cristo morto in bracza della Madonna con san Giovanne e la Magdalena" ha un indubbio riferimento nel soggetto al dipinto che è principale oggetto di questa mostra.

E alla luce delle medesime recenti acquisizioni documentarie meritano la dovuta considerazione le notizie relative ad altri dipinti: la dichiarazione, per esempio, resa il 7 maggio 1625 dallo stesso Van Dyck "pictor fiamingus hic pan(ormi) se reperiens" circa un pagamento versatogli da quel Clemente Pilo già incontrato "per manifattura d'un quatro con figura dello Crocifisso per d(itt)o di vandich fatto ad henrico Dych quale oggi e in potere dello d(itt)o di Dych" e altre sei onze "pro manifactura unius quatri cum Inmagine Crucifissi per eum sibi facti et consig(na)ti t(em)poribus pret(eritis)"[40], l'annotazione, poi, nel 1658, nell'inventario dei beni di don Marco Gezio cappellano della cattedrale di Palermo, grande amateur e collezionista d'arte, di una "tela ad'oglio di santa Rosalia di palmi cinque e quattro con cornice di noce toccata d'oro di mano del Vandike"[41]. Ma un "ecce homo grande dello Vannic d'apprezzato onze 40" viene segnalato tra i beni di Cristoforo Papè, di famiglia anversese già ricordata, acquirente tra il 1624 e il 1625 dell'ufficio di Protonotaro del Regno, che gli garantirà le fortune di famiglia[42], per non dire dei dipinti a soggetto sacro e profano di casa Segno, già ricordati.

Rimango del parere che il suo "quatro di S. Rosalia in gloria, di mano di Antonio Vandich" vada identificato con il dipinto qualche anno più tardi (comunque ante 1649) acquistato a Palermo da don Antonio Ruffo della Scaletta e espressamente citato nell'ambito della sua straordinaria quadreria messinese come "un quatro di Ant. o Vandijk fiam. go di palmi tre e quattro mezzi comp(ra)to in Pal(erm)o con una Santa Rosolea e undici angioletti che là tirano in cielo costò o(n)z(e)26"[43], giustamente oggi riconosciuto nella tela del Metropolitan Museum di New York[44] (cat. n. 11) sia per la rispondenza più o meno esatta delle dimensioni (100, 3 x 74, 4 cm), sia per il numero dei putti che "tira in cielo" la santa, tra i quali – sul margine sinistro – viene riproposto, come nella grande pala del Rosario, di cui diremo tra poco, quello che, con gesto di grande inventiva, si tura il naso per il fetore dei morti di peste.

È il trionfo di Rosalia! A sette mesi dall'invenzione delle sacre ossa nella grotta sul Monte Pellegrino (12 luglio 1624), il 22 febbraio 1625, la consulta dei medici e teologi voluta sin dal novembre precedente dall'arcivescovo Giannettino Doria si pronunzia definitivamente sul riconoscimento ufficiale dei resti[45]: mentre il pestifero morbo va decrescendo, la Vergine romita *Patriae Servatrix* assurge ad unica patrona di Palermo che il 9 luglio, in occasione dell'anniversario, celebrerà il primo grande festino con una processione rimasta memorabile e con un sontuoso apparato in Cattedrale dove fanno sfoggio i "tessuti di imborcato di oro sopra oro con recamo di oro dove" – in virtù della provenienza– "se vediano scolpite le arme del principe Filisberto (sic)"[46]. In quei mesi – documentato da atti notarili che nell'aprile, maggio, agosto, settembre 1625 lo danno "hic Pan (ormi) degens"– Van Dyck contribuisce alla nuova definizione dell'iconografia della santa rappresentata ora in gloria (New York), ora nell'atto di intercedere per la sua città (Houston, The Menil Col-

[38] Abbate 1990, p. 46-47. Del dipinto esiste anche una copia di scarsa fattura al Museo di Castello Ursino di Catania (Archivio fotografico soprintendenza Beni culturali di Palermo, n. 24448 e 24458) che ne attesta ulteriormente una diffusione *ab antiquo* in ambito siciliano.

[39] Per la quadreria Joppolo si veda Morreale 1999, p. 145.

[40] Mendola 1999, p. 99.

[41] Morreale 1990, p. 44.

[42] Per Papè si veda oltre a Morreale 1990, pp.149-152, Salamone 1999, in particolare p. 18 e segg. La quadreria di Papé segnala inoltre come Van Dyck una *Madonna entro ghirlanda di rose* del valore di 10 onze e, come copia, una *Madonna del rosario* valutata appena 24 tarì.

[43] Ruffo 1916, IX, fasc. I-II, p. 29, citato da Abbate 1999, p. 131, nota 47.

[44] Larsen 1988, vol. II, p. 181, scheda 449.

[45] Cfr. Cascini 1651, pp. 59-61, citato da Vitella 1994, pp. 83 e 112.

[46] Cfr. la *Relazione del sontuosu apparatu con la meravigliosa e non più vista processioni fatta nella città di Palermo del gloriosu corpu di S. Rosaliae fatta nel di VIII di luglio lo anno MDCXXV de lunedì con l'ordina(n)za de tutti li stendardi e vari e conventi e clero con lo numero di tutte le personi li quali intervennero acompagniri detti gloriosi S. Reliquie*, Ms. del 1625, Bibl. Com. Palermo, segn, Qq C 75, cit. da Vitella 1994.
Di tali feste, più tardi, Paruta 1651 curava l'edizione a stampa. A tal proposito va notato che l'invenzione dell'arco trionfale eretto dalla Nazione genovese su disegno del pittore Vincenzo La Barbera spettava all'abbate don Vincenzo Sitaiolo, parente (se non fratello) di quel Simone Sitaiolo *utriusque iuris doctor*, committente di Van Dyck; ma in merito cfr. Viscuso 1990, in part. p. 89.

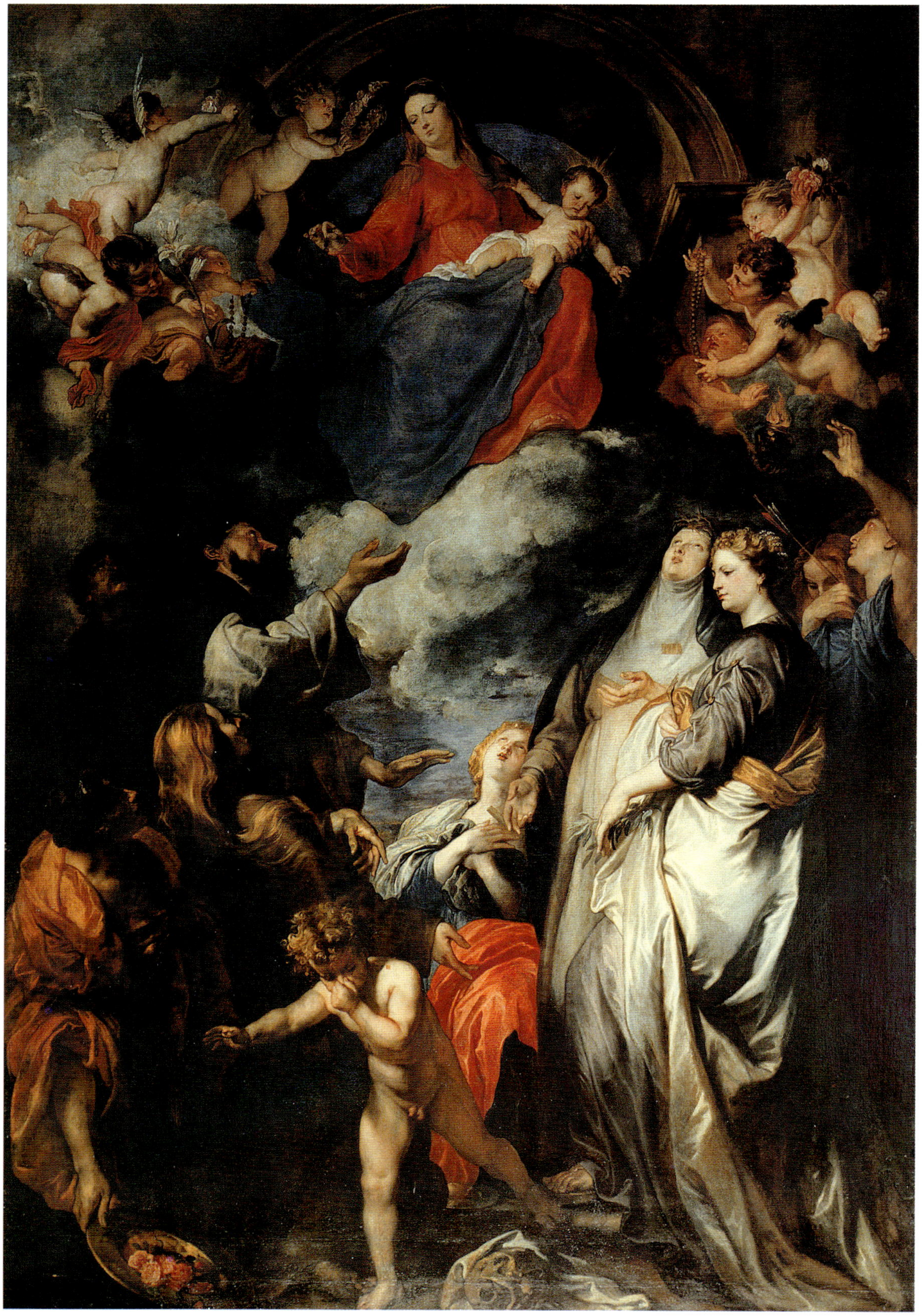

39. Anton van Dyck, *Madonna del Rosario e santi*, Palermo, Oratorio del SS.mo Rosario in San Domenico

40. Anton van Dyck, *Madonna del Rosario e santi* (particolare), Palermo, Oratorio del SS.mo Rosario in San Domenico

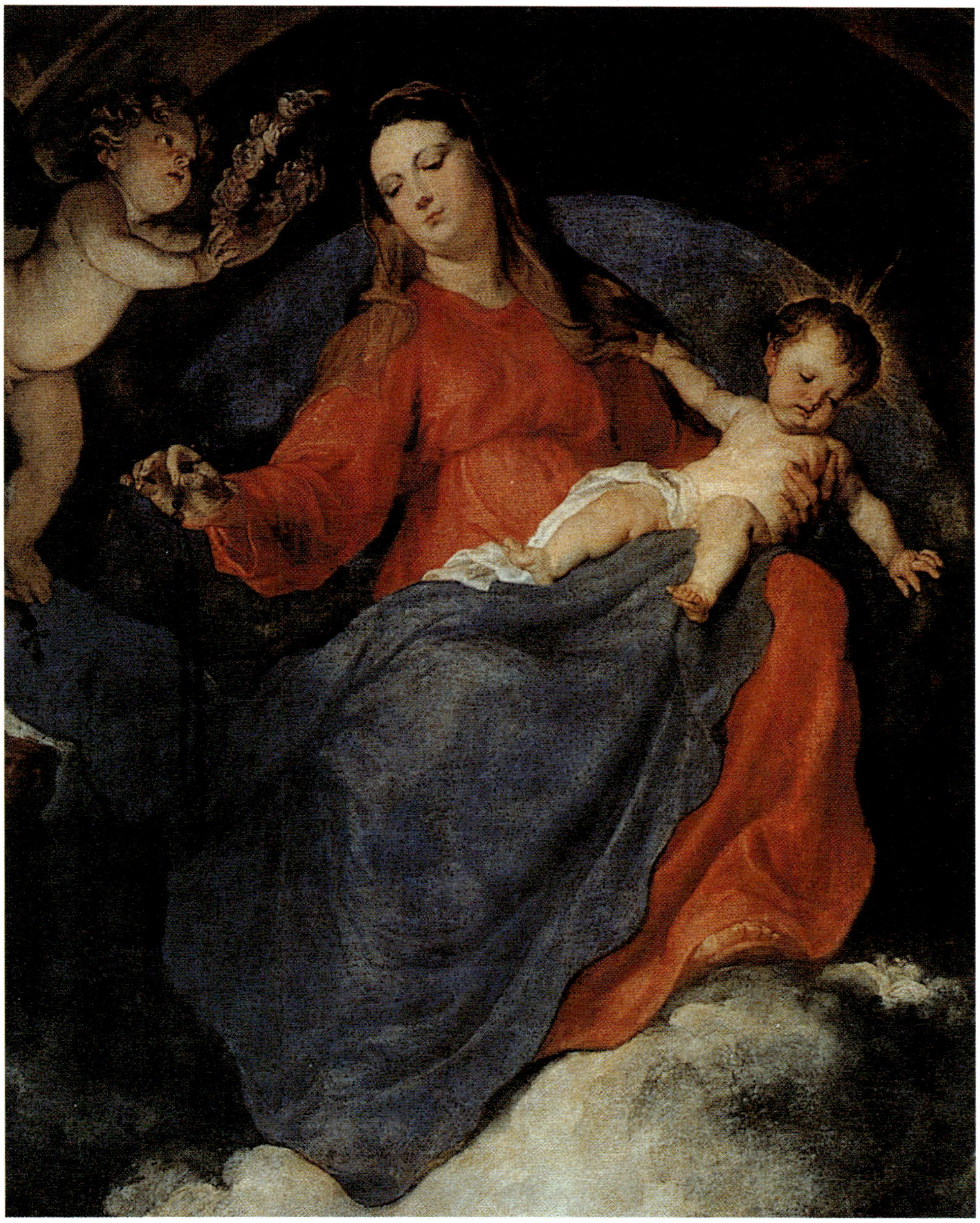

lection) (fig. 38) e di cui il saio francescano, il teschio con riferimento non solo alla penitenza ma anche alla peste, la corona di rose e il giglio dall'evidente richiamo all'interpretazione etimologica del nome (Rosalia = Rosa-lilia) costituiranno per sempre gli attributi iconografici, unitamente, talvolta, al Crocifisso e al libro del Vangelo[47].

Il 3 settembre 1625 l'artista, ormai in procinto di lasciare la città, fa atto di procura nei riguardi dell'amico Geronimo "de Girardo etiam pittorem fiamingum" affinché proceda al recupero presso tal Domenico Martinetti, "olim creatum" cioè "già suo servo", di "illa decursa capia depitta in tutella quam in carta que olim erant ipsius con(sisten)tis videlicet vulgariter loquendo ut d(icitu)r una testa d'un Giovene nominato Baldassaro con li capelli nigri et rizzi una testa di simuni fatta a guisa di donna una testa di marinaro una testa di san Petro una testa d'una donna con li capilli sparsi una testa di lucia con lu pettu rigido una testa di lettore alla satiresca et una testa che grida con la bocca aperta"[48].

Meno di due settimane prima, il 22 agosto 1625 – come si rileva dal documento recentemente ritrovato da Mendola[49] – aveva ricevuto l'incarico per la *Madonna del Rosario* destinata all'Oratorio "Venerabilis Sodalitatis sancte Marie sacratissimi Rosarij sancti Dominici sub titulo delli Sacchi", senza dubbio la più importante commissione pubblica dell'intero periodo italiano.

"Antonius Vandich flander mihi Not(a)rio cog(ni)tus p(raese)ns coram nobis" si obbligava nei confronti di Francesco Barrale governatore, dei "coniuncti" Pietro Martinelli e Gio. Giacomo Calderaio, "nec non et" di Antonio della Torre uno "ex sodalibus ipsius sodalitatis [...] depingere proprijs ipsius Antonij sumptibus et expensis iconam Dive Marie Sacratissii Rosarij modo, forma, et cum conditionibus quibus infra nimirum Depingere nella citta di napole o in altro luogo d'Italia un quatro in tela d'Altezza di palmi quindici e di larghezza di palmi dieci e tre quarti con l'imagine di nostra Sig. ra del Rosario, san Dom(eni)co, san Vincenzo, Santa Caterina di Siena, santa Rosolea, santa Christina, Ninfa, Oliva, et Agata conforme al disegno che d(ett)i Gover(nato)re congiunti e d(ett)o fratello eligeranno con che esso Ant(oni)o sia tenuto fare tre disegni coloriti e quelli inviare qua in Pal(erm)o o consegnarli in Napoli, o in altro luogo al commissionato di d. o di Barrales o di d. o della torre ad effetto di mandarlo qua alle suddette persone a d. o nome, li quali vistili li d. i tre disegni [...] habiano da dichiarare sopra quale vorranno che si faccia d(ett)o quatro e fatta la dechiaratione di d. o disegno che eligeranno habiano quello da signare di loro proprio nome et inviarlo a d. o. Ant(oni)o il quale Ant. o avuto il disegno pred(ett)o sia tenuto cominciare, seguitare e finire il d. o quatro bene, diligente e magistrevolmente con

[47] Per l'iconografia della santa si rimanda a Collura 1977; Bonaccorso 1990, pp. 22-25; Abbate 1991, pp. 89-107.
[48] ASPA, not. Matteo D'Alessandro, vol. 3427, c.14; Mendola, che ha reperito e pubblicato l'atto (1999, p. 99 e 105, nota 99), giustamente coglie il nesso tra "la testa che grida con la bocca aperta" citata nell'atto e la "testa che badiglia" dell'inventario dei quadri di Desiderio Segno.
[49] Mendola 1999, p. 99 e 106.

colori fini e di buona cond(utio)ne et in particolare che il colore torchino per il manto della madonna et altre cose di d. o quatro sia oltra marino fino fra termine di mesi sei da contarsi d'oggi innanti. Con questo però che finito e spedito che sarrà il d. o quatro s'habia da fare rivedere per doi esperti che eligeranno li commissionati di d. o di Barrale e d. o della torre et essendosi trovato il d. o quatro conforme al disegno e di più bene, diligente e magistrevolmente fatto ben disegnato, e ben colorito con le sue ombre, e chiari, conforme l'arte richiede, e delle condizioni d. e di s(u)a esso Ant(oni)o habbia quello da consegnare in d. a Città di Napoli o in altro luogo dove si troverà ad uno delli commissionati [...]. Et hoc pro mercede, et manupretio ducatorum biscentorum sexaginta monete neapolitane correntis quam quidam mercedem et manupretium prenominate persone n(ominat)e ipsius Sodalitatis dare ac real(ite)r cum effectu solvere pro. nt seque soll(emnite)r obligaverunt et obligant eidem Ant:o p(rese)nti et stip(ulan)ti vel persone pro eo legittime aut in d(ict)a civitate neapoli aut eius valorem in alio quovis loco ubi consignatio d(icte)e icone fiet facta prius consignatione pred. a statim, et excontinenti omnibus quidem oppo(sitio)nibus omnibusque exc(eptio)nibus [...]".

Erano presenti come testimoni tra gli altri il notaio Cesare La Motta e Domenico Lanfrucco che già documenti anteriori ci indicano come confrati del Rosario, assieme a Francesco Barrale, a Pietro Martinelli, a Domenico Martinelli (o Martinetti, il "creatum" di Van Dyck?), ad Antonio della Torre, a suo suocero il fiorentino Peri Felice Rossetti, a Marco Gezio (come i Curto, anche lui di origine lombarda)[50], vale a dire quel ceto imprenditoriale mercantile genovese, fiorentino e lombardo che sovrintende alla gestione e alla organizzazione della Compagnia del Rosario, il cui Oratorio, con le fabbriche a ridosso della chiesa conventuale di San Domenico, insisteva in pieno quartiere della Loggia.

Proprio don Marco Gezio, più volte ricordato, "sacrae Teologie Doctor Magister Cappellanus Catedralis Ecclesie", ma soprattutto uomo del Cardinale Doria, solo il 19 dicembre 1621 aveva provveduto a saldare a Mario Minniti, il "pictor siracusanus" amico del Caravaggio, la consistente somma di 180 onze per sette quadri, di cui 100 solo "pro pretio et magisterio [...] unius longitudinis palmorum duodecim cum dimidio cum imagine Beatae Virginis Mariae de Rosario"[51], vale a dire – in virtù della sua appartenenza alla congrega – la pala destinata all'altare dell'Oratorio iniziato solo nel 1610 dal capomastro lombardo Antonio Brocco (o Bracco) di Piuro (Sondrio) su progetto di Antonio Muttone, il "capum(sic) magistrum et ingegneriu" pure lombardo, in quegli anni notoriamente impegnato nel cantiere della chiesa filippina di Sant'Ignazio Martire all'Olivella[52]. A distanza di neppure quattro anni dal saldo del dipinto, la commissione di una nuova pala d'altare a Van Dyck sicuramente spiazza e lascia sbigottiti. Agì soltanto la fama di cui godeva ormai il pittore di Anversa? O – come sono più propenso a credere – la semplice, impellente necessità di includere santa Rosalia che, salita agli onori degli altari ed eletta a nuova patrona di Palermo subito dopo la cessazione della peste, rendeva ormai superata e fuori luogo la tela minnitiana "della Beata Vergine del Rosario con Santi patroni della città" che nonostante le notevoli dimensioni "di altezza di palmi dudici, e larghezza palmi 8" (300 x 200 cm ca.), Gezio, da abile collezionista, riesce a riciclare per la sua quadreria?[53] O è l'immettersi tout court in una cultura figurativa più moderna che apriva al barocco e alla luminosità neo-veneta, determinando indiscutibilmente il superamento – se non la fine – del caravaggismo, cui evidentemente ci si era voluti ancora attenere con la commessa della pala al Minniti, stretto compagno del Merisi, in una sorta di sottile emulazione con i colleghi-confrati di San Lorenzo in buona parte pure genovesi, come abbiamo dimostrato in altra sede?[54]

La Barnes di recente si è soffermata diffusamente su questo dipinto[55], evidenziandone la sottile composizione "così ricca di espressioni, interazioni, emozioni, luce e movimento"(fig. 39), che nella netta differenziazione tra sfera celeste e sfera terrena intende ribadire ancora un concetto-chiave dell'ideologia controriformistica fortemente radicata nell'isola: il ruolo primario della mediazione dei santi, in particolar modo dei Santi Patroni, e della Vergine nell'ascesa faticosa che porta l'uomo a Cristo, e quindi alla Grazia e alla Salvezza. In questo grande dipinto d'altare, configurabile come ex-voto per lo scampato pericolo dal pestifero morbo, ecco tornare allora, secondo

[50] Per il contesto mercantile orbitante attorno all'oratorio del Rosario, oltre ad Abbate 1999, *passim*, si veda Abbate 2001, pp. 78-79 e 82-83.

[51] Si veda il documento XXXVIII nel regesto documentario a cura di De Castro in *Pietro Novelli e il suo ambiente*, Palermo 1990, p. 527.

[52] Abbate 2001, p. 82.

[53] Morreale 1990, p. 71.

[54] Abbate 1999, pp. 32-38.

[55] Barnes 1997, pp. 79-80.

prescrizione contrattuale – nelle forme maestose e monumentali che al pittore derivano non solo dalle pale d'altare veneziane di Veronese e Tiziano ma anche da quella della Vallicella di Rubens –, le antiche patrone della città Oliva, Cristina, Ninfa, Agata unitamente a Sebastiano e alla "riscoperta" Rosalia, chioma bionda fluente, saio francescano, volta di spalle, intercessori per eccellenza contro la peste esemplificata dal teschio e dal bambino che si tura il naso rifuggendo il maleodorante simbolo di morte. Nell'affiancare ai santi canonici della devozione del Rosario – Domenico e Caterina da Siena – anche san Vincenzo Ferrer, la Barnes coglie giustamente i nessi con la grande tavola realizzata nel 1540 da Vincenzo de Pavia ed ancora oggi sull'altare del transetto sinistro della chiesa dei Domenicani di Palermo a ridosso dell'Oratorio: riferimenti imprescindibili, sicuramente dettati dalla committenza, a maggior ragione se si considera che la pala del pavese venne destinata *ab origine* alla cappella della Confraternita di Santa Maria del Rosario in San Domenico (ve ne è membro lo stesso Orazio Lomellini, marito di Sofonisba), di cui la *Venerabilis Societas S.te Marie de Rosario S:ti Dominaci huius Urbis sub vocabolo Saccorum* è da considerare diretta filiazione.

La pala di Van Dyck – è noto[56] – arrivò tempo dopo da Genova ed è in città sicuramente in data anteriore all'8 aprile 1628, quando la Compagnia del Rosario provvede a saldare per l'anticipo delle somme di esecuzione e di trasporto il confrate Antonio della Torre, genovese; in virtù d'una lunga conoscenza e, perché no, più che probabile amicizia, sarà ancora lui col cognato Bartolomeo Rossetti a chiedere notizie da Palermo, l'1 aprile 1641, dell'artista: "Ne sarò grato aver qualche nova del Sig. Antonio Vandijch"[57]. La missiva era diretta a Genova, a Cornelis de Wael, l'amico di sempre di Van Dyck, assieme a Brueghel II, il tramite sicuro di tante conoscenze in ambito mediterraneo.

Per come si evince chiaramente tra le righe del contratto palermitano, una cosa pare più che certa: nel lasciare Palermo ai primi di settembre del 1625 Van Dyck è diretto a Napoli, d'altronde tappa d'obbligo nel viaggio di ritorno via mare. Anche in questo caso non va escluso tutto un giro di conoscenze che verosimilmente trova dei punti specifici di riferimento: nella città partenopea difatti opera già con successo quel Ferdinand van den Eynden, nato ad Anversa nel 1584, commerciante ed amatore d'arte, marito di Suzanne de Jode, figlia del celebre incisore Gerard de Jode e a sua volta sorella di Gertrude, madre di Cornelis e Lucas de Wael, e di Isabelle (o Elizabeth) madre di Jan Brueghel II; come si vede c'è una stretta parentela tra le famiglie Van den Eynden, Brueghel e De Wael[58]. Ma a Napoli c'è già anche Gaspar de Roomer anche lui di Anversa (Vaes ritiene che vi fosse nato intorno al 1590), di famiglia nota (suo fratello era amico di Rubens[59] ed ormai proiettato verso quella carriera brillante di armatore, banchiere e mercante che lo porterà ad essere uno degli uomini più ricchi dei suoi tempi ed un famoso collezionista. Solo nel 1626, alla morte di Suzanne, Ferdinand si trasferirà definitivamente a Roma, città con la quale aveva già da tempo attivato una fitta rete di commerci attraverso il suo corrispondente pure fiammingo, il pittore e mercante Zacchée van Lipelloo; vi morirà, nel palazzo di Montserrat, nel 1630 lasciando erede universale di tutti i suoi beni il fratello Jan che da umile scritturale del ricco mercante Zavallos, non solo riesce a comperare dal figlio di quest'ultimo, sulla via del fallimento, il bellissimo palazzo in via Toledo a Napoli ma ad associarsi con Gasparo Roomer e diventare egli stesso grande collezionista.[60]

Sarà Giulio Cesare Capaccio nel suo Forestiero a darci conto nel 1634 della bella dimora di Roomer "dove si conservano i più bei tesori che potreste immaginarvi di pitture, che realmente onorano questa cità", ricordandovi espressamente, oltre ai vari quadri di Ribera, Caracciolo, Stanzione, Saraceni e altri, "di Antonio van Dych fiamengo, Susanna, S. Sebastiano".[61] Se, come ritiene Haskell,[62] i due dipinti di Van Dyck furono presumibilmente acquistati in loco, è da pensare ad una loro realizzazione, per diretta commessa di Roomer o del van den Heynden senior, durante un breve soggiorno napoletano dell'artista prima del definitivo rientro a Genova?

In tale antefatto di indubbia portata dovremmo porre il fondamento di quella svolta radicale che di lì ad un lustro e passa circa avrebbe coinvolto la pittura napoletana e decretarne,come ha da sempre sottolineato Ferdinando Bologna[63], una nuova rotta in senso "pittoricistico"?

[56] Meli 1878, pp. 210-211.
[57] Vaes 1925, pp. 214-215.
[58] La sottile rete di parentela, in cui va ravvisata "una vera e propria dinamica di gruppo", è stata indagata da Di Fabio 1997, pp. 88-90.
[59] Vaes 1925, pp. 52-56, ma anche Ceci 1920, cit. da Bedoni 1983, pp. 21 e 27, nota 20.
[60] Bedoni 1983, p. 22.
[61] Capaccio 1634, ed. ccns. 1989, vol. III, p. 577.
[62] Haskell 1966, ed. cons. 1985, p. 322.
[63] Per ultimo nel saggio introduttivo al catalogo della mostra di *Battistello Caracciolo e il primo naturalismo a Napoli*, Napoli 1991, passim ed alla bibl. prec cit. a p.175, nota 170.

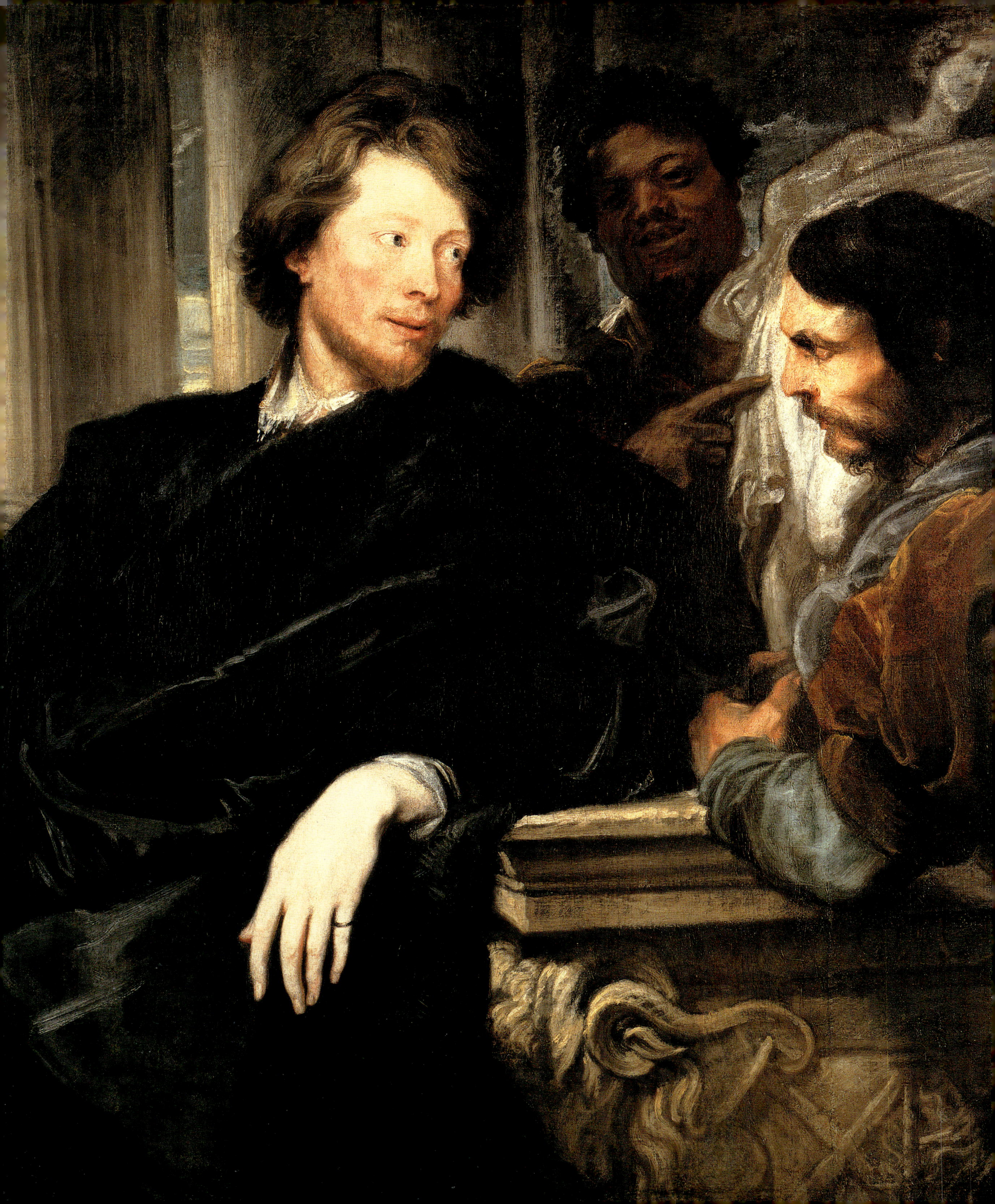

6 Van Dyck a Roma

Anton van Dyck, *George Gage con due uomini* (particolare), Londra, The National Gallery (cat. n. 6)

Van Dyck raggiunse la capitale pontificia nel febbraio del 1622, per trattenervisi fino all'agosto di quell'anno, per ritornarvi nel marzo dell'anno successivo e rimanervi fino all'autunno[1]. Era papa in quell'epoca Gregorio XV Ludovisi, il cui breve regno vide gli esponenti del classicismo bolognese occupare tutte le posizioni di prestigio della scena culturale romana: situazione questa che non sarà senza conseguenze nel rapporto del nostro artista con la città. Nei mesi passati a Roma, il giovane Van Dyck si dedicò allo studio e a trarre copie e schizzi dalle opere d'arte che più lo attiravano, attività questa che possiamo seguire principalmente attraverso il *Taccuino italiano*[2]. Ma non si tratta, come sarebbe lecito supporre per un nordico approdato nella città imperiale, di studi concentrati sull'antico e sulle testimonianze del classicità romana[3]. Tutt'altro: Van Dyck mostra un tiepidissimo interesse per l'ammaestramento dei classici, e rivolge tutta la sua attenzione verso il pittore che rappresenterà sempre il suo ideale riferimento, Tiziano. Le pagine del *Taccuino* sono piene di appunti dalle numerose opere del maestro veneto allora conservate nelle collezioni principesche della città (fig. 42), e recano la lista di tutto quello che di Tiziano era possibile vedere ("In Roma le cose de Titian"). Paragonato a tale attenzione professata per il grande cadorino, colpisce il tanto più modesto apporto da Raffaello documentato dai fogli del taccuino: a parte qualche disegno tratto dalla stampe di Marcantonio Raimondi, Van Dyck mostra di aver guardato particolarmente al Raffello delle Stanze; vari fogli sono dedicati alla *Disputa del Sacramento* (che ritroveremo citata in opere che l'artista fiammingo eseguirà a distanza d'anni) e altre figure sono tratte dalla *Battaglia di Ostia*. Sempre di Raffaello, Van Dyck studia anche la volta della loggia di Psiche alla Farnesina[4]. Quanto all'arte italiana contemporanea al pittore, che aveva in Roma il massimo centro di elaborazione e diffusione, anch'essa non sembra aver attratto più che tanto Van Dyck, almeno a giudicare dalle testimonianze che lui stesso ci ha lasciato. D'altronde il forte indirizzo classicheggiante che caratterizza i più prestigiosi cantieri attivi a Roma in quel periodo, da Domenichino e Lanfranco a Sant'Andrea della Valle, a Guercino nel casino Ludovisi e in palazzo Costaguti, e la ribadita fedeltà all'ideale classico dovevano suonare particolarmente ostici al nostro, tutto proteso verso il colore veneto. Il foglio del taccuino con la *Maddalena penitente consolata dagli angeli* (fig. 41) di Guercino registra verosimilmente l'occasione del collocamento della pala del pittore di Cento sull'altar maggiore della chiesa di Santa Maria Maddalena delle Convertite al Corso, avvenuto nel 1622[5]. Il rapido schizzo dal *Cristo deriso* di Annibale Carracci[6] attesta la conoscenza dei dipinti di Annibale della collezione Farnese: in particolare la *Deposizione* oggi a Capodimonte deve aver esercitato una durevole suggestione sul fiammingo, che riaffiorerà nelle sue più tarde redazioni del *Compianto sul Cristo morto*.

La posizione distaccata di Van Dyck nei confronti della comunità fiamminga presente a Roma acquisterà, sulla scorta della testimonianza del Bellori, valore quasi aneddotico: il giovane artista, teso a dare la migliore immagine di sé e attento alla ricercata eleganza nel suo stile di vita, finirà per entrare in contrasto con la rissosità goliardica e la vita sregolata condotta dai suoi conterranei, che per tutta risposta cercheranno di rendere la vita difficile al pittore, determinandone alla fine l'allontanamento da Roma[7]. In realtà, se anche tale atteggiamento contribuì ad allontanare l'artista dalla città pontificia, è da pensare che l'ambiente stesso della corte pontificia, imbevuto degli ideali classici e sostanzialmente conservatore, non abbia offerto quelle occasioni di rapida affermazione che Van Dyck andava cercando,

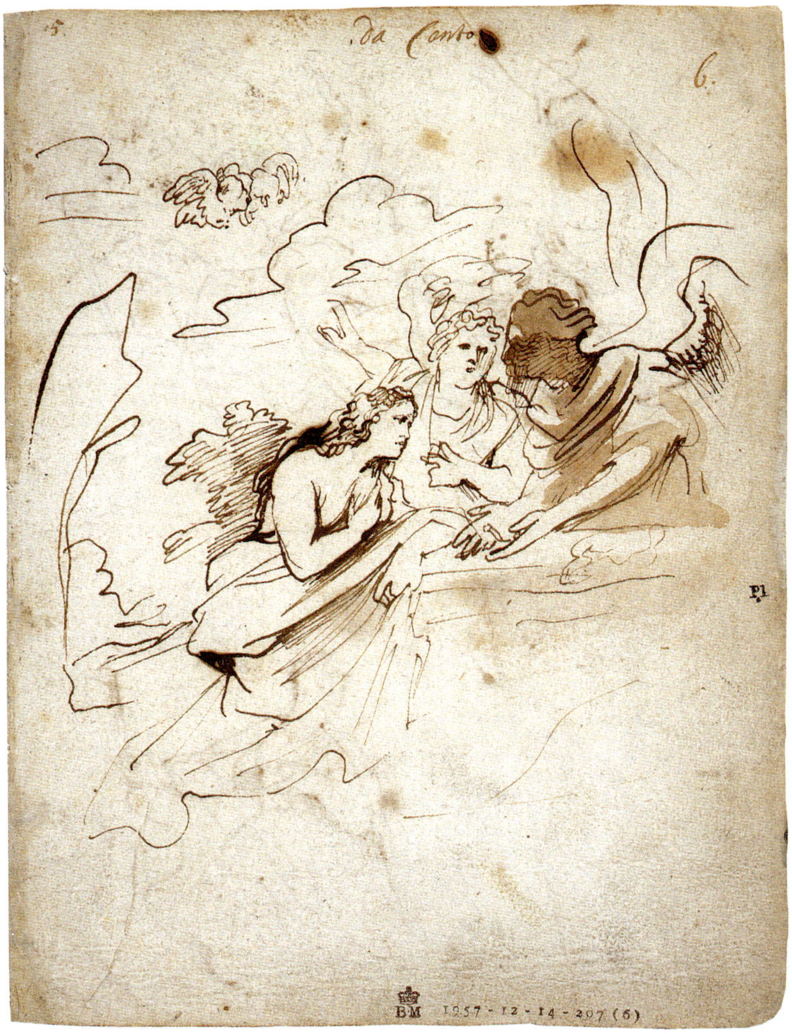

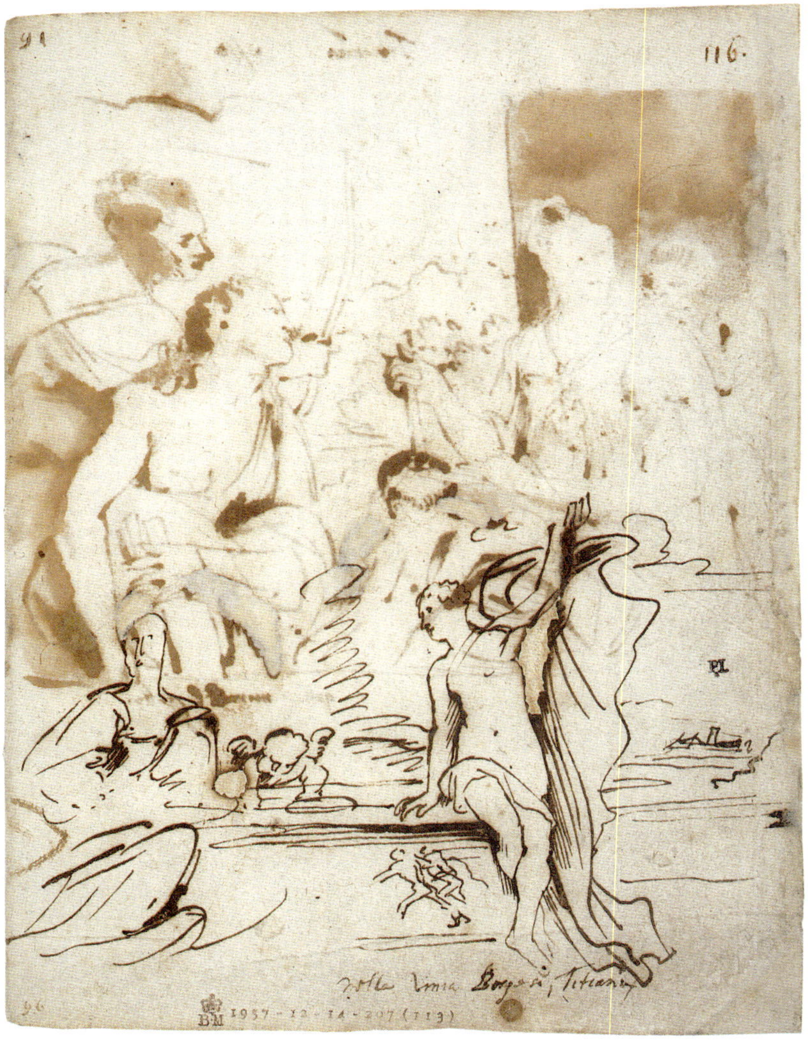

41. Anton van Dyck, *Maddalena penitente consolata dagli angeli*, dal Guercino, f. 6r del *Taccuino italiano*, Londra, The British Museum

42. Anton van Dyck, *Amor sacro e Amor profano*, da Tiziano, f. 113r del *Taccuino italiano*, Londra, The British Museum

convincendolo a muoversi verso altri contesti sociali.

La grande occasione per affermarsi a Roma era stata offerta a Van Dyck dal cardinale Guido Bentivoglio, nunzio apostolico nelle Fiandre e personaggio di spicco tra i porporati eruditi, che gli aveva commissionato un *Crocifisso* (andato perduto)[8] e il suo ritratto. Quest'ultima opera, oggi nella Galleria Palatina di Firenze (cat. n. 5), si imponeva con la forza del capolavoro modificando in senso più libero e disinvolto le rigide convenzioni del ritratto ecclesiastico, proprio mentre Domenichino riproponeva nel ritratto di papa Ludovisi e del cardinal nipote un purismo iconico di piena Controriforma[9].

Nell'estate del 1622 Van Dyck aveva eseguito a Roma i ritratti di sir Robert Shirley e di sua moglie Theresa (figg. 58-59); Shirley era giunto a Roma in qualità di ambasciatore inviato in Europa dal grande sovrano persiano Shah Abbas per stringere alleanze con gli Stati europei contro la comune minaccia rappresentata dai Turchi[10]. Affascinato dai costumi dei due personaggi e del loro seguito, Van Dyck aveva rappresentato marito e moglie a figura intera in abito persiano[11], sottoponendo la struttura del ritratto all'assoluto dominio del colore, esibito nei suoi accordi più rutilanti e in totale indifferenza per la solidità formale richiesta nei ritratti d'apparato. Il giovane fiammingo, dando prove di tale esuberanza e così in anticipo sui tempi, spiazzava un potenziale pubblico di committenti, massimamente in un ambiente di conservatorismo sociale quale era Roma. E d'altra parte, anche una volta passato in un ambiente più aperto quale quello genovese, Van Dyck non avrebbe più spinto il suo virtuosismo a quelle geniali intemperanze, riconducendo forma e ricchezza cromatica a un più sapiente equilibrio di decoro sociale[12].

[1] Sul soggiorno romano di Van Dyck, a parte Barnes 1986 (1991), cfr. Arcangeli 2000, II, pp. 305-320.

[2] Il *Taccuino italiano* di Van Dyck, composto da 121 fogli illustrati per lo più a penna e quasi sempre sia sul *recto* che sul *verso*, è databile tra la fine del 1621 e la fine del 1624 - inizi 1625, e documenta pertanto gli studi fatti dal giovane pittore nel corso della sua prima tappa a Genova, quindi nei soggiorni a Roma, Venezia, Milano, Torino, Firenze, e nei primi tempi a Palermo; manca quindi la documentazione sul secondo soggiorno genovese. Già facente parte della collezione del duca del Devonshire e conservato a Chatsworth, è oggi al British Museum di Londra. È stato pubblicato da Adriani 1940. Brown ne sta curando una nuova edizione. Naturalmente il materiale annotato nel *Taccuino* non esaurisce gli studi condotti da Van Dyck in Italia, e, anche se rari, altri fogli sciolti dell'artista sicuramente eseguiti in Italia aiutano a integrare la nostra conoscenza dei suoi interessi e delle opere di cui volle fermare il ricordo. Cfr. a tal proposito *infra*, nota 3.

[3] Il numero di studi dall'antico presenti sul *Taccuino italiano* è veramente esiguo, e curiosamente estraneo ai prototipi eccellenti quali i marmi del Belvedere Vaticano, quelli Medici o Farnese. Sono solo tre fogli, che illustrano una statua di filosofo seduto (su cui Anton verga la scritta identificativa "Diogenis"), il cosiddetto *Crisippo* allora nella Collezione Borghese e adesso al Louvre (f. 33v); un rilievo con due satiri che reggono un grappolo d'uva al di sopra di un vaso e ai lati due sfingi alate, dalla Villa Montalto e oggi in Vaticano (f. 49); e, unica opera antica celebre e riconosciuta unanimemente come modello per gli artisti "moderni", la pittura con le cosiddette *Nozze Aldobrandini* scoperta nel 1601 e conservata allora nella Villa Aldobrandini a Magnanapoli, da cui Van Dyck trae alcuni particolari (ff. 50v-51). Accanto agli schizzi Anton annota "Si vede nel giardino di Aldobrandino / dipinto in fresco anticho", e sotto "Sposalizio de gli Romani Antiqhi", più varie indicazioni sui colori dell'affresco. Oltre a tale scarno gruppo, nel corpus di disegni di Van Dyck pubblicato da Vey (Vey 1962) si trovano altri due fogli con studi dall'antico sicuramente eseguiti dall'artista a Roma: il n. 158 (pp. 227-228), con *Cerere su un cocchio trainato da serpenti*, particolare della zona sinistra della fronte di sarcofago con il *Ratto di Proserpina* tuttora inserita nel prospetto principale del Casino dell'Aurora annesso al palazzo già di Scipione Borghese ed oggi Rospigliosi Pallavicini, ma che all'epoca del pittore era residenza del cardinale Guido Bentivoglio; e il n.159 (pp. 229-230), con *Due Niobidi*, tratti dalla zona sinistra di un rilievo neoattico con la *Strage dei Niobidi*, di cui non si conosce la collocazione a Roma nel Seicento, ma riprodotto anche in due disegni della collezione di Cassiano del Pozzo (Londra, The British Museum). Il rilievo è pervenuto attraverso la Collezione Campana nell'Ottocento all'Ermitage di San Pietroburgo. Sempre nel catalogo di Vey almeno un altro paio di disegni è collegabile a studi dall'antico, il n.156 (pp. 225-226) con uno studio di testa, forse da una testa di Omero, e il n.157 (pp. 226-227), con la parte superiore di un cavaliere e la testa di un cavallo, copia o variante da un rilievo antico: ma per essi non è possibile stabilire se siano stati eseguiti a Roma.

[4] I disegni del *Taccuino* da Raffaello sono ai ff. 19v-20, 29-32v, 80v, 109, 114v.

[5] *Taccuino italiano*, f. 6, iscritto "Da Cento". La chiesa e il convento delle Convertite andarono demoliti nel secondo Ottocento. La *Maddalena* del Guercino, che si trovava sull'altar maggiore, è oggi conservata nella Pinacoteca Vaticana. Anche se documentata solo da questo foglio, è probabile che l'attenzione di Van Dyck per il pittore di Cento si estendesse anche ad altre opere fondamentali che Guercino andava eseguendo a Roma nei due anni in cui vi era presente il nostro, dalle volte del Casino dell'Aurora nella Villa Ludovisi alla *Sepoltura di santa Petronilla* della Basilica Vaticana, come sembrerebbe suggerire certo nuovo senso dello scorcio e della campitura di grandi figure nello spazio che ritroviamo nell' opera successiva dell'artista fiammingo. Quanto ad un altro artista italiano suo contemporaneo, Orazio Gentileschi, va notato che nel *Taccuino* (f. 115v) Van Dyck ne riporta un quadro, la *Giuditta* oggi a Hartford, eseguito a Genova (dove Orazio si era trasferito) verosimilmente nel periodo in cui Van Dyck vi arrivava dalle Fiandre; mentre non lo interessano (o per lo meno non ne trae disegni) le opere eseguite dallo stesso Orazio a Roma. Con Gentileschi Van Dyck avrà poi rapporti in Inghilterra e di lui eseguirà uno splendido ritratto a carboncino (Londra, The British Museum).

[6] *Taccuino italiano*, f. 21r; iscritto "Caratio", il disegno da Annibale occupa la parte superiore del foglio dove sono anche studi dall'*Incoronazione di Spine* di Tiziano, allora a Milano e oggi al Louvre.

[7] Sull'atteggiamento separatista di Van Dyck nei confronti delle brigate di artisti connazionali presenti a Roma, e sull'eleganza fin troppo esibizionistica del suo stile di vita e del suo abbigliamento, che lo portava a gareggiare con la "pompa di Zeusi", vedi Bellori ed.1976, in particolare p. 274, e Arcangeli 2000, pp. 305-306, 308.

[8] "Dipinse per lo medesimo cardinale un Crocifisso sopra una tela di quattro palmi con la testa elevata e spirante" (Bellori ed. 1976, p. 273) L'opera non è stata rintracciata. La versione più probabile dal punto di vista stilistico, tra i vari *Crocifissi* vandyckiani che si conoscono, sarebbe quella conservata a Capodimonte, per l'ancor stretta dipendenza dal prototipo di Rubens del 1610-1611 (Greenville, Bob Jones University Gallery), ma essa non corrisponde nelle dimensioni in quanto più grande, e inoltre la Barnes non la considera autografa, alla stregua delle versioni di Mantova e Venezia. Quanto al *Crocifisso* di Palazzo Reale a Genova , il solo unanimemente riconosciuto autografo del periodo italiano, anch'esso presenta dimensioni maggiori e comunque ne è documentata la provenienza Balbi; inoltre esso presenta già le caratteristiche dell'ultima fase genovese e l'assimilazione di modelli italiani. Cfr. Di Fabio in *Van Dyck a Genova*, 1997, scheda 66, p. 318.

[9] Domenichino, *Ritratto di papa Gregorio XV Ludovisi e del cardinale Ludovico Ludovisi*, Béziers, Musée des Beaux-Arts. In questo clima acquista meno credibilità la notizia riportata nella *Vita* di Van Dyck dell'anonimo biografo settecentesco del manoscritto del Louvre , che l'artista fiammingo avrebbe eseguito a Roma anche un altro ritratto cardinalizio, quello del "Cardinal Barbarini", cioè di Maffeo Barberini poco prima dell'assunzione al pontificato, opera di cui non si conosce traccia (Larsen 1975, pp. 5-6).

[10] L'inglese Robert Shirley fu utilizzato a più riprese dal grande sovrano safawide come inviato diplomatico presso le corti europee per stringere alleanze tra l'Occidente e la Persia. Effettuò una prima ambasceria a Roma nel 1609 presso papa Paolo V Borghese, e vi ritornò nel 1622 per l'ambasceria presso papa Ludovisi, durante la quale fu ritratto da Van Dyck. La moglie di Shirley, Theresa, era una circassa di fede cristiana: dopo la morte del marito (1628) rientrò stabilmente a Roma, ritirandosi nel convento di Santa Maria della Scala, dove morì.

[11] I due ritratti Shirley, a figura intera, si trovano nella Collezione Egremont, Petworth House (Inghilterra). Nel *Taccuino italiano* vi sono diversi schizzi relativi a Robert Shirley e a sua moglie, con indicazioni delle stoffe dei costumi indossati, cfr. Bellori ed. 1976, p. 274; Brown 1999, schede 29 e 30, p. 160; Arcangeli 2000, p. 308.

[12] Si dà qui di seguito brevemente conto degli altri quadri di Van Dyck databili al soggiorno romano. Il *Ritratto di George Gage*, diplomatico e conoscitore d'arte inglese, opera menzionata nell'anonima biografia settecentesca del pittore del Louvre , è stato riconosciuto nel dipinto della National Gallery di Londra con un giovane uomo a cui due inservienti mostrano una statua femminile panneggiata d'impronta classica, come derivata dall'antico è la base scolpita su cui la statua viene appoggiata (cfr. Barnes, 1993, pp. 1-11). Il *Ritratto di giovane ecclesiastico* dell'Ermitage, che ad una radiografia è risultato essere stato dipinto sopra un primo bozzetto per il *Ritratto del Cardinale Guido Bentivoglio*, è stato attendibilmente considerato come raffigurante Virginio Cesarini, protetto di Maffeo Barberini (Freedberg 1994, pp. 153-174); opera d'impostazione sobria e dimessa, ma di sottile resa psicologica, si apparenta al *Ritratto dello scultore Georg Petel* dell'Alte Pinakothek di Monaco e al cosiddetto *Ritratto del pittore Jean Leclerc* di collezione privata, anch'essi ascritti al periodo romano. Anche un autoritratto del giovane pittore, l'*Autoritratto con la colonna spezzata* dell'Ermitage, viene da diversi studiosi fatto risalire all'epoca romana: la coincidenza dei lineamenti e della posa con altri autoritratti risalenti al 1620-1621, e la faccia imberbe in contrasto con quanto afferma Bellori (che scrive, è vero, parecchi anni dopo), rendono però difficile accettare una datazione ed esecuzione scostata da quel gruppo. Non sembra inoltre convincente l'interpretazione proposta da Jaffé 1994, pp. 133-150, che vede nella colonna spezzata del dipinto un segno di lutto per la morte del padre avvenuta ad Anversa il 1 dicembre 1622.

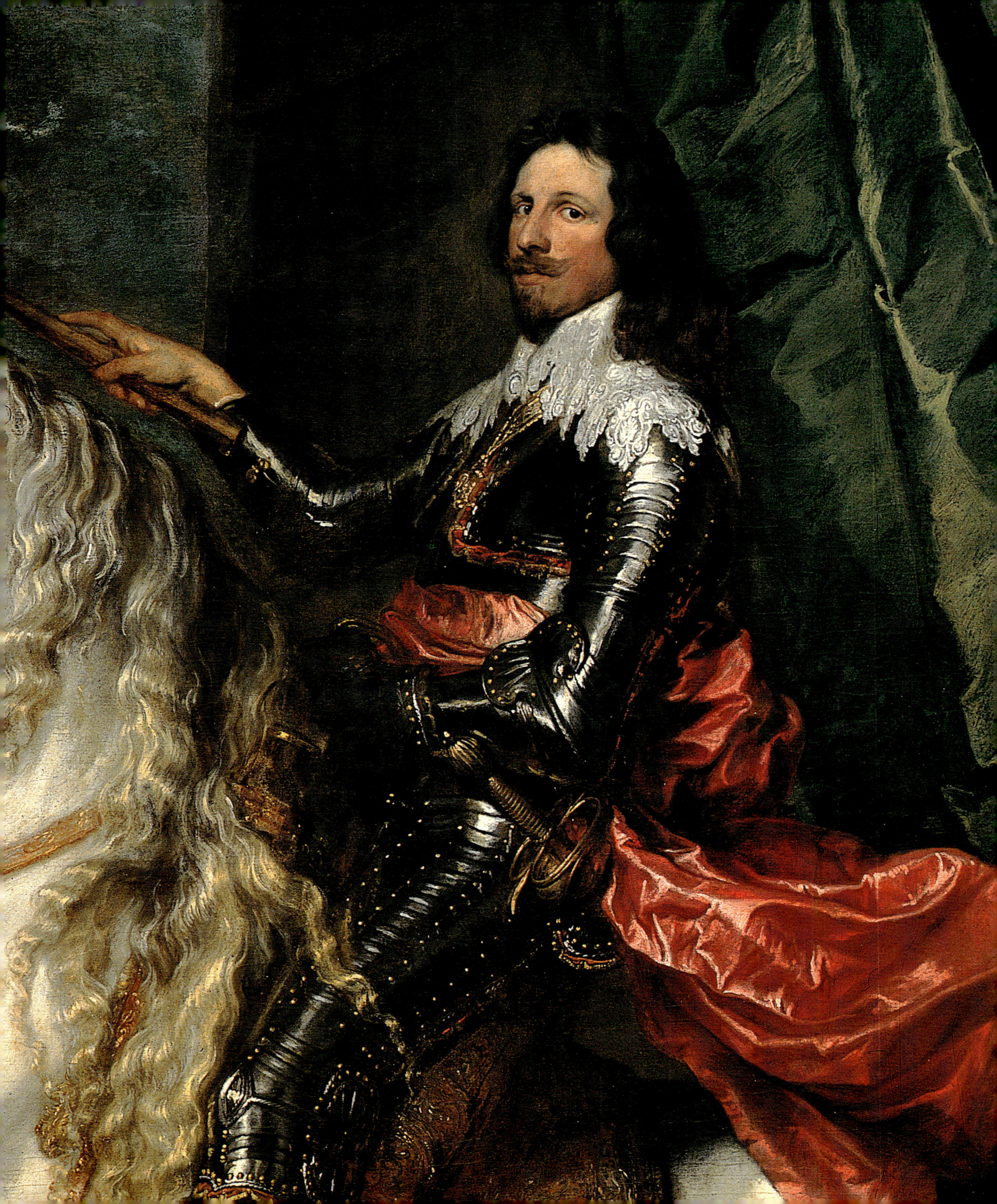

7 Anton van Dyck e la corte di Torino

Anton van Dyck, *Tommaso Francesco di Carignano, Principe di Savoia* (particolare), Torino, Galleria Sabauda (cat. n. 33)

Seguendo le indicazioni di Raffaello Soprani, la moderna storiografia artistica ricorda il probabile viaggio intrapreso a Venezia nell'ottobre 1622 da Anton van Dyck per accompagnare lady Arundel – con tappe a Mantova e Milano – a Torino dove l'illustre viaggiatrice giunse il 4 dicembre, "incontrata da S. A. medesima alla grande [...] et presala in carrozza con dargli la man destra, condotta all'alloggiamento preparatogli a spese di Palazzo"[1].

Il soggiorno, ricco di occasioni ufficiali, si protrae fino agli inizi dell'anno successivo e l'artista, astro nascente in via di definitiva affermazione internazionale, venne sicuramente guardato con interesse dalla famiglia ducale, acutamente attenta alle arti e al loro essere raffinato strumento per la diffusione del prestigio della corte.

Nessun documento consente di collegare a questa occasione l'esecuzione del ritratto di *Carlo Emanuele I*, oggi purtroppo irreperibile ma documentato nell'incisione di Petrus Roucholle e Jan Meyssens con la precisa menzione "Antonius Van Dyck pinxit" che ci restituisce una età del ritrattato ben conveniente a quegli anni[2] (fig. 43). Alessandro Baudi di Vesme ipotizzava che l'originale fosse conservato nel castello di Rivoli, la cui galleria risulta dall'inventario del 1635 ricca di prestigiosi ritratti in gran parte scomparsi, e che fosse perito nella devastazione del castello a opera dei Francesi alla fine di quel secolo[3].

Altri dipinti documentati nel 1635 a Rivoli scamparono ai drammatici eventi del 1691 grazie a trasferimenti e riusi interni alle diverse residenze sabaude, come il bel ritratto di *Carlo I d'Inghilterra* dipinto intorno al 1626-1627 da Daniel Mytens il vecchio e Heinrich Steenwick il giovane oggi in Galleria Sabauda[4], e anche il ritratto vandyckiano – sulla cui collocazione originaria peraltro non abbiamo certezze – potrebbe essere giunto ben più vicino ai nostri tempi, dal momento che, come aveva segnalato Michela Di Macco, un "superbo ritratto del duca fondatore *Carlo Emanuele I* dipinto dal Van Dyck" era ricordato dal Bosio nel refettorio dell'eremo di Pecetto, dove era anche la *Cena* dipinta nel 1657 dal rubensiano Baldassarre Mathieu ora a Superga[5].

Se lamentiamo la sparizione del ritratto di *Carlo Emanuele I*, quelli dei suoi due figli che ebbero i legami più stretti con la corte spagnola dove erano stati educati, *Emanuele Filiberto* e *Tommaso di Savoia Carignano*, ripropongono il rapporto tra Anton van Dyck e i Savoia, ma in tempi diversi e in maniera apparentemente "eccentrica" alla sede torinese.

Il primo era stato infatti eseguito nel 1624 a Palermo (cat. n. 10), dove Emanuele Filiberto, che morirà di peste nell'agosto di quell'anno, ricopriva la carica di viceré di Sicilia per la nomina ricevuta nel 1621 da Filippo IV di Spagna[6].

Si è soliti ritenere che il ritratto dovesse essere inviato a Mantova, immagine prestigiosa destinata a Maria Gonzaga in vista del matrimonio deciso nel maggio dello stesso 1624, secondo accordi che andavano a rinsaldare la politica di Carlo Emanuele I in anni turbolenti sul panorama europeo. Una destinazione dunque per una corte aggiornatissima, con la quale peraltro i legami sabaudi era già forti, essendo Maria figlia di Francesco Gonzaga e di Margherita di Savoia, sorella di Emanuele Filiberto. Una corte con la quale, proprio sul tema dei ritratti, i precedenti di inizio secolo indicano il dialogare di Torino attraverso uno dei protagonisti assoluti a livello europeo, Frans Pourbus[7].

Diversa l'occasione per il grande ritratto equestre di *Tommaso di Savoia Carignano* (cat. n. 33), commissionato dal principe dieci anni dopo a Bruxelles, dove risiedeva in qualità di reggente dei Paesi Bassi, nominato da Filippo II di Spagna in un momento ancora delicato della vita politica del

[1] Sul viaggio a Torino a partire dalla citazione del Soprani 1674, Vaes 1941, che riporta anche la citazione della lettera del Nunzio a Torino inoltrata al Segretario di Stato Vaticano in data 4 dicembre 1622; per moderni riferimenti alle vicende biografiche dell'artista cfr. Vlieghe, Van der Stighelen, Gibson 1999, pp. 340-347. Già nel 1885, peraltro, A. Baudi di Vesme, aveva affrontato l'argomento del soggiorno torinese di Van Dyck, posticipandolo però di un anno, e indagando sul fronte della produzione ritrattistica; su Van Dyck e Torino si veda anche *Schede Vesme*, 1968, pp. 1072- 1074.

[2] Griseri 1999, p. 286; l'intero contributo (pp. 277-288) è incentrato sulla diffusione dell'immagine e l'incisione. A proposito dei ritratti e sul loro uso nel programmatico definire l'immagine della corte, Griseri 1988, Grisieri 1998, Di Macco 1989, Di Macco 1995.

[3] Baudi di Vesme 1885, pp. 8-9; l'*Inventaro de' quadri di Pittura di S.A.R. Descritti col medesimo ordine nel quale furono ritrovati l'anno 1635 nelle stanze del Palazzo di Torino, a Mirafiori, et i migliori del Castello di Rivoli*, redatto da Antonio della Cornia e ricco di preziosi giudizi e attribuzioni, conservato presso la Biblioteca Reale (Storia Patria 900/3) è stato edito a Torino s.d., a cura di S. Pinto, Musei d'arte a Torino. Cataloghi e Inventari delle Collezioni Sabaude, fasc. I, trascrizione a cura di C. Arnaldi di Balme con il coordinamento di M. Di Macco.

[4] Galleria Sabauda, inv. 739, cat. 395.

[5] Di Macco 1989[a], p. 18 e, per Mathieu, pp. 200-201. All'Eremo, fondato a seguito di un voto di Carlo Emanuele I per la peste del 1599, era anche un "Busto d'alabastro del duca fondatore scolpito da Tommaso Carlone" in Tamburini s.d., p. 39.

[6] Per il dipinto, che si conserva ora a Londra, Londra, Dulwich Picture Gallery, inv. n. 173, cfr. *Van Dyck 1599-1641*, 1999, scheda n. 35, p. 172. Sul ritratto e le sue vicende dopo la morte di Emanuele Filiberto, ringrazio M.B. Failla per avermi messo a disposizione il testo in corso di stampa con le indagini da lei condotte sulla figura del viceré mecenate e collezionista e sulla dispersione del suo patrimonio artistico.

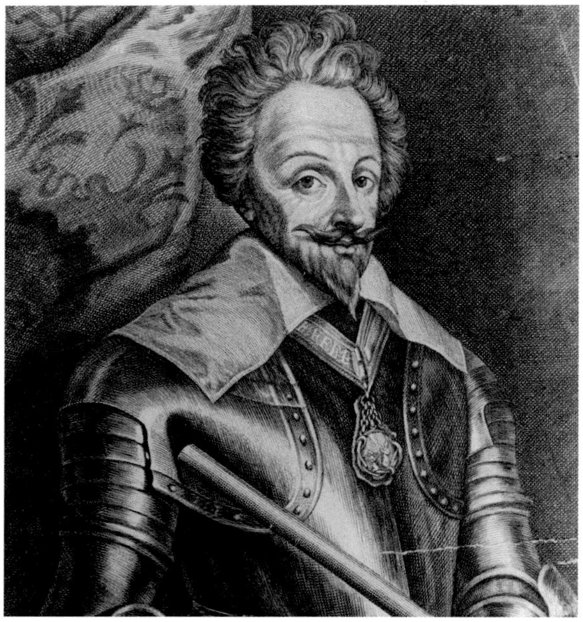

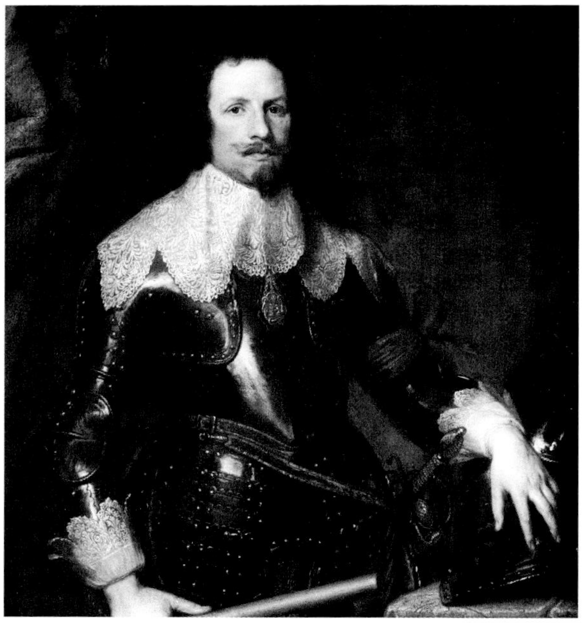

43. Petrus Roucholle e Jan Meyssens, *Ritratto del duca Carlo Emanuele I*, incisione, Torino, Biblioteca Reale

44. Anton van Dyck, *Ritratto di Tommaso di Savoia, Principe di Carignano*, Berlino, Staatliche Museen zu Berlin, Gemäldegalerie

ducato sabaudo, ma ufficialmente schierato invece con la Francia da cui proveniva la duchessa Cristina, figlia di Enrico IV e Maria de' Medici e moglie del duca Vittorio Amedeo I, fratello di Tommaso. Il bellissimo dipinto, ora in Galleria Sabauda e presente nell'attuale mostra, si accompagnava a un altro ritratto del principe, ora a Berlino (fig. 44), eseguito sempre da Van Dyck in quel momento, ma "di meza postura", come recita la ricevuta di pagamento per entrambe le opere del gennaio 1635[8].

Se i ritratti di Emanuele Filiberto e di Tommaso testimoniano l'apprezzamento per Van Dyck di esponenti del casato ma risultano in certo qual modo "estranei" alla capitale del ducato, salvo l'eco che qui non potevano non aver destato, ancora diversa è poi la storia di un altro ritratto, quello dei tre figli maggiori di Carlo I d'Inghilterra, questo sì fin dall'origine nel palazzo Ducale torinese, giuntovi nel 1635 quale dono di Enrichetta Maria, moglie di Carlo I, alla sorella Cristina duchessa di Savoia[9].

Nulla indica dunque che, dopo il contatto torinese degli inizi del terzo decennio del secolo, l'artista abbia avuto rapporti diretti con i duchi sabaudi, e la ritrattistica di corte negli anni di Vittorio Amedeo e Cristina di Francia guarda verso Parigi ricorrendo al fiammingo parigino Ferdinand Elle e a Philibert Torret detto Narciso, già dal 1626 pittore ordinario di Carlo Emanuele I e riconfermato nell'incarico da Vittorio Amedeo nel 1637[10].

Eppure lo straordinario prestigio dei modelli vandickiani circola prepotentemente a Torino, sostenuto con ogni probabilità dai suggerimenti di quei personaggi di corte che vantano la frequentazione delle più importanti capitali europee, come l'abate Cesare Alessandro Scaglia di Verrua, ambasciatore sabaudo a Roma, Parigi, Londra, che concluse la sua esistenza nei Paesi Bassi dove Van Dyck lo ritrasse intorno al 1634-1635[11].

Così a Torino ritroviamo l'intelligente meditazione sugli esempi di Anton da parte di Francesco Cairo, primo pittore di Vittorio Amedeo I dal 1633. Incuriosisce in particolare la sua produzione di ritrattista per la corte e la nobiltà a essa legata, oggi ancora in parte sfuggente ma forse riconoscibile nel ritratto di *Margherita Jolanda e Carlo Emanuele II* e nei due bei ritratti di *Carlo Amedeo* e di *Ottavio Valentino Provana* di Druent in Galleria Sabauda e nei modelli perduti cui dovettero rifarsi le repliche antiche dei ritratti di *Francesco Giacinto* in Sabauda e di *Vittorio Amedeo I* conservato a Racconigi[12]. Ancora una volta, sottilmente, emergono in filigrana rapporti che indicano il versante spagnolo come riferimento per gli scambi culturali, se teniamo in conto l'attività di Cairo per il cardinale Maurizio di Savoia e i rapporti che l'artista ebbe con Giovan Francesco Serra di Cassano, condottiero genovese al servizio della Spagna al cui fianco si collocano il cardinal Maurizio e Tommaso di Savoia Carignano nei tristi frangenti della guerra civile torinese contro la reggente Madama Cristina. E del Serra, nella cui collezione la presenza di Van Dyck era attestata ad alto livello, Cairo esegue intorno al 1648 il bellissimo ritratto dagli accenti così fortemente vandickyani[13].

[7] Oltre ai testi di cui alla nota 2 si veda anche Romano 1995, p. 47 e tav. 37 con il particolare del *Ritratto di Margherita di Savoia* eseguito da Pourbus a Torino nel 1606, pervenuto per via mantovana a Roma, santi Ambrogio e Carlo al Corso. Il già ricordato inventario del 1635 ricorda nella Galleria del Castello di Rivoli numerosi ritratti tra i quali "7 ritratti di principi, e principesse di Mantova Di Fran. co Parbis d'Antuerpia Buoni". Per i documenti relativi a Pourbus e la corte cfr. *Schede Vesme*, 1968, pp. 875-878.

[8] Torino, Galleria Sabauda, inv. 743, cat. 17; Egerton 1999[a], pp. 275-277. Il ritratto a mezzo busto, ora a Berlino, è riprodotto e ricordato nella scheda del ritratto equestre nel catalogo della mostra vandyckiana di Washington, Wheelock Jr 1991, pp. 275-277.

[9] Torino, Galleria Sabauda, inv. n. 285, cat. n. 264, Egerton 1999[a], scheda n. 87, pp. 295-297.

[10] Si veda alla nota 2.

[11] Egerton 1999[b], scheda n. 78, pp. 272-274; ma si veda anche Cifani, Monetti 1992 e per il ruolo dell'abate quale prezioso "informatore" della duchessa Cristina, Di Macco 1989. È appena il caso di ricordare, sulla scorta della bibliografia citata, che l'abate Scaglia (sarà di qualche significato il fatto che egli, nel panorama europeo e torinese di quegli anni, fosse filospagnolo?) possedeva almeno sette dipinti di Van Dyck.

[12] Galleria Sabauda, inv. n. 545, cat. 19; inv. n. 291, cat. n. 704: inv. n. 29 12, cat. n. 705; inv. n. 730, cat. n. 14; *Guide brevi, Secondo settore*, 1991, pp. 42-43, ma per questi ritratti, in passato proposti alla paternità di Van Dyck, Baudi di Vesme 1885. Per il ritratto di Vittorio Amedeo I, Castello di Racconigi, inv. n. R. 5534, Di Macco 1989[b], scheda n. 20, p. 20; utilissimi spunti nel tema sono nelle indagini sui ritratti dei "principini", cfr. Ballaira, Griseri, Zeri, 1995; più in generale per l'attività di Francesco Cairo si veda, Frangi 1998.

[13] Frangi 1998, pp. 265-266, ma si veda anche p. 117; per la collezione di Giovan Francesco Serra cfr. Vannugli 1988. La presenza di Van Dyck è attestata anche tra i dipinti di proprietà di Cairo, (Frangi 1998, pp. 131 e 137, n. 73). Il continuo inseguire il coté filospagnolo potrebbe

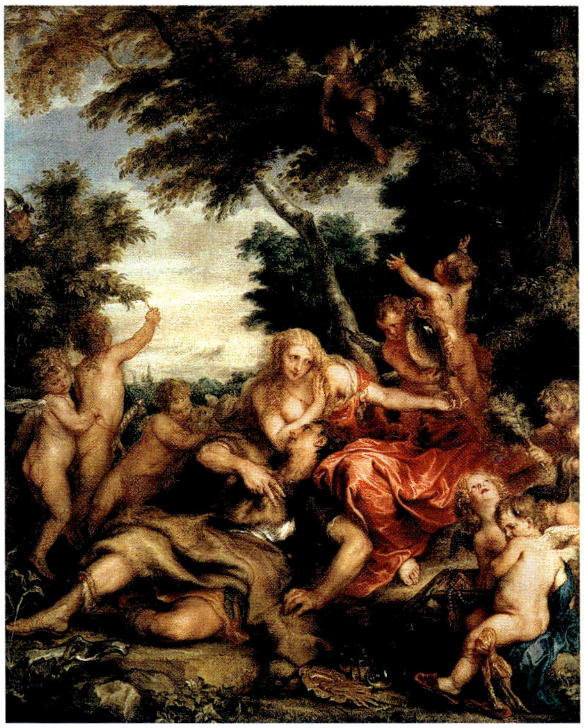

45. Anton van Dyck, *Rinaldo e Armida*, Parigi, Musée du Louvre

Abbiamo fin qui inseguito le tracce di Van Dyck a Torino sul fronte della ritrattistica, ma altri dati incuriosiscono evidenziando una viva attenzione per la produzione dell'artista su altri temi e versanti.

È infatti ben noto che il dipinto con *Amarilli e Mirtillo* ora in Galleria Sabauda e presente anch'esso a questa mostra (cat. n. 30), faceva parte della ricca collezione allestita nel primo Settecento dal principe Eugenio di Savoia Soissons nel palazzo del Belvedere a Vienna e acquisita nel 1741 dopo la sua morte da Carlo Emanuele III[14] Si è in passato lungamente discusso a proposito delle diverse redazioni di Van Dyck del tema tratto dal *Pastor Fido* di Guarini per identificare quella eseguita originariamente per Frederik Hendrik di Orange Nassau, Stadthouder delle Province Unite, e oggi la critica si è chiaramente pronunciata in favore del dipinto oggi a Pommersfelden[15]. Ma se la tela oggi a Torino è da ritenersi replica autografa nelle figure con l'intervento della bottega nello sfondo di alberi, è comunque curioso notare che in un'altra collezione sabauda, quella di Vittorio Amedeo II di Savoia Carignano messa all'asta dopo la sua morte a Parigi nel 1742, figurano altri dipinti di Van Dyck e in particolare una tela "representant le Berger Paris qui tient le pomme, de Vandeique" e "Un grand tableaux sur toile, de cinq pieds huit pouces de haut, sur cinq pieds quatre pouces de large representant Renaud & Armides avec des Amours, par Vandik"[16].

Se il *Paride con la mela* evoca come riferimento di immagine la tela della Wallace Collection di Londra[17], conviene soffermarsi sul *Rinaldo e Armida*, dal momento che tra le due più note e acclamate versioni, quella del museo di Baltimora (fig. 11) e quella del Louvre (fig. 45), è a quest'ultimo modello, privo della figura della ninfa che fuoriesce dall'acqua in basso a destra, che pare più convenientemente riferirsi la descrizione del catalogo d'asta parigino, a un modello che, come nel caso dell'*Amarilli e Mirtillo*, faceva originariamente parte delle collezioni di Frederik Hendrik di Orange Nassau[18].

I dati oggi in nostro possesso non consentono di affermare con certezza se per le "favole" siamo in presenza di scelte collezionistiche di primo Settecento o se, come avvenne per il *Ritratto equestre di Tommaso di Savoia Carignano* fortunosamente peregrinato tra i due rami della famiglia e approdato tramite il principe Eugenio a Torino[19], si tratti invece del perdurare nelle collezioni dei discendenti diretti e indiretti di opere originariamente appartenute proprio a Tommaso di Savoia Carignano, nonno sia di Eugenio di Savoia Soissons che di Vittorio Amedeo di Savoia Carignano[20].

Al di là degli interrogativi ancora aperti, tutto comunque indica con chiarezza la fortuna di cui Anton van Dyck dovette godere a Torino, una fortuna sicuramente riconfermata più volte nel tempo e nel passare dalla committenza o dall'essere modello per gli artisti di corte, al collezionismo sabaudo anche di epoche successive.

giustificare anche l'attuale presenza a Torino del ritratto di Van Dyck della principessa Isabella Clara Eugenia la cui appartenenza originaria a collezioni torinesi, a oggi non accertata, parrebbe plausibile dal momento che il dipinto pervenne in Galleria Sabauda (inv. n. 313, cat. n. 279) nel 1843 tramite Angelo Boucheron. Analogamente potrebbe aver avuto una originaria collocazione in collezione torinese il *San Sebastiano* e *L'angelo* (inv. n. 351, cat. n. 272) presente in questa mostra, anch'esso pervenuto in Galleria Sabauda tramite Boucheron, *Guide brevi*, *Primo settore*, 1991, p. 59.

[14] Inv. n. 348, cat. n. 300, Spantigati 1982[a]; Spantigati 1982b, pp. 33-51, in particolare pp. 24 e 47.

[15] Pommersfelden 1999, inv. n. 44; *Van Dyck 1599-1641*, 1999, scheda n. 62, p. 232; per il dipinto torinese e i dipinti vandyckiani di argomento mitologico e letterario Arcangeli 2000, pp. 314-315.

[16] "Catalogue des tableaux du cabinet de feu S. A. S. Monseigneur le Prince de Carignan premier prince du sang de Sardaigne, [...] 30 Juillet 1742 et jours suivants, Tous les Tableaux mentionnés dans le prèsent Catalogne, sont richement Embordurés, à l'exclusion d'un fort petit nombre qui ne le sont pas. De l'impremerie de Valleyre, rue saint Severin, pp. 6 e 13"; una copia del catalogo si conserva presso la Biblioteca Reale di Torino. Misc. Stampa 175. Attribuiti a Van Dyck nel catalogo sono anche un ritratto di *Thomas Parr e un Uomo che suona il liuto*, p. 4, mentre a p. 16 è indicato un ritratto nel gusto di Van Dyck.

[17] Larsen 1980, n. 761.

[18] Oltre ai riferimenti bibliografici della nota 15, si veda anche Rogers 1999, pp. 79-91.

[19] Claretta 1890.

[20] L'*Inventaro Legale degli effetti hereditarij del fu Ser. mo Pnpe Fran. co Tomaso di Savoia*, Archivio di Stato di Torino, Insinuazione di Torino, vol. 629, 1658, lib. 2, vol. 1, gentilmente segnalatomi da M.B. Failla, lascia possibili margini di incertezza, e i *Testimoniali di Incoatione di Inventaro* del 20 marzo 1710 sui beni del defunto Emanuele Filiberto Amedeo di Savoia Carignano nel Palazzo torinese (edito a Torino s.d., a cura di S. Pinto, Musei d'arte a Torino. Cataloghi e Inventari delle Collezioni Sabaude, fasc. I, trascrizione a cura di G. Godio, L. Marino e G. Mones con il coordinamento di C. Mossetti) anch'essi spesso generici nelle indicazioni sui numerosissimi dipinti (tra cui *Baccanali* e altri soggetti mitologici), registrano peraltro esplicitamente tra le diverse serie di arazzi quelle ereditate "dal fu' Ser. mo Sig. Prencipe Tomaso".

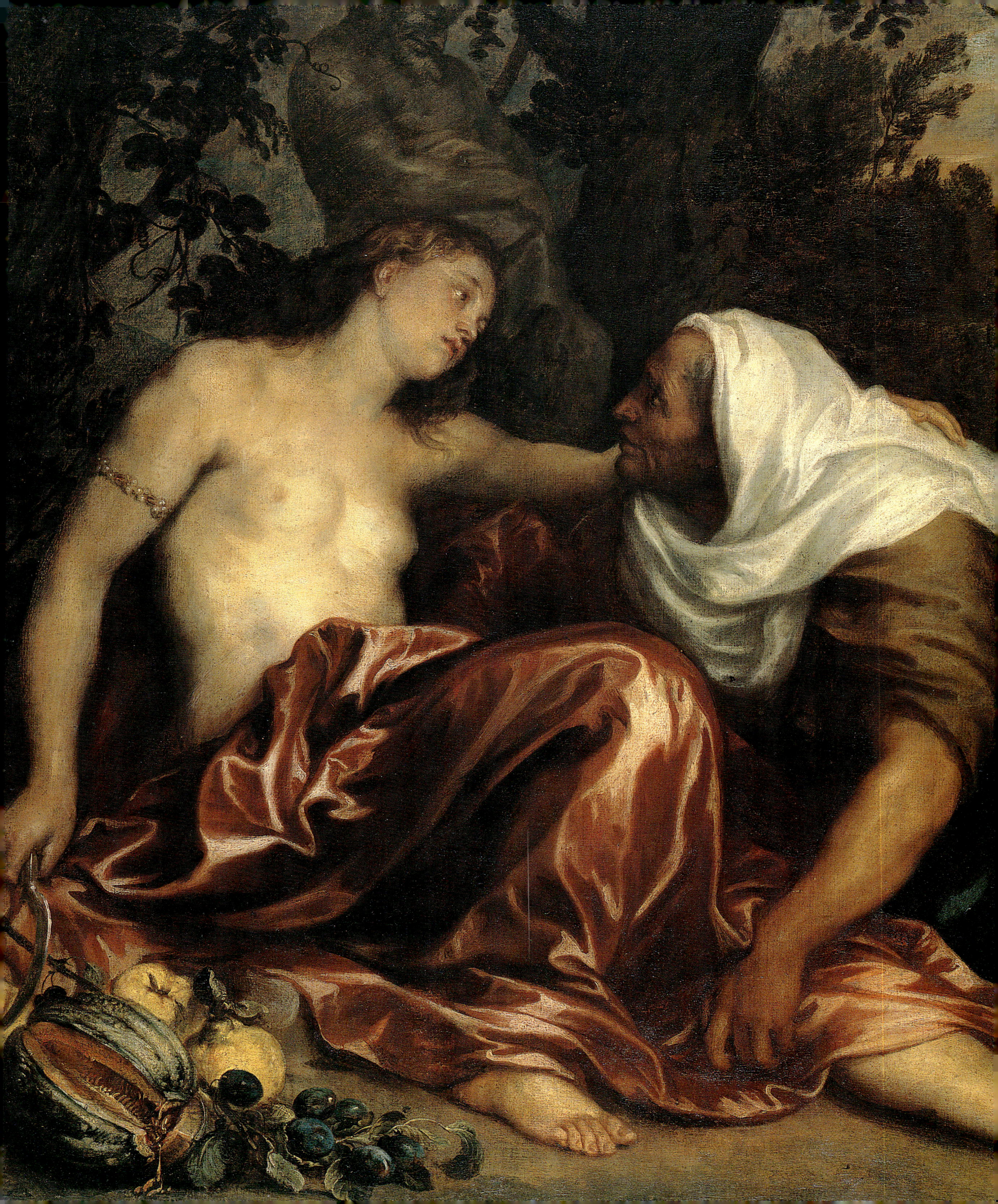

8 Riflessi italiani sull'arte di Anton van Dyck

Anton van Dyck, *Vertumno e Pomona* (particolare), Genova, Galleria di Palazzo Bianco (cat. n. 21)

Van Dyck e l'Italia o l'Italia nelle opere di Van Dyck? Quando ci si interroga in che modo sia opportuno indagare sul punto d'incontro tra l'Italia e l'artista fiammingo del XVII secolo si possono adottare approcci diversi. In prima analisi è importante verificare in quale modo gli autori del tempo abbiano messo in relazione la vita e l'opera di Van Dyck con l'Italia.

In secondo luogo, l'obiettivo è verificare quanto e come l'opera di Van Dyck tradisca la presenza di un influsso italiano. Il punto di partenza è naturalmente il soggiorno del pittore in Italia che va dal 1621 al 1627. Con quali maestri contemporanei è entrato in contatto e che possibilità aveva di ammirare e studiare quel che restava delle opere dell'antichità o dei capolavori degli artisti italiani del XV e XVI secolo?

Quanto possono essere considerati "italianizzati" i dipinti realizzati durante il soggiorno in Italia e in che misura rimane presente l'ispirazione italiana nella produzione artistica che è venuta alla luce successivamente al periodo trascorso dall'artista in Italia (1627-1641)?

Per concludere, analizzeremo i criteri con cui Anton van Dyck ha raccolto la sua collezione di quadri esprimendo la sua ammirazione per i grandi maestri italiani.

1. La tradizione storiografica

1.1. Giovanni Pietro Bellori (1672): riservato o altezzoso?

L'opera *Vite de' pittori* di Giovanni Pietro Bellori venne pubblicata nel 1672, trentun anni dopo la morte di Van Dyck. La redazione del testo si protrasse per vari decenni ed ebbe addirittura inizio quaranta anni prima[1]. La biografia rappresenta il resoconto più ampio ed esaustivo che sia stato redatto della vita di Van Dyck nel XVII secolo. In poco più di dieci pagine Bellori ci dipinge un quadro assai completo della vita e dell'opera del pittore. Il biografo menziona più di ottanta opere di cui, tuttavia, aveva presumibilmente una conoscenza diretta di non più di una[2].

Si suppone che di una grande quantità di dipinti il Bellori abbia visto delle stampe. Bellori è stato anche il primo autore ad aver suddiviso in diverse fasi la vita di Van Dyck, a seconda dei luoghi in cui il pittore soggiornò. Raccontato qualche aneddoto sulla giovinezza di Van Dyck ad Anversa e soffermatosi brevemente sul rapporto tra il pittore e Rubens, Bellori si dedica ampiamente ad analizzare il periodo italiano; dopo aver dedicato un paragrafo al secondo periodo trascorso dal pittore ad Anversa, descrive in modo particolareggiato il soggiorno dell'artista a Londra.

Sulla base di quanto afferma lo stesso Bellori, si tende a ipotizzare che lo storico si sia servito prevalentemente di un'unica fonte di informazioni per quel che riguarda gli aspetti della vita di Van Dyck meritevoli di essere menzionati. Nella relazione che Bellori redige del periodo inglese di Van Dyck, tale informatore viene chiamato per nome: "Questo cavaliere [Digby] nel pontificato di Urbano ottavo dimorando in Roma residente della regina d'Inghilterra, mi diede contezza di quanto avvenne al Van Dyck, dopo l'andata sua alla corte di Londra"[3]. È evidente che sir Kenelm Digby era abbastanza informato delle attività svolte da Van Dyck prima del suo arrivo a Londra. D'altro canto Bellori fornisce una tale abbondanza di informazioni sulle attività del pittore nelle Fiandre e in Italia da rendere evidente che, per quel che riguarda questi periodi precedenti, lo scrittore abbia avuto la possibilità di rivolgersi ad altri contemporanei[4]. A questo proposito, Christiaan Mees avanza l'ipotesi che Bellori si sia avvalso delle informazioni fornitegli da un viaggiatore fiammingo recatosi a Roma il quale, nel corso degli anni quaranta, risiedeva ancora nei Paesi Bassi[5]. La persona in questione avrebbe informato

[1] Previtali in Bellori (1672) ed. 1976, pp. XLII-L.

[2] Per un'analisi approfondita delle opere citate, si veda Mees 1989, pp. 2-102.

[3] Bellori (ed. 1976), p. 261, afferma che Digby, durante il pontificato di Urbano VIII, soggiornò a Roma come ospite della regina d'Inghilterra e gli fornì un resoconto di un gran numero di avvenimenti accaduti a Van Dyck a partire dall'inizio del suo soggiorno a Londra.

[4] A questo proposito Mees 1989, p. 32, ipotizza che Bellori abbia acquisito informazioni sulle opere d'arte a Genova tramite Agostino Franzone, fratello di un cardinale che risiedeva a Roma con cui sembra che Bellori fosse in buoni rapporti. Si veda anche G. Previtali 1976, p. XLIII.

[5] Un'ipotesi di questo tipo deve essere necessariamente formulata in quanto Bellori che, per quanto si sappia, non visitò mai i Paesi Bassi, descrive numerosi quadri di cui non venne realizzata nessuna incisione.

il biografo sui dipinti di Van Dyck presenti nelle collezioni dei Paesi Bassi meridionali e settentrionali, e presumibilmente anche su determinati avvenimenti della vita del pittore[6].

Anversa: le origini

Fu proprio Bellori il primo a rivelare che il padre del pittore si guadagnava da vivere come mercante di tessuti, una notizia confermata dalle fonti storiche[7]. Il fatto che anche Bellori associò la madre del pittore all'attività del ricamo[8] è altrettanto importante, poiché Cornelis de Bie – indipendentemente da Bellori – ci tramanda la medesima notizia[9]. Secondo Bellori fu proprio la stessa Maria Cuypers ad insegnare ad Anton i primi rudimenti dell'arte del disegno e a convincere il marito a mandare il figlio a bottega da Rubens[10].

Per quanto riguarda il periodo italiano, Bellori si basò molto probabilmente sulle testimonianze orali trasmesse dai propri connazionali. Bellori riesce infatti a riportare alla luce numerosi aneddoti sul conto del pittore, esprime una valutazione sulla fisionomia del giovane artista e descrive una quantità ingente di opere custodite sia a Roma che a Firenze. Non è escluso che a Roma o fuori Roma Bellori prendesse contatto con diverse personalità illustri che furono il soggetto dei dipinti di Van Dyck. A questo proposito, lo scrittore è bene informato sulle funzioni diplomatiche svolte da sir Robert Shirley, che soggiornò a Roma nell'estate del 1622 in veste di ambasciatore dello scià di Persia. Bellori menziona il ritratto del diplomatico e della sua consorte e fa notare che "questo signore [don Roberto Shirley] e la moglie [posavano] nell'abito persiano" (figg. 58-59). È probabile che Bellori avesse la possibilità di ammirare di persona i dipinti a casa di lady Shirley, che si fermò a vivere a Roma dopo la morte del marito avvenuta nel 1628[11]. La stessa donna (era ancora in vita?) avrebbe potuto fornire allo scrittore preziose informazioni sulle sedute di posa durante la realizzazione del dipinto e sul rapporto con l'artista. Prima ancora di pronunciarsi sulla personalità di Van Dyck, Bellori mette in scena un confronto tra il celebre pittore Rubens e il suo allievo Van Dyck. La fonte più antica che per la prima volta cita insieme, in maniera esplicita, i due pittori barocchi pone sotto una luce negativa la relazione che intercorre tra i due artisti[12]. Lo scrittore, come se volesse prendere le distanze dalla sua fonte di informazioni, afferma che – in base alle voci che circolavano – Rubens avrebbe guadagnato ben cento fiorini al giorno grazie alle attività svolte dal giovane Van Dyck[13]. Rubens si sente minacciato dal talento di Van Dyck e, pertanto, tenta di convincerlo che il genere del ritratto potrebbe essere il più rispondente alle sue capacità[14]. In questo paragrafo Bellori caratterizza Rubens come il collega invidioso; Van Dyck avverte il sentimento di invidia che Rubens prova nei suoi confronti e abbandona all'improvviso la bottega del maestro decidendo di partire per l'Italia[15], dopo aver portato a termine alcuni dipinti[16]. Per il momento Bellori trascura nel suo racconto una caratterizzazione del giovane Van Dyck.

A Genova via Venezia?

In base a quanto afferma Bellori, Van Dyck avrebbe fatto tappa a Venezia prima ancora di visitare Genova. Numerosissime altre fonti testimoniano che questa affermazione non coinciderebbe con quanto realmente accaduto. Il soggiorno veneziano non offre alcuna occasione che consenta di caratterizzare la personalità del pittore. Bellori osserva soltanto che a Venezia Van Dyck avrebbe profondamente subito l'influsso dell'uso del colore da parte di maestri illustri tra cui Tiziano e Veronese. Secondo Bellori, Genova era la città italiana in cui Van Dyck soggiornava con maggiore piacere. In quella città era amato e stimato da tutti e riusciva a guadagnare cifre ragguardevoli dipingendo ritratti di nobili e di senatori[17]. Il pittore dei Paesi Bassi meridionali ricevette ovviamente un'accoglienza calorosa e lo stesso Bellori afferma che Genova divenne una sorta di seconda casa per il pittore. Durante il suo soggiorno in Italia continuava, infatti, a farvi ritorno "come se fosse la sua patria"[18]. Fino a questo momento l'artista si presenta come un individuo versatile e dal carattere mite. Viaggia per interesse artistico e sa farsi benvolere dai propri committenti. Fin qui Bellori non parla di vanità e ancor meno di alterigia. È soltanto a Roma che si manifestano i primi problemi che riguarda-

[6] Mees 1989, p. 51, 102. Si deve forse presupporre che l'informatore non fosse un artista perché, ad esempio, non era al corrente del nome del maestro di Van Dyck, Hendrik van Balen? Se apparteneva anch'egli all'ambiente artistico di Anversa, non avrebbe presumibilmente potuto trascurare il rapporto instaurato con un maestro che all'epoca godeva di un'eccellente reputazione. D'altro canto si ha la tentazione di associare tale informatore con Jan Miel (1599-1664). Il giovane maestro aveva la stessa età di Van Dyck e lasciò Anversa ancor prima di diventare maestro, alla luce del fatto che il suo nome non compare nei *Liggeren* (registri). Era amico di Pieter van Laer e, tramite quest'ultimo, era indubbiamente in contatto con i *Bentvueghels*. In base a quanto afferma Giovanni Battista Passeri (1772), Jan Miel sarebbe stato addirittura allievo di Van Dyck. Si veda Hess 1934, p. 220 e cfr. Debeuckelaere 2000, pp. 36-37.

[7] Bellori ed. 1976, p. 253: "Il padre si esercitava nella mercanzia delle tele".

[8] Bellori ed. 1976: "la madre s'impegnava nel ricamo".

[9] Sempre Mees 1989, p. 4, ha già fatto notare che era poco probabile che Bellori conoscesse il libro di De Bie. Non conosceva l'olandese e non si rifece a De Bie nemmeno per la data di nascita esatta che figura sotto il ritratto di Van Dyck ("le 22 du mois de mars").

[10] Bellori ed. 1976, p. 254: "[…] e la madre, che non era oggimai piú bastante ad ammaestrarlo, conobbe che la natura voleva far riguardevole nell'arte, e persuase il padre ad accommodarlo col Rubens […]".

[11] Si veda anche Mees 1989, p. 31 che ipotizza che Bellori abbia avuto la possibilità di ammirare i ritratti in questione, ma non considera lady Shirley alla stregua di una fonte di informazioni.

[12] Cornelis de Bie non fa menzione del nome di Rubens nel suo panegirico dedicato a Van Dyck.

[13] Bellori ed. 1976, p. 254: "Dicesi che il Rubens, in questo modo facilitando le sue operazioni, veniva a cavare ben cento fiorini il giorno dalle fatiche di Antonio".

[14] Bellori ed. 1976, p. 254: "Laonde avvedendosi il Rubens che il discepolo si andava usurpando il merito de' suoi colori, e che in breve averebbe posto in dubbio il suo nome, egli che era sagacissimo prese occasione da alcuni ritratti dipinti da Antonio, e celebrandoli con somme lodi, proponevalo in suo luogo a chiunque veniva a chieder ritratti, per rimuoverlo dalle figure". Mees 1989, pp. 7-9, vede il paragrafo come uno sviluppo del *topos* del concetto di invidia e fa notare che nella biografia di Rubens

no i rapporti sociali. Ancor prima di menzionare "l'aneddoto di Bentveughel", Bellori presenta Anton van Dyck "fisicamente" ai propri lettori. Sebbene lo scrittore non conoscesse personalmente l'artista, descrive tuttavia il suo aspetto con dovizia di particolari. Lo definisce un giovanotto quasi glabro e di corporatura piuttosto minuta. Ma al suo aspetto giovanile si accompagnava una grande modestia e signorilità[19]. Nell'ultimo paragrafo delle sue *Vite* Bellori riprende questa osservazione attinente alla corporatura minuta e aggiunge poi che il pittore aveva un corpo ben proporzionato, che era intelligente e di gradevole aspetto. Inoltre aveva la carnagione chiara ed i capelli biondi, caratteristiche fisiche che Bellori considerava tratti somatici tipici della regione da cui proveniva il giovane[20]. Prima dell'ultimo summenzionato paragrafo della biografia di Van Dyck, Bellori fornisce anche una caratterizzazione della personalità del pittore: malgrado spendesse troppo denaro in abbigliamento ed altri accessori, era una persona "buona, onesta, nobile e generosa"[21]. L'aver citato questi tratti caratteriali positivi al termine della propria narrazione fa sì che Bellori riesca in qualche modo a relativizzare l'aspetto della vanità menzionato inizialmente. Il riferimento fatto nel paragrafo di chiusura alla tendenza di Van Dyck a spendere molto per acquistare vestiti viene messo in correlazione con le otto righe dedicate allo stile di vita del pittore, che seguono alla descrizione della fisionomia dell'artista. Secondo il biografo, è a Roma che per la prima volta si delinea la figura di Van Dyck. Viene raffigurato come una persona che si comporta più da nobiluomo che non da pittore. Questo atteggiamento poteva essere in parte ricondotto alla formazione da lui acquisita presso la bottega di Rubens dove era abbastanza consueto imbattersi in membri dell'aristocrazia; tuttavia, tale tratto distintivo derivava anche dalla predisposizione naturale di Anton van Dyck, la cui aspirazione era "farsi illustre". Ed è proprio per questa ragione che Van Dyck, come precisa a questo proposito Bellori, si vestiva con abiti confezionati con tessuti lussuosi e decorava il suo cappello con piume e fermagli, faceva sfoggio di catene d'oro sul petto ed era sempre circondato da servitori. A causa della sua mania per il fasto e la ricchezza, Bellori paragona il giovane maestro fiammingo a Zeuxis: "Imitava il fasto di Zeuxis e attirava verso di sé l'attenzione di ognuno".

Secondo Bellori, Van Dyck giunse a Roma con l'intenzione di fermarsi in città per lavorare e, così facendo, far conoscere il proprio talento. Van Dyck si mise alla ricerca di potenziali committenti, desideroso di sfruttare il soggiorno nella capitale per dimostrare le proprie capacità[22]. Reputava superfluo instaurare dei contatti sociali con i propri connazionali che risiedevano a Roma. In tal senso non è da stupirsi che Van Dyck non cercasse alcun tipo di contatto con i *Bentvueghels*, l'associazione di pittori suoi connazionali che non godeva di una fama eccellente. Bellori racconta che Van Dyck non era disposto a sottoporsi al rituale del battesimo; si rifiutava di partecipare a "queste baccanali". La sua riservatezza non era apprezzata, gli si rimproverava di essere ambizioso. E così la sua superbia e le sue opere venivano condannate contestualmente[23]. Bellori non attribuisce direttamente al pittore il vizio della "superbia", bensì afferma che erano i suoi colleghi a ritenerlo altezzoso. L'autore parla in primo luogo de "la sua ritiratezza".

Tale termine potrebbe fare riferimento all'atteggiamento di rifiuto che Van Dyck mostrava nei confronti dei *Bentvueghels*, oppure potrebbe descrivere la personalità del maestro, che veniva definito piuttosto riservato. A prima vista quest'ultima interpretazione non concorda con la vita sfarzosa che Van Dyck conduceva a Roma, come descritta dal Bellori. Forse il suo stile di vita improntato all'ostentazione serviva a convincere l'aristocrazia locale della sua straordinaria ambizione celando contemporaneamente la riservatezza della sua natura? Bellori racconta infatti che il pittore venne a Roma esclusivamente "allo scopo di lavorare e di mettere così in luce il proprio talento"[24].

1.2. Due anni dopo: Van Dyck visto da Soprani
Nel 1674 venne pubblicato a Genova il volume delle biografie di Raffaello Soprani. L'autore aveva scelto come oggetto della trattazione soprattutto artisti genovesi e pittori che soggiornavano in città per periodi piuttosto lunghi. L'opera ven-

scritta da Bellori non viene fatto alcun riferimento a eventuali tensioni esistenti tra maestro e discepolo. Il carattere di aneddoto di questo episodio come anche la citazione dell'importo di "100 fiorini" inducono a ritenere che Bellori si servisse di un informatore/informatrice che era decisamente al corrente della situazione locale di Anversa.

[15] Bellori situa la rottura con l'atelier di Rubens in un momento di poco precedente alla realizzazione del dipinto del *Cristo che porta la croce* della chiesa di San Paolo di Anversa. Questo dipinto che fa parte del *Ciclo del rosario* si ritiene risalga agli anni attorno al 1617. Si veda per questo Robbroeckx 1972, pp. 86-90.

[16] Bellori ed. 1976, p. 254: "Si distolse peró Antonio dalla scuola del Rubens [...]".

[17] Bellori ed. 1976, p. 256: "Trattenevasi egli in quella città con grandissimo guadagno, facendo ritratti di quasi tutti i nobili e senatori. "

[18] Bellori ed. 1976, p. 255: "siché trascorrendo in altre parti d'Italia, sempre si riparava in Genova non altrimente che nella sua patria, dove era amato e riputato da ciascuno".

[19] Bellori ed. 1976, p. 255: "Era egli ancor giovine, spuntando di poco la barba, ma la giovinezza sua veniva accompagnata da grave modestia di animo e da nobiltà di aspetto, ancorché picciolo di persona".

[20] Bellori ed. 1976, p. 264: "[...] e nella statura picciola del corpo riuscì proporzionato, abile e di bello aspetto, candido e biondo, qualità naturali del suo clima nativo".

[21] Bellori ed. 1976, p. 264: "Oltre quello che si è detto de' costumi di questo artifice, era egli buono, onesto, nobile e generoso".

[22] Bellori ed. 1976, p. 256: "Era egli certamente venuto a Roma non per occasione di studiare, ma per intento di operare e di mettere in luce li suo talento disposto ad una bella e dilettevole facilità di dipingere".

[23] Bellori ed. 1976, p. 256: "[...] a Roma, convitarsi ad una cena all'osteria ed imporgli un sopranome, col quale dopo da loro veniva chiamato. Ricusò Antonio queste baccanali; ed essi, recandosi a dispregio la sua ritiratezza, lo condannavano come ambizioso, biasimando insieme la superbia e l'arte".

[24] Bellori ed. 1976, p. 256: "Era egli certamente venuto a Roma non per occasione di studiare, ma per intento di operare e di mettere in luce il suo talento [...]".

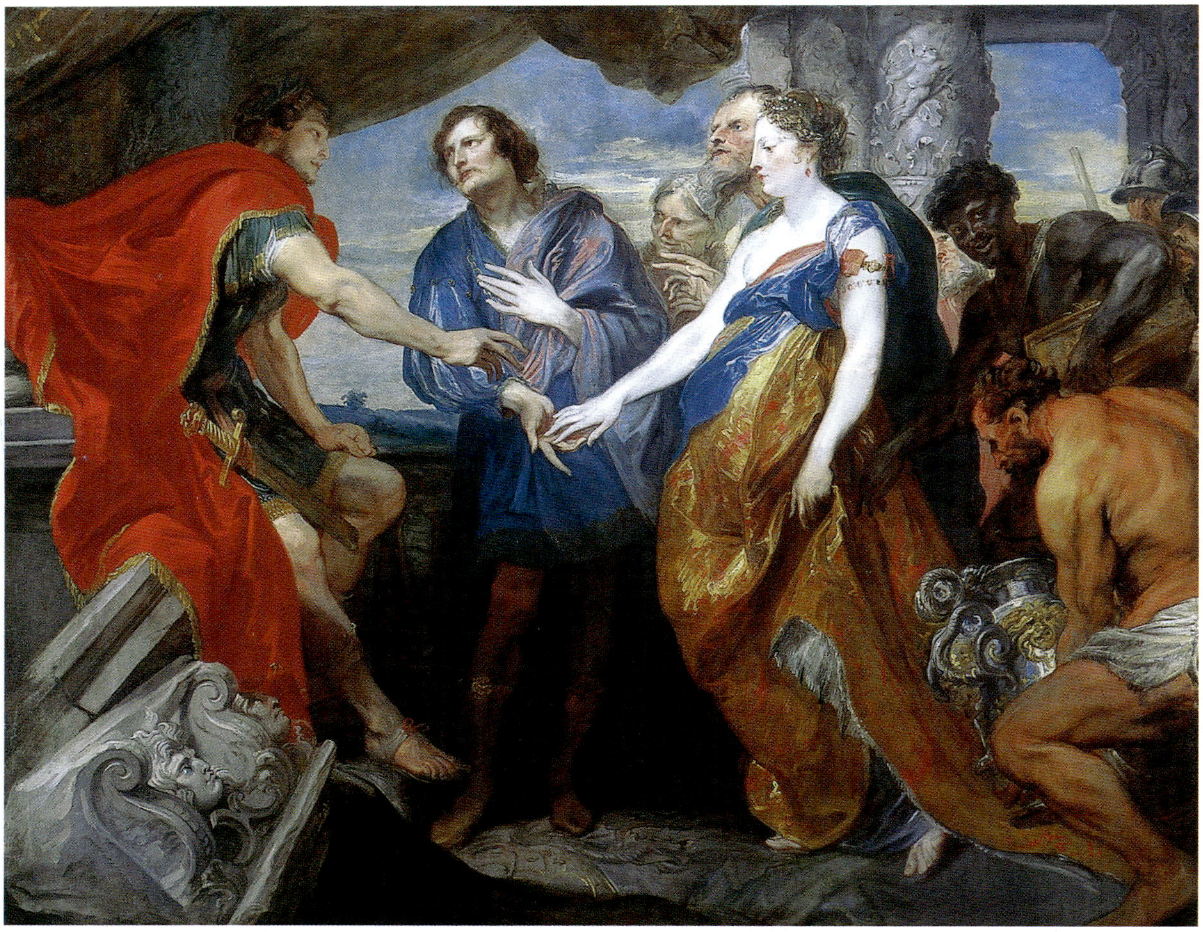

46. Anton van Dyck, *La continenza di Scipio*, Oxford, The Governing Body, Christ Church

ne pubblicata postuma[25]. Soprani morì nello stesso anno in cui vennero pubblicate le *Vite* di Bellori. Pertanto, non è possibile supporre che i due si siano influenzati a vicenda. Le informazioni fornite dai due scrittori sono tra loro molto diverse. Soprani è infatti la fonte più antica in cui figura "Henrico Balle", vale a dire Hendrik van Balen, quale maestro di Van Dyck. Un altro aspetto degno di nota è che Soprani afferma che il padre di Van Dyck, un mercante, inizialmente non approvava la scelta del figlio ma che poi, mosso da affetto paterno, fu costretto ad appoggiarne la decisione[26]. Convinto del talento del figlio, lo raccomandò agli insegnamenti di Pieter Paul Rubens[27]. Dopo aver fornito informazioni piuttosto sommarie sul primo periodo di Van Dyck ad Anversa, Soprani si sofferma a descrivere con dovizia di particolari il soggiorno del pittore in Italia. Secondo il biografo, Van Dyck visitò "per sua curiosità"[28] Roma, Firenze, Venezia, Genova e Palermo. A Genova il giovane artista soggiornò per alcuni anni a casa di Cornelis de Wael, un suo concittadino, dove raccolse ammirazione per la sua tecnica del colore, particolarmente apprezzata[29]. Stando a quanto ci racconta Soprani, l'accoglienza così calorosa ricevuta a Genova non fu di lunga durata, in quanto alcuni invidiosi iniziarono a mettersi contro il povero straniero ("contro del povero forestiero"). È evidente che Soprani si schiera dalla parte del pittore straniero, che viene presentato come vittima indifesa di "alcuni invidiosi". I critici gli rimproveravano il fatto che le sue composizioni non fossero convincenti e che il suo disegno fosse troppo debole[30]. Laddove Bellori aveva chiamato in causa motivazioni caratteriali per giustificare l'incidente con i *Bentvueghels* romani, Soprani presenta Van Dyck come la sfortunata vittima di un complotto. Per giustificare la sua partenza da Ro-

[25] Per una trattazione più ampia su Soprani si veda: Mees 1989, p. 114 e Belloni 1973, pp. 7-20.

[26] Soprani 1674, p. 305: "Il che vedendo suo Padre, benche per altro non havesse mai adherito all'inclinatione del figliuolo, si lascio a ogni modo vincere dall'affeto paterno, e acconsentì, che egli seguitasse la cominciata impresa."

[27] Soprani 1674, p. 305: "Oltre di che per meglio istradarlo alle perfettioni, lo raccomondò a Pietro Paolo Rubens, […]".

[28] Soprani 1674, p. 305: "Venne Antonio in Italia essendo già 20 anni in circa, e doppo essersi fermato a Roma lo spatio d'anni due, viaggiò per sua curiosità in Firenze, in Venetia, in altri luoghi principali dell'Italia […]". Le visite a Genova e a Palermo sono menzionate più avanti nel testo.

[29] Soprani 1674, p. 305: "[…] desideroso di vedere le bellezze di Genova, dov'assai tosto si portò allettato anche della brama di visitare Cornelio de Vael, pittore di gran merito, e suo Concittadino, in casa del quale esso Antonio si trattenne alcuni anni gradito da molti per il suo bel modo di colorire".

[30] Soprani 1674, p. 305: "Mà strepitando contro del povero forastiero alcuni invidiosi, & isforsandosi di mostrare, che toltane la vaghezza del colorito, non haveva Antonio altro di buono; perché (com'essi dicevano) mancava molto nel componimento, e poco, o niente possedeva il disegno; non gli riusci perciò d'acquistarsi credito equivalente al suo gran merito".

ma, lo scrittore afferma che il mestiere del pittore non era sufficientemente remunerativo. Poiché Van Dyck aspirava a maggior fortuna, decise di trasferirsi altrove. Soprani non condanna questo tipo di motivazione e si limita ad affermare che al giovane maestro non venne attribuito alcun riconoscimento per il suo talento[31]. Soprani appoggia la decisione del pittore di lasciare la città in quanto, al pari di Van Dyck, anch'egli ritiene disonorevole che qualcuno osasse apportare dei miglioramenti ad uno dei suoi disegni. "Giustamente sdegnato", il pittore lasciò la città. È da chiedersi se la storia dell'invidia debba essere interpretata esclusivamente nel senso di *topos*[32]. Sulla base di quanto hanno asserito sia Bellori sia Soprani riguardo i contatti che Van Dyck intratteneva con i colleghi, si è tentati di ritenere che il pittore fosse estremamente ambizioso e particolarmente determinato a costruirsi una carriera. Va da sé che un tale atteggiamento potesse suscitare un sentimento di invidia nei colleghi.

Secondo Soprani, Van Dyck si consolò dell'esperienza a Genova quando andò a visitare Sofonisba Anguissola a Palermo. Lo stesso scrittore afferma, peraltro, che Van Dyck aveva già conosciuto la pittrice, a Genova, dove la stessa gli aveva dato dei consigli sulla sua arte pittorica. Dal racconto di Soprani si evince che tra l'anziana artista e il giovane fiammingo nacque un rapporto affettuoso. Il biografo riferisce che la pittrice si sarebbe sempre dimostrata estremamente disponibile con lui, l'avrebbe aiutato a risolvere i suoi problemi e consolato per tutte le difficoltà che lo angustiavano[33]. In base alla stessa fonte, la Anguissola fu un valido sostegno per prolungare il proprio soggiorno sull'isola: "che perciò havendovi a bastanza esperimentato il proprio valore". Che cosa si può desumere da questa citazione? Dopo le esperienze negative vissute a Genova dubitava forse il giovane artista del proprio talento? La celebre pittrice lo aiutò a risollevare il proprio spirito, lo consolò e gli consigliò di restare a Palermo a riposarsi per poter così riacquistare maggiore fiducia nel proprio valore. In data 12 luglio 1624 Van Dyck dipinse il ritratto della pittrice e nel contempo prese nota dei consigli che la stessa gli elargiva per la realizzazione del dipinto stesso. Il disegno del ritratto della Anguissola realizzato da Van Dyck nel suo quaderno italiano degli schizzi[34] (fig. 34) è la dimostrazione del fatto che Soprani ha tramandato informazioni rispondenti al vero riguardo al rapporto tra i due e la realizzazione del ritratto. Pertanto, quello che il biografo riferisce in aggiunta a proposito dello stato d'animo di Van Dyck e del sostegno che ricevette dalla straordinaria figura della pittrice, potrebbe essere altrettanto veritiero[35].

Soprani riassume brevemente tutto ciò che accadde a Van Dyck dopo il suo rientro dall'Italia. È a conoscenza del viaggio in Inghilterra e degli incarichi ricevuti dal principe di Orange. Afferma che il re d'Inghilterra lo invitò nel proprio paese in quanto era informato del suo talento e ammirava molto la sua "virtù"[36]. Il biografo prosegue poi raccontando che Van Dyck sposò la figlia di un conte irlandese con cui fece ritorno nelle Fiandre, dove morì a circa quarant'anni di età[37].

Anche secondo Soprani Van Dyck era molto ambizioso e provocava con molta facilità la rivalità dei colleghi. L'invidia altrui lo fece dubitare delle sue stesse capacità, e questo lo spinse a cercare conforto presso una pittrice affermata. La sua età, così come il fatto che fosse una donna, fecero sì che Van Dyck avesse indubbiamente molte meno difficoltà a mostrarsi vulnerabile. Soprani non si sofferma sullo stile di vita esuberante di Van Dyck, bensì si concentra soprattutto sui problemi professionali che un giovane pittore forestiero deve affrontare. A questo proposito, ci tramanda l'immagine di un giovane capace e molto ambizioso che non di meno si lascia turbare assai facilmente e che non è sempre convinto delle sue capacità artistiche. L'umanità di questo profilo è in stridente contrasto con l'immagine più caricaturale che Bellori ha dato soprattutto del Van Dyck dell'ultimo periodo.

Un aspetto sicuramente singolare è il fatto che né nella biografia del Bellori né del Soprani compaiano i nomi di pittori italiani contemporanei di Van Dyck. È forse corretto dedurre da ciò che Van Dyck evitasse accuratamente il contatto con gli artisti del luogo?

[31] Soprani 1674, p. 306: "Mà quanto più cercava egli d'aprirsi co' pennelli il varco alle glorie, tanto più s'accresceva contro di lui invidia di molti, trà quali vi fù chi ardì d'emendare i suoi ben'ordinati dissegni; ond'egli giustamente sdegnato abbandonando Genova...".

[32] Mees 1989, p. 123, afferma che il concetto dell'invidia si ritrova come *topos* in numerose biografie di artisti. A mio avviso l'idea di invidia riportata in entrambe le suddette fonti esercita una funzione così palesemente diversa che riesce difficile considerarla come rappresentativa del medesimo *topos*.

[33] Soprani 1674, p. 305: "Perlochè aspirando egli a procacciarsi miglior fortuna, stabilì di variar paese, e salito sopra certe Galee navigò verso Sicilia, dove gionto alla città di Palermo terminò ivi il suo viaggio, & havendovi ritrovata Soffonisba Lomellina gloriossima Pittrice, dalla quale (si com'egli piu volte affermò) haveva in Genova ricevuti essentialissimi documenti intorno al dipingere, fù da quella molto cortesemente aiutato ne' suoi bisogni, e sollevato in alcuni travagli, che lo sopragiunsero, e le diedero motivo di fermarsi molto poco in quell'Isola; che perciò havendovi a bastanza esperimentato il proprio valore, e ritratta al vivo la sudetta veneranda Matrona, ritornò di nuovo a Genova".

[34] Per il ritratto di Sofonisba Anguissola (Londra, The British Museum: *Italian Sketchbook*, fol. 110), si veda: Brown 1991, pp. 30-31, fig. 13. Il fatto che Van Dyck avesse avuto già a Genova dei contatti con l'Anguissola è poco probabile. Le informazioni biografiche sul soggiorno della Anguissola a Genova sono limitate, ma in generale si presume che abbia risieduto in quella città tra il 1580 circa e il 1615 al più tardi. Si veda: *Van Dyck a Genova...*, 1997, p. 152.

[35] Soprani 1674, p. 305: scrive chiaramente "si com'egli più volte affermò", da dove si può probabilmente desumere che il pittore raccontò personalmente a Soprani questo aneddoto.

[36] Soprani 1674, p. 306 " [...] di dove assai subito passo in Inghilterra invitatovi da quel Rè, che conosceva il suo talento, e amava molto la sua virtù". In olandese è difficile rendere precisamente il significato esatto del termine "virtù".

[37] Soprani 1674, p. 306.

1.3. Joachim von Sandrart (1606-1688) e l'ammirazione di Van Dyck per la "Maniera dell'eccellente Tiziano" (1675)

Un anno dopo la pubblicazione delle *Vite* di Soprani, a Norimberga e Francoforte uscì l'opera *Teutsche Academie* di Joachim von Sandrart[38]. Anche Von Sandrart soggiornò in Italia tra il 1629 ed il 1635, e questo non esclude la possibilità che lo scrittore fosse in contatto con informatori che conoscevano personalmente Bellori e/o Soprani[39]. Nel corso del 1645 Von Sandrart compì presumibilmente un viaggio ad Anversa[40]. Dal punto di vista del contenuto tale autore non aggiunge molti elementi nuovi al materiale delle fonti conosciute. Premette che Madre Natura era stata decisamente generosa con Van Dyck, ragion per cui il pittore era in grado di compiere opere di particolare pregio senza sforzarsi eccessivamente e di trarne notevoli guadagni[41]. Per quanto riguarda il rapporto tra Van Dyck e il suo "primo maestro" Rubens, l'autore ne fa solamente una breve menzione. Si limita infatti ad osservare che Van Dyck aveva contribuito molto alla realizzazione delle opere del suo maestro ma che la predisposizione naturale di Van Dyck era maggiormente orientata alla "imitazione"[42]. Dal momento stesso in cui il giovane maestro iniziò il suo soggiorno in Italia, avrebbe cercato – così ci riferisce Von Sandrart – con ogni sforzo di seguire l'arte pittorica dell'eccellente Tiziano. L'aneddoto tramandato da Bellori sul legame con i *Bentvueghels* non viene riportato, tuttavia Von Sandrart fa notare che Van Dyck non amava le regole romaniche e le accademie degli antichi, né gli studi su Raffaello ed altri studi altrettanto seri[43]. Avendo sottolineato il fatto che Van Dyck prediligeva soprattutto dipingere ritratti e non era interessato in "studi più seri", Von Sandrart caratterizza il pittore come artista di seconda categoria. Al contrario di Soprani, Von Sandrart non afferma che Van Dyck aveva intenzione di guadagnare molti soldi, tuttavia sottolinea effettivamente che il pittore lasciò Genova alla volta di Anversa con la borsa piena zeppa.

L'impressione che si ha è che Von Sandrart abbia saputo apprezzare solo limitatamente l'arte di Van Dyck, che a suo avviso era soprattutto un "imitatore", e pertanto lo scrittore ha tracciato un profilo dell'artista su un piano relativo. Il tono di fondo della sua biografia fu presumibilmente influenzato dal Bellori, ma Von Sandrart "carica" sensibilmente la propria interpretazione. Le informazioni aggiuntive correlate al matrimonio del pittore, alla nascita della figlia e alla malattia sembrano tuttavia rispondenti al vero. Von Sandrart aveva soltanto sette anni in meno di Van Dyck ed è possibile che nel corso dei suoi innumerevoli viaggi in Italia e nei Paesi Bassi settentrionali abbia raccolto molte informazioni – trasmessegli oralmente – sul conto del pittore.

2. Le fonti italiane dell'arte pittorica di Anton van Dyck

2.1. Anton van Dyck ad Anversa e a Londra

È difficile individuare il momento preciso in cui il giovane Van Dyck venne per la prima volta in contatto con esempi di arte italiana. In base alle informazioni disponibili non si può stabilire con certezza se Franchoys van Dyck e Maria Cuypers, i genitori di Anton[44], avessero in casa dei quadri o delle sculture di origine italiana[45]. Diversamente si hanno notizie ben precise per quanto riguarda la formazione del pittore presso lo studio d'arte di Hendrik van Balen. Fin dai primi anni della sua giovinezza, nel 1609, ivi Van Dyck ebbe la possibilità di ammirare numerosissime sculture antiche e/o italiane e poté consultare una ricca biblioteca che custodiva opere letterarie e volumi di architettura sia italiani sia latini. Grazie all'inventario dei beni di Margriet Briers – vedova di Van Balen – che venne redatto il 4 ed il 5 novembre 1638, è possibile farsi un'idea dell'ambiente in cui crebbe Van Dyck da giovane[46]. Grazie a quanto si è potuto accertare, Hendrik van Balen non aveva in casa dipinti di origine italiana. Tra le sculture ve ne erano indubbiamente molte che provenivano dall'Italia o che si rifacevano ad un modello italiano o antico. Come esempi si possono citare i seguenti: "Romolo e Remo con la lupa, scultura in pietra su un piedistallo" o "Un piccolo Laocoonte con i suoi due figli, scultura in gesso con piedistallo in legno", "Una Anatomia di gesso di Giovanni Bologna"[47]. Della collezione faceva anche parte un unico dise-

[38] Von Sandrart 1675. In relazione con queste edizioni si veda Klemm 1986, p. 332.
[39] Si veda: Mees 1989, p. 129.
[40] Klemm 1986, p. 32. L'autore fa anche rilevare l'influsso stilistico di Van Dyck nell'opera di Von Sandrart 1675, pp. 20-21, 40, 73-74.
[41] Von Sandrart 1675, p. 148: "Es hat die milde Mutter der Natur verwunderlich dem Anton von Dick gleich in seiner zarten Jugend durch Eingiessung einies grossen Geists zu den edlen Mahlkunst dergestalt geholffen, dass er fast ohne Mühe zu dem höchsten Grad der Vollkommenheit gelanget und alles mit absonderlicher Zierlichkeit, netter Art und Annemlichkeit gemacht, dass, unangesehen er seine Gedanken noch wenig in die mühsame Schul der schweren Kunstregeln geschicket, er dannoch mit zierlichen Contrafäten, Historienmahlen und andren so fern gestiegen, dass er desswegen billig hoch gerümt und von männiglich geehrt und geliebet worden, auch darmit so viel gewonnen, dass er zu einem glückseligen reichen Mann worden" (La generosa Madre Natura, avendo meravigliosamente dotato Anton van Dyck già nella sua più tenera giovinezza di uno spirito e di una predisposizione notevoli per la nobile arte della pittura, lo aveva agevolato a tal modo che costui riusciva a raggiungere il grado più elevato di perfezione quasi senza sforzo alcuno, e realizzava ogni dipinto con leggiadria straordinaria, in modo squisito e senza difficoltà. Inoltre, senza considerare che i suoi pensieri non erano ancora stati formati in maniera completa dalla difficile scuola delle regole severe dell'arte pittorica, ciononostante riusciva a raggiungere tali vette artistiche con le sue leggiadre riproduzioni, con i dipinti storici e con altre opere d'arte, che grazie a questa sua arte Van Dyck divenne famoso senza alcuna difficoltà e fu onorato e apprezzato dai suoi contemporanei, e riuscì inoltre a guadagnare così tanto da poter essere considerato una persona estremamente ricca e felice).
[42] Von Sandrart 1675, p. 148: "dannoch aber zoge die Natur unsern Künstler mehr zum Contrefäten [...]" (tuttavia la natura aveva predisposto maggiormente il nostro artista per l'arte dell'imitazione).
[43] Von Sandrart 1675, p. 148.
[44] Si veda *Van Dyck 1599-1641*, 1999.
[45] Si veda l'inventario dei beni posseduti da entrambe le nonne di Anton van Dyck in Van der Stighelen 1995, pp. 243-287.
[46] Si veda Duverger 1989, pp. 200-211. Ovviamente non è possibile sapere con assoluta certezza se le opere d'arte e i volumi citati fossero già presenti nell'atelier di Van Balen nel 1610 circa.
[47] Duverger 1989, pp. 208-209.

gno, lo si deduce da quanto segue: "Una facciata italiana su carte in una cornice"[48]. Alla biblioteca appartenevano tra l'altro "Ancora un libro di architettura di Vincenzo Scamozzi rilegato", accanto a "Una descrizione della città di Roma in latino", "un libro sull'architettura di Sebastiano Serlio che tratta di geometria [...]", "un libro di Tito Livio", "Un libro di Antonio Tempesta", "Un volume di architettura di Vitruvio, in italiano", nonché "Un volume scritto in italiano intitolato Regina Virus sull'architettura di Andrea Palladio". Vi erano inoltre alcune traduzioni in olandese o in alto tedesco di autori classici o più recenti quali Tito Livio, Gaio Plinio Secondo, Petrarca e Guicciardini. Due volumi riguardanti entrambi le antichità di Roma – del primo è presente la parte terza, del secondo la parte quinta – costituivano evidentemente solo una parte di una pubblicazione suddivisa in più parti. In ogni caso è certo che, grazie alla molteplicità degli interessi del suo maestro, Anton van Dyck entrò in contatto fin dalla più giovane età con numerosi esponenti della cultura antica e dell'interpretazione rinascimentale della medesima.

Nello studio di Van Balen, Van Dyck ebbe "il primo assaggio" di ciò che qualche anno dopo avrebbe avuto la possibilità di ammirare presso la residenza di Pieter Paul Rubens. In generale si ipotizza che al più tardi nel 1617-1618 circa Anton van Dyck intrattenesse già rapporti molto frequenti con Rubens. In quel periodo la casa dell'artista in via Wapper ad Anversa si trovava nelle ultime fasi di costruzione (1612-1618), e pertanto ci si chiede di quali dipinti e/o riproduzioni fosse composta la sua collezione. In base alla cronologia messa a punto da Jeffrey Muller per quel che riguarda la raccolta di Rubens, in questo periodo il famoso pittore nutriva un particolare interesse per le antiche sculture. Infatti, durante il suo soggiorno in Italia aveva già acquistato il busto dello pseudo-Seneca che si può ammirare nello sfondo del dipinto *Quattro filosofi* custodito a Palazzo Pitti a Firenze. Molto più importante per Rubens fu naturalmente l'acquisto di circa novanta sculture antiche dalla collezione di sir Dudley Carleton, ambasciatore britannico presso gli Stati Generali a L'Aia. Questa transazione, nella quale Rubens oltre alle proprie opere scambiò anche una serie di arazzi realizzati da Giulio Romano, ebbe luogo tra il novembre del 1617 ed il giugno del 1618[49]. È fuor di dubbio che Van Dyck abbia preso parte a questa transazione, mediante la quale ebbe nel contempo la possibilità di conoscere più da vicino l'arte dell'antica scultura. Inoltre, il fatto che presso la residenza di Rubens circolassero copie di pittori italiani risulta dall'inventario dei beni rinvenutivi, dopo la sua morte. Nell'inventario viene fatto esplicito riferimento ad opere che Rubens dipinse da modelli esistenti nel corso dei suoi soggiorni all'estero: "Descrizione delle Pitture raccolte dal Signor Rubens in Spagna, Italia & altre parti, da Tiziano ad altri famosi Maestri"[50]. Lo "studio d'arte" che Willem van Haecht dipinse nel 1628 (L'Aia, Mauritshuis) (fig. 47) rappresenta un esempio eccellente per potersi fare un'idea della ricchezza di proposte artistiche con cui venne a contatto Van Dyck nell'ambiente frequentato da Rubens. Come ha sottolineato Jeffrey Muller, il dipinto di Van Haecht *Lo studio di Apelle* fornisce sicuramente un'immagine idealizzata della collezione artistica nel genere di quella che si presume sia stata posseduta da Rubens[51]. Accanto ai dipinti italiani e fiamminghi del XVI secolo iniziarono a comparire delle sculture antiche, e ciò accadde mentre venivano esposte anche le opere contemporanee di Rubens e Van Dyck.

Nel corso di questo primo periodo trascorso ad Anversa, Anton van Dyck non ebbe probabilmente l'opportunità di ammirare dipinti italiani altrove in città. Presso le residenze di illustri mecenati quali Cornelis van der Geest e Nicolaas Rockox, entrambi soggetti di ritratti realizzati da Van Dyck negli anni 1619-1621[52], non erano quasi mai rappresentati pittori stranieri. Anche in questo caso "le botteghe" raffigurate nei dipinti dell'epoca possono farci intuire quale fosse la natura e l'entità delle loro collezioni artistiche. La collezione di Van der Geest costituiva il punto di partenza del dipinto *La Bottega*, attualmente custodito nella residenza di Rubens ad Anversa[53]. La raccolta del sindaco di Anversa Nicolaas Rockox è raffigurata in un atelier con la rappresentazione dei cinque sensi di Frans Francken II (Monaco di Baviera, Bayerische Staatsgemäldesammlungen)[54] ed è inoltre documentata da

[48] Duverger 1989, p. 209.
[49] Muller 1989, pp. 77-87. Le sculture vennero trasportate via mare da Venezia a Londra nel 1615, p. 82.
[50] Muller 1989, p. 102.
[51] Muller 1989, p. 41-42.
[52] Per il ritratto di Cornelis van der Geest alla National Gallery, Londra, si veda *Van Dyck 1599-1641*, 1999, pp. 140-141, cat. n. 22. Per il ritratto di Nicolaas Rockox all' Ermitage di San Pietroburgo si veda Baudouin, d'Hulst, Vanderhoeght 1995, p. 19.
[53] A questo proposito si veda Held 1957, p. 53.
[54] Si veda Baudouin, d'Hulst, Vanderhoeght 1995, p. 31.

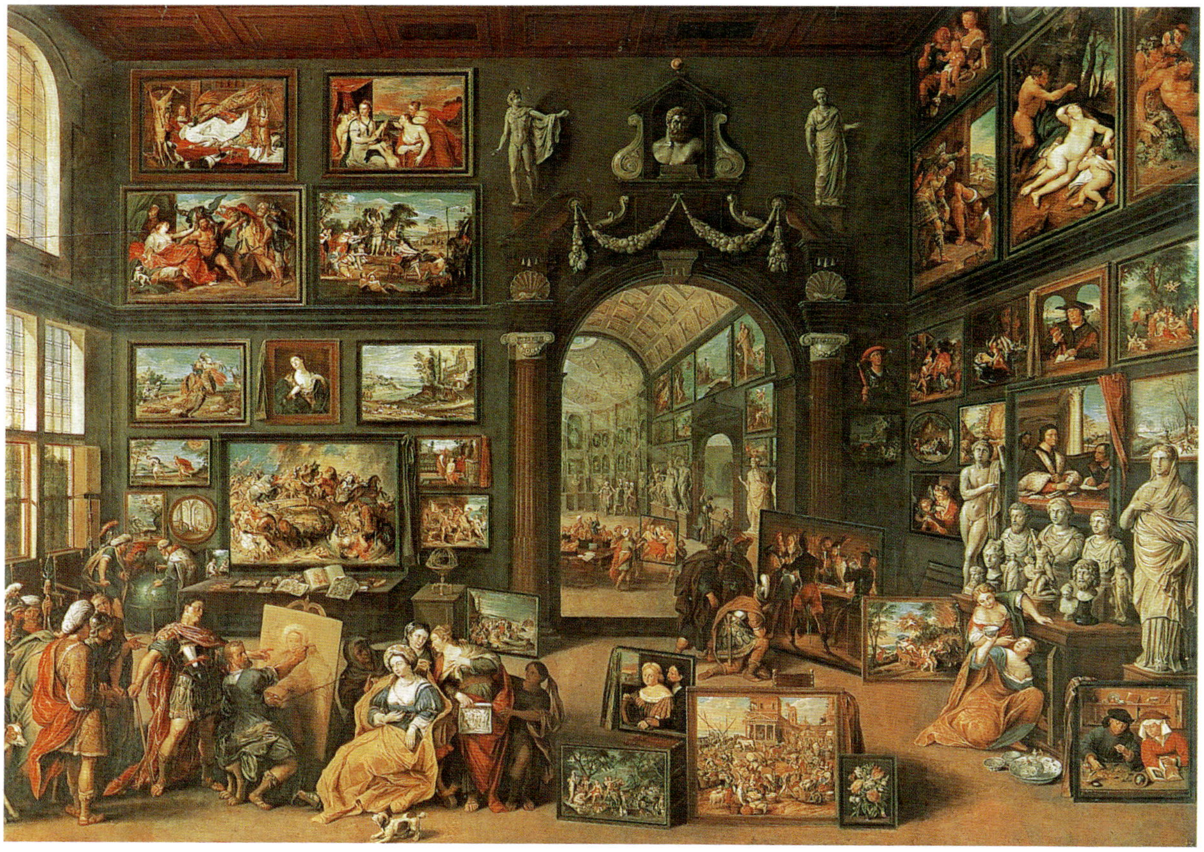

47. Willem van Haecht, *Interno di una collezione*, L'Aia, Mauritshuis

un inventario assai particolareggiato che contiene un elenco della raccolta di Rockox al momento della sua morte[55]. Nessuno dei due mecenati aveva una particolare preferenza per i dipinti di origine italiana: entrambi raccoglievano pezzi da collezione in linea con la tradizione ispirata all'Umanesimo del sedicesimo secolo[56]. In questo contesto erano particolarmente apprezzate le sculture antiche, le monete, le conchiglie e altri oggetti singolari, articoli che sarebbe stato più consueto trovare in un negozio di rarità[57].

In base a quest'ultima affermazione, la conclusione che si può trarre è che Anton van Dyck abbia avuto l'opportunità di farsi un'idea della produzione artistica italiana soprattutto presso lo studio di Rubens. Questa condizione cambiò solamente nel momento in cui Van Dyck – nell'autunno e nell'inverno del 1620-1621 – soggiornò in Inghilterra per un periodo di circa quattro mesi[58]. Nell'ottobre del 1620 venne segnalata per la prima volta la sua presenza a Londra[59]. In base al materiale delle fonti a nostra disposizione, Van Dyck fu invitato presumibilmente da Thomas Howard, conte di Arundel, oppure dal duca di Buckingham. È probabile addirittura che entrambi gli aristocratici abbiano promosso l'iniziativa di invitarlo[60]. L'aspetto maggiormente degno di nota è il fatto che il viaggio in Inghilterra mise Anton van Dyck in contatto diretto con due dei più illustri collezionisti d'arte della corte britannica. Nel 1606 Thomas Howard sposò Aletheia Talbot, figlia del settimo conte di Shrewsbury, il quale aveva una reputazione di estimatore dell'arte italiana[61]. Lo stesso Arundel visitò il continente nel 1612. Si recò dapprima a Spa (Belgio), attraverso Anversa e Bruxelles, per poi dirigersi a Padova e Venezia. Nel corso di questo viaggio maturò un interesse particolare nei confronti dell'arte pittorica sia fiamminga sia veneziana. Negli anni 1613-1614 Arundel visitò nuovamente l'Italia, questa volta in compagnia di Inigo Jones. I due viaggiarono insieme da Venezia a Vicenza, Padova, Firenze e Siena, e infine si recarono a Napoli passando per Roma. Il "Grand Tour" di Arundel, intrapreso specificatamente in funzione dello studio dell'arte italiana, fece sì che il futuro mecenate sviluppasse una nuova visione[62]. Il viaggio stimolò il suo istinto da collezionista e nel corso del suo soggiorno in Italia iniziò già ad acquistare sculture antiche e disegni dei maestri italiani del sedicesimo secolo. Una scultura ellenistica di *Omero*, attualmente custodita presso l'Ashmolean Museum di Oxford, faceva parte del gruppo di sculture che Arundel acquistò presumibilmente in questo periodo. Un bellissimo disegno ispirato a questa scul-

[55] Si veda Duverger 1989, pp. 382-387. Nell'inventario in questione non viene menzionata nessuna opera di artisti italiani, ma compaiono diverse sculture antiche, quali ad esempio: "Vyff marbele anticque hooffden: d'eene Demostenes, de tweed [sic] Plato, de derde Lysas ende de twee andere sonder inscriptie" (cinque teste antiche in marmo: una di Demostene, la seconda di Platone, la terza di Lysa e altre due senza iscrizione), p. 385.

[56] Si veda Filipczak 1987, pp. 58: "Like the pictures in Antwerp collections, their counterparts in gallery paintings generally represented the works of artists from Antwerp. Most of them were contemporary, but a few were from the 16th century".

[57] Si veda in riferimento a questa tradizione: *I mondi a portata di mano*.

[58] Si veda *Van Dyck 1599-1641*, 1999, p. 343.

[59] Howarth, 1990, p. 709.

[60] Ciò viene ipotizzato anche da White 1995, pp. 58-59.

[61] White 1995, pp. 6-7: visitò la città di Venezia nel 1576, l'anno della morte di Tiziano.

[62] White 1995, p. 16.

tura (Berlino, Musei Statali, Kupferstichkabinett) veniva attribuito fino a poco tempo fa a Rubens. Arnout Balis fu il primo – e a ragione, a mio avviso – a riconoscere in questo disegno un legame con lo stile di Van Dyck. Sempre in base all'ipotesi di Balis, Anton van Dyck avrebbe disegnato una riproduzione della scultura appartenente alla collezione del conte di Arundel nel corso della sua prima visita alla città di Londra[63]. Dopo la sua visita in Italia, Arundel fece ristrutturare la sua residenza londinese da Inigo Jones e vi fece aggiungere un'ala da adibire all'esposizione della sua collezione di sculture e dipinti. La ristrutturazione venne portata a termine al più tardi nel 1627, in quanto Joachim von Sandrart, in occasione della visita compiuta in quello stesso anno, elogiò la ricchezza della collezione. La galleria comprendeva non soltanto sculture greche e romane, ma anche opere di Holbein e di maestri fiamminghi ed italiani[64]. Sebbene non sia noto quali dipinti precisi poté ammirare Van Dyck in occasione del suo soggiorno avvenuto negli anni 1620-1621, non vi è alcun dubbio sul fatto che già allora la raccolta di Arundel annoverasse una grande quantità di opere di origine italiana. Dall'inventario che venne stilato dopo la sua morte emerge che il mecenate aveva una preferenza per i dipinti degli artisti veneziani. Tiziano figurava in questa raccolta con non meno di 37 opere (originali o versioni più tarde), mentre il Giorgione, il Tintoretto, il Veronese ed il Bassano erano comunque molto ben rappresentati[65].

In ogni caso appare più che evidente che già durante il soggiorno in Inghilterra lo stile di Anton van Dyck cambiò radicalmente. I tre dipinti di cui sappiamo con certezza che vennero realizzati nel corso del suo "primo periodo londinese", rappresentano una vera e propria rottura stilistica rispetto alle opere precedenti. Lo sfondo dei suoi dipinti si apre, mentre il ritratto oppure la raffigurazione di scene storiche lasciano intravedere uno spiraglio di panorama che spesso è separato dalla scena in primo piano da un drappeggio barocco. La tavolozza dei colori utilizzati diventa più brillante e la pennellata diventa molto meno pastosa, mentre alla tavola va sostituendosi sempre più frequentemente la tela[66]. In questi dipinti il pittore conferisce alle proprie figure un singolare dinamismo, che dà l'impressione che i modelli si muovano nello spazio pittorico come fossero animati. Il soggiorno relativamente breve di Van Dyck in Inghilterra contribuì certamente molto a convincere il pittore della necessità di intraprendere al più presto un viaggio in Italia. Ancor prima di partire alla volta dell'Italia il 3 ottobre 1621, Van Dyck era già un seguace dell'espressione stilistica veneziana.

2.2. L'Italia e l'eredità italiana

In base a quanto si legge nelle fonti summenzionate risalenti al XVII secolo, non si conoscono fatti direttamente rilevanti circa il soggiorno di Van Dyck in Italia. Facendo soprattutto riferimento alle informazioni tramandateci da Bellori, è possibile ricostruire la sequenza delle città italiane in cui il pittore soggiornò. Bellori ha sicuramente ragione quando descrive la città di Genova come la "seconda casa" di Van Dyck. Infatti, è proprio in questa città che l'artista sostò più di frequente nel corso dei suoi viaggi in Italia. Con ogni probabilità Van Dyck giunse nella città ligure nel novembre del 1621 e vi rimase per circa tre mesi. Anche nel corso del 1623 e del 1624 vi soggiornò, e certamente vi dimorò anche per buona parte degli anni 1625, 1626 e 1627[67]. Qui il pittore si trovò di fronte ad un pubblico di aristocratici che manifestò un grande interesse soprattutto per il suo talento di artista dei ritratti[68]. Indubbiamente, questo nuovo gruppo di ammiratori ricordava a Van Dyck le esperienze da lui acquisite alla corte di Londra. Ebbe così anche la possibilità di godersi tutto ciò che quell'ambiente aveva da offrirgli. Anche in Italia egli dipinse i suoi ritratti quasi esclusivamente su tela e, fin dall'inizio della sua carriera italiana, il pittore scelse un nuovo formato. Il ritratto a mezzo busto che era divenuto assai popolare durante il suo "primo periodo di Anversa", venne rimpiazzato quasi sistematicamente dal ritratto in piedi. Altrettanto radicalmente cambiarono anche le proporzioni all'interno del tipo di ritratto. Per esempio, a Genova Van Dyck realizzò prevalentemente ritratti con il formato a tutta altezza, che raffiguravano figure più snelle e slanciate. La scelta di questo tipo di ritratto si rifaceva alla visione tardomanieristica

[63] White 1995, pp. 16-17 e Balis 2001, pp. 34-39, fig. 6.
[64] White 1995, p. 20.
[65] White 1995, pp. 22-25.
[66] White 1995, pp. 57-58.
[67] Barnes 1997, p. 65.
[68] Per una panoramica generale delle sue attività a Genova, si veda: Barnes 1997, pp. 64-81.

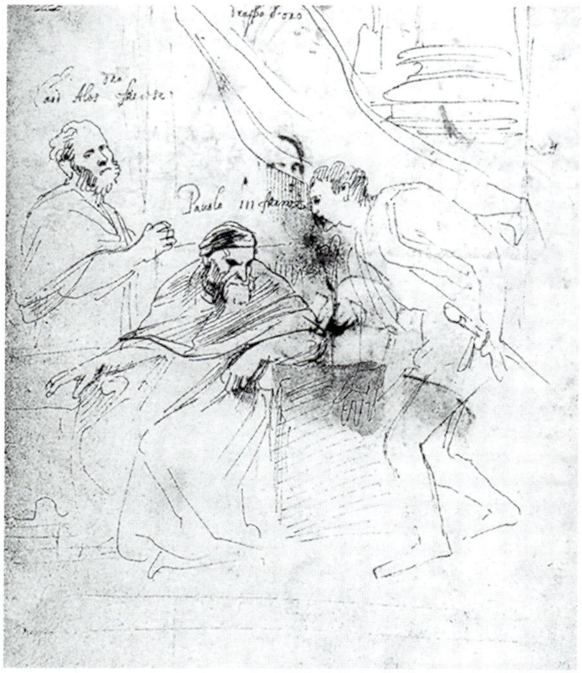

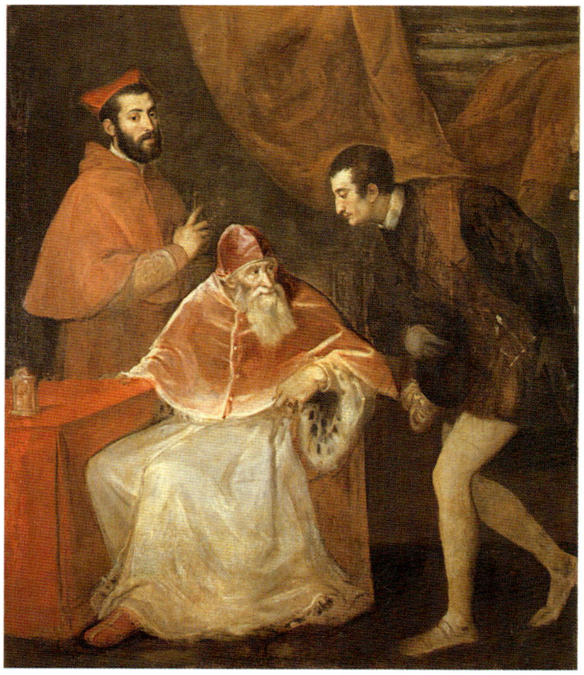

48. Anton van Dyck, studi da Tiziano del *Taccuino italiano*, f. 108v, Londra, The British Museum

49. Tiziano, *Papa Paolo III e Alessandro e Ottavio Farnese*, Napoli, Museo di Capodimonte

che associava al corpo allungato l'idea di eleganza e raffinatezza. Nello sfondo dei suoi ritratti il pittore inserì dei riferimenti all'imponente architettura locale: a questo proposito i palazzi di via Garibaldi costituirono un punto di partenza esemplare. Questi dipinti, commissionati dalla nobiltà locale, offrirono a Van Dyck anche la possibilità di ammirare gli interni delle residenze degli aristocratici. Per esempio, la collezione di Gio Carlo Doria mostrava una preferenza per i dipinti del XVI e XVII secolo. Accanto al primo Rubens, trovavano un'adeguata collocazione maestri del calibro di Tiziano, Correggio, Parmigianino e Caravaggio[69]. Pertanto, in ogni istante del suo soggiorno a Genova, il giovane artista fiammingo poté ammirare modelli italiani. Susan Barnes affermò assai giustamente nel 1997: "I ritratti di Van Dyck furono sensibilmente influenzati dall'esperienza diretta dell'arte italiana, Tiziano in primis. I disegni dai ritratti di questo artista rendono riconoscibili quelli che furono gli elementi di maggior interesse per il fiammingo: le espressioni del viso, le pose e i gesti che implicano movimenti e, nel caso del Paolo III Farnese coi nipoti, anche gli schemi compositivi d'ampio respiro"[70].

Alle sue rappresentazioni di carattere storico Van Dyck applicò uno stile analogo, e aggiunse all'interazione un elemento teatrale che riusciva a trasformare ogni avvenimento in un dramma umano.

Un'espressione interessante delle sue "esperienze italiane" si può ritrovare nel cosiddetto "quaderno degli schizzi italiani", attualmente custodito presso il British Museum di Londra.

Da questa fonte si desume, senza ombra di dubbio, che Van Dyck si dedicò con particolare attenzione e cura alla riproduzione di ritratti eseguiti da pittori italiani, tra i quali si annovera soprattutto Tiziano. La sua interpretazione del ritratto realizzato da Tiziano (Napoli, Museo di Capodimonte) raffigurante Paolo III e i suoi nipoti Alessandro e Ottavio Farnese risalente al 1546 (Londra, The British Museum, *Taccuino italiano*, f. 108v) (fig. 48) è molto rappresentativa a questo proposito. All'inizio del XVII secolo la tela era esposta a Palazzo Farnese (fig. 49), dove Van Dyck sicuramente la vide. Christopher Brown ha fatto notare molto giustamente che l'obiettivo di Van Dyck non era quello di riprodurre fedelmente la fisionomia esatta dei tre modelli, bensì soprattutto di registrare "il dramma psicologico che si svolge tra gli uomini"[71].
In effetti, le similitudini tra i due dipinti sono ridotte al minimo, tuttavia l'ambiente che fa da sfondo al ritratto, così come la posa dei soggetti raffigurati sono stati colti con molta precisione. Anche nel ritratto di Bentivoglio (cat. n. 5) la posa assunta dal cardinale è sorprendentemente identica a quella di Paolo III. Mentre la parte inferiore del corpo è rivolta in direzione del piano ove la figura è seduta, la parte superiore del corpo è rivolta dalla parte opposta. Nel caso di Tiziano, questo "movimento in due direzioni" serviva a rafforzare l'idea di comunicazione tra i tre membri della famiglia. Tuttavia, Van Dyck decise di applicare questa forma di 'interpittorialità' senza che il soggetto del dipinto fosse circondato da altri interlo-

[69] Barnes 1997, pp. 66-67.
[70] Barnes 1997, p. 67.
[71] Brown 1999, p. 24.
[72] Al disegno contenuto nel *Taccuino italiano* non può essere attribuita una data precisa. Non è pertanto possibile fornire la prova inconfutabile del fatto che il ritratto di Bentivoglio, dipinto da Van Dyck, si basasse sul prototipo realizzato da Tiziano. È però evidente che alla base del dipinto in questione vi fu questo o comunque un altro esempio dell'arte pittorica di Tiziano.

50. Tiziano, *Ritratto di Jacopo Strada*, Vienna, Kunsthistorisches Museum

51. Anton van Dyck, studi da Tiziano del *Taccuino italiano*, f. 110r, Londra, The British Museum

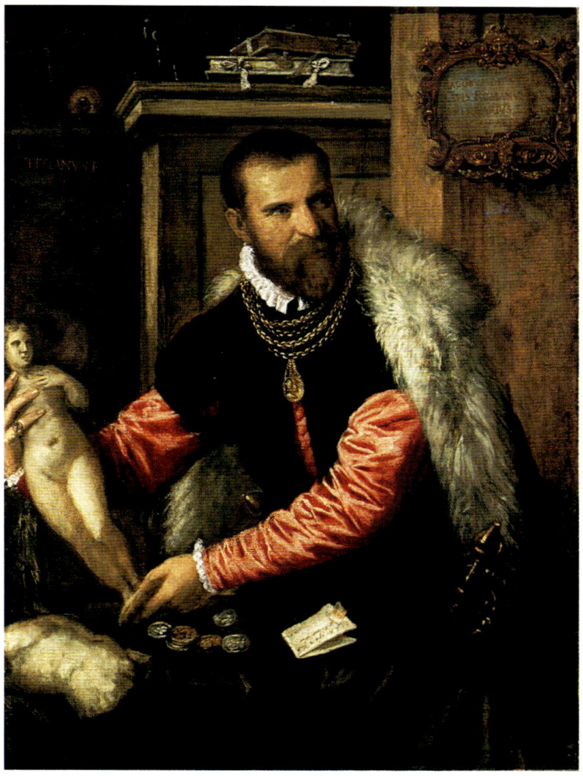

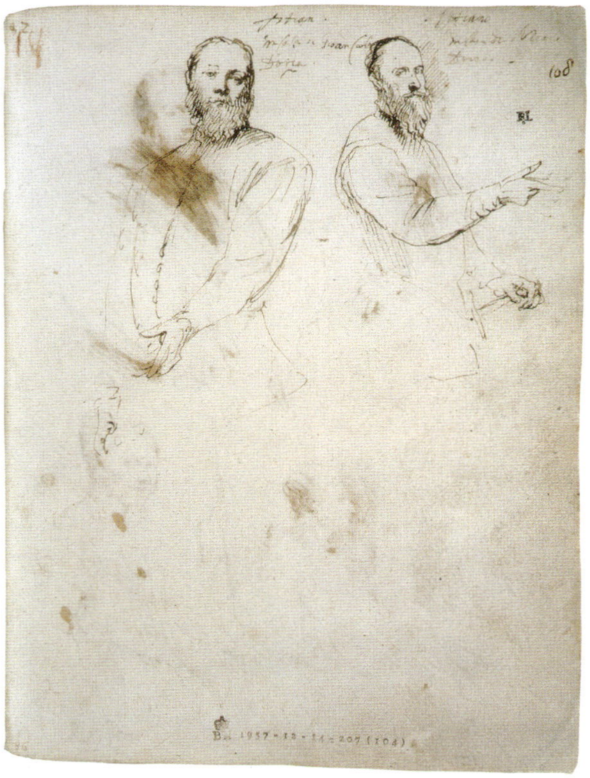

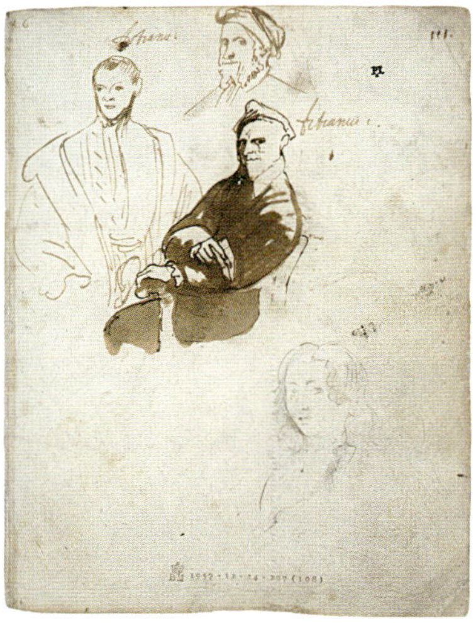

52. Anton van Dyck, studi da Tiziano del *Taccuino italiano*, f. 108r, The British Museum

cutori visibili. Il risultato è che l'eliminazione di queste figure rafforza ulteriormente la profondità e lo spessore psicologico del modello (e dello spettatore) isolato[72]. In aggiunta a ciò, Van Dyck rimase affascinato dall'uso del colore del maestro veneziano; un'annotazione posta sopra le teste dei tre uomini rimanda al "drappo d'oro". La tavolozza quasi monocromatica composta da colori caldi, utilizzata da Tiziano in questo dipinto, avrebbe ispirato Van Dyck anche successivamente e in più occasioni. Numerosi scrittori hanno affermato che Van Dyck aveva una predilezione particolare per l'opera di Tiziano[73]. Anche nello stesso *Taccuino italiano* compaiono svariati riferimenti a "Tiziano" o al "pensiero di Titiano" e la stragrande maggioranza dei disegni realizzati sulla base di esempi risalenti al XVI secolo sono riconducibili a Tiziano (figg. 51-52). Inoltre, lo si deduce anche dal fatto che "le annotazioni testuali più frequentemente presenti nel taccuino rappresentano sempre una qualche forma di riferimento a Tiziano"[74]. In questo contesto, anche l'idea di emulazione deve aver svolto un ruolo sicuramente importante per il pittore fiammingo[75].

Sulla base delle nostre conoscenze, possiamo affermare che l'interesse dimostrato da Van Dyck nei confronti dell'arte a lui contemporanea fu decisamente minimo rispetto all'importanza attribuita dal pittore a Tiziano. Van Dyck si ispirò infatti raramente ad esempi tratti dall'opera di un artista più anziano di lui di appena una generazione, che a sua volta aveva seguito le orme di grandi maestri quali Tiziano e Caravaggio. Un esempio illuminante in questo senso è rappresentato dall'"interpretazione" di Van Dyck del dipinto *Ecce Homo* (Firenze, Palazzo Pitti, Galleria Palatina) (fig. 53) di Ludovico Cardi detto il Cigoli (1559-1613), in precedenza appartenuto alla collezione di Francesco Maria Balbi, ed era stato pertanto indubbiamente realizzato dal fiammingo nel corso del suo soggiorno in Italia[76]. Benché Van Dyck avesse preso in esame anche gli adattamenti ispirati a questo tema realizzati da Tiziano nelle sue composizioni a mezzo busto (le si confronti con gli schizzi contenuti nel suo *Taccuino italiano*, ff. 20v-21v) (figg. 25-26), la sua interpretazione personale si ricollega più strettamente al modello risalente all'inizio del XVII secolo. La struttura piena del torso muscoloso è in stridente contrasto con la posizione del volto – chiuso in se stesso – e con le mani vulnerabili e intrecciate; analogamente la pelle bianca del Cristo si contrappone in maniera evidente alla fisionomia più scura dell'uomo che è al suo fianco. La tavolozza monocromatica con l'effetto sensuale del chiaroscuro è tuttavia più riconducibile ad esempi del Tiziano. La lacrima che scende lungo la guancia sinistra rimanda sicuramente alla tradizione dell'"Immagi-

[73] Brown 1999, p. 22: "Ciò che attira immediatamente l'attenzione nel *Taccuino italiano* è la prevalenza di copie ispirate a Tiziano". Quest'opinione è riconducibile all'affermazione di Bellori sul soggiorno veneziano di Van Dyck, che nella città lagunare realizzò copie di opere di Tiziano e del Veronese (si veda sopra per la citazione della fonte).
[74] Si veda McGrath 2001, p. 43.
[75] Si veda per esempio anche Healy 2001, pp. 89-90.
[76] *Van Dyck a Genova...*, 1997, pp. 320-332, cat. n. 67.

ne sacra" fiamminga[77]. In questo contesto vi è un unico dipinto di Van Dyck che dimostra la maestria dell'artista nel fondere insieme diverse scuole di pittura. Tuttavia, l'influsso della tradizione veneziana è stato sicuramente il più profondo e radicato.

È senza dubbio degno di nota che nemmeno nelle summenzionate fonti storiografiche venga fatto riferimento ad artisti italiani contemporanei di Van Dyck con cui il pittore sia venuto a contatto nel corso del suo soggiorno in Italia[78]. Infatti, nell'opera lasciataci da Van Dyck non si ritrova nessun tipo di rimando ad opere di artisti celebri quali il Domenichino, il Lanfranco ed il Bernini[79]. Solamente il contatto con la leggendaria Sofonisba Anguissola è documentato. Anche in questo caso il *Taccuino italiano* (Londra, The British Museum, f. 110r) (fig. 34) riporta l'unica prova disponibile del loro incontro[80]. Le annotazioni riportate da Van Dyck sul foglio corrispondente non fanno esplicito riferimento alla sua opera – anche la pittrice realizzava prevalentemente ritratti – bensì hanno soprattutto il carattere di aneddoti. L'anziana artista gli diede molti consigli di natura tecnica e gli parlò della sua vita.

In conclusione, è opportuno prendere in esame la questione dell'interesse manifestato da Van Dyck nei confronti di quel che era rimasto dell'Antichità. Nel *Taccuino italiano* compaiono di rado dei disegni ispirati a monumenti antichi. Gli unici esempi a testimonianza dell'interesse di Van Dyck per questa forma d'arte in quel periodo sono una raffigurazione di un affresco ellenistico e da un disegno ispirato ad un'antica scultura di Diogene. Nel 1999 Christopher Brown ha rilevato: "nel Taccuino italiano è chiaramente evidente la mancanza di interesse per l'arte dell'antichità"[81]. Nel frattempo questo giudizio è stato in un certo senso ridimensionato. Vi sono anche dei disegni non appartenenti al *Taccuino italiano* che fanno riferimento all'antichità, e, comunque, bisogna sempre tener conto del fatto che è stata tramandata fino a noi solamente una parte del materiale delle fonti. Se il summenzionato disegno del filosofo greco ("Omero"), conservato a Berlino (Musei Statali, Kupferstichkabinett), fosse stato effettivamente realizzato da Van Dyck, come presuppone Arnout Balis, tale opera già dimostra l'interesse nutrito dal pittore per le antiche sculture all'inizio della sua carriera.

Nella rassegna effettuata da Horst Vey dei disegni di Van Dyck, che in totale accoglie poco più di trecento esemplari, compaiono in effetti solamente due fogli con riproduzioni di una parte di un rilievo antico[82]. Va rilevato che nella riproduzione Van Dyck riuscì a mantenere una distanza assai significativa rispetto al punto di partenza. Questa caratteristica si ritrova molto di sovente nei rari disegni ispirati a monumenti antichi[83], ma costituisce anche un tratto distintivo ricorrente negli schizzi da lui realizzati di modelli italiani del XVI secolo. Van Dyck disegnava traendo ispirazione da altri maestri in quanto considerava particolarmente affascinante o incantevole una determinata composizione o una parte della medesima. A questo proposito il pittore creò una "banca dati visiva": dei "motivi" che avrebbero potuto successivamente servirgli da ispirazione per le proprie opere[84]. In generale, era un artista più portato all'interpretazione che non alla registrazione, e la sua formazione intellettuale relativamente limitata gli impedì senza dubbio di sviluppare un interesse profondo per il patrimonio archeologico italiano. La correzione di Balis è altrettanto opportuna: "Vorrei ribadire che il giovane Anton non era avverso o insensibile al patrimonio visivo classico come è stato talvolta ipotizzato"[85].

In ogni caso è logico supporre che l'incontro tra Van Dyck e l'Italia, avvenuto nel periodo compreso tra il 1621 e il 1627, sia stato di importanza determinante per la successiva evoluzione della sua carriera artistica. Dopo il suo rientro ad Anversa, la parentela che legava la sua opera alla tradizione italiana diventò meno esplicita[86] e più sottile. Solamente dopo il 1627, opere "veneziane purosangue" quali *Il tributo della moneta* e *Le quattro età dell'uomo* (cat. nn. 14, 16) non sono più ricorrenti nella sua opera nello stesso modo in cui lo erano in precedenza[87]. L'influenza esercitata dalla tradizione locale del sud dei Paesi Bassi e/o il fascino della corte degli Stuart, così fortemente ispirata dal mondo francese, a partire da quel momento divennero proporzionalmente sempre più incisivi. Tuttavia, nei suoi ritratti Van Dyck rimase fedele fino alla sua morte alla visione ed alla scelta dei colori tipici del suo grande genio ispiratore, Tiziano.

[77] Riguardo alla "assenza di lacrime" del Rinascimento italiano in contrapposizione con l'emozionalità fiamminga, si veda Elkins 2001, pp. 158-162.

[78] Viene fatto tuttavia riferimento a fiamminghi quali Lucas e Cornelis de Wael, che lo ospitarono a Genova, e ai connazionali invidiosi che gli resero la vita difficile a Roma (si veda sopra per la citazione della fonte).

[79] Brown 1999, p. 22.

[80] Si veda sopra alla nota 34.

[81] Brown 1999, p. 22.

[82] Si veda Balis 2001, p. 29. In questo caso si pone l'interrogativo se anche lo *Studio di Testa* (*Kopfstudie*) cat. n. 156 (fig. 197), non vada interpretato come una registrazione dell'antichità. Tuttavia, anche Horst Vey era del parere che tale foglio "fosse più che altro una variazione all'antica di un motivo antico piuttosto che una copia vera e propria". Si veda Vey 1962, pp. 225-226, fig. 197 (parte 2). Nel suo resoconto Arnout Balis annovera quattro disegni ispirati a monumenti antichi.

[83] Lo stesso afferma anche Vey 1962, p. 228: "Van Dycks allgemeinere, mehr 'malerische' als lineare und 'archäologische' Auffassung der Antike wird deutlich aus einem Vergleich mit zwei ähnlichen Antiken-Kopien von Zeitgenossen: Rubens [...] und Poussins [...]" (L'interpretazione dell'antichità più generale, più 'pittorica' che non lineare ed 'archeologica' offerta da Van Dyck è evidente se raffrontata ad altre due copie simili di opere antiche realizzate dai suoi contemporanei: Rubens e Poussin).

[84] In questo contesto è rilevante anche l'osservazione di Brown (1999, p. 22, fig. 7), riguardo all'ammirazione di Van Dyck per dettagli apparentemente insignificanti. Nel disegno ad inchiostro di Van Dyck ispirato al dipinto di Tiziano *Venere benda Cupido* (Galleria Borghese) il pittore fiammingo inserisce una piccola freccia vicino al petto di Diana con la dicitura "quel admirabil petto".

[85] Balis 2001, p. 40. In Brown (1999, p. 22) osserva giustamente: "La sua intelligenza era soprattutto visiva".

[86] A questo proposito è utile ricordare che nel corso del suo cosiddetto "secondo periodo di Anversa", Van Dyck ebbe scarsissimi contatti con l'abate Scaglia che gli aveva commissionato un numero notevole di opere importanti. Si veda *Van Dyck 1599-1641*, 1999, pp. 272-274.

[87] Non si sa molto neppure dei rapporti con Orazio e Artemisia Gentileschi che soggiornarono alla corte degli Stuart esattamente nello stesso periodo in cui vi risiedette Van Dyck e che portarono a termine svariati incarichi commissionati da Carlo I. Si veda a questo proposito Garard 1989.

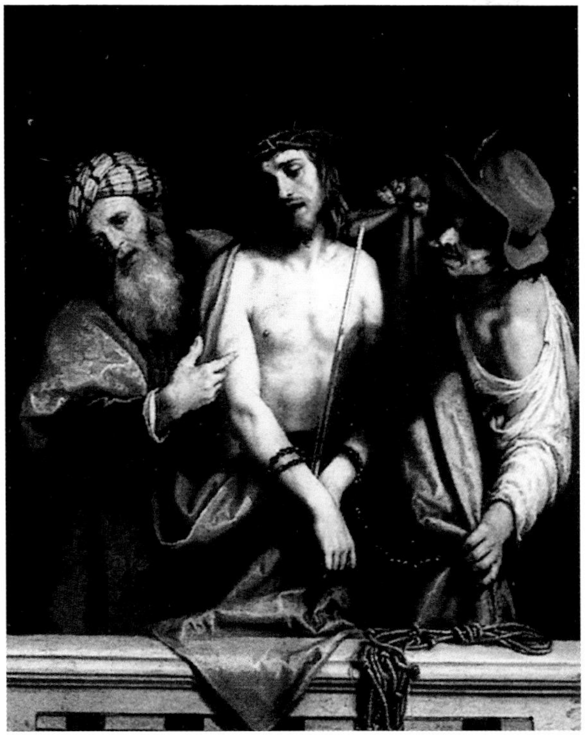

53. Ludovico Cardi detto il Cigoli, *Ecce Homo*, Firenze, Galleria Palatina di Palazzo Pitti

3. La collezione di Van Dyck: un valido parametro?

Infine, anche la collezione personale di Van Dyck offre un valido parametro per valutare in che misura il pittore apprezzò la presenza in casa propria di dipinti e/o sculture italiane. Malgrado si sappia molto meno della collezione di Anton van Dyck rispetto a quella del suo maestro Rubens[88], è tuttavia possibile trarre alcune conclusioni evidenti. Già nel 1922 Jenny Müller-Rostock compì un primo tentativo per redigere un primo scritto concernente la collezione privata di Van Dyck. Negli *Atti di guerra* dell'Archivio del Reich di Vienna, la studiosa si imbatté in un inventario di dipinti intitolato: "Collectione delli quadri et Ritratti di Titiano, et altri vecchi maestri, dil Cavall[ie]re Van Dyck"[89]. Già la dicitura che compare nel titolo della collezione di Van Dyck non fa che confermare l'opinione menzionata in precedenza concernente la posizione di prim'ordine che in essa occupa Tiziano. Già dal primo spoglio vengono inseriti in repertorio non meno di diciannove dipinti realizzati da Tiziano, per un totale di trentanove opere. Successivamente, quattro opere vengono descritte come copie di Tiziano realizzate da Van Dyck: "Copie appo Titiano di mano dell Cavall[ie]re Van Dyck". Si tratta di "Una fictione Poetica di 3 Donne et diesi Cupidetti", di un "Ritratto dil medemo Titiano con una Cortegiana", "La Vergine S[antissi]ma con Christo, Gioseffe e S[an]to Gio[vanni]" e infine di "La Vergine S[antissi]ma col Bambino et un' Angelo". Degno di nota è anche il fatto che, oltre questi dipinti, Van Dyck possedeva solamente qualche opera di Tintoretto (due opere), Bassano (tre opere), Antonio Moro (tre o quattro opere), Joos van Kleef (un'opera), Willem Key (un'opera), Palma (un'opera), Van Eyck (un'opera), Baglioni (un'opera) e Willem Touns of Tons (un'opera). Nove dei tredici dipinti menzionati appartenevano al genere pittorico dei ritratti.

Sulla base della composizione della collezione di dipinti di Van Dyck è possibile concludere senza timore di esagerazione che la stessa rappresentasse in effetti un tributo onorario a Tiziano. Nessun altro artista degli inizi del XVII secolo ha subito così radicalmente l'influsso di Tiziano nella propria opera. Nel suo contributo dedicato alla raccolta privata di Van Dyck, Jeremy Wood ha affermato assai giustamente: "La passione quasi ossessiva di Van Dyck per le opere di Tiziano, i numerosissimi dipinti in suo possesso realizzati dal maestro, nonché tutte le copie di quadri del Tiziano presenti nella sua collezione fanno sì che il pittore incarni il discepolo e l'erede del grande maestro veneziano"[90].

La maggior parte delle opere enumerate nell'inventario vennero presumibilmente acquistate da Van Dyck in Italia nel periodo compreso tra il 1621 ed il 1627. Ciò può tuttavia essere confermato solamente per quel che riguarda un *Ecce Homo* di Tiziano[91]. In ogni caso è certo che, poco dopo il suo rientro ad Anversa dall'Italia, Van Dyck poté mostrare ai propri ospiti una sala che venne descritta dalla segretaria di Maria de Medici come un "Cabinet de Titien". Puget de la Serre descrisse infatti tale sala come una stanza in cui erano esposte esclusivamente opere di Tiziano. Inoltre, questo spazio era adiacente allo studio del pittore, un particolare simbolico che mette chiaramente in evidenza il debito dell'artista nei confronti del grande maestro veneziano[92]. In concomitanza con la par-

[88] Si veda a questo proposito: Muller 1989, passim. La collezione di Rubens costituisce anche il soggetto di una mostra che verrà organizzata nella primavera del 2004 presso la residenza di Rubens ad Anversa.
[89] J. Müller-Rostock1922, pp. 22-24.
[90] Wood 1990, p. 680.
[91] Wood 1990, p. 681.
[92] Wood 1990, p. 681, nota 6.

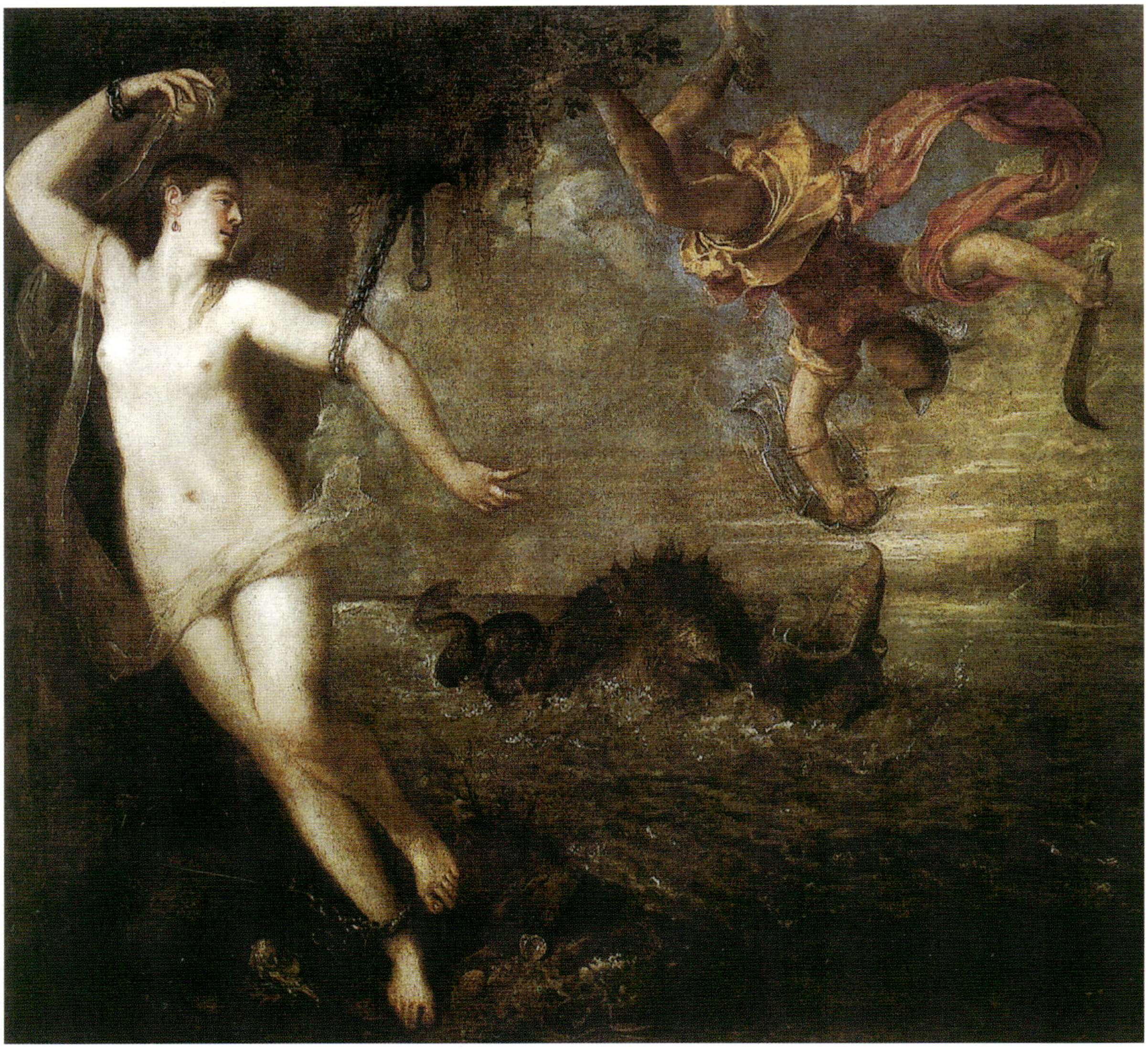

54. Anton van Dyck, *Perseo e Andromeda*, Londra, The Wallace Collection

tenza per l'Inghilterra, avvenuta nel 1632, la preziosa collezione non venne immediatamente trasferita. Con ogni probabilità fu solo nel 1635, quando cioè Van Dyck poté disporre di una residenza propria, che l'artista fece trasportare da Anversa a Londra anche la sua collezione di dipinti. Jeremy Wood ha affermato che la visita del re d'Inghilterra Carlo I presso la residenza del pittore a Blackfriars fosse riconducibile senza dubbio all'arrivo della sua preziosissima collezione di quadri [93].

La ricostruzione della raccolta di Van Dyck comporta numerosi problemi. In effetti al momento si possono menzionare solamente tre opere realizzate da Tiziano che un tempo fecero sicuramente parte della collezione di Van Dyck. Accanto al ritratto magistrale della *Famiglia Vendramin* (Londra, The National Gallery) (fig. 55), è possibile citare il *Perseo e Andromeda* (Londra, The Wallace Collection) (fig. 54) ed il ritratto del cardinale Antoniotto Pallavicini, di cui esiste solamente una stampa[94]. La venerazione di Van Dyck nei confronti di Tiziano emerge contemporaneamente anche da copie dei suoi ritratti realizzate dal fiammingo. Tra le più conosciute si annovera indubbiamente il "Ritratto dil medemo Titiano con una Cortegiana", registrato nell'inventario viennese alla voce "Copie appo Titiano di mano dell Cavall[ie]re Van Dyck". Van Dyck vide il dipinto originale alla Galleria Borghese nel corso del suo soggiorno a Roma e ne realizzò la copia poco tempo dopo. Si è giunti a questa conclusione in quanto la copia di Van Dyck deve essere successivamente servita come punto di partenza per la realizzazione dell'incisione all'acquaforte ispirata al medesimo ritratto che risale a prima del 1631[95]. Van Dyck aggiunse all'acquaforte una didascalia che riassume la misura della stima da lui nutrita nei confronti del suo eminente predecessore: "Ecco il belveder! ô che felice forte! / Che la fruttifera frutto in ventre porte. / Ma ch'ella porte, ô me; vita et morte piano / Demonstra l'arte del magno Titiano". Inoltre, dedicò l'acquaforte a Lu-

[93] Wood 1990, p. 681, nota 10.
[94] Wood 1990, pp. 686-687. Per il disegno ispirato al ritratto del cardinale Pallavicino realizzato da Van Dyck nel suo *Taccuino italiano* si veda a p. 687, fig. 13.
[95] J.H. Petersen 1978, pp. 109-110.

55. Tiziano, *Famiglia Vendramin*, Londra, The National Gallery

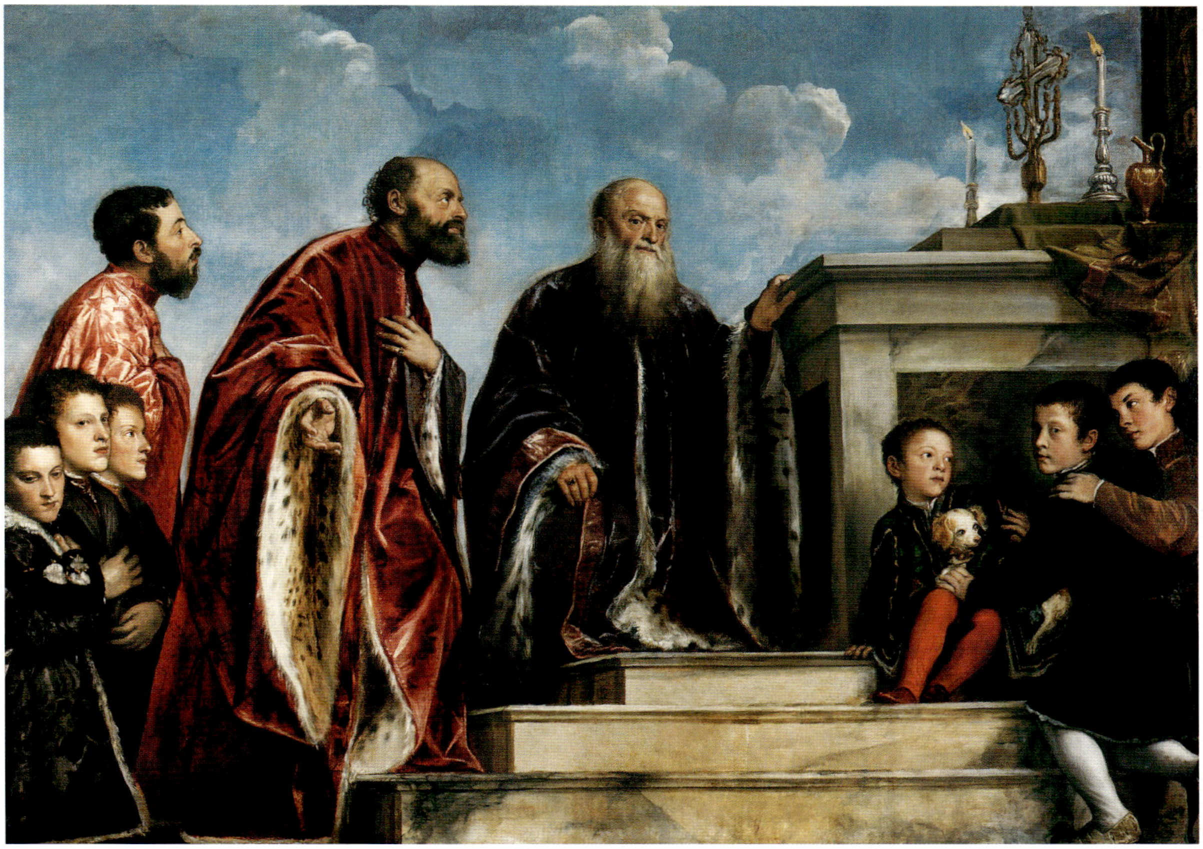

cas van Uffel, un mecenate di Anversa che il pittore ritrasse per ben due volte e con il quale intrattenne rapporti continuativi durante il suo soggiorno in Italia: "Al molto illustre, magnifico et osseruandis.mo Sig.r Luca van Uffel, in segno d'affectione et inclinatione// amoreuole, como Patrone et singularis.mo amico suo dedicato il vero ritratto del unico Titiano Ant. van Dyck"[96]. Lucas van Uffel risiedeva a Venezia e possedeva anch'egli una collezione eccezionale di dipinti di maestri italiani. Nel suo *Taccuino italiano* Anton van Dyck descrive la collezione di Van Uffel come una delle mete imperdibili per fare una visita a Venezia. I loro gusti pittorici erano molto simili, e in entrambi i ritratti di Van Uffel realizzati da Van Dyck nel 1622 è chiaramente presente l'ispirazione veneziana[97]. L'esemplare a Braunschweig (Herzog Anton Ulrich Museum) (fig. 23) rappresenta la variante in esterno del ritratto custodito al Metropolitan Museum of Art di New York. Il fatto che siano noti ben due ritratti del connazionale di Van Dyck, nonché l'espressione esplicita di affetto che compare nella didascalia della stampa dell'autoritratto di Tiziano con la cortigiana, evidenziano che il pittore fiammingo avvertiva una profonda affinità con il mecenate e uomo d'affari Van Uffel. Entrambi amavano smisuratamente l'opera di Tiziano e la loro reciproca amicizia non fece che intensificare la loro adorazione per il maestro veneziano.

È importante riuscire a capire come Anton van Dyck diede espressione con modi diversi alla propria venerazione nei confronti del grande maestro veneziano. Sebbene Van Dyck avesse effettivamente ricevuto la propria formazione ad Anversa presso Hendrik van Balen e Pieter Paul Rubens, a partire dal suo cosiddetto "periodo italiano" il pittore si comportò come un allievo della scuola veneziana. E rimase fedele allo stile di Tiziano per tutta la vita. Sia la tradizione storiografica sia la sua opera e la composizione della sua collezione privata incarnano in maniera esemplare questa sua dipendenza emotiva. Dal punto di vista artistico e affettivo Anton van Dyck preferì essere visto come il seguace del "grande e unico Tiziano" piuttosto che come l'allievo del maestro fiammingo Rubens[98].

[96] Mauquoy-Hendrickx 1991, p. 116-117.
[97] Si veda *Anthony van Dyck*, 1990, pp.162-163.
[98] È significativo che nella collezione privata di Van Dyck non venisse menzionata neanche un'opera di P.P. Rubens. Si veda sopra alla nota 92 per la citazione della fonte.

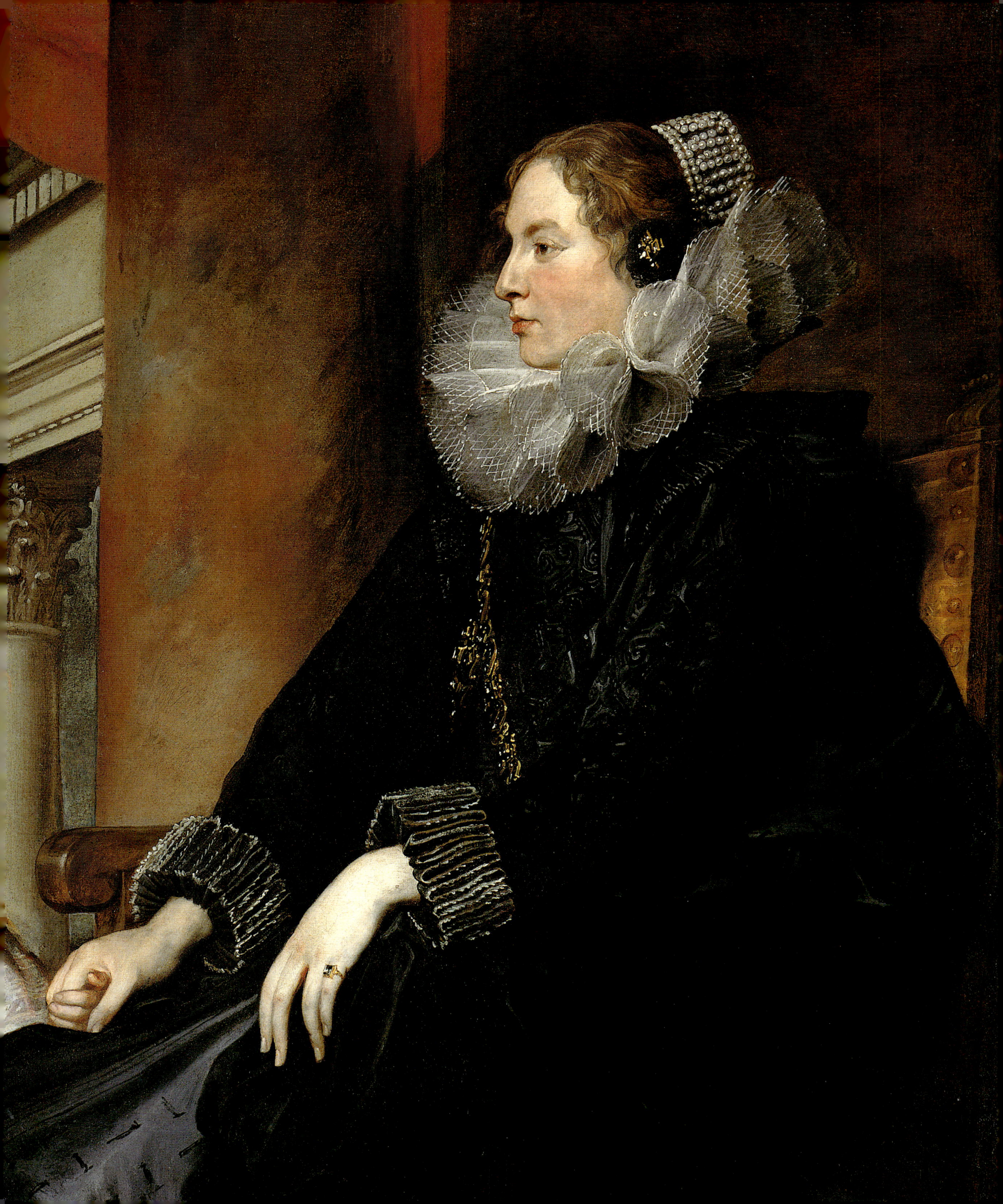

Claudio Strinati

9 "...Conseguì egli il pregio maggiore ne' ritratti, ne' quali fu unico..."

Anton van Dyck, *Dama genovese col figlio* (particolare), Washington, National Gallery of Art (cat. n. 18)

Van Dyck è un eterno secondo ma rispettatissimo e addirittura osannato in non pochi ambienti a lui coevi o successivi. È evidente che questo artista ha creato intere tradizioni figurative come quella del "ritratto inglese", ma nello stesso tempo è altrettanto evidente come debba ben essere fondata la leggenda che lo volle talmente abile nell'imitare da giovanissimo lo stile di Rubens da indurre il grande maestro a allontanarlo considerandolo un pericoloso competitore. Quando poi molti anni dopo, Van Dyck arriva alla corte di Inghilterra potrà trionfare indisturbato perché nel frattempo Rubens se ne va e l'episodio sembra il simbolo di una vita intera. Van Dyck, almeno ai suoi inizi, ha cospicue doti naturali ma la più cospicua è proprio quella della imitazione. Diverrà presto una specie di "clone" di Rubens ma poi vivrà, con intimo coinvolgimento, l'esperienza dell'arte italiana e la sua sensibilità entrerà in piena sintonia con la lezione di Tiziano e dei Carracci. Ma, del resto, Tiziano era stato già un nume tutelare per Rubens stesso, senonché Rubens si poneva di fronte alla grandezza di Tiziano con l'energia che lo aveva da subito contraddistinto. Rubens rimodellava tutto dentro l'immensa vigoria del suo stile ed era sempre e comunque l'epico dominatore di qualunque possibile influsso che egli, uomo di mondo e fine conoscitore di pittura, fosse stato desideroso di assimilare. L'idea di subire qualcosa era e sarebbe rimasta perennemente estranea alla sua mentalità. Van Dyck, all'opposto, è un modello di urbanità e buona educazione, motivo, forse, per cui fu tanto inviso ai colleghi della Bent, maleducati e strafottenti. Quindi le sue eccellenti qualità sono volte, in un primo momento, ad adeguarsi e, logicamente, tale adeguamento è verso il più grande maestro del tempo, Rubens. Poi lo stile cambia ma la garanzia dell'influsso rubensiano non scompare mai. Certo Van Dyck, appena si allontana dal grande maestro, semplifica la materia pittorica, ispirandosi al Tiziano sobrio e quasi castigato della maturità. Povero di materia, estremamente vigilato, coinvolto con l'argomento trattato ma sempre vigilato dentro un acuto razionalismo.

Così Van Dyck, che divenne quasi il prototipo dell'artista cortigiano e che si comportò come un perfetto cortigiano in tutta la fase terminale della sua carriera, non fu affatto un cortigiano nel senso spregiativo del termine. Lui che ritrasse nobili e borghesi con pari impegno e dedizione, non pensa mai al ritratto come a un atto di servile encomio o di esplicita riverenza al potere, sia quello del lignaggio o del denaro. La posa anche solennissima dei suoi personaggi, non ottende mai la spontanea ed evidente attitudine di Van Dyck a manifestare una vena segreta e patetica, del resto sempre osservata dai suoi veri estimatori. Quindi proprio questo grande maestro che non poteva, date le circostanze, non ostentare sicurezza e fierezza, si caratterizza, nella sua piena maturità, per un impasto cromatico delicato e fuso, finissimo nella sostanza dell'espressione, ma assolutamente sobrio e quasi "povero" nella stesura tanto da destare ammirazione per quanto, da mezzi così sobri, potessero scaturire risultati tanto solenni e monumentali. È impressionante pensare all'influsso autentico che Sofonisba Anguissola poté avere su di lui e indimenticabile resta la sentenza in base a cui lei, cieca, sarebbe stata in grado di aprirgli gli occhi molto più di quanto fossero stati in grado tanti maestri scrupolosamente avvicinati.

Ma, appunto, non fu un cortigiano dell'arte e la sua devozione verso Sofonisba lascia intravedere qualcosa dell'intimo di Van Dyck. Visse da principe più che da pittore, ricorda il Bellori, ma non sembra cogliere l'essenza dello stile vandyckiano anche se ne sottolinea la modestia e certi aspetti del metodo di lavoro, da vero scienziato dell'arte

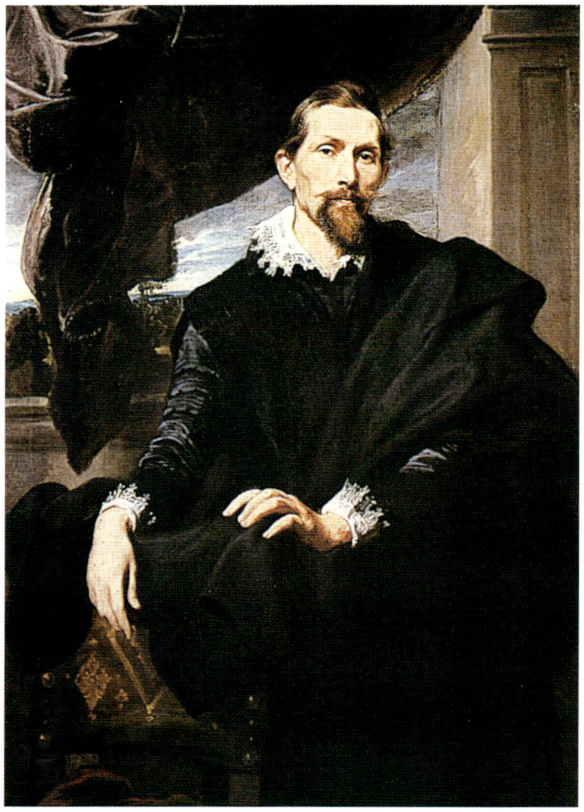

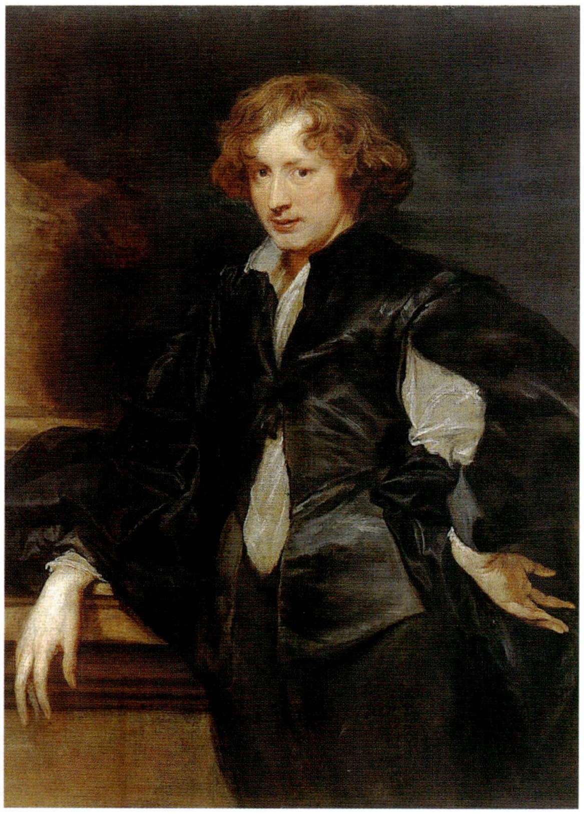

56. Anton van Dyck, *Frans Snyders*, New York, Frick Collection

57. Anton van Dyck, *Autoritratto*, San Pietroburgo, Ermitage

che produce con sistematicità e assoluta velocità e sicurezza, dopo aver raggiunto la stabilità della posizione sociale che gli compete. C'è un punto, però, in cui Bellori fa un'osservazione degna di nota ed è quando scrive come fosse "l'armonia dei suoi colori più propria d'una camera", distinguendo, quindi, un Van Dyck pittore religioso o comunque narrativo, di alta qualità ma non convincente nell'arte del comporre e del simbolo, e un Van Dyck ritrattista esclusivamente volto alla raffigurazione del modello nella naturalezza, grazia e nobiltà delle fisionomia. L'idea di una tessitura cromatica che è più coerente con la dimensione "cameristica" del ritratto e fa attrito quando viene trasferita nella dimensione della pala d'altare o della mitologia, è realmente interessante. Non tanto perché sia da condividere, quanto perché mette in evidenza una caratteristica reale di Van Dyck, che è quella della semplificazione formale, non diminutiva della qualità ma carica di un senso etico percepibile solo nella riflessione e concentrazione di un esame "da stanza" dove è abolita radicalmente, secondo un solenne principio che da Tiziano passa ai Carracci, la tensione epica del fatto figurativo. La pittura diventa, così, una sorta di "elegia" tendente a sospendere l'energia sovrumana di un Rubens, mantenendone, però, certe arcane motivazioni, dove il più intenso vitalismo e il più disincantato scetticismo sembrano potersi incontrare.

Van Dyck, però, resta il secondo perché la sua arte non sarebbe neanche sorta e non si sarebbe così magistralmente sviluppata se dietro non ci fosse stato Rubens. Del resto proprio questa fastidiosa anomalia lo garantirà sempre. Non avrebbe potuto essere un trasgressivo perché tutta la sua vita si svolge sotto il segno di una autorità riconosciuta. La pittura religiosa di Van Dyck, pure, sarà rispettosa di Rubens, ma non avrà quella dimensione di epica oppressione che Rubens profonde a piene mani anche nei più rapidi bozzetti o schizzi. Il disegno in Van Dyck è, invece, molto più faticoso e fa capire quanto il finissimo maestro avesse bisogno di una costante disciplina che genera un'arte sacra inventiva, rispettabile, intensa ma limpida, con le figure toccate singolar-

58. Anton van Dyck, *Sir Robert Shirley*, Inghilterra, Petworth House, collezione Egremont

59. Anton van Dyck, *Lady Theresa Shirley*, Inghilterra, Petworth House, collezione Egremont

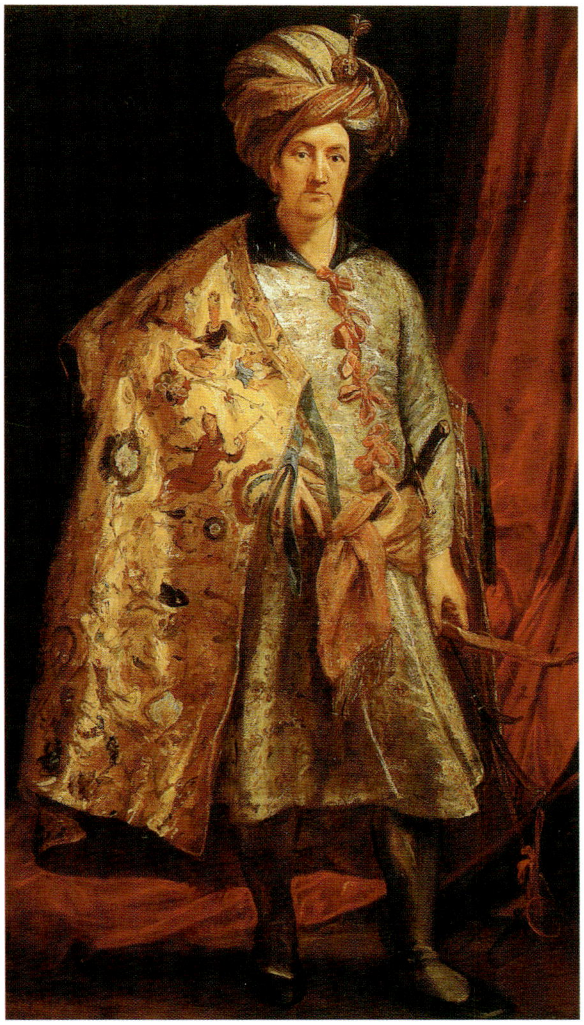

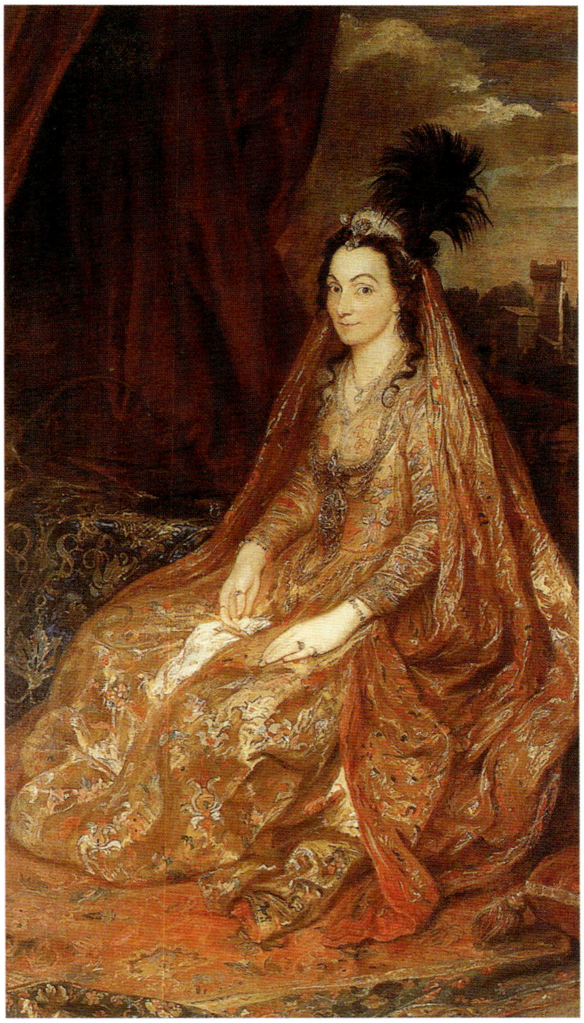

mente con una grazia e una delicatezza incomparabili, animate da sensi intimi che chiedono, persino nei clamori delle grandi pale, di essere viste quali immagini di quadri da stanza dove si sosta in raccoglimento ed è cassata a priori l'ostentazione della pienezza della materia.
Non era, Van Dyck, un asceta, tuttavia, né un rinunciatario. Quando gli arriva chiara l'intuizione che è possibile passare la lezione di Rubens al filtro di Tiziano, è compiuto il passo decisivo verso la nascita di uno stile incomparabile, destinato a diventare imitatissimo. La sua arte non sarà ascetica ma per certi aspetti tenderà a "togliere" piuttosto che a "mettere". Come ritrattista non avrà alcuna preoccupazione di esattezza millimetrica, di definizione sociale, di introspezione sentimentale, di prodigiosa abilità mimetica. La scelta che lo rende unico è quella di abolire, quasi come un "a priori" speculativo, il facile compiacimento dei committenti. Non lusinga nessuno e non cerca effetti sorprendenti, tali da superare la bravura di questo o quell'artista precedente o contemporaneo. È notevole, nella storia falsa o vera dei suoi rapporti con la Bent, il fatto che non voglia misurarsi con nessuno. Non è un asceta ma tutto il suo lavoro assume le sembianze di un esame di coscienza collettivo. Non sollecita, infatti, (anche se talvolta li praticò) contenuti simbolici e convince, senza spiegazioni, i committenti che la vera potenza del ritratto è nella impalpabilità dell'atto pittorico. Non domina la scena della storia universale con il suo fare di pittore, ma rende tutto accessibile. Il re d'Inghilterra credette in modo assoluto al sapere di Van Dyck e fu il culmine di una linea di tendenza che durava ormai da molti anni.
Qui subentra la questione del metodo di lavoro e della vita condotta dal maestro. Dalle incerte testimonianze che è stato possibile ricomporre fino a oggi, sembrerebbe potersi dedurre che Van Dyck lavorava con lo scrupolo e la continuità del serio e capace impiegato e viveva con il fasto e la magnificenza di un principe. Aveva orari di lavoro severi e costanti e agiva contemporaneamente su più opere. Era in grado di finire un quadro impegnativo anche in una giornata perché il suo metodo, contemperante spontaneità e vigilanza, era

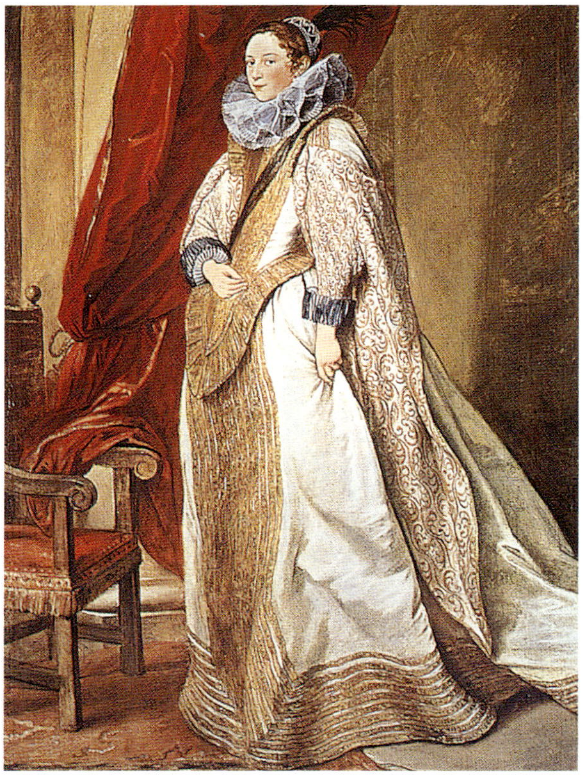

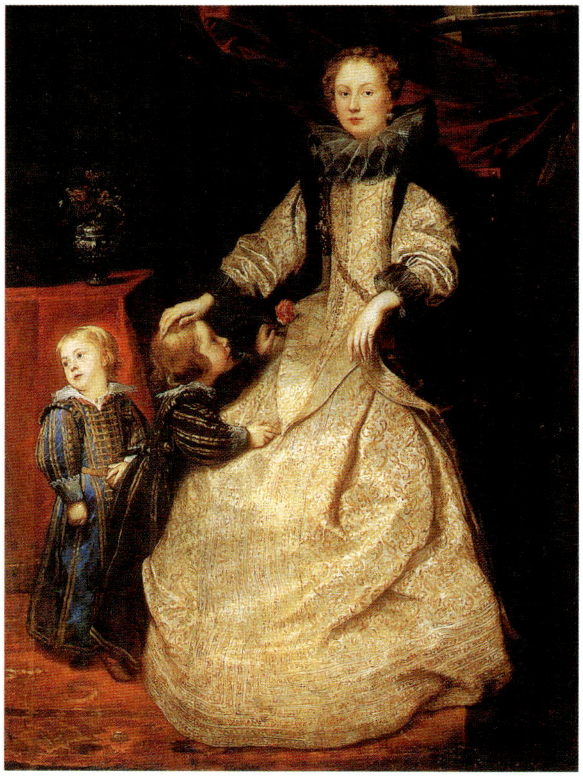

60. Anton van Dyck, *Dama genovese* detta *Paolina Adorno*, New York, Frick Collection

61. Anton van Dyck, *La dama d'oro*, Genova, collezione Durazzo Pallavicini

infallibile. E un senso di infallibilità è effettivamente depositato nei suoi quadri, sacri o profani che fossero. Non nel senso banale di chi non sbaglia, ma in quello profondo di una necessità che non ammette deroghe o eccezioni. È difficile capire in che misura fosse un artista ispirato ma è certo che le sue opere sono riconoscibili perché non esistono eccezioni alla sua regola di eccellenza e di immedesimazione. Qualunque personaggio rappresenti o qualunque sacro episodio sia da lui formulato, non perde mai la predominanza dello stile sull'argomento.

Avendo espunto la dimensione del fasto dalla sostanza del suo stile, poté essere il modello del pittore della classe dirigente che si esalta in una sorta di masochismo intellettuale, proprio quando non viene magnificata in figura ma espressa in modo sobrio e contenuto. È impossibile del resto, pensare che una persona dipinta da Van Dyck sia stata, nel concreto dell'esistenza, antipatica e scostante. Nel contempo è difficile pensare che fosse sensibilissima o geniale.

È l'artista stesso, in realtà, il protagonista assoluto e costante della serie di ritratti e in questo si contrappone energicamente all'altro sommo ritrattista di quel tempo, Velásquez. È interessante la contrapposizione tra i due, entrambi nutriti di cultura italiana ma fondamentalmente autonomi rispetto alle dinamiche tipiche dell'arte italiana. Solo che Velásquez è l'artista "coinvolto" per antonomasia, l'uomo che può dire e far vedere quello che vuole, che ama l'Umanità ma è chiaramente insofferente verso le persone. Van Dyck, invece, è uno spirito sistematico che compie una scelta antecedente all'esame singolo di coloro che andranno raffigurati. Crea una scienza del ritratto e un modello cui tutti possano adeguarsi, mentre Velásquez può mutare radicalmente opinione o stato d'animo a seconda di chi gli si para davanti, sia il re o un buffone di corte.

Così Van Dyck non potrà assumere la posizione di pittore universale, mentre Velásquez sì. Ma non si tratta qui di graduatorie di merito o di scelte di gusto personali. Si tratta di circoscrivere una personalità eminente in quelli che potrebbero essere i suoi giusti limiti. Gli studi, allora, hanno chiarito sempre meglio l'iter vandyckiano, hanno individuato sempre meglio le identità dei personaggi

62. Anton van Dyck, *Marie de Raet*, Londra, The Wallace Collection

63. Anton van Dyck, *La Regina Enrichetta-Maria con Jeffrey Hudson e una scimmietta*, Washington, National Gallery of Art

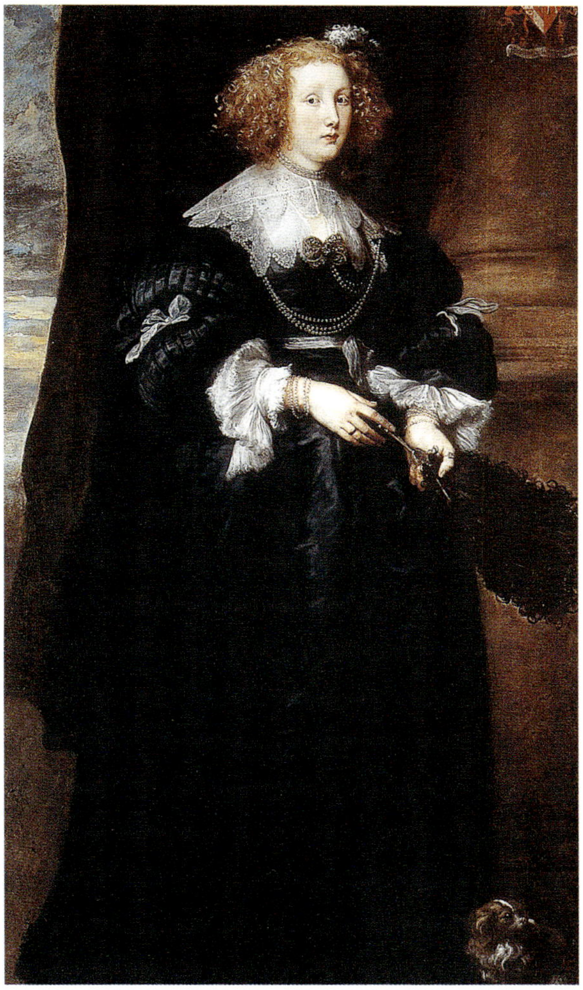

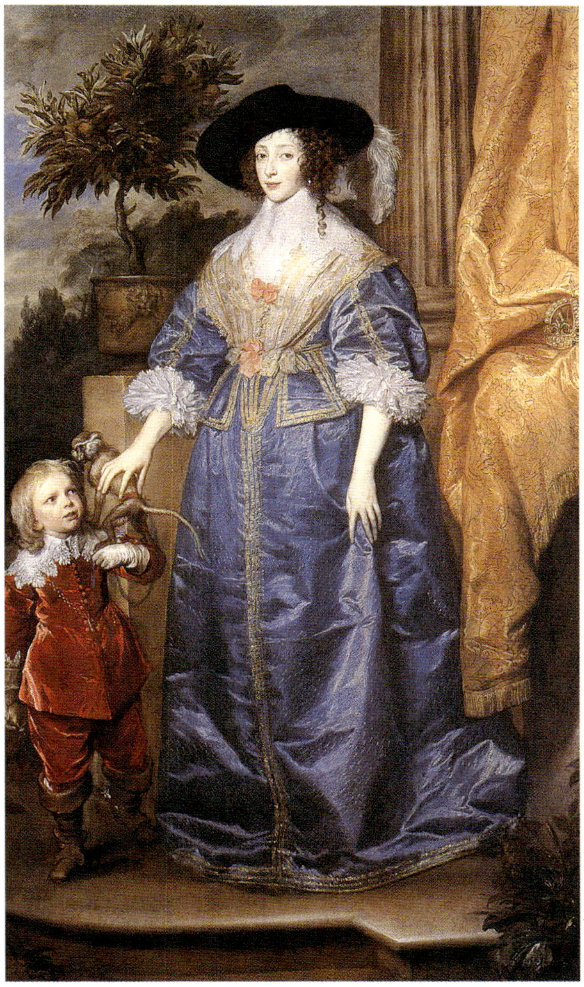

raffigurati, hanno compreso sempre meglio la scansione cronologica esatta delle sue opere e i rapporti tra la produzione sacra e quella profana. Ne scaturisce una immagine complessiva di compattezza e di saggezza che è giustamente paragonabile con Tiziano, nume tutelare rispettato ma lontano. Quando Van Dyck conclude la sua breve ma densissima vicenda terrena in Inghilterra, è già arrivata per lui la definitiva conferma dell'esistenza di un modello generale, una sorta di idea platonica della pittura che abilita il maestro a lavorare come uno scrupoloso operaio o impiegato, nella certezza assoluta dell'acume del concepimento e della eccellenza del risultato.
Vi è, così, una interessante corrispondenza tra Van Dyck pittore sacro e Van Dyck ritrattista. In entrambi gli aspetti è la modestia e la riservatezza che strutturano l'immagine, bandendo ogni sospetto di retorica, di piaggeria, di finzione. Si capisce che sia stato tanto apprezzato in Inghilterra. Per commossa e commovente che possa essere la sua espressione, non perde mai, infatti, quella sorta di flemma figurativa che è segno di superiore intelligenza e di onesto sentire. Tutto ciò dovette irritare non poco gli amici della Bent, ma è oggettivamente difficile pensare che un personaggio come Van Dyck avrebbe potuto trascorrere le serate a bere e raccontare storielle esilaranti.
E qui acquista senso la questione, paradossale e delicata, della stranissima posizione di Van Dyck nella storia delle arti quale quella di un eterno secondo, sempre giudicato e giudicabile in rapporto a Rubens. Ed è che, effettivamente, rispetto al vitalismo inesausto di Rubens che pensa sempre alla pittura come a una esplosione di energie nella concretezza materica della stesura, Van Dyck appartiene allo stesso mondo ma cambiandone il senso ultimo, tanto che per lui si potrebbe parlare, in termini attuali, di "implosione" della materia pittorica, sottratta alle seduzioni dell'edonismo. Ma per questo piacque in maniera definitiva e esclusiva, per questo lasciò una impronta che segue sempre a quella di Rubens ma sul proprio cammino.

Opere in mostra

Anton van Dyck
Luigia (?) Cattaneo Gentile
Genova, 1622 circa
olio su tela, 147 × 112 cm
Strasburgo, Musée des Beaux-Arts
(cat. n. 1)

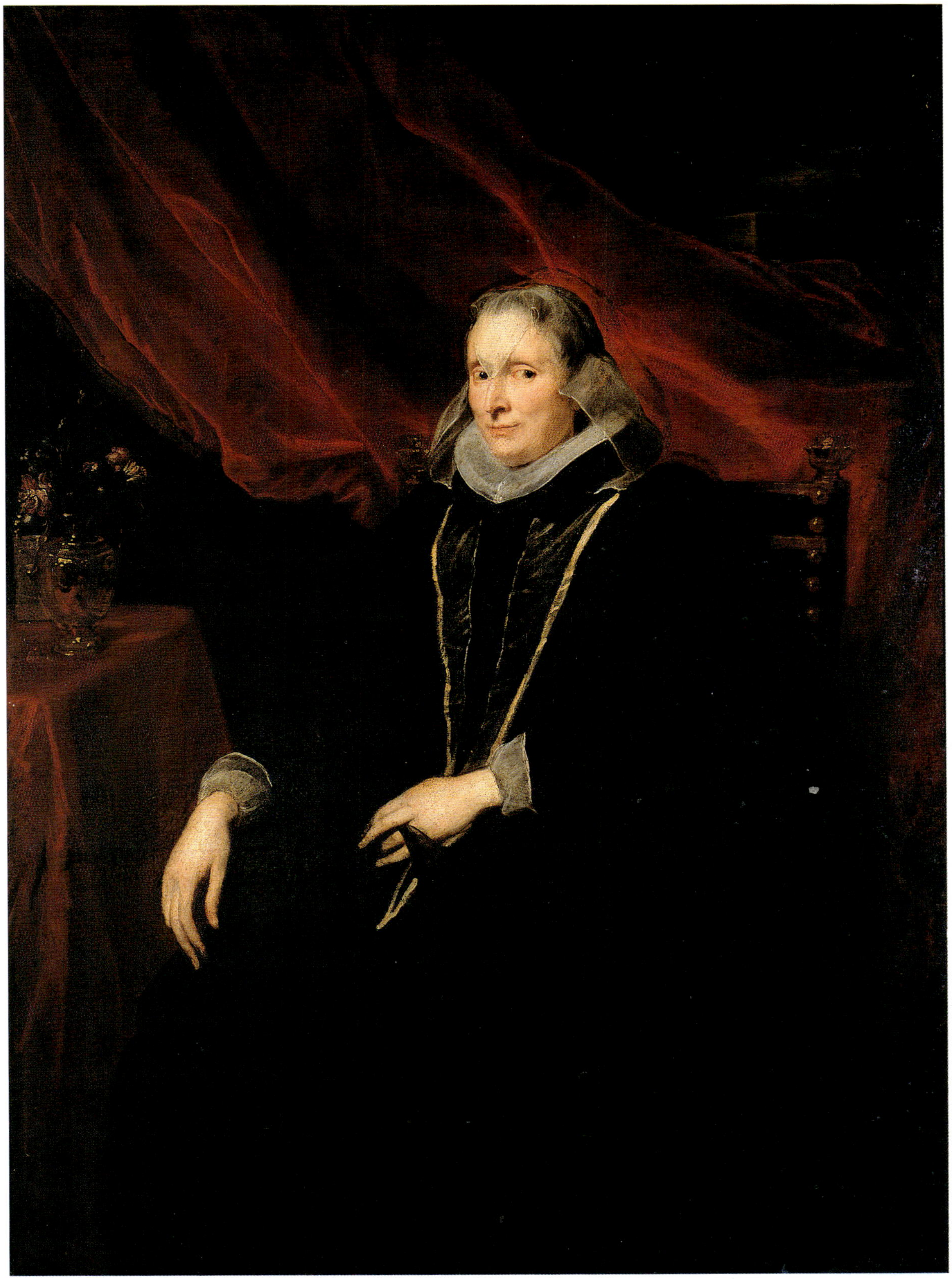

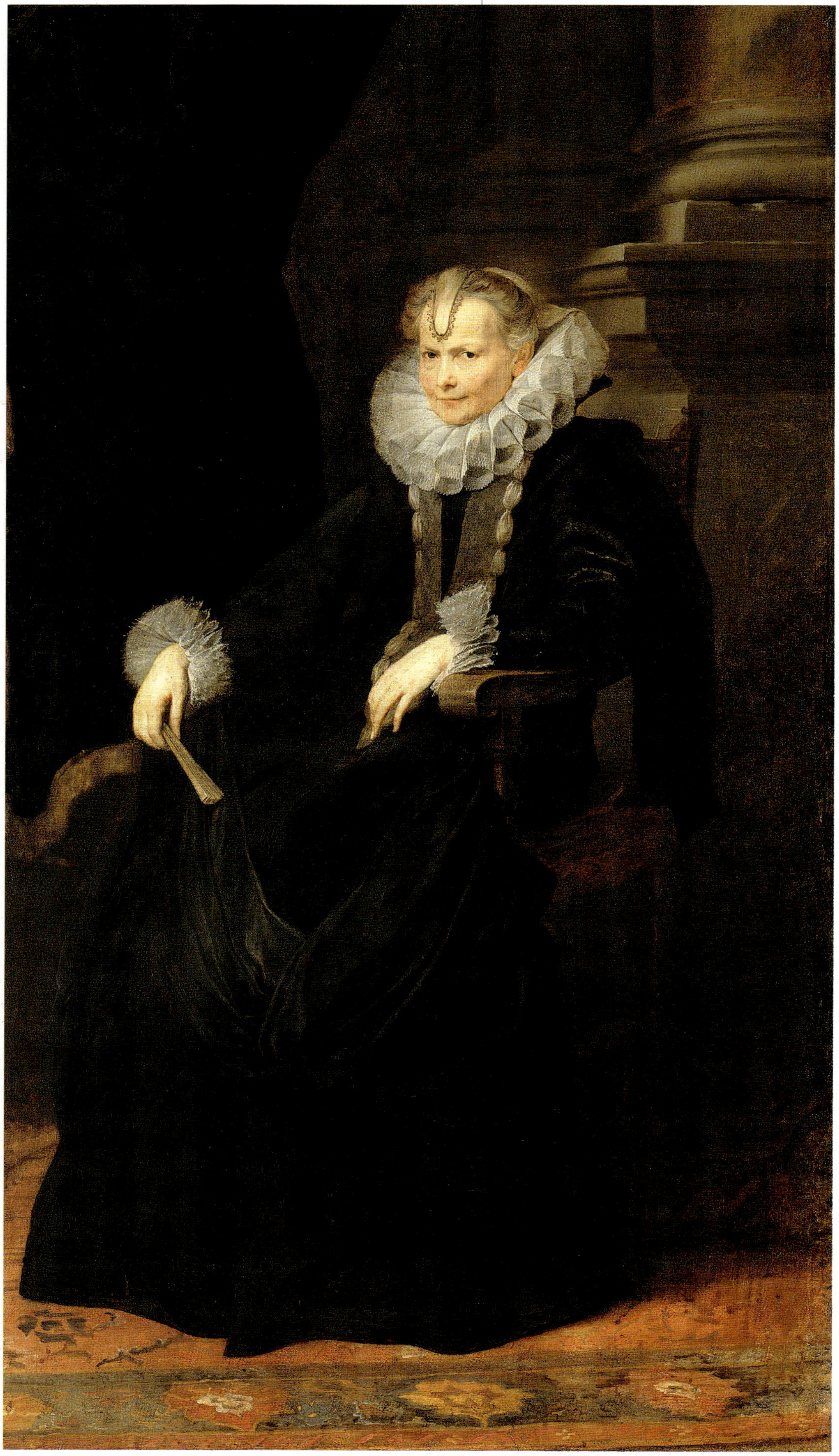

Anton van Dyck
Anziana gentildonna di casa Spinola
Genova, 1622 circa
olio su tela, 200 × 116 cm
Berlino, Staatliche Museen zu Berlin, Gemäldegalerie
(cat. n. 2)

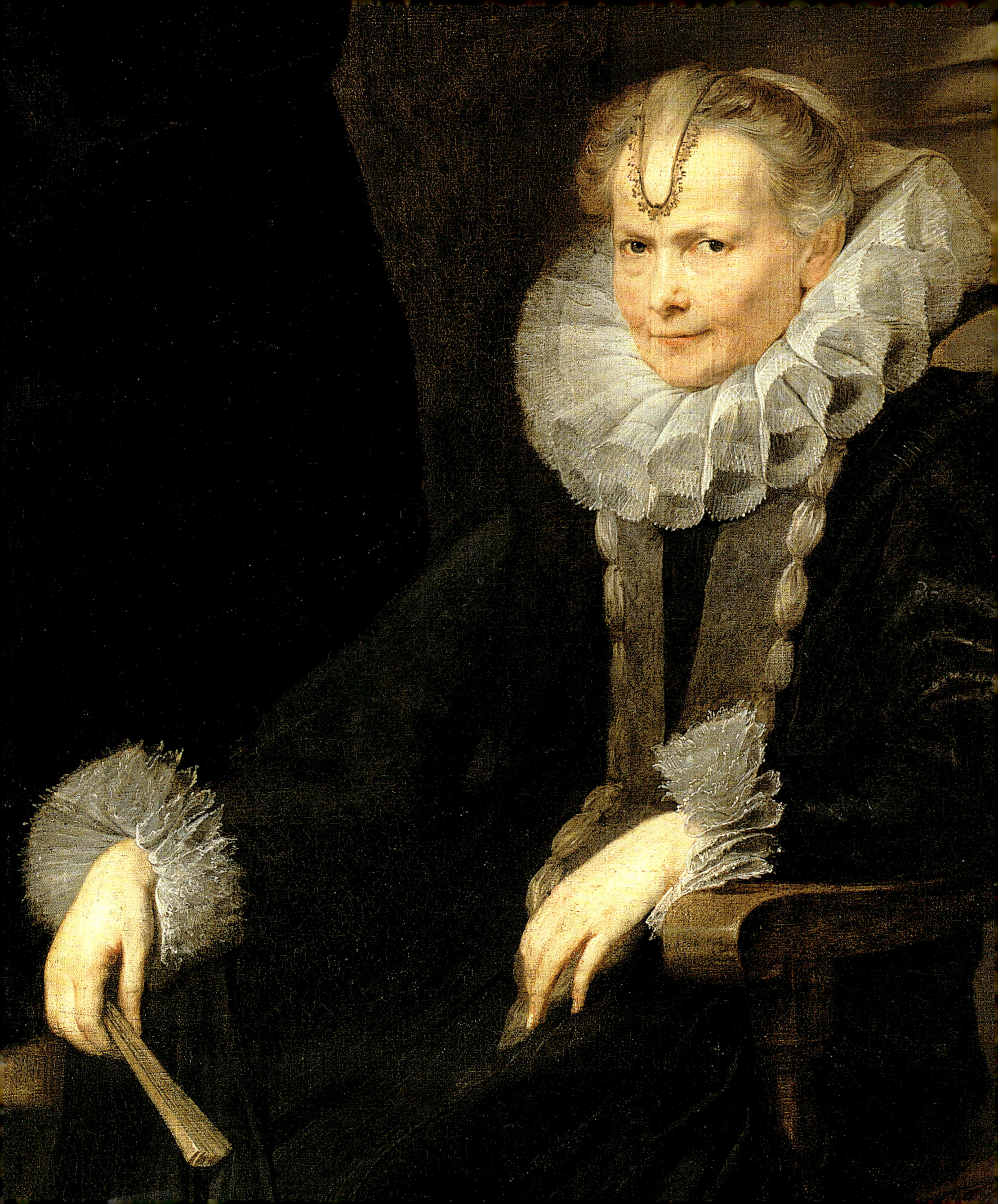

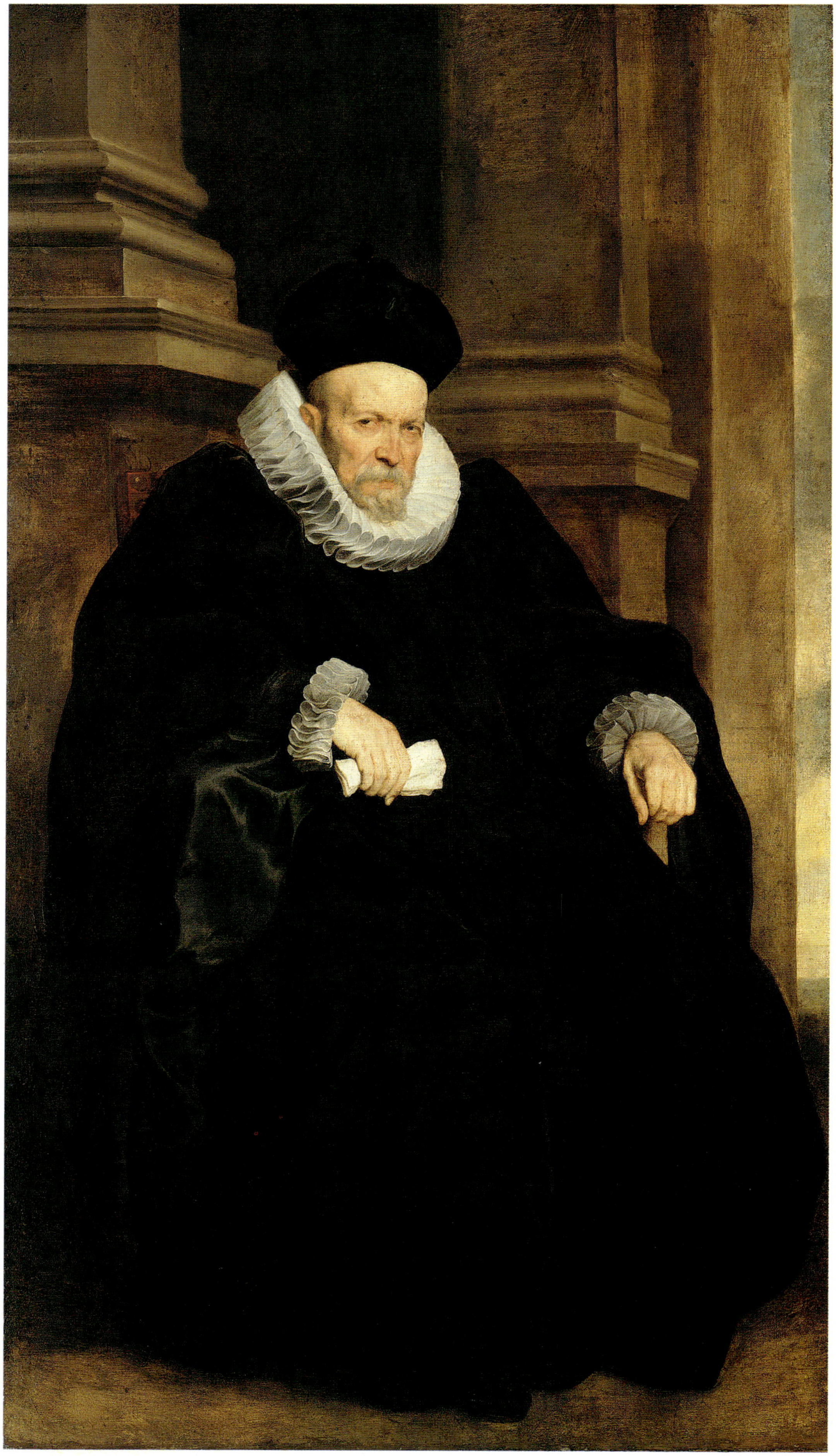

Anton van Dyck
Alessandro Giustiniani
in veste di senatore
Genova, 1622-1623
olio su tela, 200 × 116 cm
Berlino, Staatliche Museen zu Berlin, Gemäldegalerie
(cat. n. 3)

Nella pagina seguente
Anton van Dyck
Gentiluomo di casa Spinola
Genova, 1623-1625
olio su tela, 241 × 168 cm
Genova, Galleria di Palazzo Rosso
(cat. n. 4)

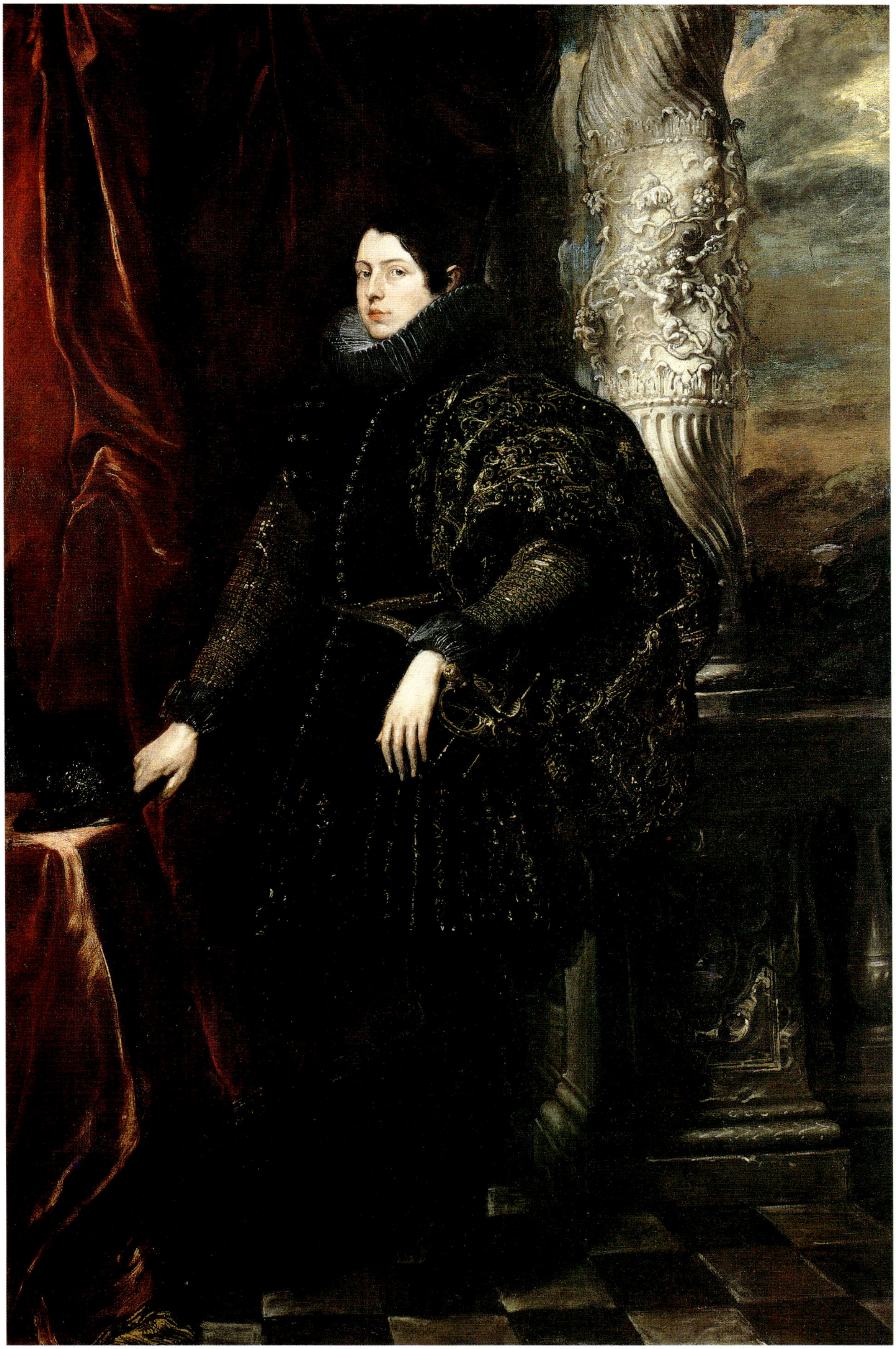

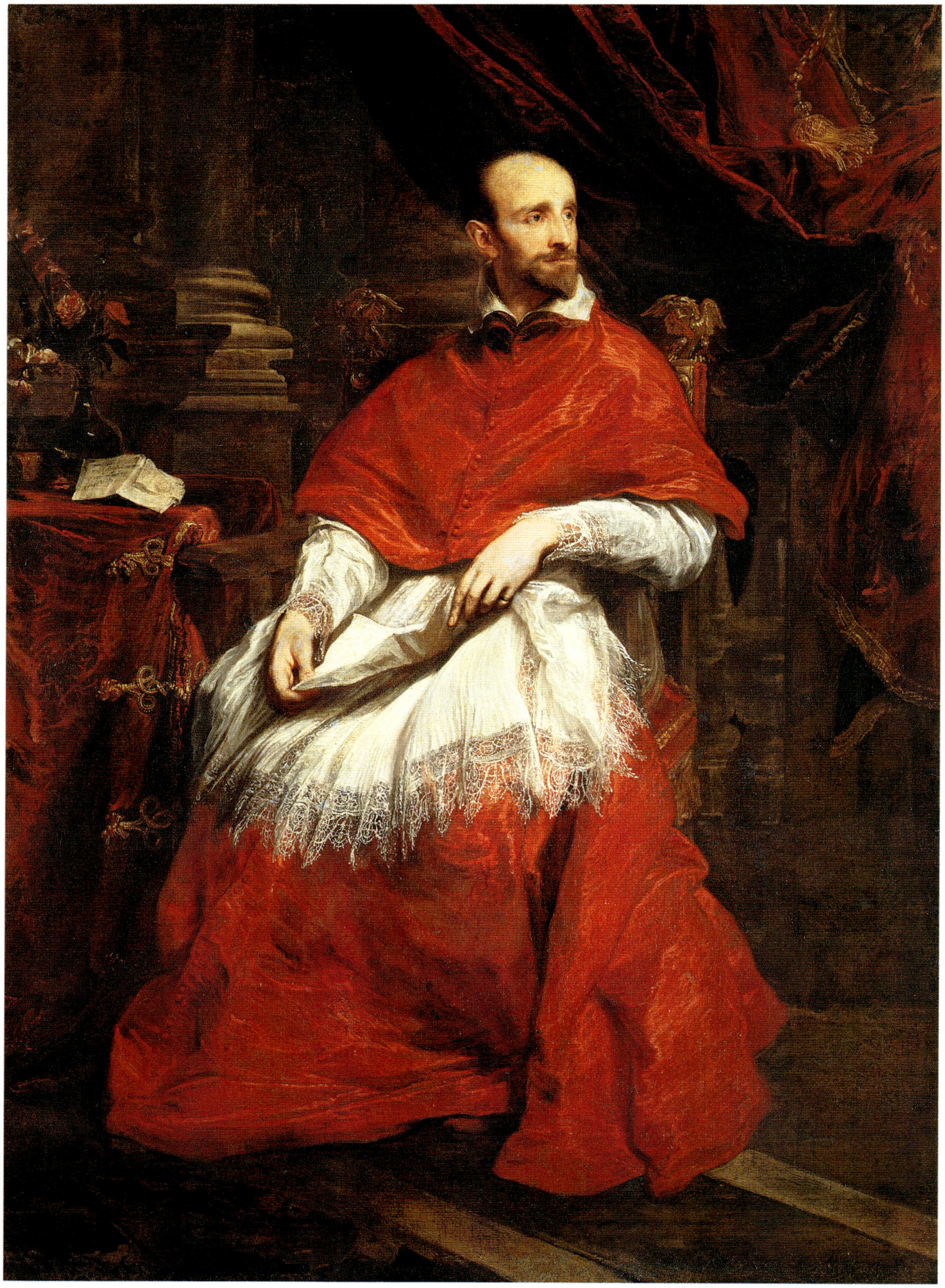

Anton van Dyck
Il cardinale Guido Bentivoglio
Roma, 1622-1623
olio su tela, 195 × 147 cm
Iscrizioni:
"A mon cousin le Cardinal /
Bentivoglio comprotecteur /
de mes affaires / en cour de Rome"
(nella lettera sul tavolo a sinistra)
Firenze, Galleria Palatina
di Palazzo Pitti
(cat. n. 5)

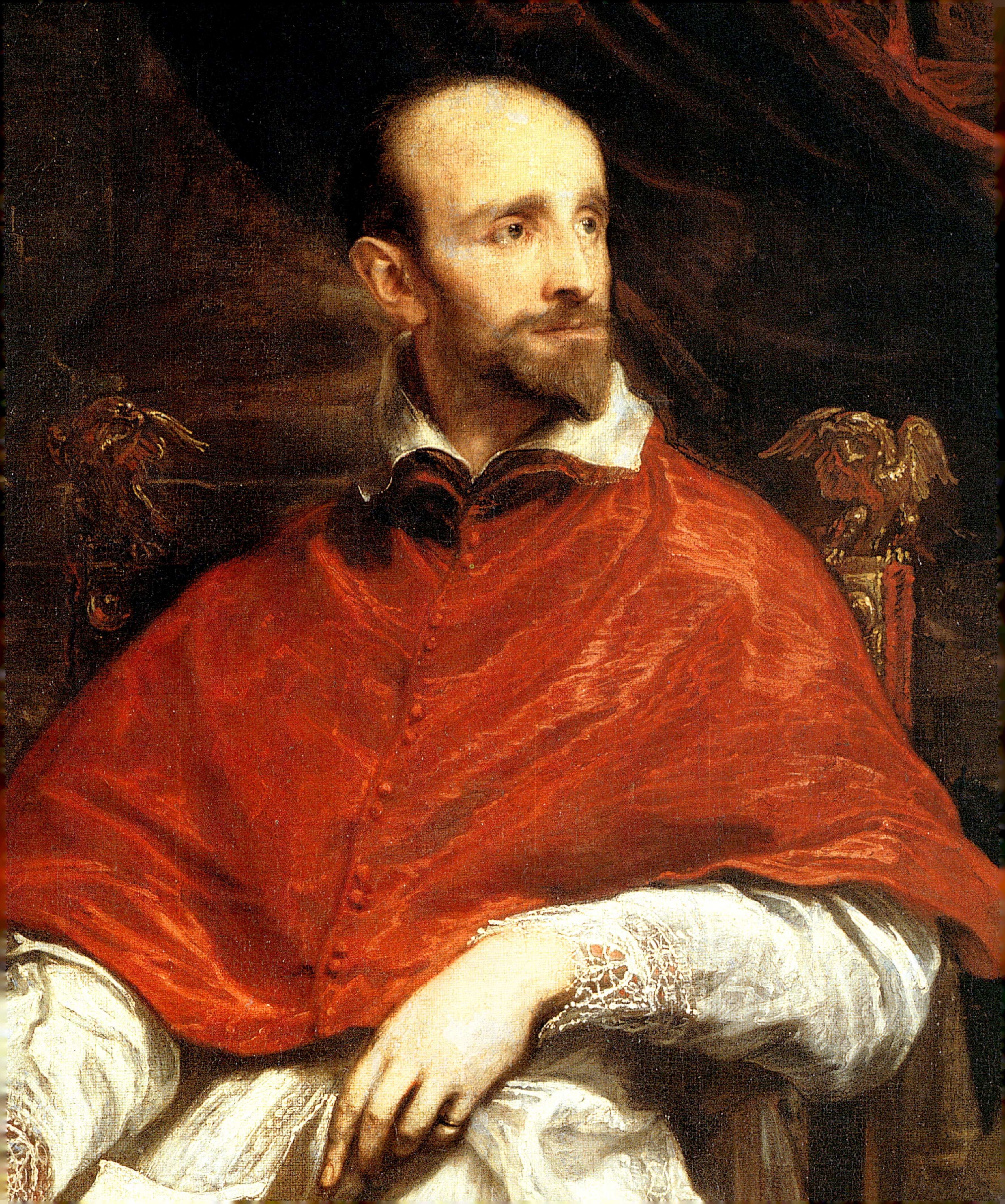

Anton van Dyck
George Gage con due uomini
Roma (?), 1622-1623
olio su tela, 115 × 113,5 cm
Londra, The National Gallery
(cat. n. 6)

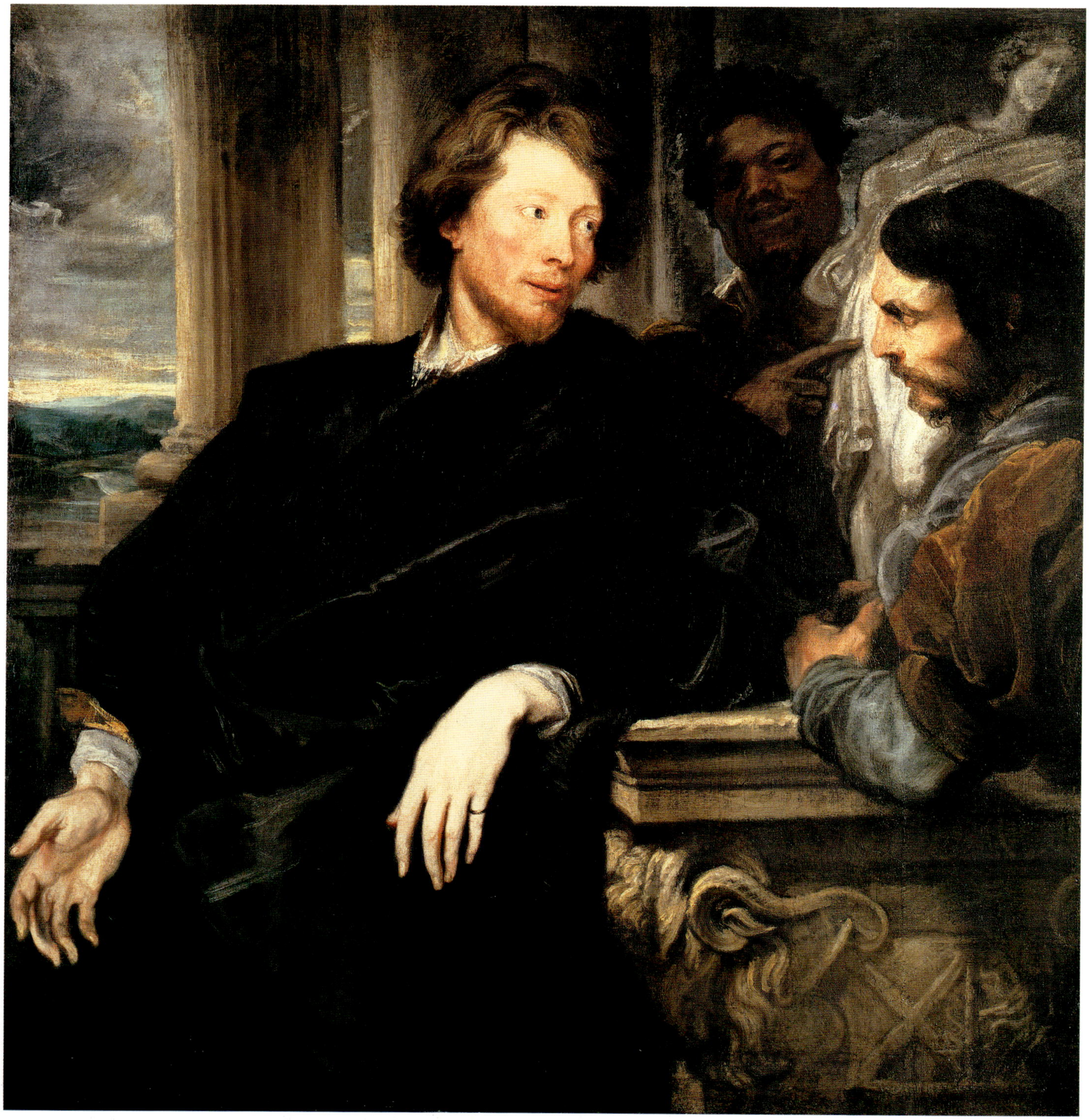

Anton van Dyck
Elena Grimaldi Cattaneo
Genova, 1623-1624
olio su tela, 246 × 173 cm
Washington, National Gallery of Art
(cat. n. 7)

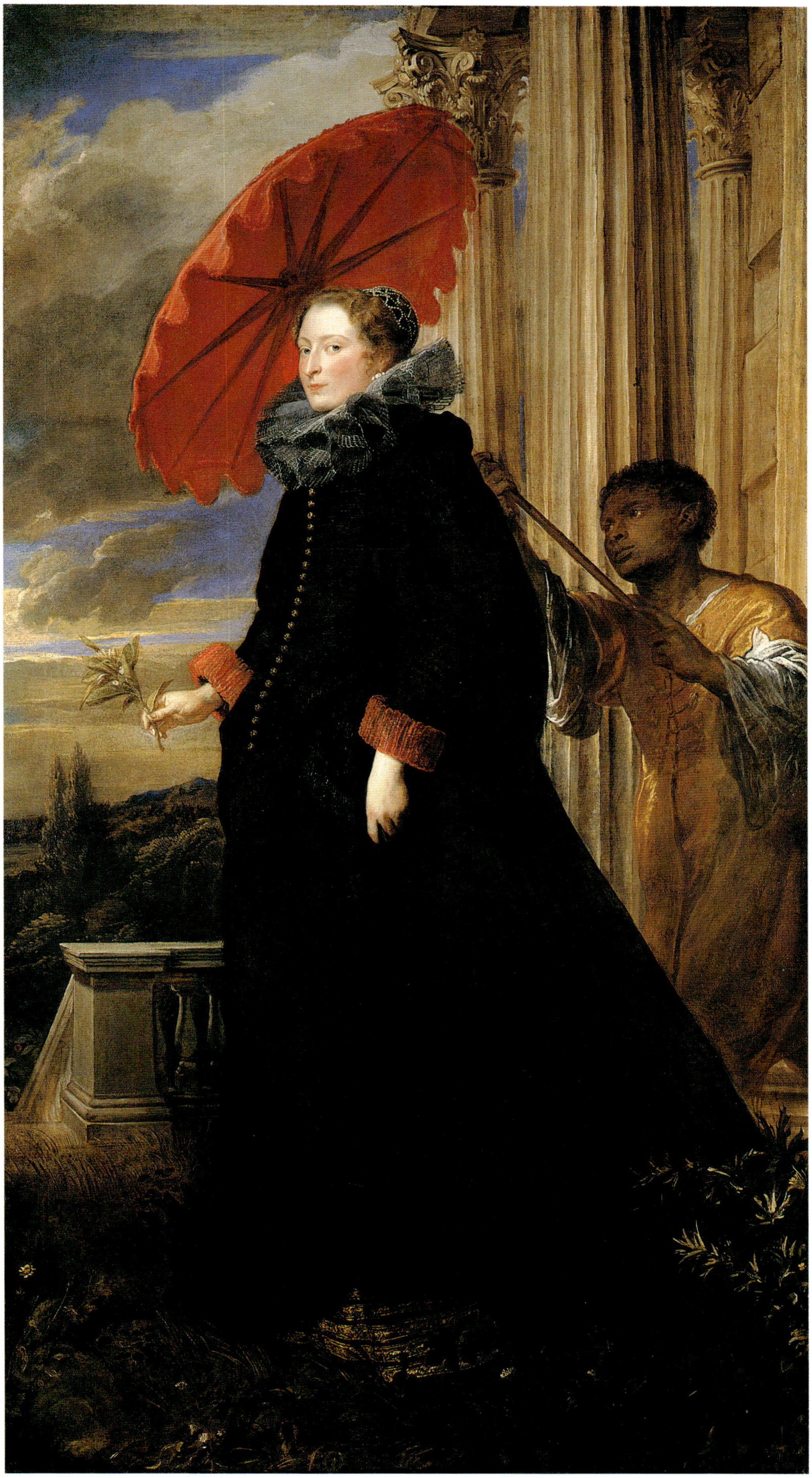

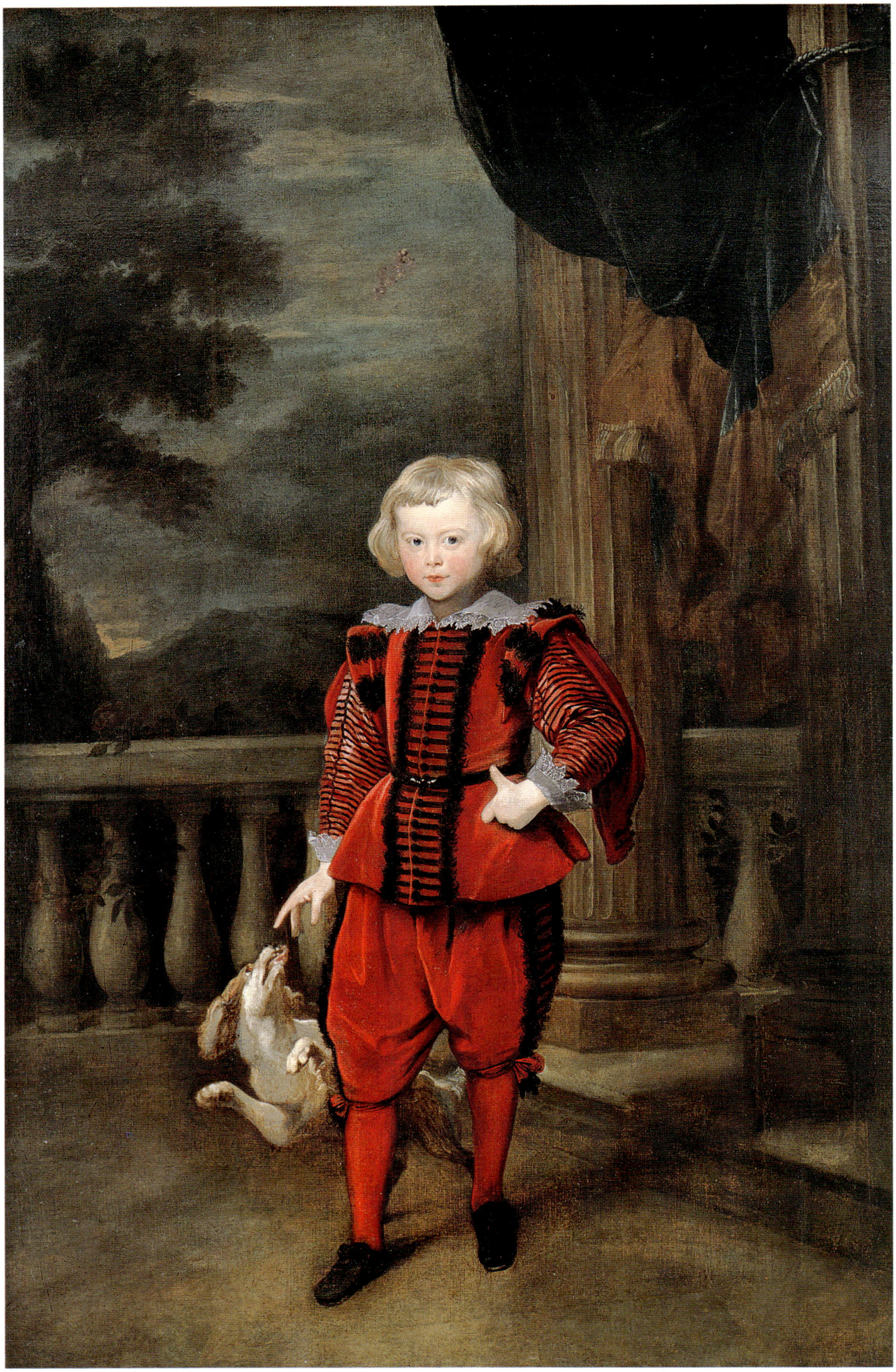

Anton van Dyck
Fanciullo di casa Doria
Genova, 1623-1624
olio su tela, 188 × 125 cm
Dublino, National Gallery of Ireland
(cat. n. 8)

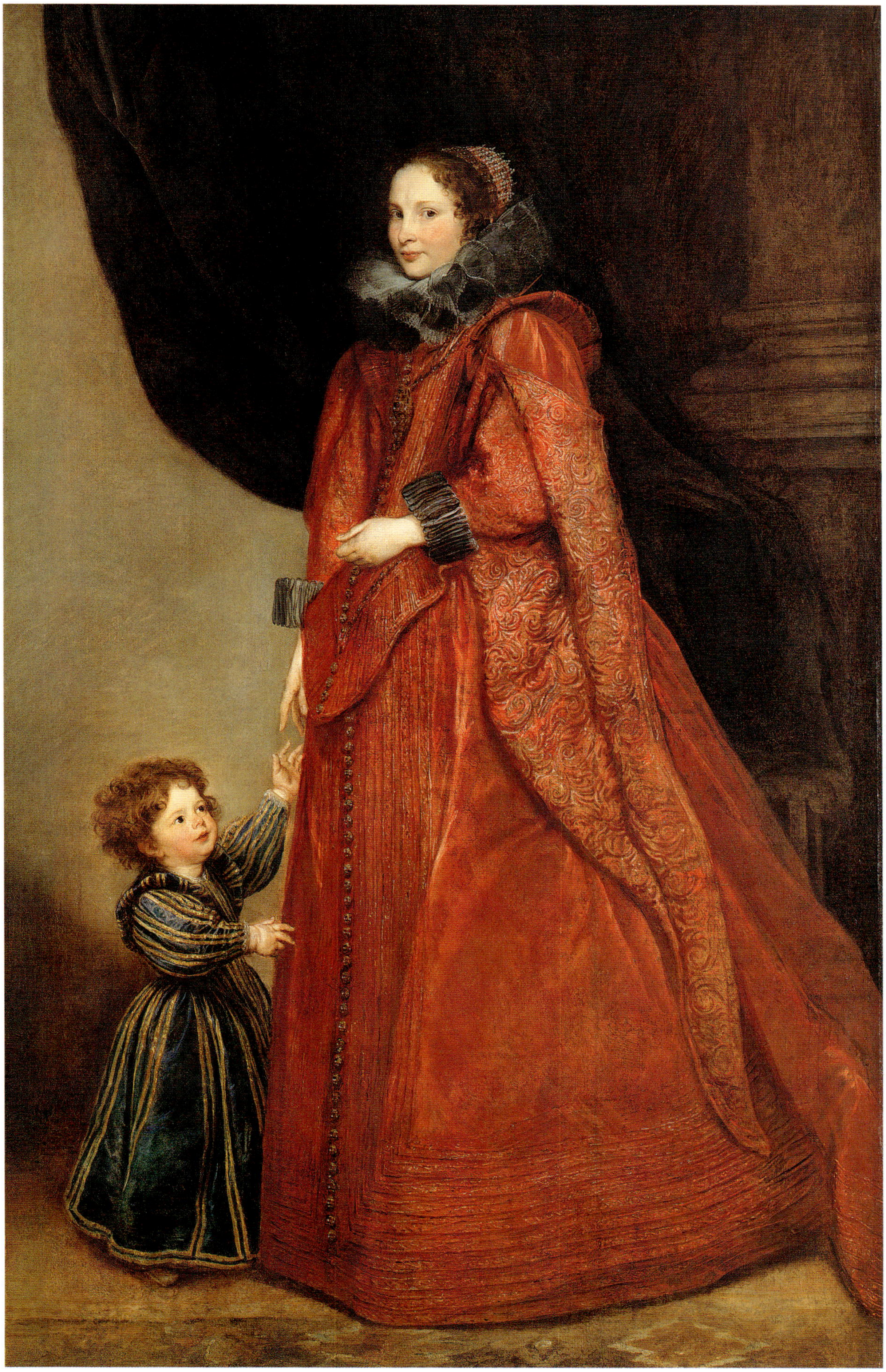

Anton van Dyck
Nobildonna genovese con la figlia
Genova, 1623-1625
olio su tela, 218 × 146 cm
Cleveland, The Cleveland
Museum of Art
(cat. n. 9)

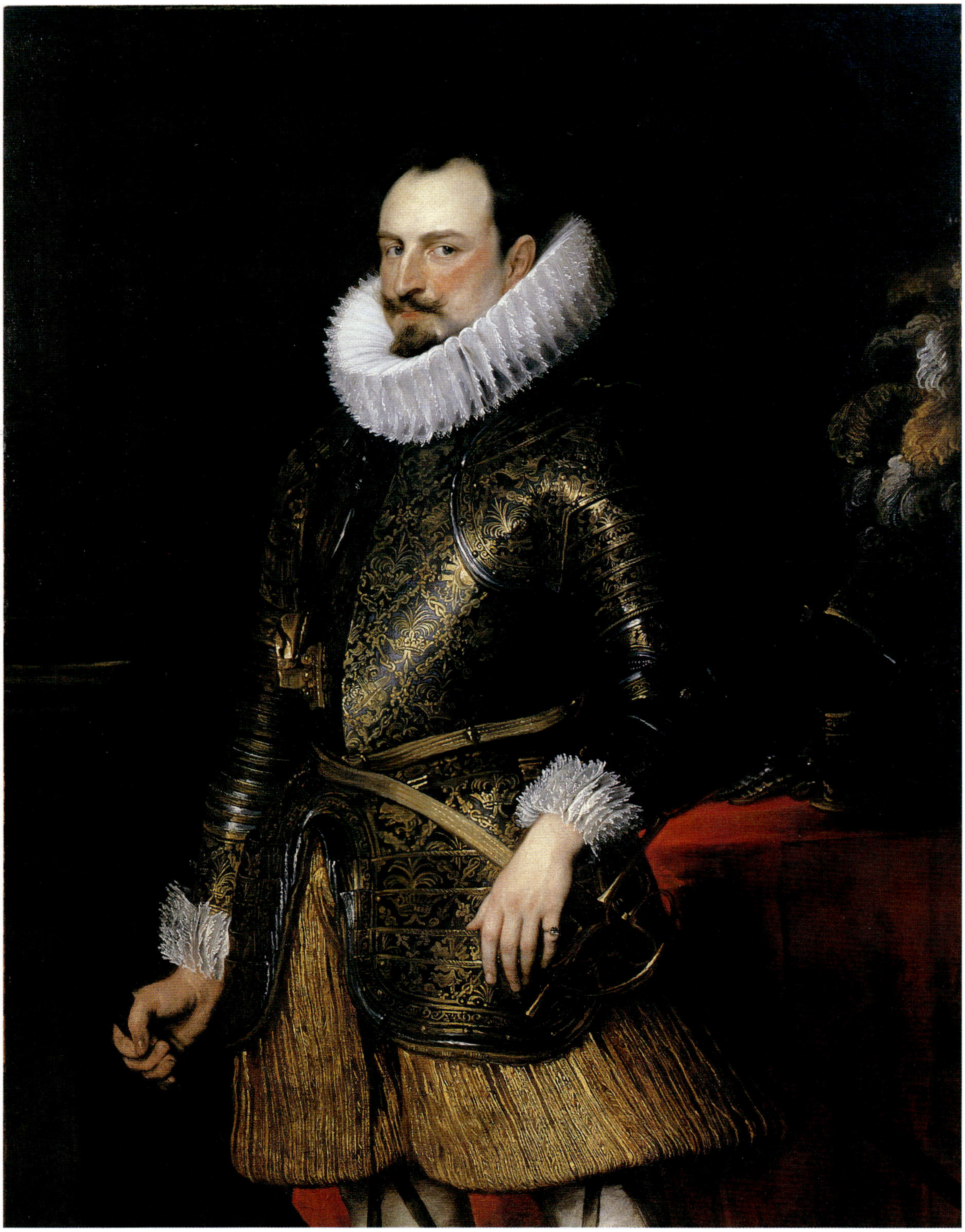

Anton van Dyck
Emanuele Filiberto
di Savoia
Palermo, 1624
olio su tela, 126 × 99,6 cm
Londra, Dulwich Picture Gallery
(cat. n. 10)

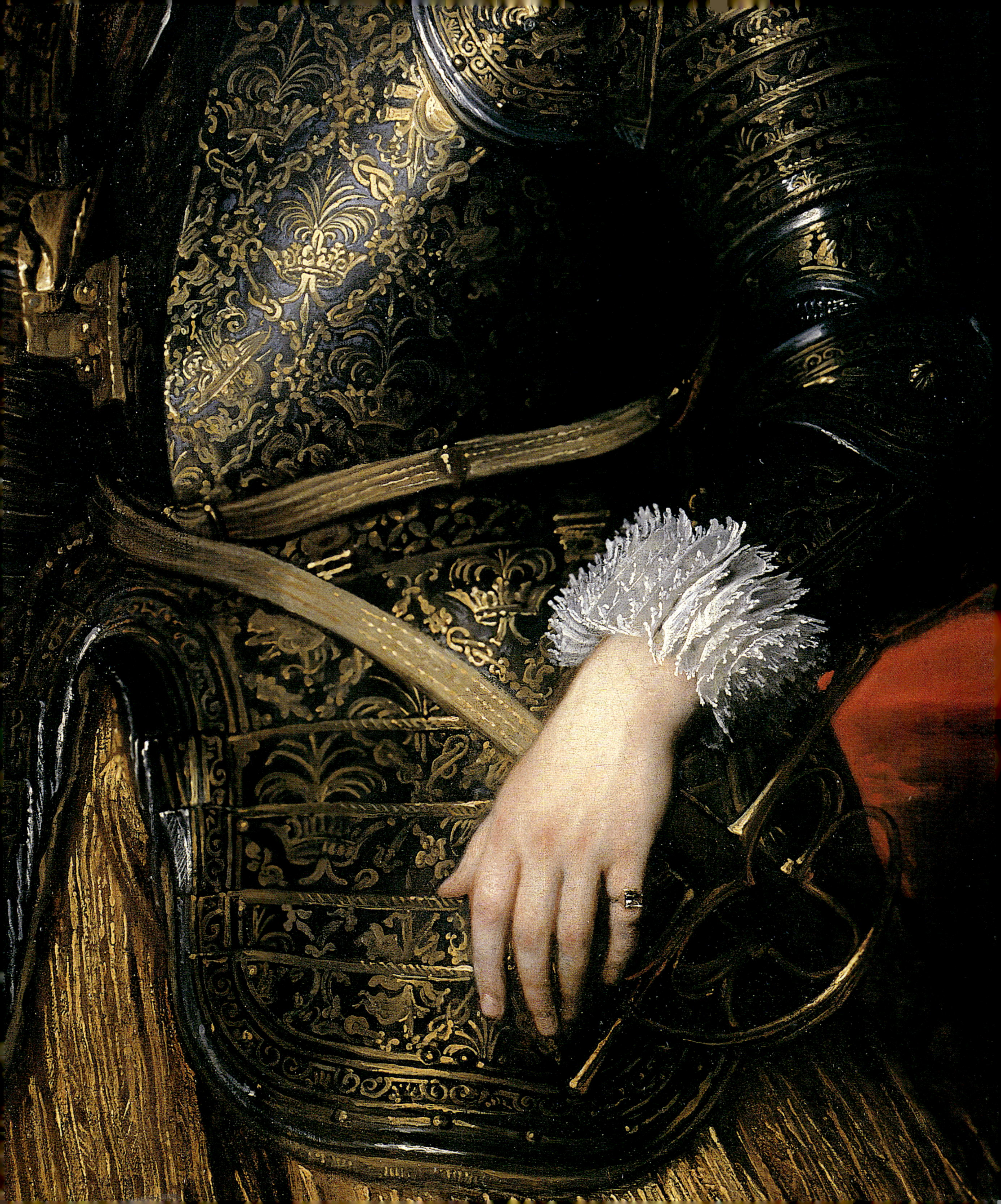

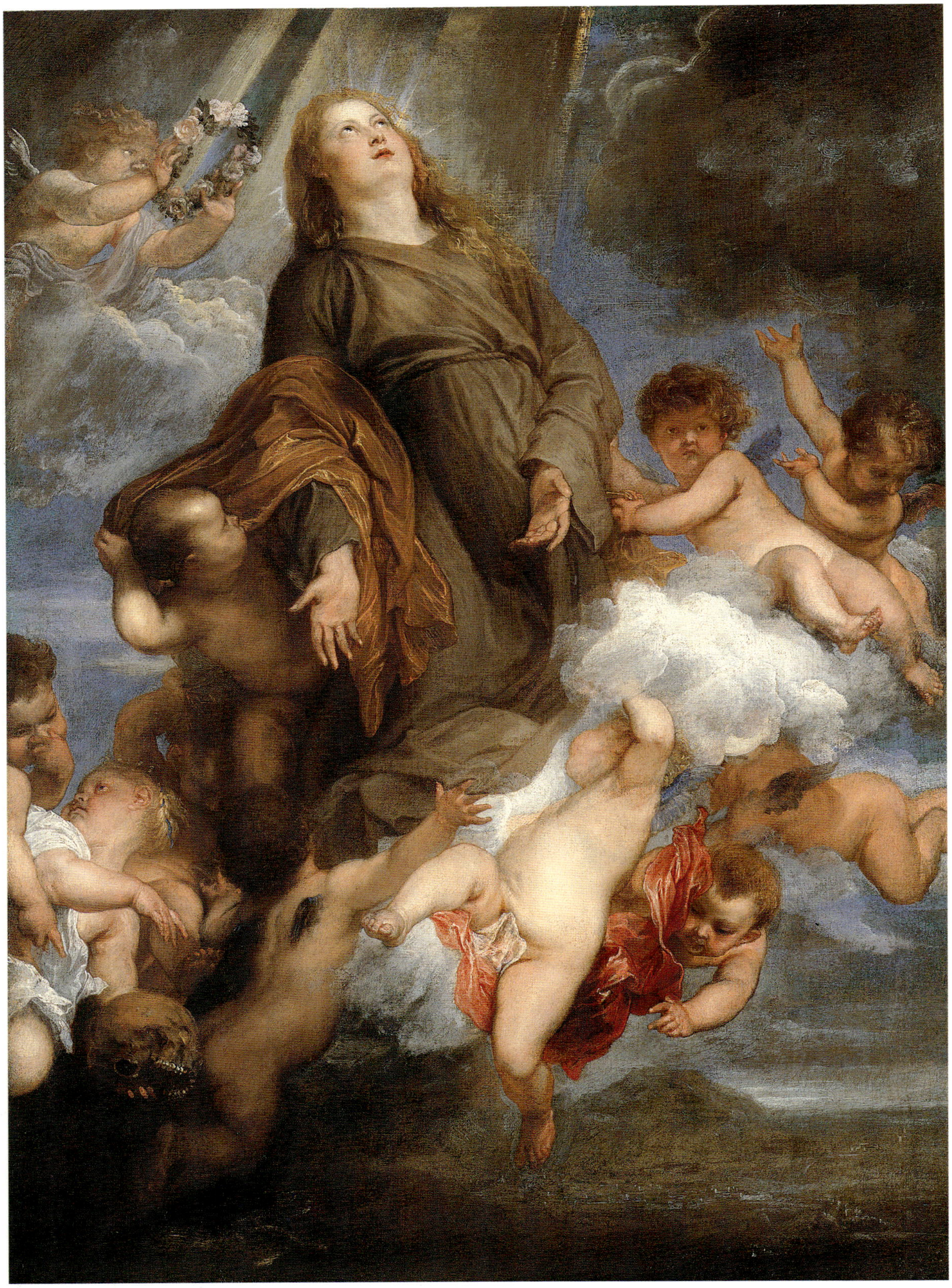

Anton van Dyck
Santa Rosalia in gloria, intercede per la fine della peste a Palermo
Palermo, 1624
olio su tela, 99,7 × 73,7 cm
New York, The Metropolitan Museum of Art
(cat. n. 11)

Nella pagina seguente
Anton van Dyck
Santa Rosalia che intercede per la fine della peste
Palermo, 1624-1625
olio su tela, 157 × 125 cm
Roma, Collezione Germina Campus S.p.A. - Coldiretti
(cat. n. 12)

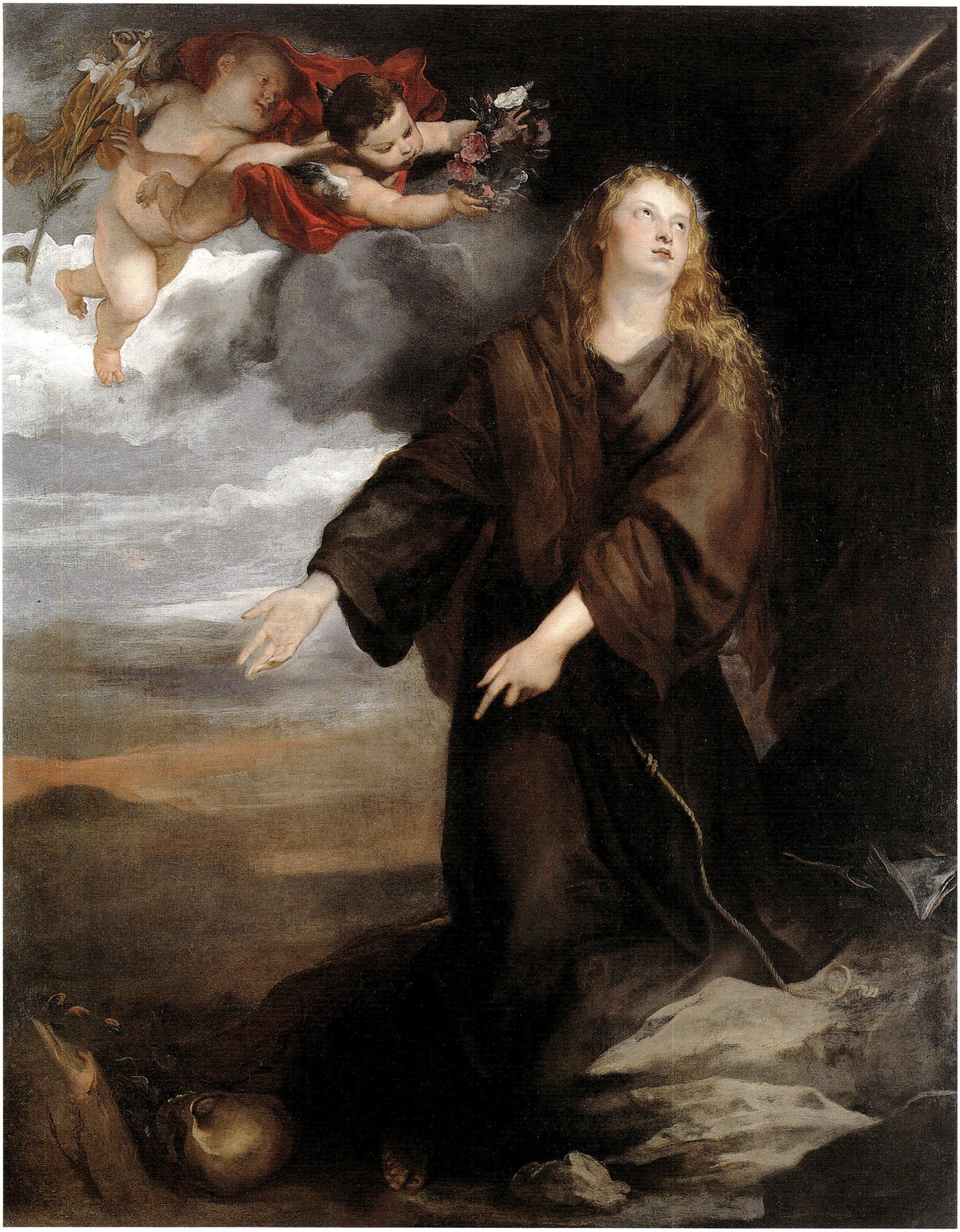

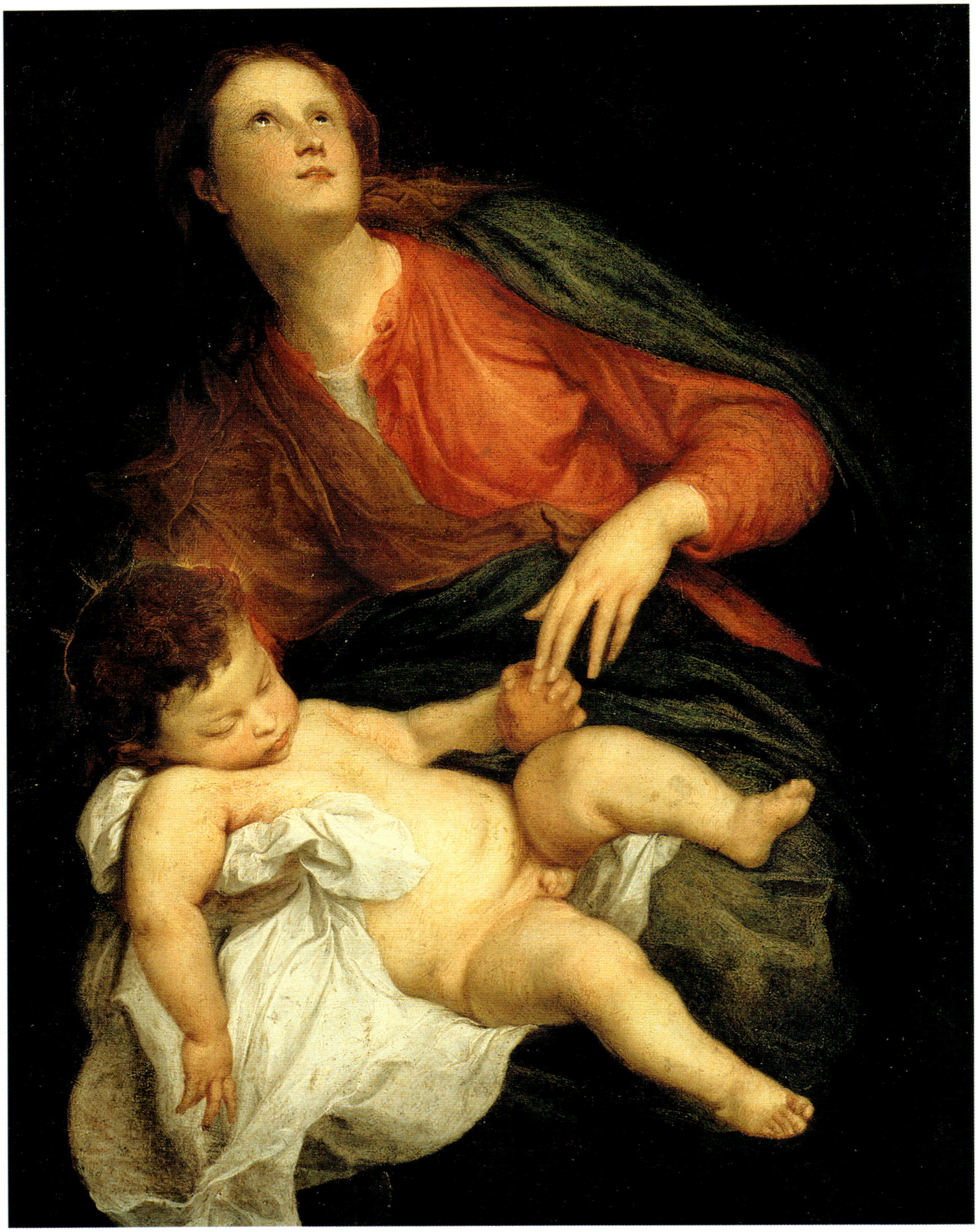

Anton van Dyck
Madonna col Bambino
1623-1625
olio su tela, 62,5 × 52,5 cm
Parma, Galleria Nazionale
(cat. n. 13)

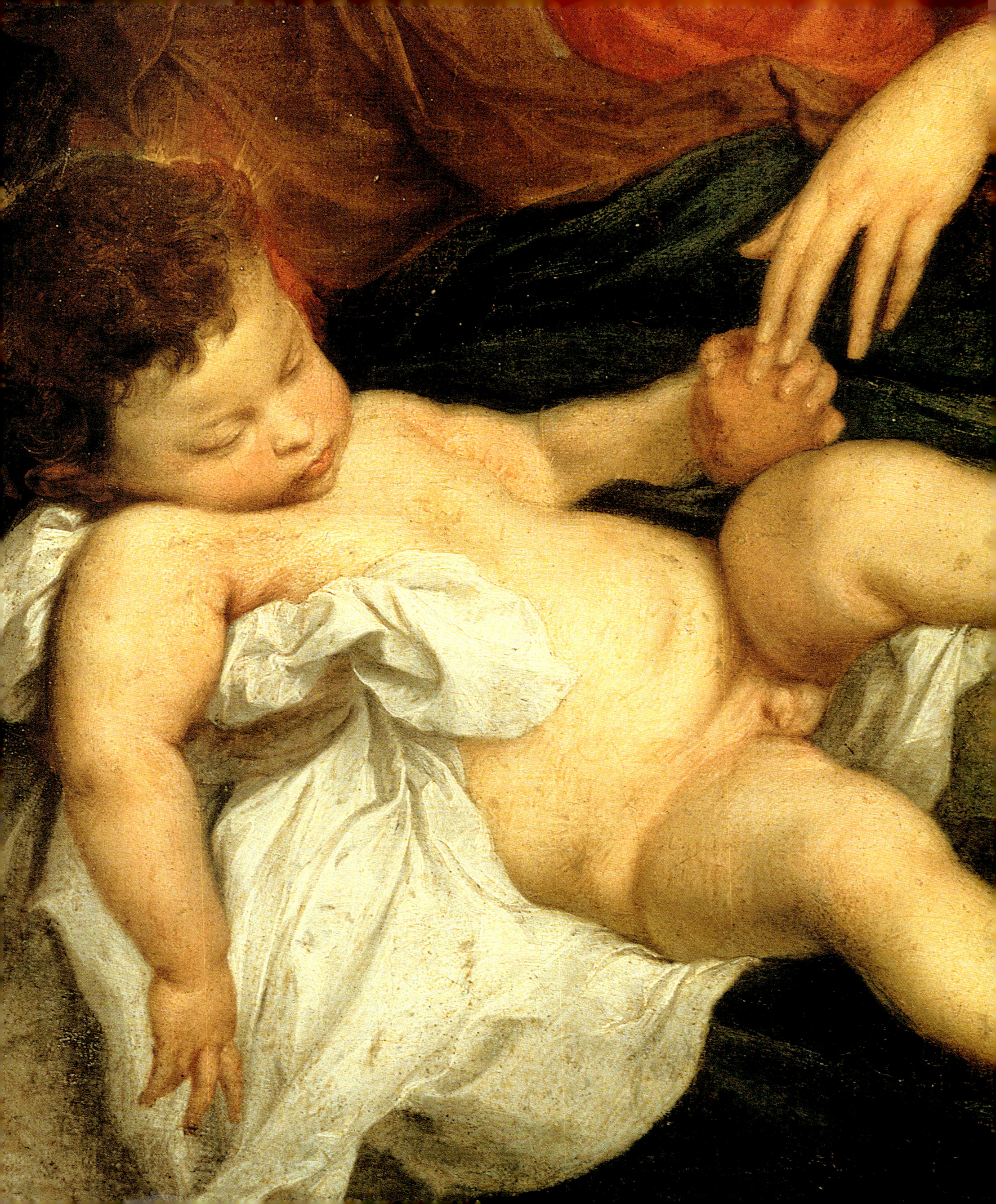

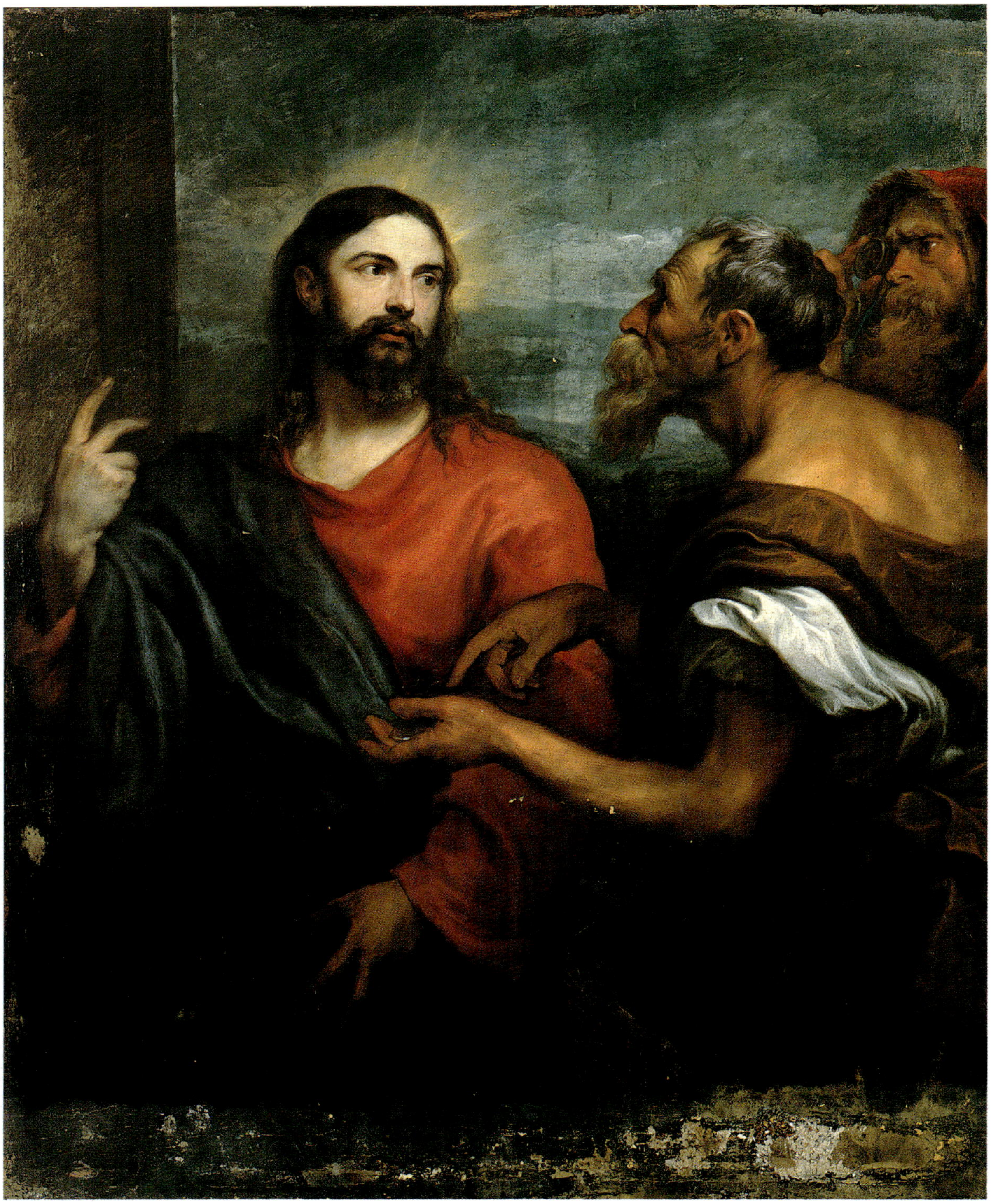

Anton van Dyck
Il tributo della moneta
Genova, 1625 circa
olio su tela, 142 × 119 cm
Genova, Galleria di Palazzo Bianco
(cat. n. 14)

Nella pagina seguente
Anton van Dyck
Sacra Famiglia con san Giovannino
Genova, 1625-1626
olio su tela, 123 × 94 cm
Genova, Collezione d'arte
della Banca Carige
(cat. n. 15)

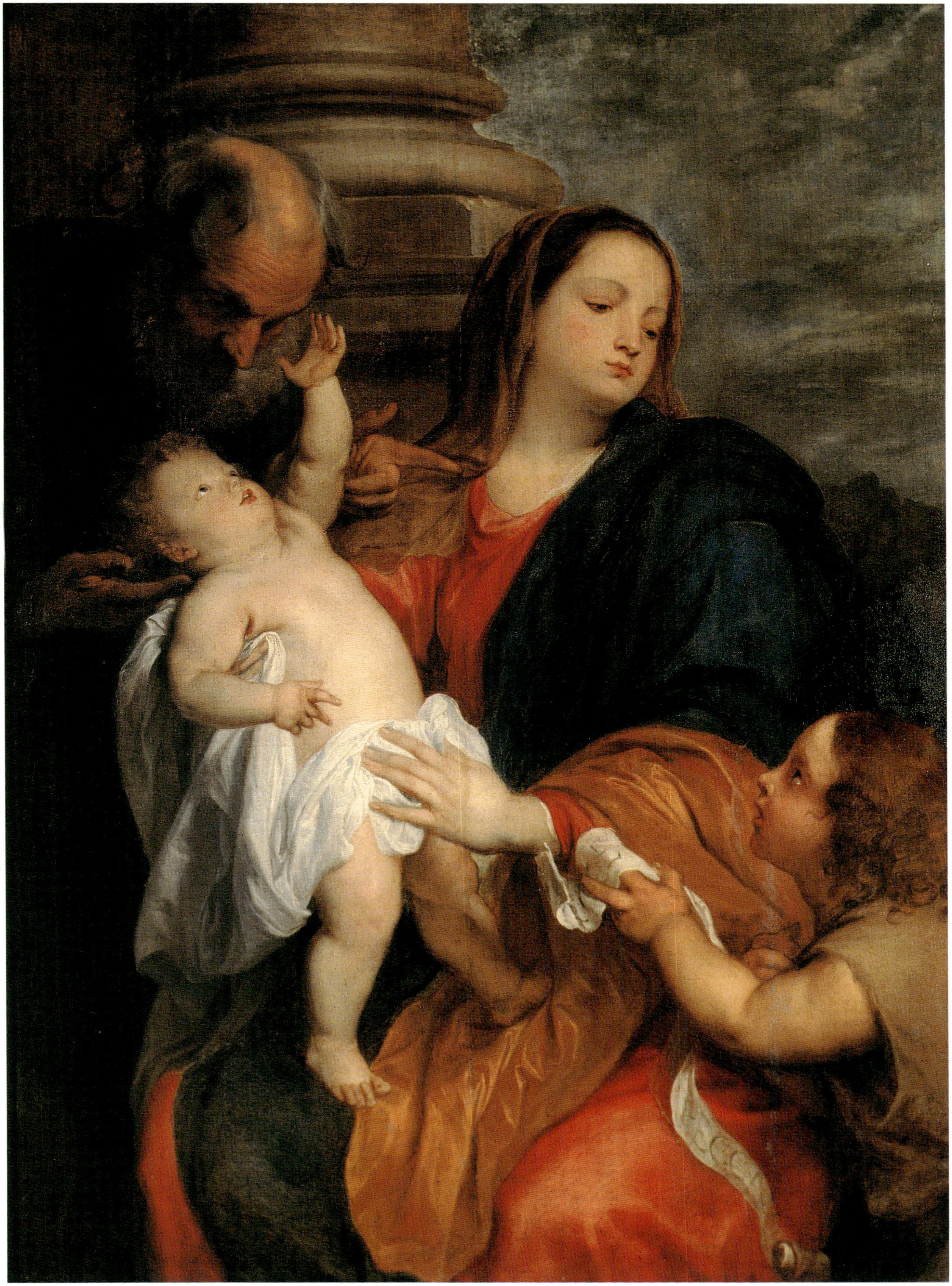

Anton van Dyck
Le età dell'uomo
Genova, 1625-1627
olio su tela, 118 × 164 cm
Vicenza, Museo Civico, Pinacoteca di Palazzo Chiericati
(cat. n. 16)

Nella pagina seguente
Anton van Dyck
Natività, detta *Madonna della paglia*
Genova, 1625-1627
olio su tela, 110 × 90 cm
Roma, Galleria Nazionale d'Arte Antica di Palazzo Corsini
(cat. n. 17)

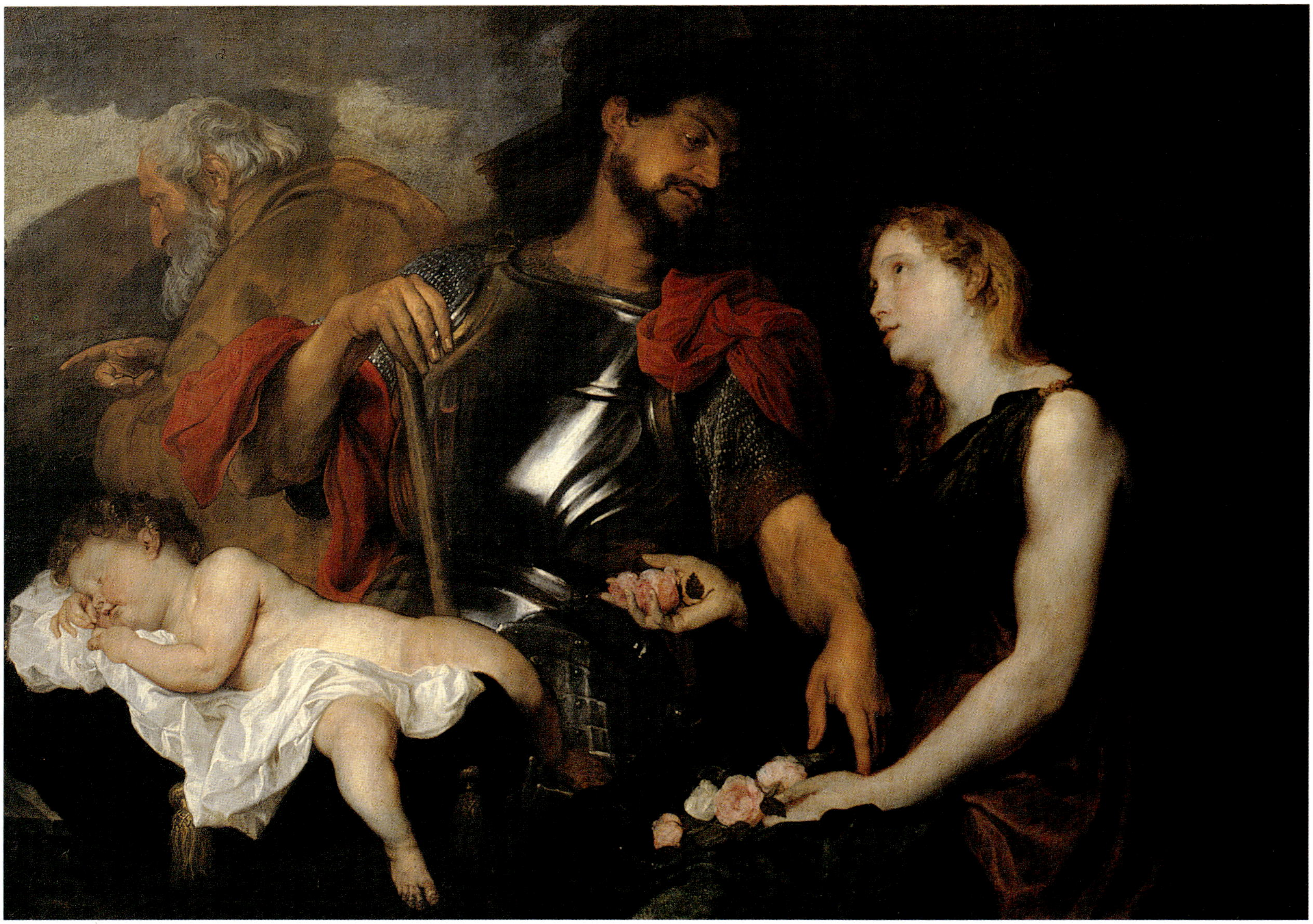

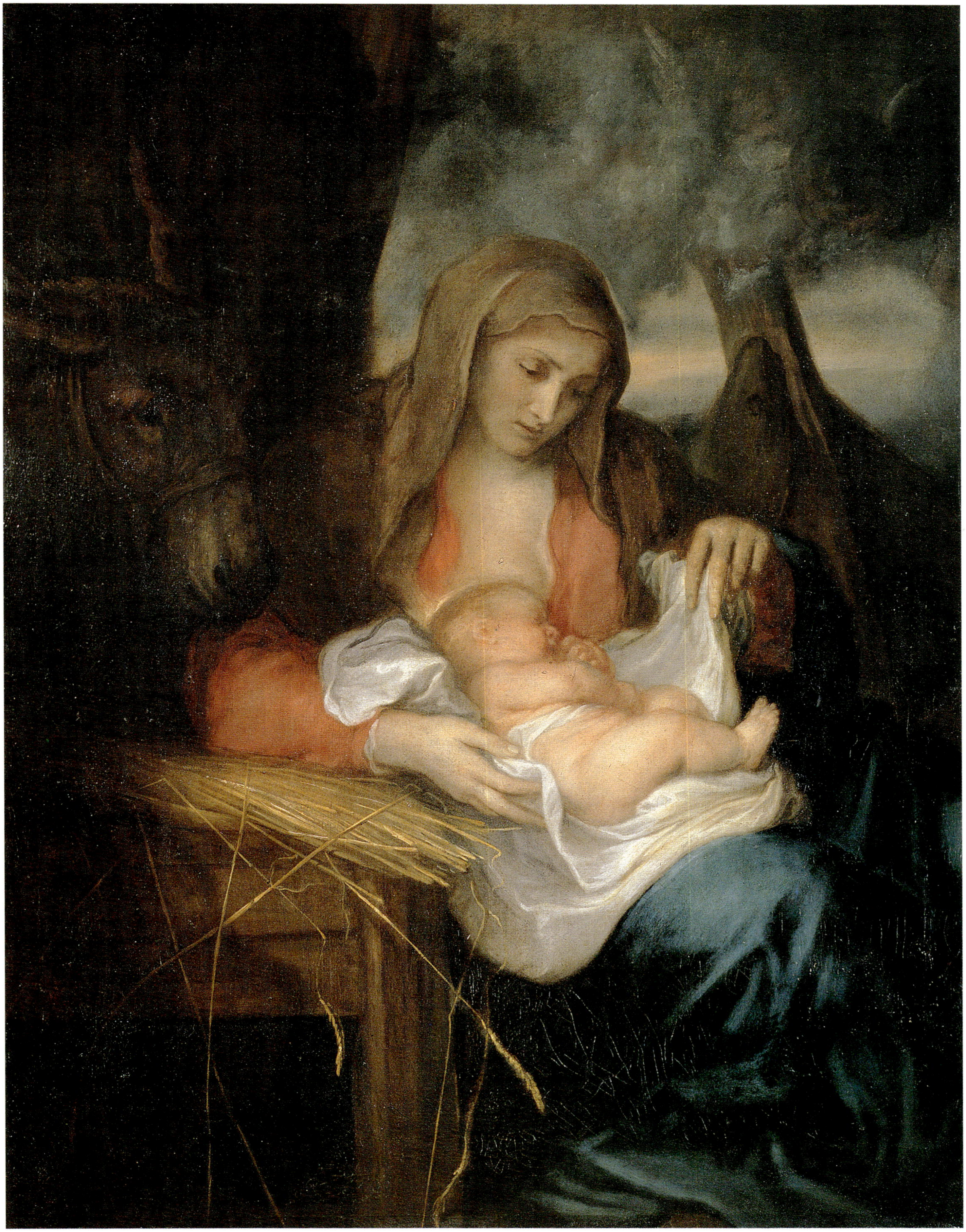

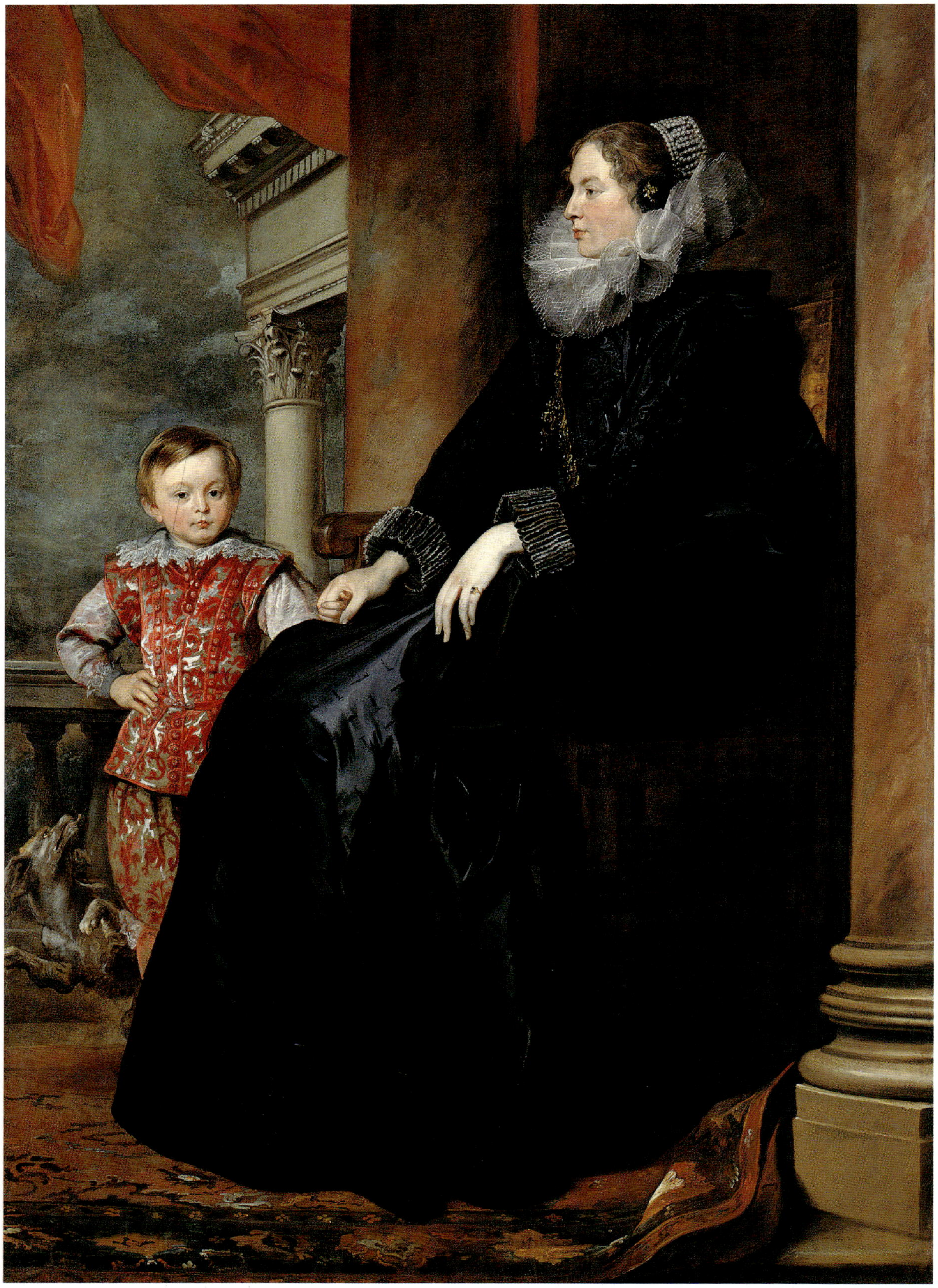

Anton van Dyck
Dama genovese col figlio
Genova, 1625 circa
olio su tela, 189 × 139 cm
Washington, National Gallery of Art
(cat. n. 18)

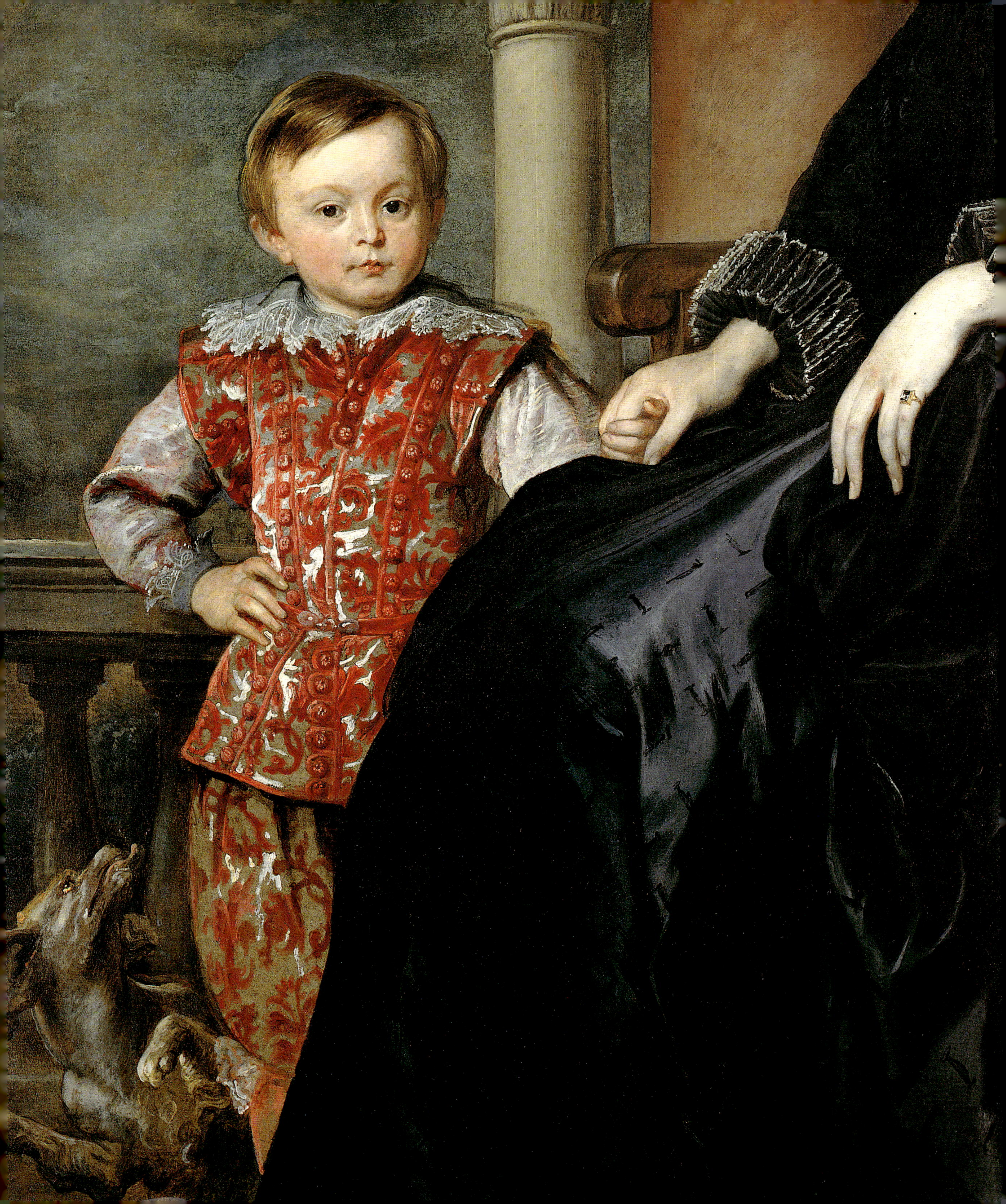

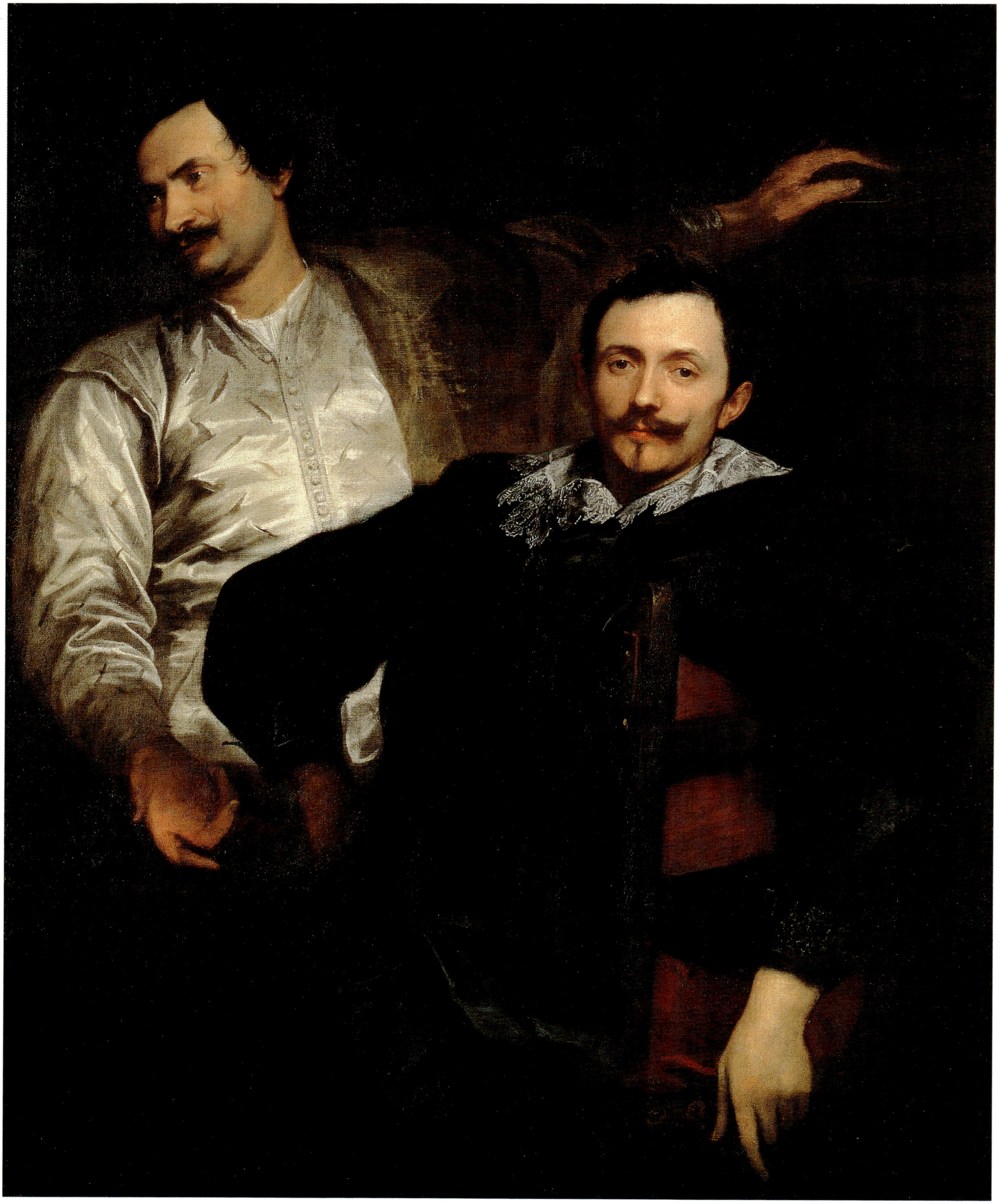

Nella pagina precedente
Anton van Dyck
Lucas e Cornelis de Wael
Genova, 1626-1627
olio su tela, 120 × 101 cm
Roma, Pinacoteca Capitolina
(cat. n. 19)

Anton van Dyck
Francesco Orero in adorazione del Crocifisso alla presenza dei santi Francesco e Bernardo
Genova, 1626-1627
olio su tela, 325 × 210 cm
San Michele di Pagana (Rapallo), Chiesa di San Michele
(cat. n. 20)

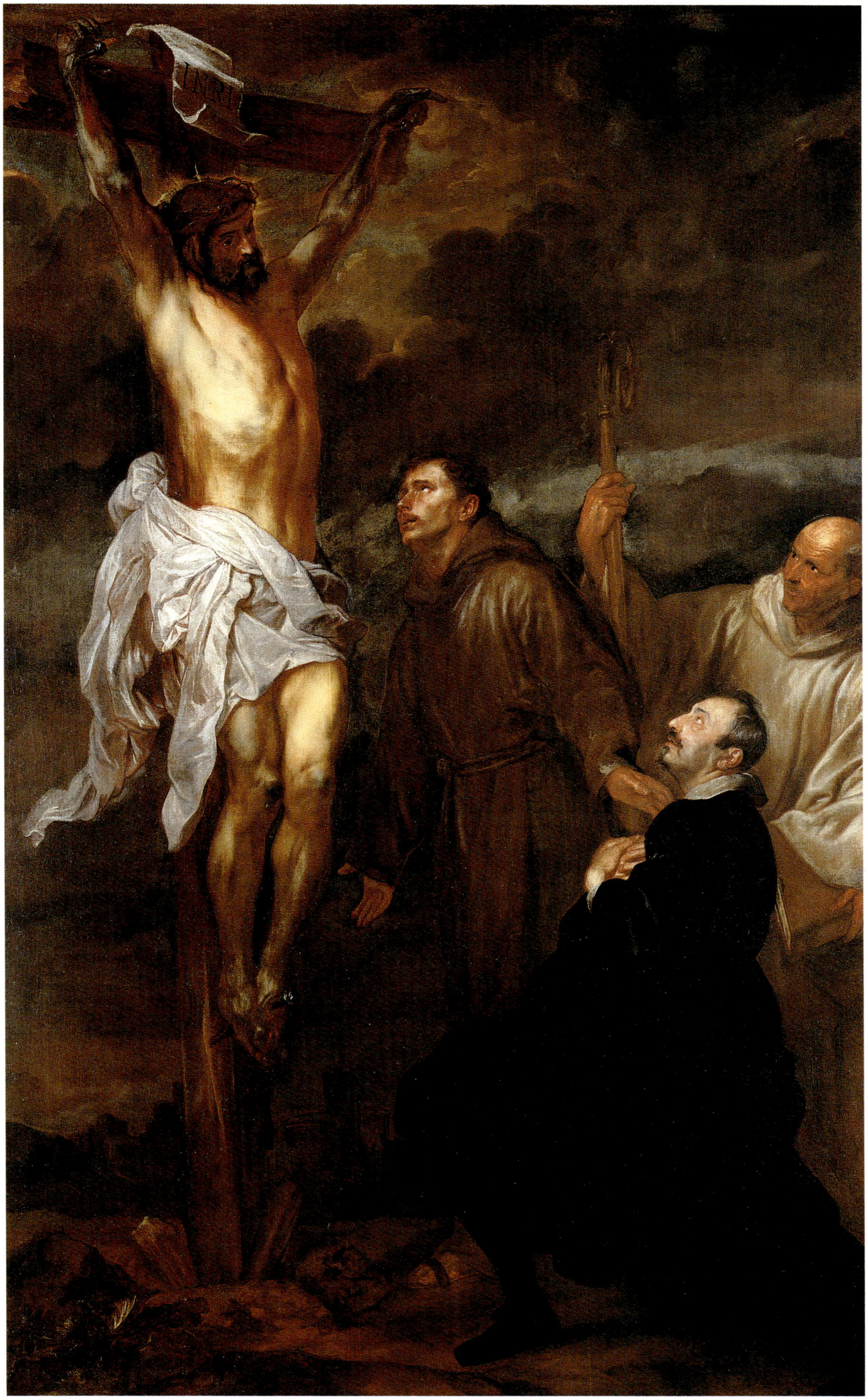

Anton van Dyck
Vertumno e Pomona
Anversa, 1629-1630 circa
olio su tela, 142 × 197,5 cm
Genova, Galleria di Palazzo Bianco
(cat. n. 21)

Nella pagina seguente
Anton van Dyck
La Vergine offre il Bambino a sant'Antonio
Fiandre, 1628-1632
olio su tela, 185 × 157 cm
Milano, Pinacoteca di Brera
(cat. n. 23)

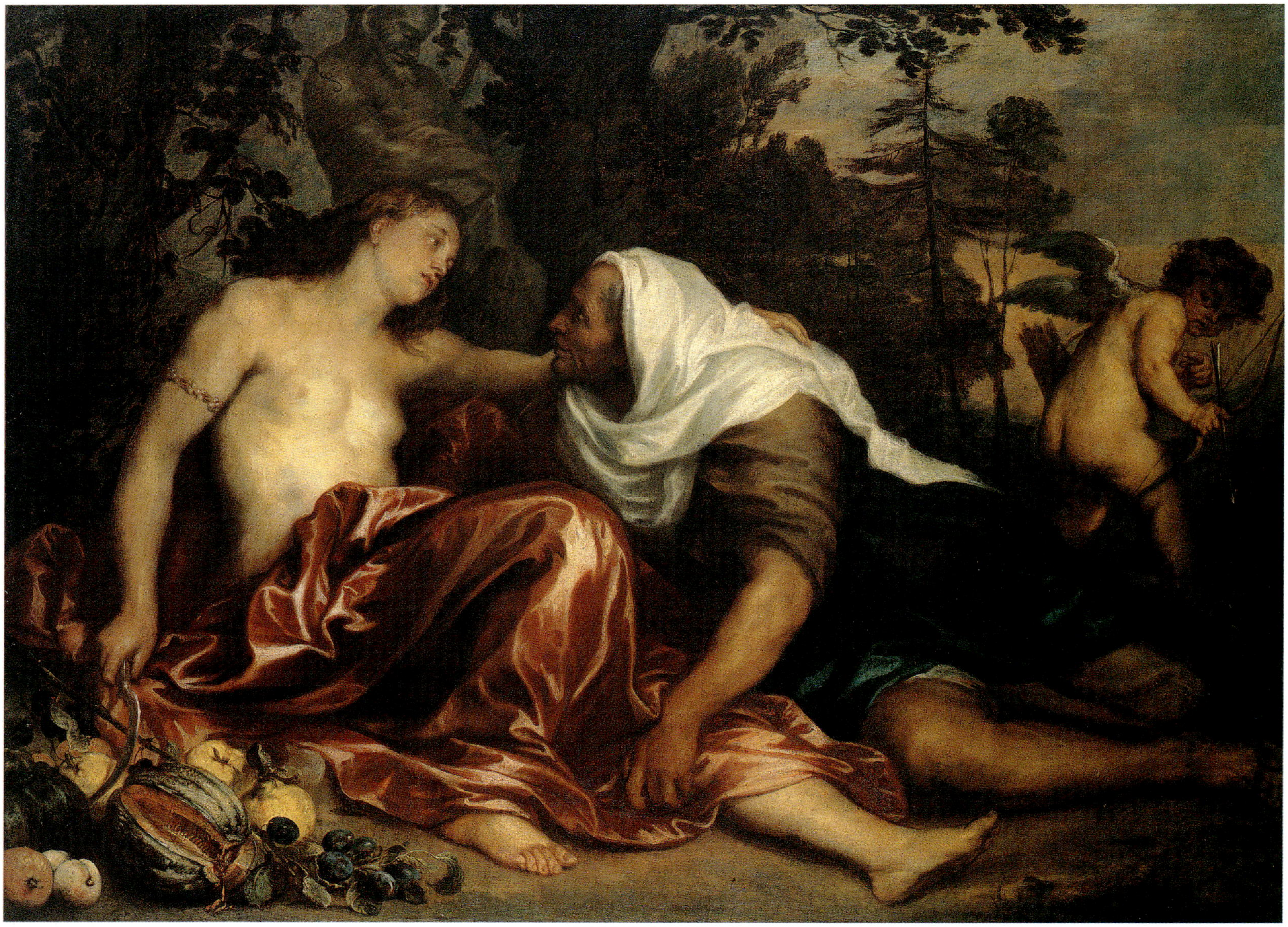

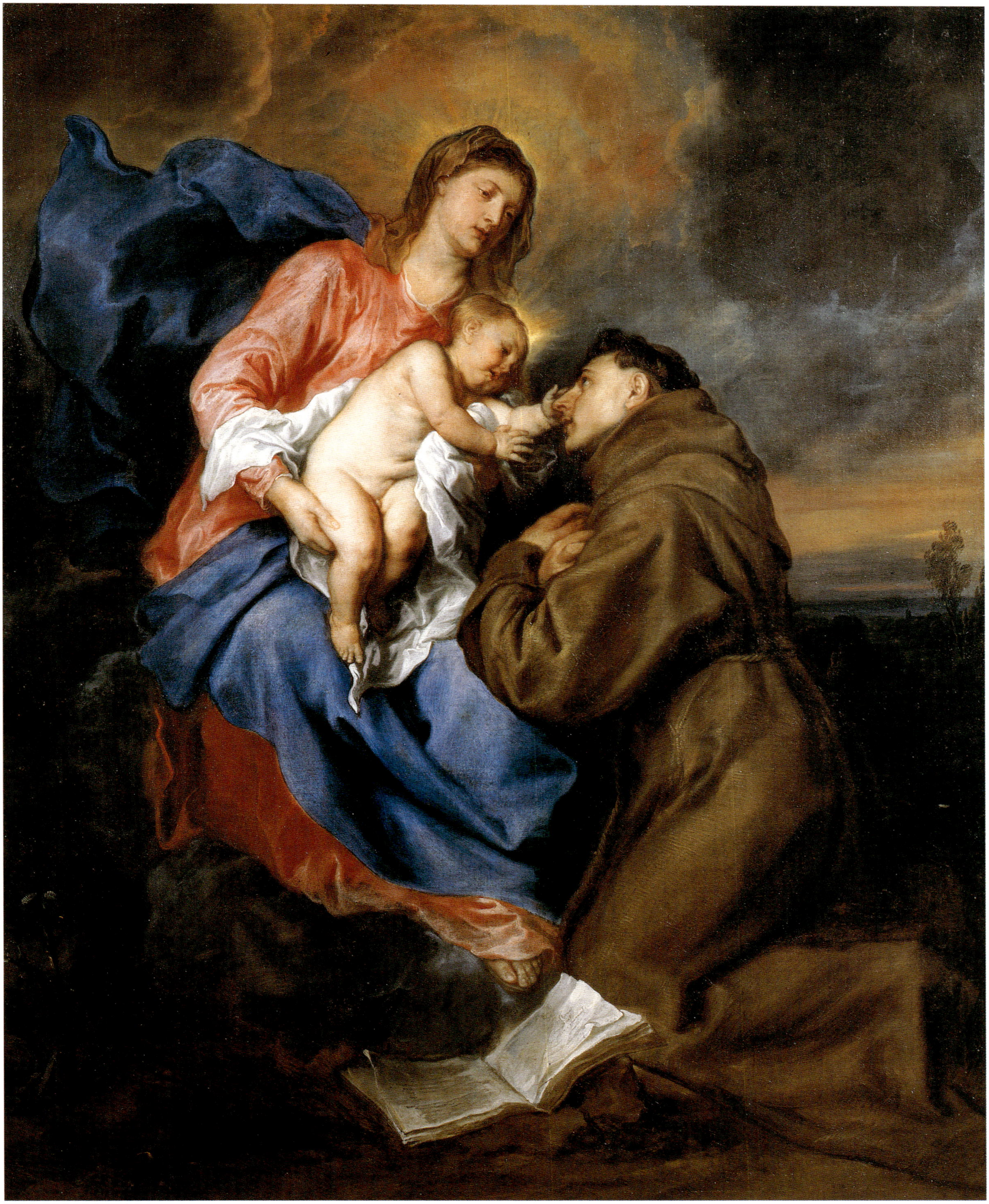

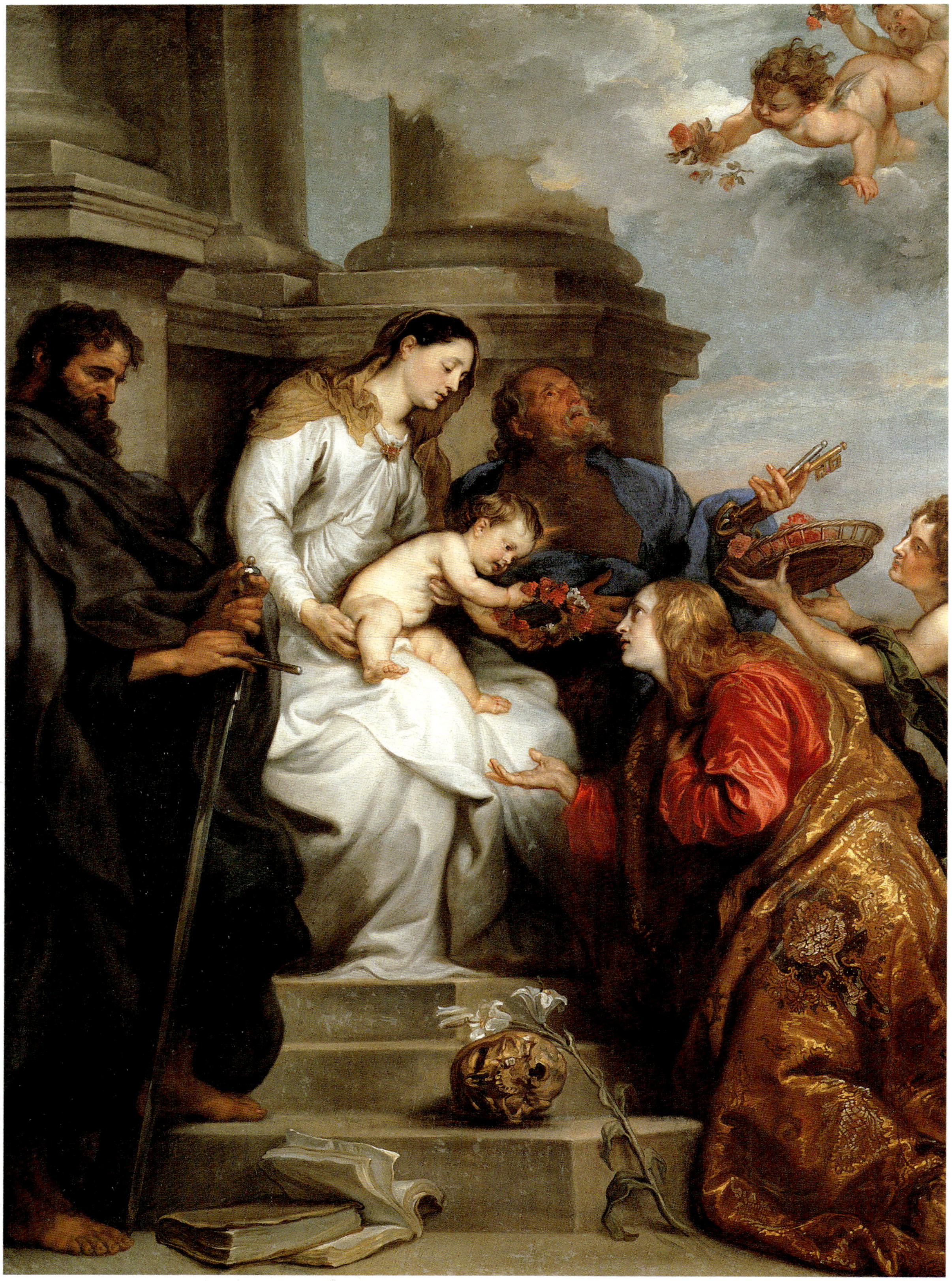

Anton van Dyck
Madonna col Bambino e santa Rosalia, san Pietro e san Paolo
Anversa, 1629
olio su tela, 275 × 210 cm
Vienna, Kunsthistorisches Museum
(cat. n. 24)

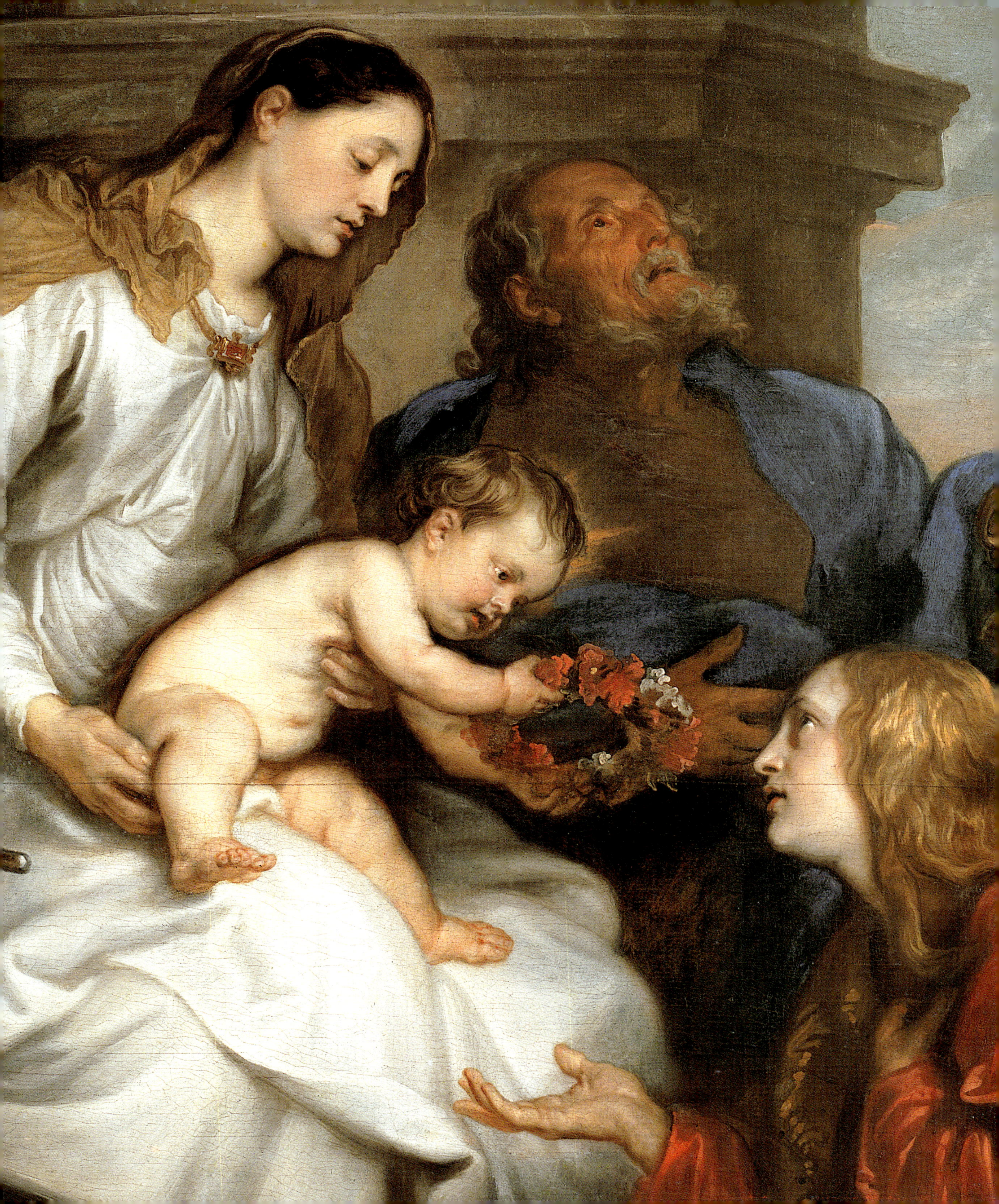

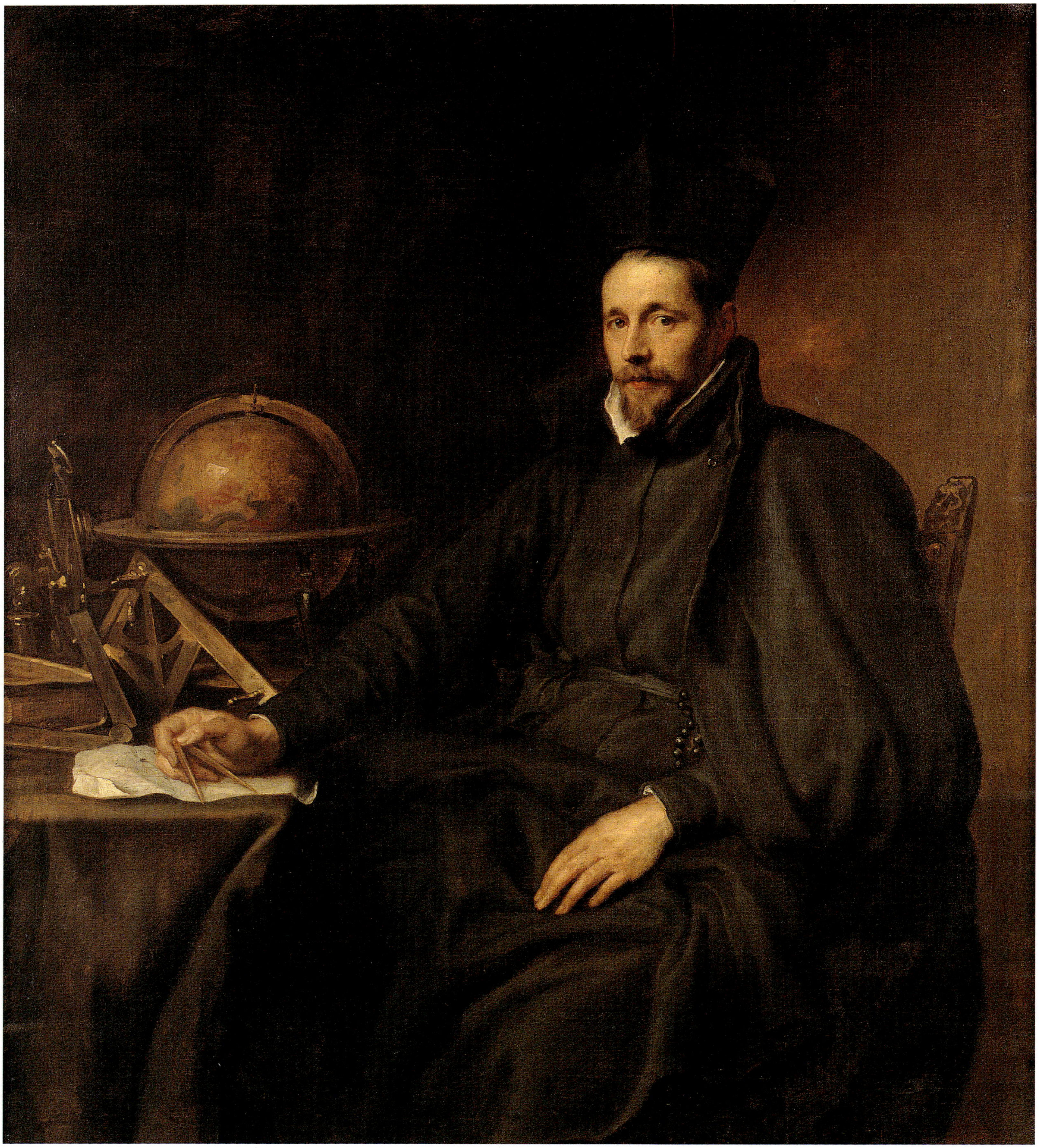

Nella pagina precedente
Anton van Dyck
Padre Jean-Charles della Faille
Anversa, 1629
olio su tela, 130 × 118,5 cm
Bruxelles, Musées Royaux des Beaux Arts de Belgique
(cat. n. 25)

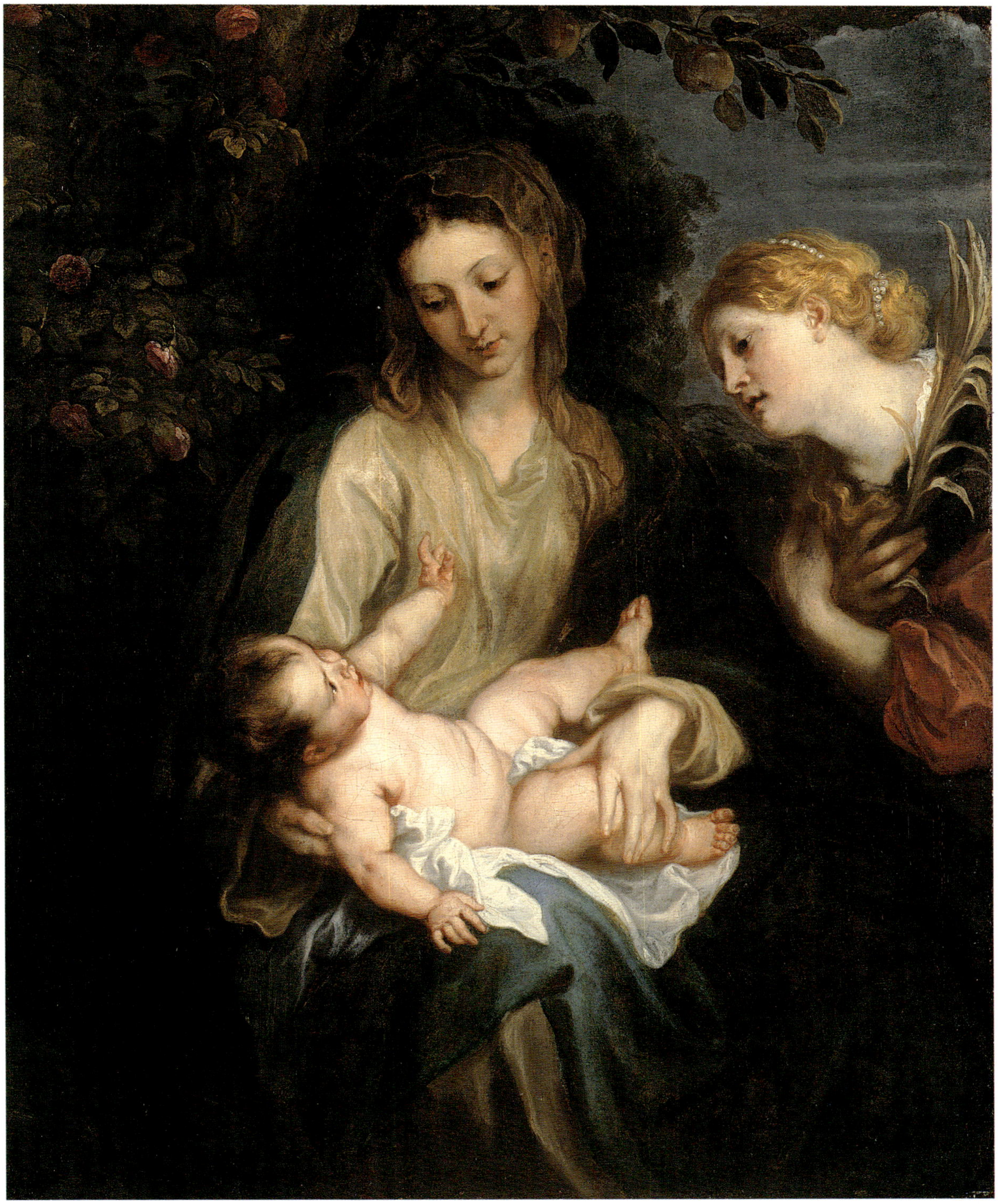

Anton van Dyck
Madonna col Bambino e santa Caterina d'Alessandria
Fiandre, 1628-1632
olio su tela, 112 × 94 cm
New York, The Metropolitan Museum of Art
(cat. n. 27)

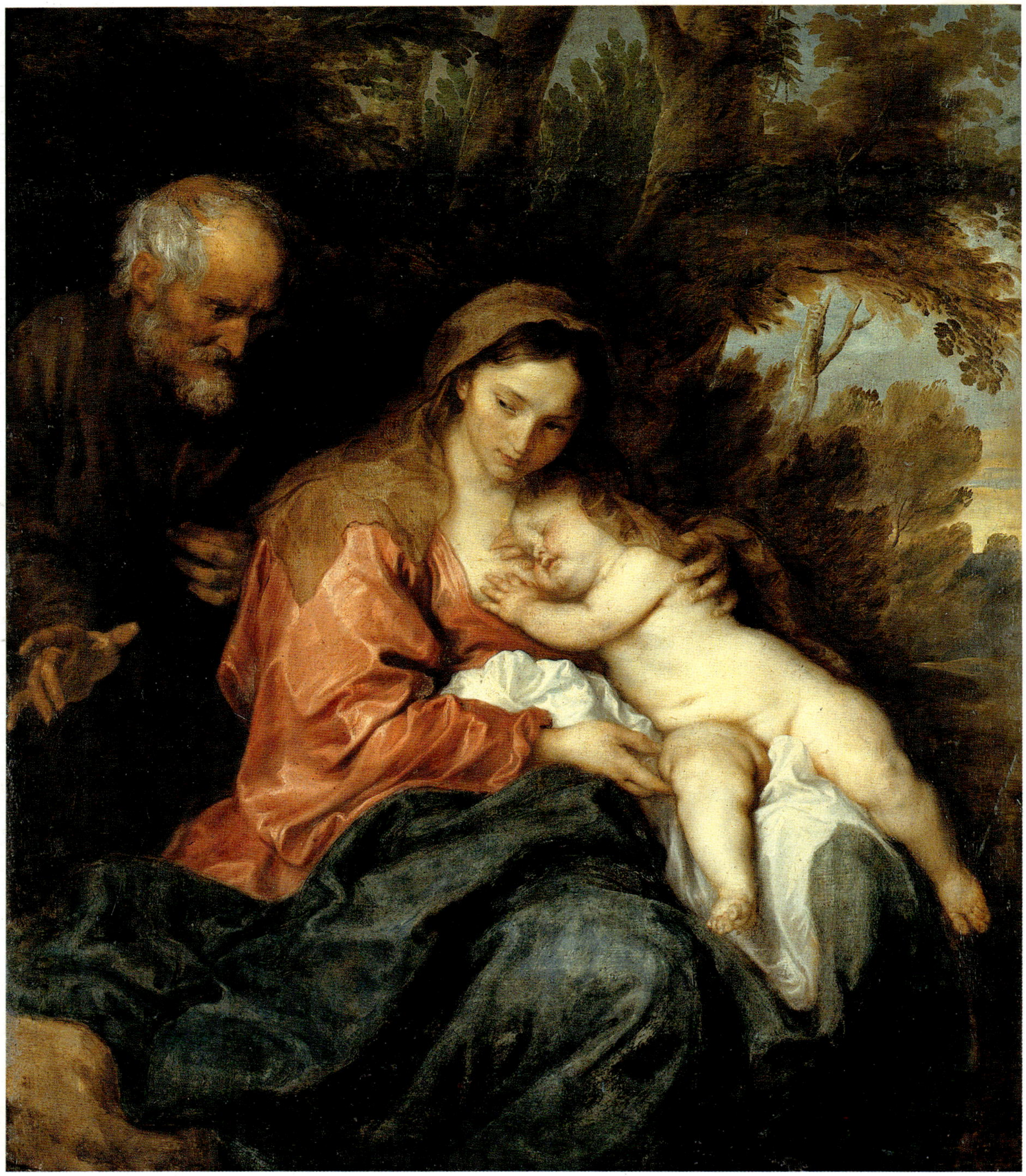

Anton van Dyck
Il riposo nella fuga in Egitto
Anversa, 1630 circa
olio su tela, 134,7 × 114,8 cm
Monaco, Bayerische
Staatsgemäldesammlungen,
Alte Pinakothek
(cat. n. 28)

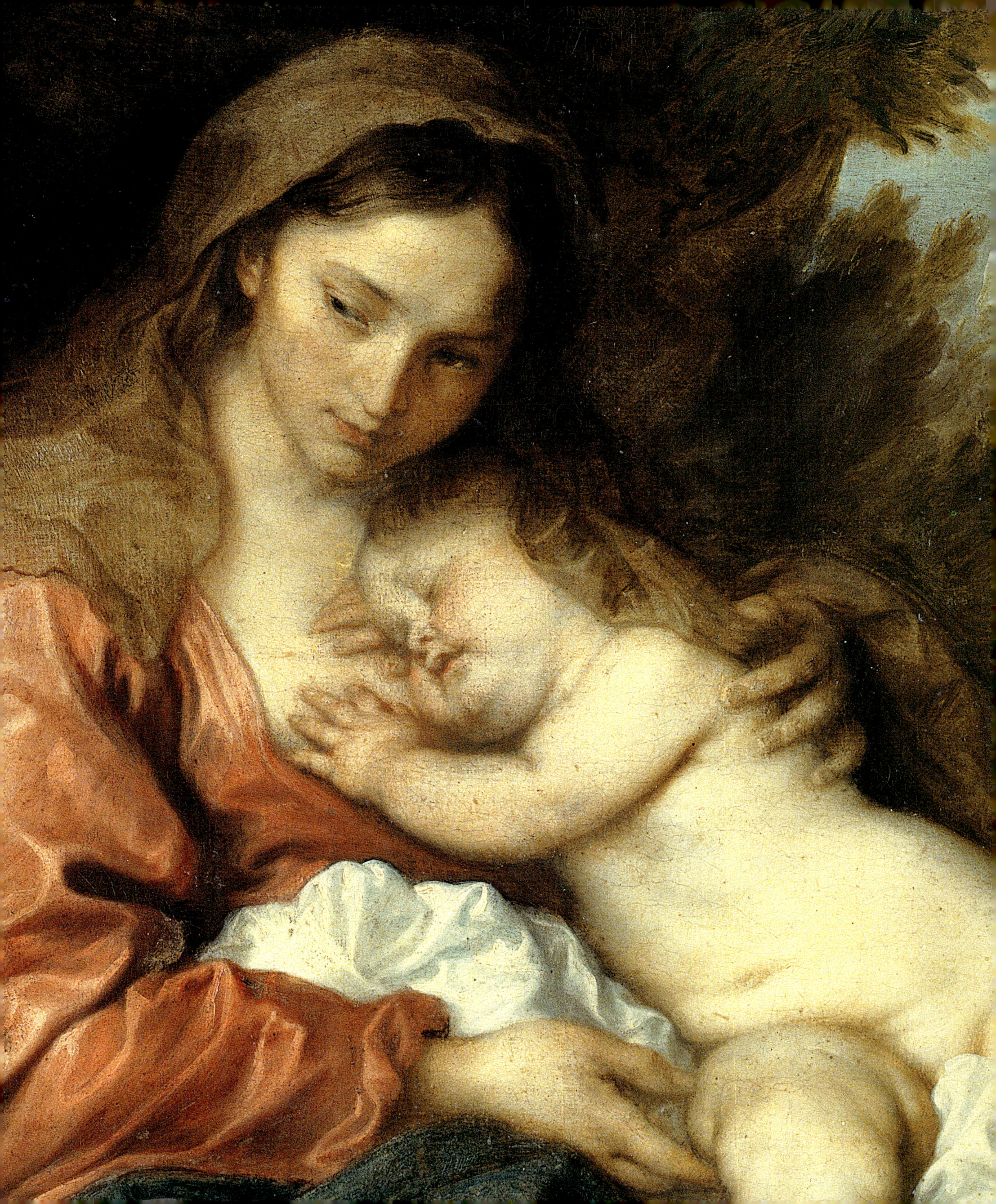

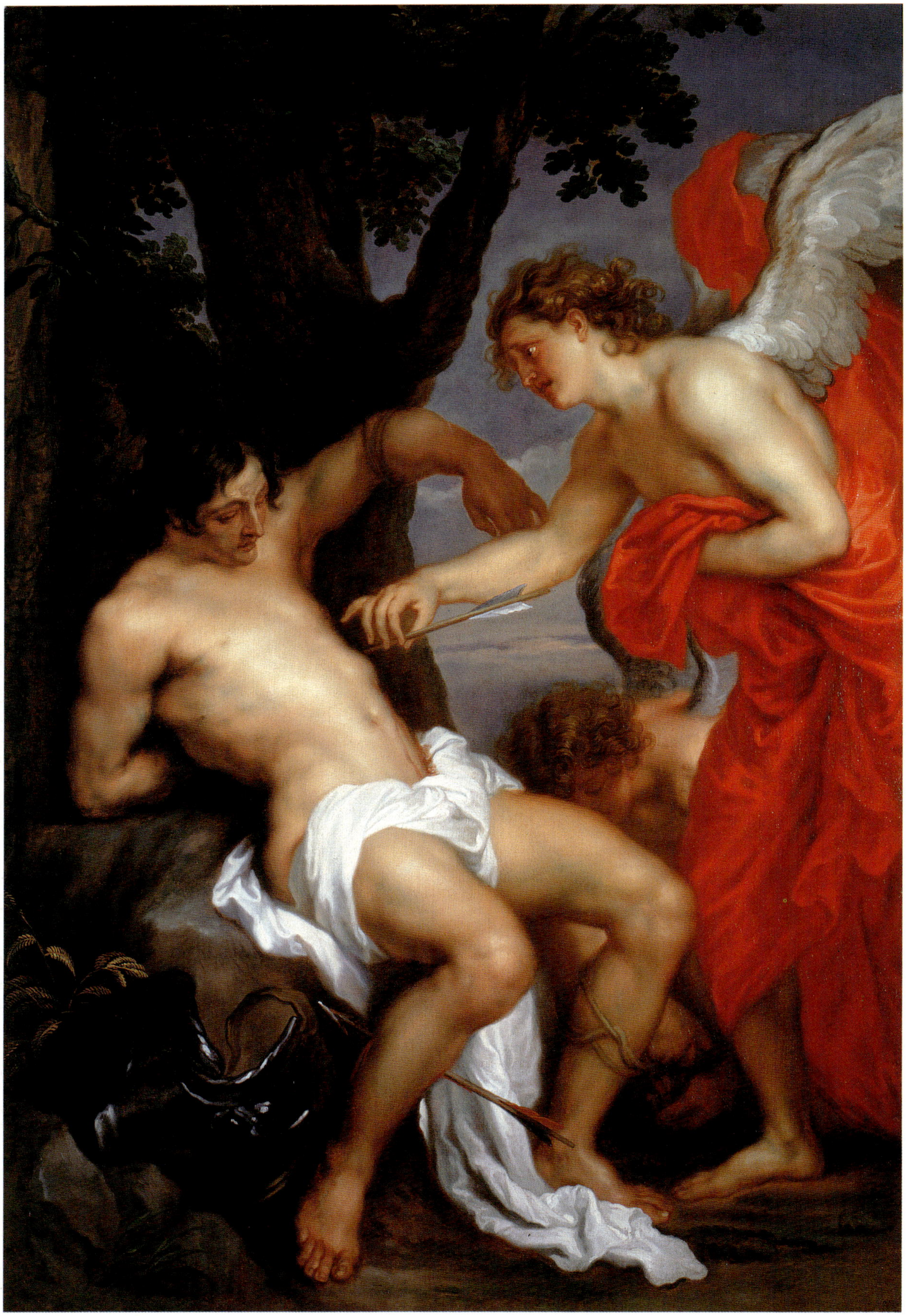

Anton van Dyck
San Sebastiano soccorso dagli angeli
Fiandre, 1630-1631
olio su tela, 160 × 155 cm
Torino, Galleria Sabauda
(cat. n. 29)

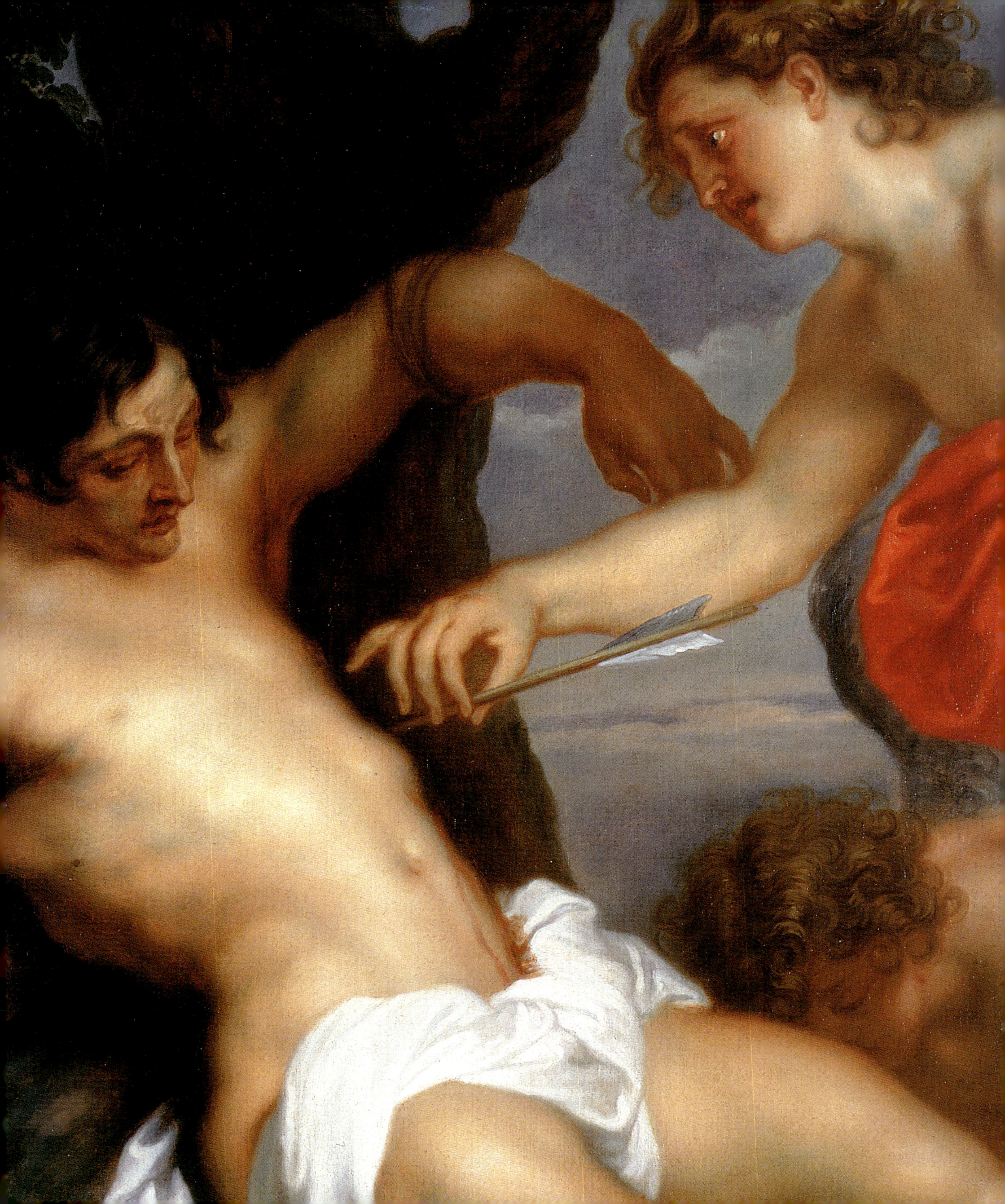

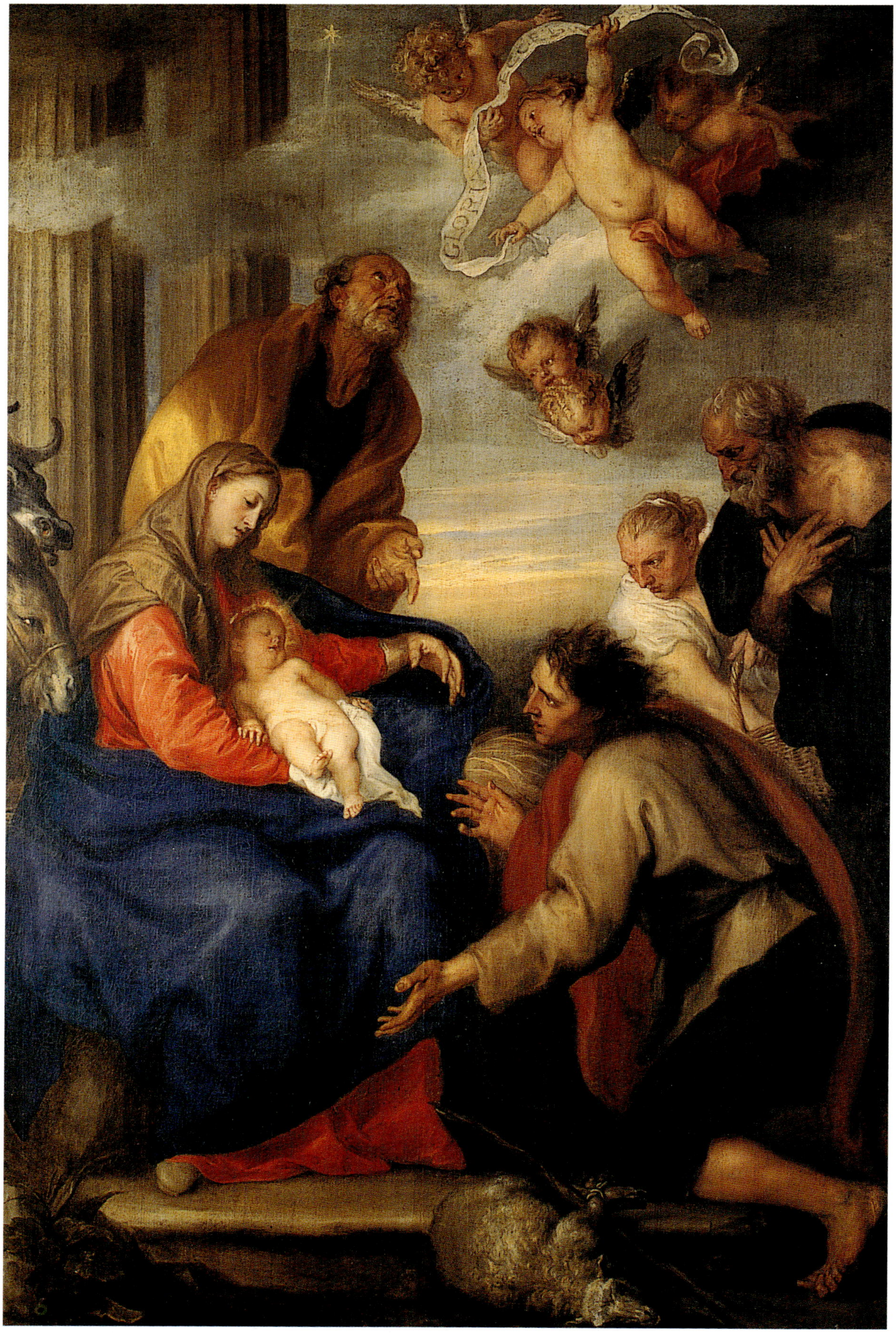

Anton van Dyck
Adorazione dei pastori
Fiandre, 1631-1632
olio su tela, 245 × 173 cm
Dendermonde, Onze
-Lieve-Vrouwekerk
(cat. n. 31)

Anton van Dyck
Gli amori di Amarilli e Mirtillo
L'Aja / Fiandre, 1631-1632
olio su tela, 122 × 145,5 cm
Torino, Galleria Sabauda
(cat. n. 30)

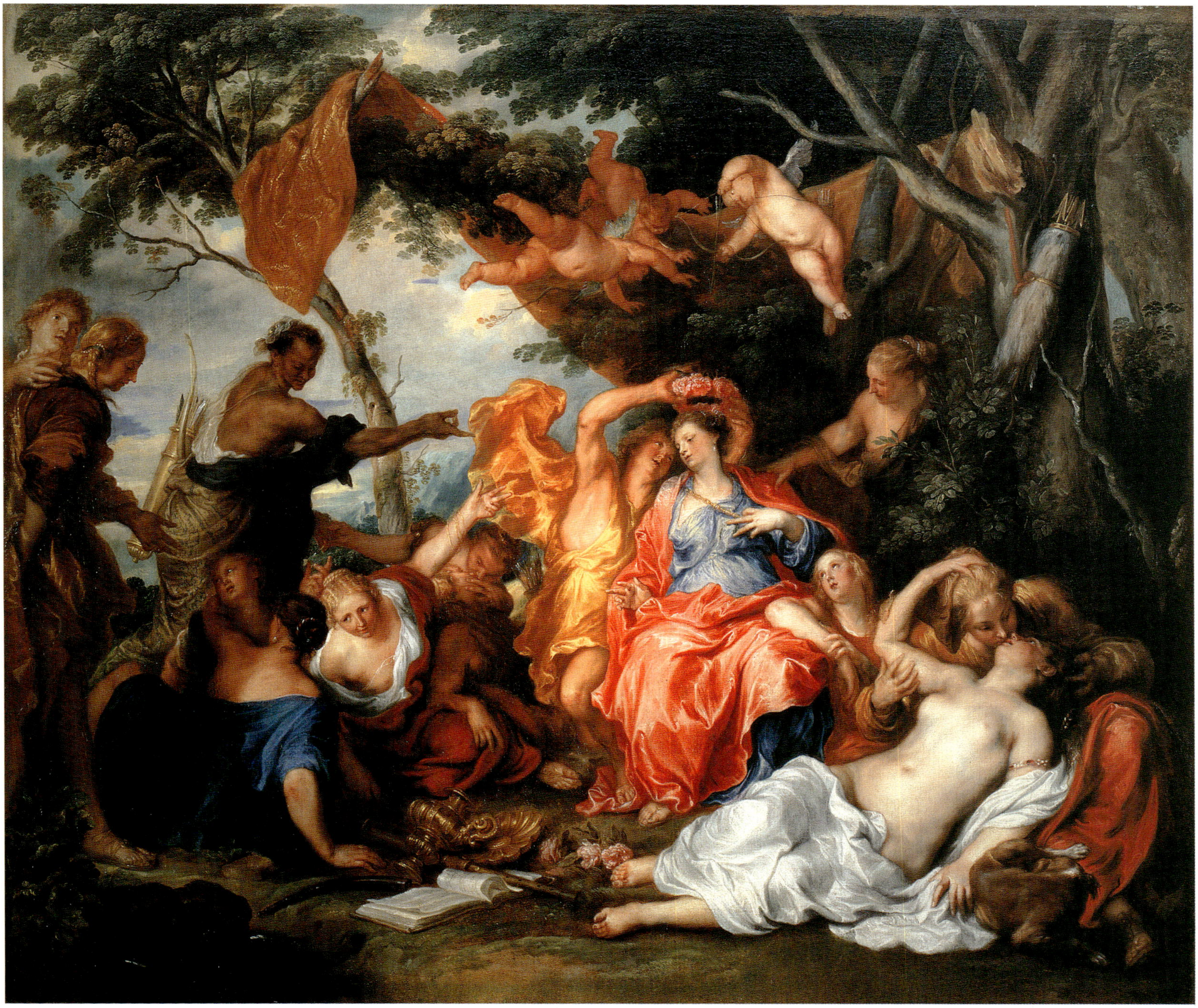

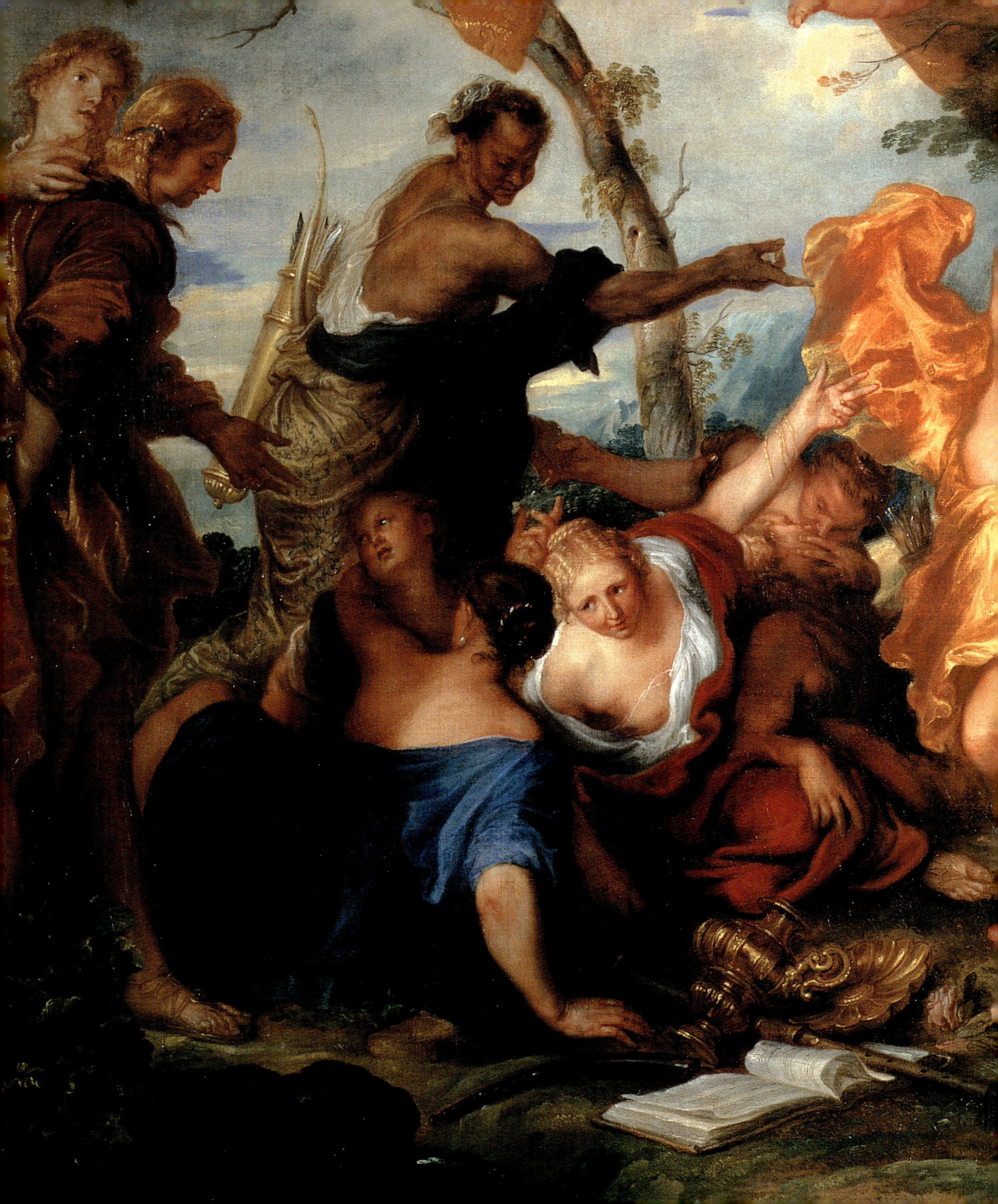

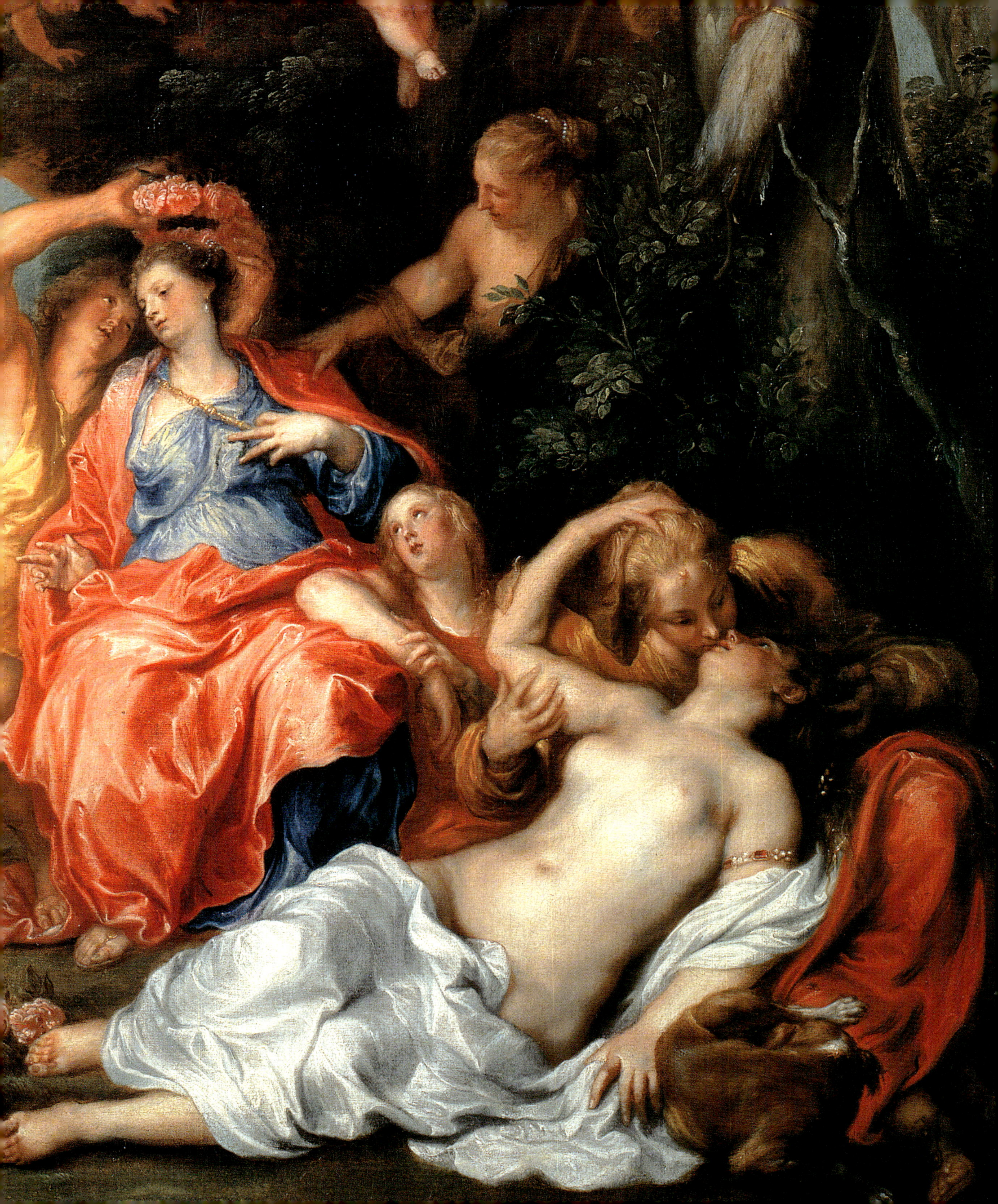

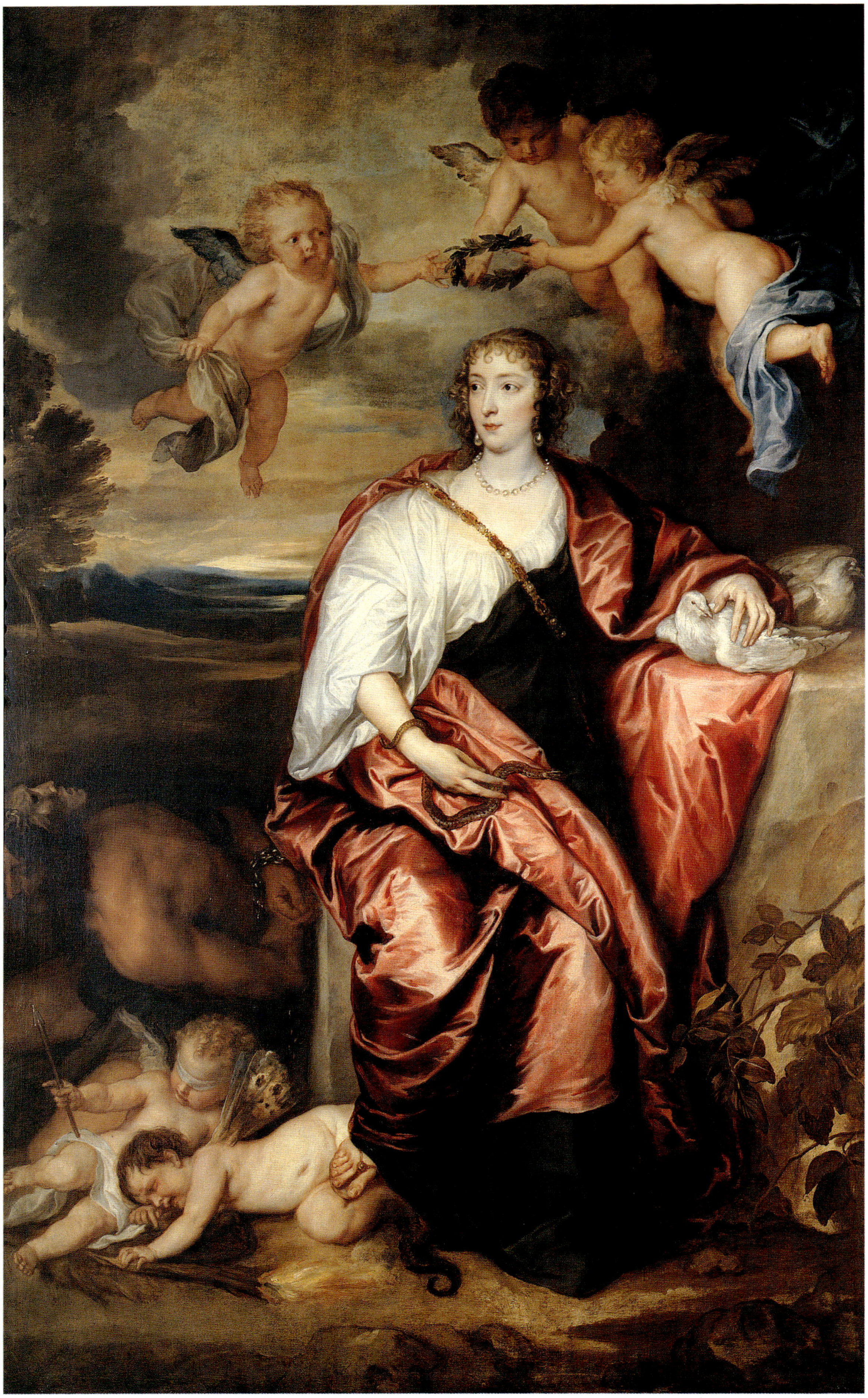

Anton van Dyck
Lady Venetia Digby come La Prudenza
Londra, 1633-1634
olio su tela, 242 × 155 cm
Milano, Palazzo Reale, Soprintendenza per i Beni Ambientali e Architettonici
(cat. n. 32)

Nella pagina seguente
Anton van Dyck
Tommaso Francesco di Carignano, Principe di Savoia
Bruxelles, 1634
olio su tela, 315 × 236 cm
Torino, Galleria Sabauda
(cat. n. 33)

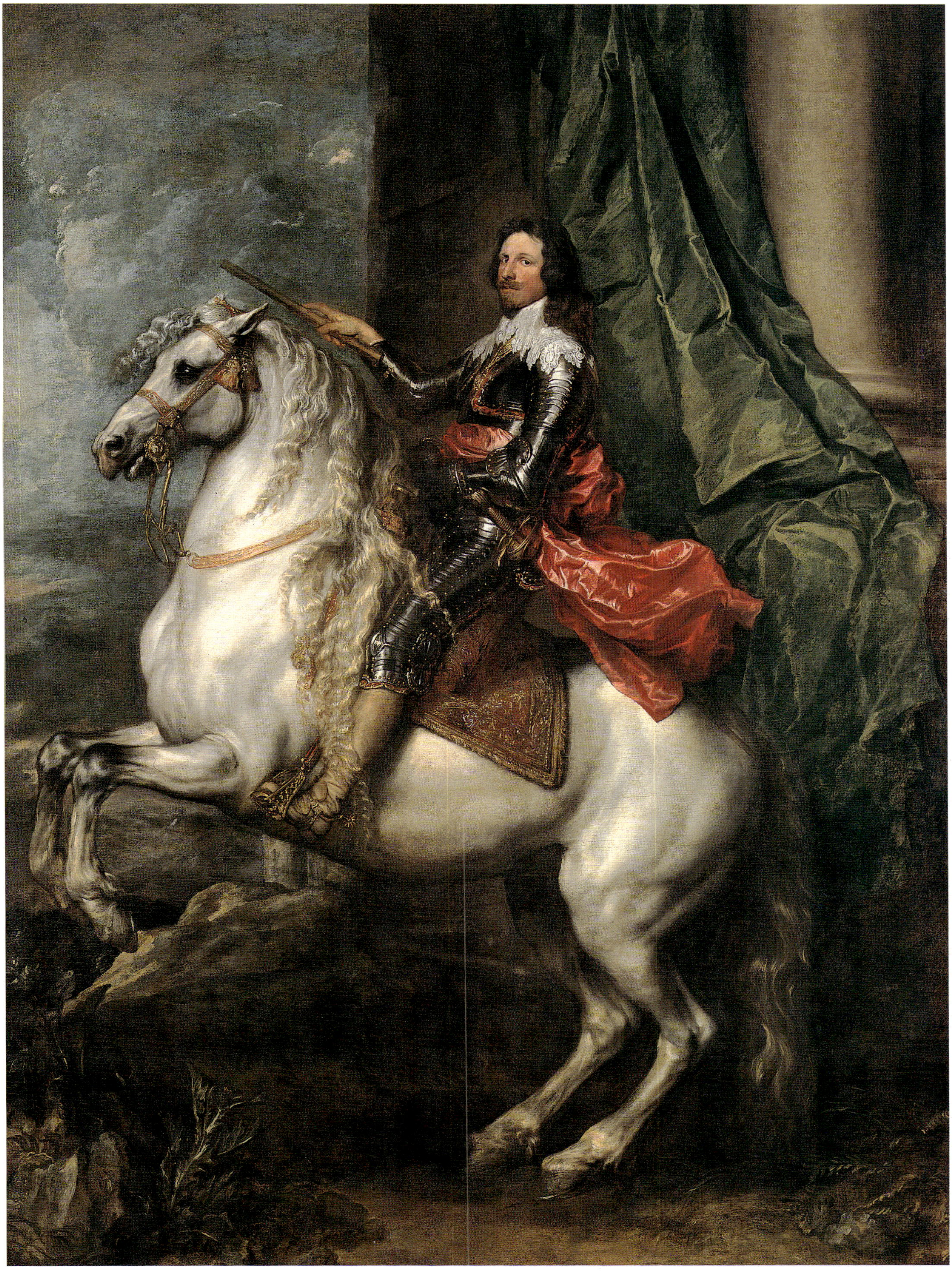

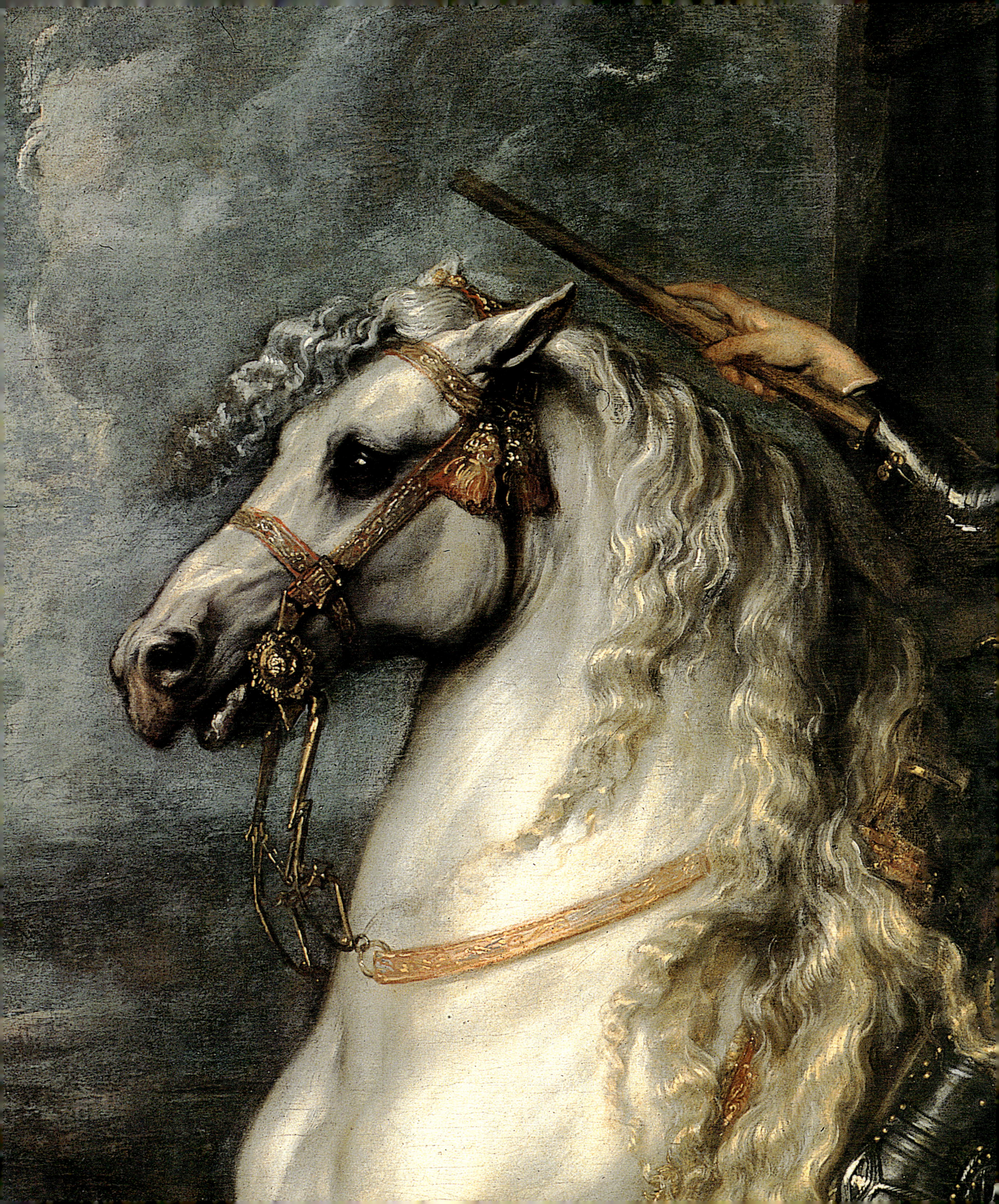

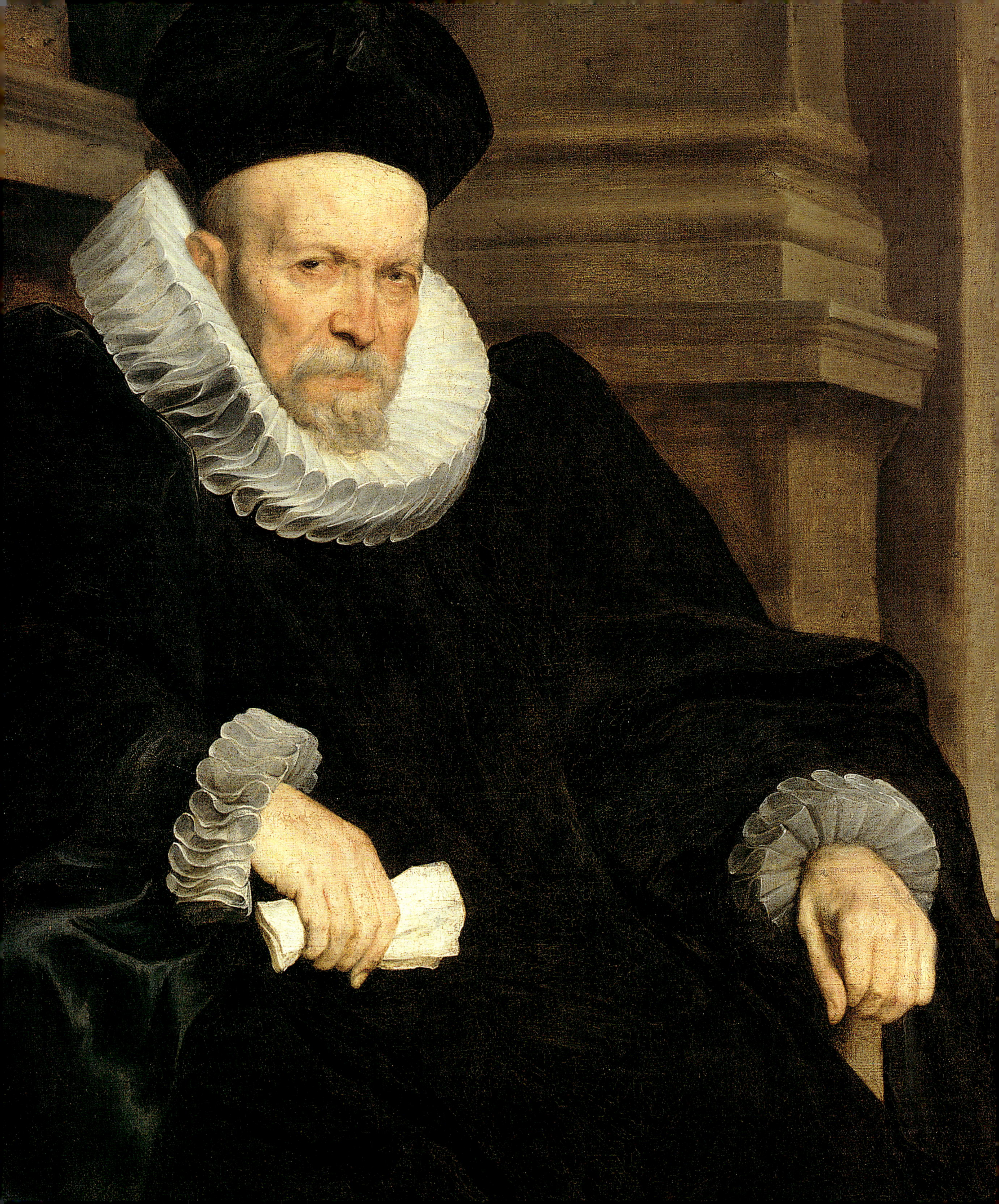

Catalogo delle opere

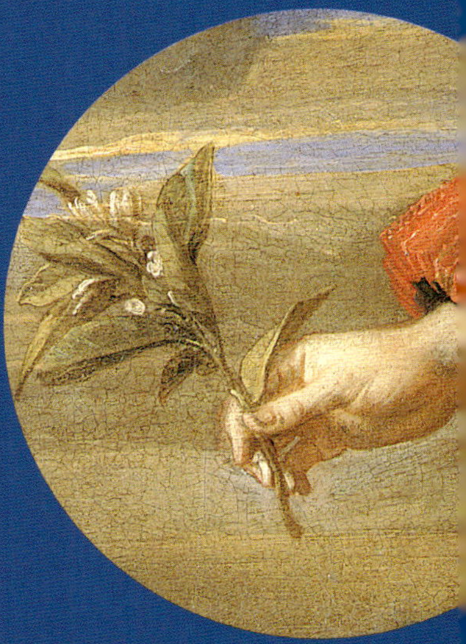

Catalogo delle opere

Negli ultimi anni l'opera pittorica di Anton van Dyck è stata oggetto di studi e approfondimenti, confluiti in una ricca bibliografia, e di tre grandi mostre organizzate a Washington (1990), a Genova (1997) e a Londra e Anversa (1999). Le opere presenti in questa mostra, molte delle quali erano esposte nelle manifestazioni citate, sono state quindi già ampiamente corredate di una dettagliata analisi storica e critica. Si è scelto pertanto di sintetizzare in queste schede i dati storici e i commenti critici, rimandando di volta in volta alla pubblicazione scientifica che le tratta in modo completo.

1

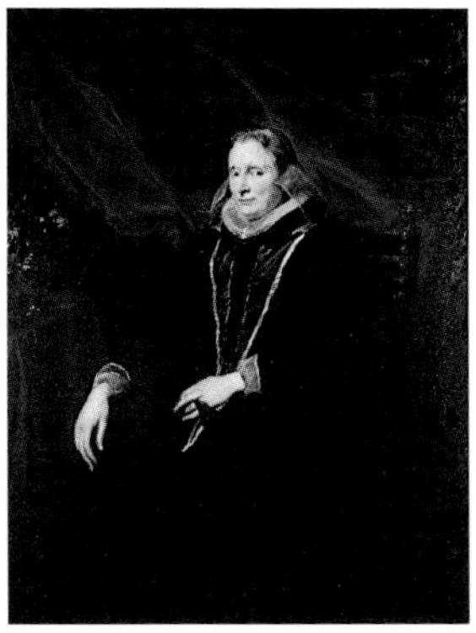

Luigia (?) Cattaneo Gentile
Genova, 1622 circa
olio su tela, 147 × 112 cm
Strasburgo, Musée des Beaux-Arts

A lungo ritenuto il ritratto di un membro della famiglia Durazzo, in quanto presente nella loro collezione, da cui è stato acquistato dal museo di Strasburgo, si è recentemente scoperto che in realtà raffigura una Cattaneo. Una nota di un erudito genovese della fine del secolo XIX, relativa alla vendita del dipinto al museo di Strasburgo da parte della signora Remedi, vedova Durazzo, riportava il nome dell'effigiata, Placida Gentile Cattaneo. Purtroppo ricerche ulteriori non hanno permesso di confermare il nome della Cattaneo, che secondo Boccardo e Di Fabio (1997) potrebbe essere Luigia Cattaneo Gentile.
Cronologicamente vicino alle ultime opere del primo periodo anversano (*Margareta de Vos* della Frick Collection di New York) e con le prime del periodo italiano (*Ritratto della marchesa Durazzo* del Metropolitan Museum of Art di New York), è databile al 1622. Pur nel tono severo dell'insieme – sottolineato dal vestito nero che potrebbe rimandare a uno stato di vedovanza – l'opera presenta una straordinaria ricchezza cromatica. Il grande tendaggio rosso, il plinto di colonna, il vaso di fiori, l'orologio in ottone, sono tutti elementi che Van Dyck riutilizzerà nei successivi ritratti, come nella *Dama d'oro* della collezione Durazzo Pallavicini di Genova.

Bibliografia essenziale: Barnes 1986, n. 66, pp. 302-303; Larsen 1988, vol. II, n. 404, p. 165; Roy 1977; Boccardo, in *Van Dyck 350*, 1994, p. 84; Boccardo-Di Fabio, in *Van Dyck a Genova...*, 1997, n. 35, p. 226. (con bibliografia precedente).

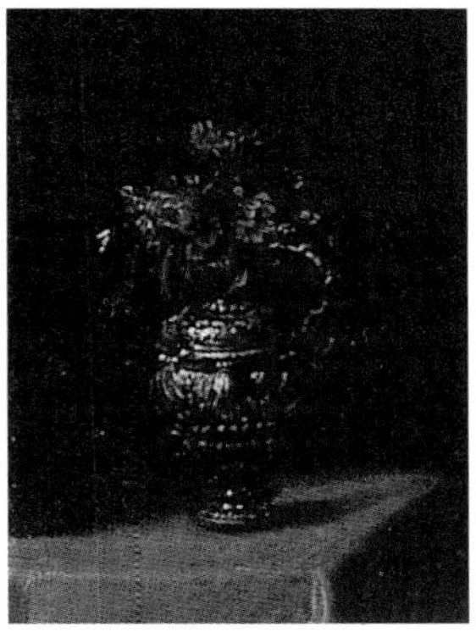

I. Anton van Dyck
La dama d'oro (particolare)
Genova, Galleria Durazzo Pallavicini

2

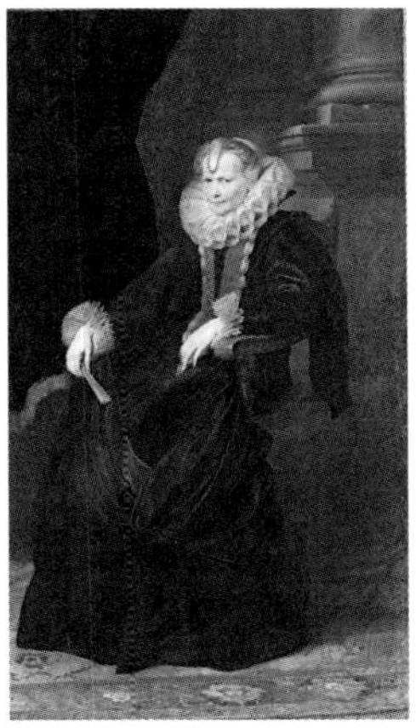

Anziana gentildonna di casa Spinola
Genova, 1622 circa
olio su tela, 200 × 116 cm
Berlino, Staatliche Museen zu Berlin, Gemäldegalerie

Capolavoro indiscusso della ritrattistica vandyckiana, questo ritratto di gentildonna, documentato con certezza dal 1724 negli inventari della collezione di Costantino Balbi, è sempre stato considerato il *pendant* del ritratto di *Alessandro Giustiniani* (cat. n. 3). Recentemente Boccardo e Di Fabio (1997) hanno messo in relazione l'opera con un documento d'archivio, che indica la provenienza da casa Spinola, e l'acquisto successivo nel 1705 da parte del Balbi, attestando così una committenza originaria diversa dal suo *pendant*.
Come viene attentamente puntualizzato dagli studiosi, le due opere presentano anche caratteristiche formali differenti: in questo ritratto l'artista usa "[...] procedimenti pittorici minuziosi, pennellate finissime [...]" mentre l'altro "[...] si segnala per uno splendore formale diverso, essenzialmente pittorico [...]". Più legata ai modi formali fiamminghi lei, già più veneto lui.
Pur in assenza di elementi che possano stabilire con esattezza la cronologia, il dipinto dovrebbe essere collocato nel primo soggiorno genovese, tra la fine del 1621 e l'inizio del 1622, per i forti legami che presenta ancora con l'arte e la ritrattistica fiamminga da un lato e per la vicinanza stilistica con altre opere di questo periodo, *il Ritratto di Agostino Pallavicino* (Los Angeles, Paul Getty Museum) e il ritratto di *Luigia Cattaneo Gentile*, di Strasburgo, qui esposto (cat. n. 1).
L'opera è espressione massima della ritrattistica vandyckiana per il profondo risvolto psicologico che la connota: "Il pittore, infatti, effigiando la matura bellezza della signora assisa, ne manifesta lo stato sociale elevato, la serena attitudine e l'abitudine al governo della *res familiaris* con procedimenti pittorici minuziosi, pennellate finissime che rendono i tratti del volto con esiti talvolta quasi grafici e tocchi di bianco a rialzare le parti più sporgenti, toccate dalla luce" (Boccardo-Di Fabio).
Bibliografia essenziale: Barnes 1986, n. 69, pp. 307-308; Larsen 1988, n. 378, p. 154; Barnes, in *Antony van Dyck*, 1990, nn. 26-27, pp. 150-151; Boccardo-Di Fabio, in *Van Dyck a Genova...*, 1997, n. 38, p. 234 (con bibliografia precedente).

3

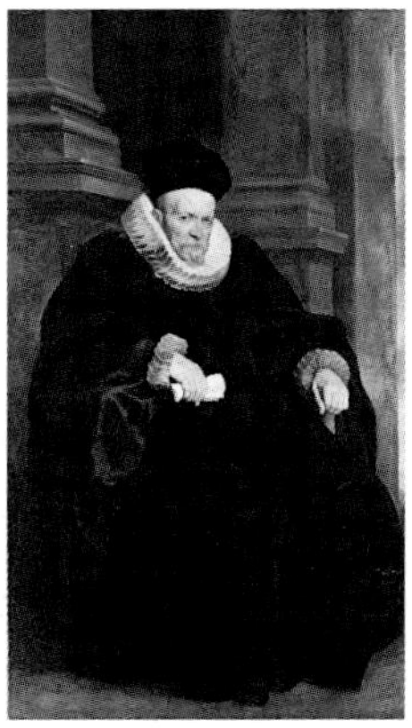

Alessandro Giustiniani in veste di senatore
Genova, 1622-1623
olio su tela, 200 × 116 cm
Berlino, Staatliche Museen zu Berlin, Gemäldegalerie

Il dipinto proviene, a differenza dell'opera raffigurante la *Gentildonna di casa Spinola* (cat. n. 2), considerata erroneamente il suo *pendant*, dalla famiglia Giustiniani, passando poi di proprietà dei Saluzzo e infine dei Balbi per essere alienata e portata in Inghilterra all'inizio dell'Ottocento.
La collezione dei Saluzzo, di cui faceva parte l'opera di Van Dyck, si era formata in seguito al matrimonio di Caterina Giustiniani, erede universale del padre, con Alessandro Saluzzo.
Ad un anno dalla morte di Bartolomeo Saluzzo, gran parte della collezione fu venduta e un consistente nucleo di opere pervenne nel 1706 nella collezione di Costantino Balbi, il cui inventario del 1724 registra il dipinto.
Il personaggio ritratto è plausibilmente Alessandro Giustiniani, bisnonno di Caterina, che rivestì la carica di doge della repubblica di Genova dal 1611 al 1613. Avvalorano l'ipotesi anche l'età dell'effigiato che corrisponde a quella che effettivamente doveva avere Alessandro Giustiniani quando van Dyck era a Genova, e la foggia dell'abito con il "robone", proprio dei procuratori perpetui.
Nella struttura compositiva, il dipinto si avvicina ai ritratti degli anni 1621-23, in particolare al disegno preparatorio, conservato presso il Petit Palais di Parigi, per il cardinale Bentivoglio (cat. n. 5), e al ritratto di *Agostino Pallavicino* (Los Angeles, Paul Getty Museum).
Van Dyck sottolinea il ruolo istituzionale che il personaggio ha ricoperto, conferendo all'insieme un carattere solenne, per l'aspetto austero della figura con una ricca veste nera e con un'espressione enigmatica del volto, per la severa architettura che fa da sfondo all'opera.
Bibliografia essenziale: Barnes, 1986 n. 54, pp. 281-283; Larsen 1988, vol. II, n. 377, p. 153; Barnes, in *Anthony van Dyck*, 1990, nn. 26-27, pp. 150-151; Boccardo-Di Fabio in *Van Dyck a Genova…*, 1997, n. 45, pp. 256-258 (con bibliografia precedente).

4

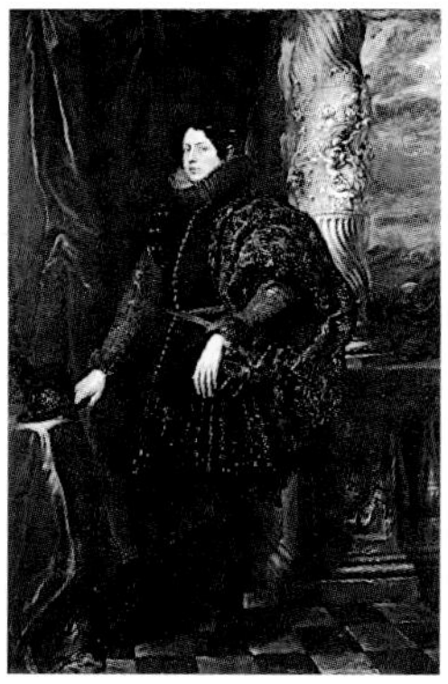

Gentiluomo di casa Spinola
Genova, 1623-1625
olio su tela, 241 × 168 cm
Genova, Galleria di Palazzo Rosso

La presenza dello stemma della famiglia Spinola permette di identificare l'uomo effigiato con un membro della famiglia genovese, senza peraltro poter individuare con precisione il personaggio. Come ha potuto dimostrare Boccardo (in *Van Dyck 350*, 1994, pp. 79-102 e nel saggio in questo catalogo), il motivo dell'anonimato di moltissimi dei ritratti eseguiti da Van Dyck è dovuto alle caratteristiche della nobiltà genovese.
A differenza della aristocrazia romana, che vantava lunghe tradizioni familiari e conservava la propria collezione di padre in figlio (Colonna, Doria-Pamphilj, Pallavicini), la classe aristocratica e di governo di Genova, formata essenzialmente da mercanti e banchieri, aveva esigenze "di celebrazione più personale che dinastica", e la loro fortuna era legata alle vicende finanziarie che potevano avere un andamento irregolare e condizionare la fortuna o la sventura delle famiglie, con conseguente svendita dei propri beni, tra cui le collezioni di opere d'arte.
Inoltre le famiglie erano costituite da più rami, pertanto i ritratti passati di mano in mano, persero ben presto la loro identità.
Tipico della ritrattistica vandyckiana, che ritroviamo in quest'opera, è il risvolto psicologico del personaggio, che ostenta sicurezza e fierezza di sé, consapevole del proprio potere. Stilisticamente si situa nel primissimo periodo italiano, soprattutto per l'impostazione compositiva, legata ancora alla passata tradizione ritrattistica.
Bibliografia essenziale: Larsen 1988, vol. II, n. 387, p. 157; Jaffé, in *Van Dyck 350*, 1994, pp. 133-150; Boccardo-Di Fabio, in *Van Dyck a Genova…*, 1997, n. 34, p. 224 (con bibliografia precedente).

5

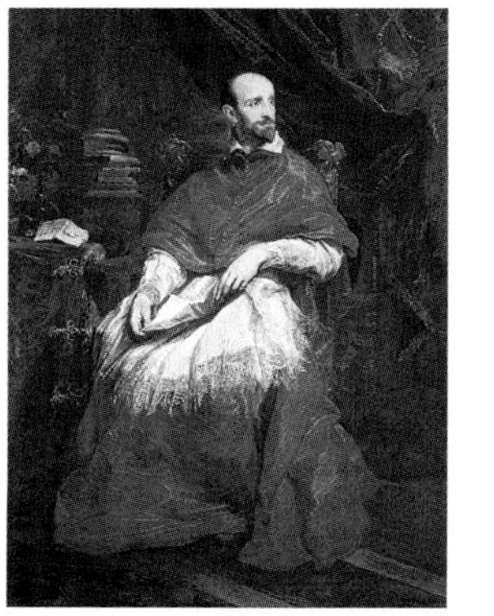

Il cardinale Guido Bentivoglio
Roma, 1622-1623
olio su tela, 195 × 147 cm
Iscrizioni: "A mon cousin le Cardinal / Bentivoglio comprotecteur / de mes affaires / en cour de Rome" (nella lettera sul tavolo a sinistra)
Firenze, Galleria Palatina di Palazzo Pitti

Appartenente ad una delle più antiche casate emiliane, Guido Bentivoglio, cardinale dal 1621, fu personaggio di grande prestigio della corte papale, e sarebbe stato il più probabile successore quale pontefice di Urbano VIII Barberini, se non fosse morto proprio durante il conclave del 1644.
La sua fama è ancor oggi legata al lungo incarico come nunzio nelle Fiandre, da cui il Bentivoglio trasse il resoconto storico *Della guerra di Fiandra*, pubblicato tra il 1632 e il 1639. Tra le sue cariche vi era anche quella di protettore della Francia presso la Santa Sede (cui fa riferimento la lettera posata sul tavolo a sinistra nel dipinto).
Proprio il ruolo di conoscitore delle Fiandre può aver fatto del porporato il punto di riferimento per il giovane Van Dyck appena arrivato a Roma: il ritratto fu eseguito nella capitale pontificia durante il soggiorno del 1622 o durante quello del 1623. Sulla scorta dell'incisione trattane da Jean Morin nel 1644, che reca l'iscrizione "Ant. van Dyck pinxit anno 1623", la maggior parte degli studiosi tende a considerare più probabile questa seconda data.
Tra le non molte opere eseguite da Van Dyck a Roma, questa è sicuramente la più prestigiosa e importante per il futuro dell'artista, quale banco di prova per un grande ritratto ufficiale di un principe della Chiesa.
Cercando un'alternativa al consueto schema per direttrici parallele della maggioranza dei ritratti di prelati seduti, in qualche modo codificato da Raffaello – corpo, braccia e testa impostati secondo un unico asse – Van Dyck prende lo spunto da un precedente da lui studiato sempre a Roma, tanto prestigioso quanto anticonvenzionale: il *Ritratto di Paolo III Farnese con i nipoti Alessandro e Ottavio* di Tiziano. Il pittore fa così volgere il cardinale Bentivoglio verso destra, come richiamato da qualcosa che ne distoglie l'attenzione dalla lettera che stava leggendo, animando la rigidità del ritratto ufficiale e conferendo alla figura una suprema eleganza vagamente *dégagée*. Ancora di suggestione tizianesca è l'adozione di un'unica tinta guida – il rosso scarlatto – per costruire la composizione.
Ma qui l'artista fiammingo va oltre ogni possibile modello, con un vero *tour de force* cromatico, che gioca all'interno dello stesso timbro per il drappo che copre il tavolo, i fiori nel vaso, i riflessi sulle aquile che ornano il sedile e il tendone dietro il cardinale, costruendo uno dei più straordinari studi di rosso di tutta la pittura del Seicento.
Bibliografia essenziale: Bellori ed. 1976, p. 273; Larsen 1975, 2, p. 42; Barnes 1986, pp. 10, 98-99,199-203; Arcangeli 2000, II, pp. 311-312 (con bibliografia precedente).

6

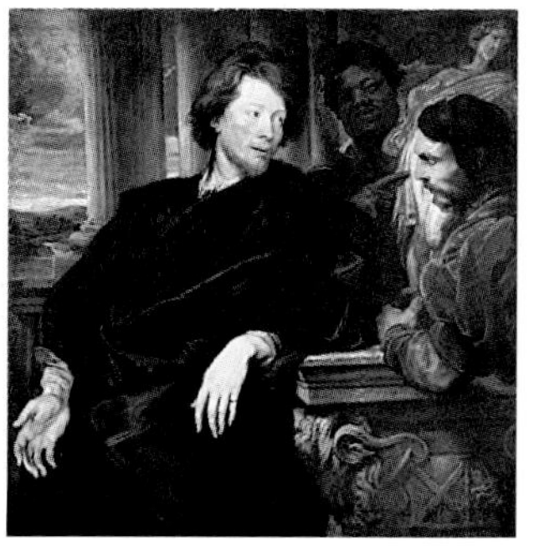

George Gage con due uomini
Roma (?), 1622-1623
olio su tela, 115 × 113,5 cm
Londra, The National Gallery

L'identità del personaggio raffigurato è stata stabilita da O. Millar, che ha individuato nel bassorilievo del plinto, sul quale si appoggiano i personaggi, le figure araldiche dello stemma di George Gage: la croce di sant'Andrea, il sole raggiante, la testa d'ariete. Ben si adatta al personaggio il tema del dipinto: la presentazione di una scultura a Gage, chiaro riferimento alla sua professione di agente artistico.
Anton van Dyck aveva conosciuto con ogni probabilità Gage già ad Anversa, nel periodo giovanile, poiché a quel tempo egli frequentava le botteghe dei pittori, compresa quella di Rubens, in cerca di opere d'arte per conto di sir Dudley Carleton. Si incontrarono nuovamente prima in Inghilterra, durante il breve soggiorno di Van Dyck a cavallo tra il 1620 e il 1621, e a Roma, dove entrambi si trovavano tra il 1622 e il 1623. George Gage era stato inviato in Italia da Giacomo I, re d'Inghilterra, per una delicata azione diplomatica, ottenere cioè la dispensa papale per il matrimonio del principe di Galles con l'infanta di Spagna, Maria. Il suo amore per l'arte, alimentato dal continuo contatto con il mondo artistico dovuto proprio alla sua professione di agente, favorì certamente l'incontro con Van Dyck. Non si hanno ulteriori riferimenti documentari relativi alla loro frequentazione nel più tardo soggiorno inglese di Van Dyck, ma è una indicazione la dedica a George Gage riportata nell'incisione del *Compianto di Cristo*, realizzata da Vosterman.
La critica ritiene che Van Dyck abbia eseguito il ritratto di Gage durante il soggiorno romano perché i caratteri stilistici richiamano quella fase del suo percorso artistico. In effetti il dipinto mostra una profonda elaborazione dei suoi modi stilistici e una evidente maturazione, dovuta proprio allo studio dell'arte italiana: Van Dyck non raffigura il personaggio in una posa fissa e determinata su direttrici parallele, ma elabora una composizione ben più complessa, più naturale e disinvolta, più movimentata, ritraendo il personaggio con la testa rivolta indietro e la bocca leggermente aperta, a suggerire la conversazione che sta intrattenendo con gli altri due uomini. È evidente come Van Dyck avesse studiato a lungo le opere di Tiziano, il *Ritratto di Paolo III e i suoi nipoti* del Museo di Capodimonte di Napoli o il *Ritratto di Jacopo Strada* del Kunthistorisches Museum di Vienna, non solo per la struttura compositiva, ma anche per quell'uso straordinario di trasparenze e di raffinatissime velature. L'opera è vicina ad una serie di ritratti che Van Dyck eseguì a Roma, in quanto ripete la stessa impaginazione e gamma cromatica giocata su pochi toni scuri; in particolare ripropone la stessa posizione delle mani di Virginio Cesarini (*Ritratto di Virginio Cesarini*, San Pietroburgo, Ermitage) e ricerca la naturalezza e la rappresentazione del movimento che sono gli elementi caratteristici dell'*Autoritratto* dell'Ermitage, del *Ritratto di Jean Leclerc*, di *Lucas van Uffel*, del *Cardinale Bentivoglio* (cat. n. 5).
Bibliografia essenziale: Millar 1969, pp. 414-417; Howarth, 1985, pp. 158-159; Barnes, 1986, pp. 218-221; Larsen, 1988, vol. II, n. 370; Barnes, in *Anthony van Dyck*, 1990, n. 30, pp.158-160 (con bibliografia precedente); Barnes, 1993, pp. 1-11; Freedberg, 1994, pp. 153-174.

7

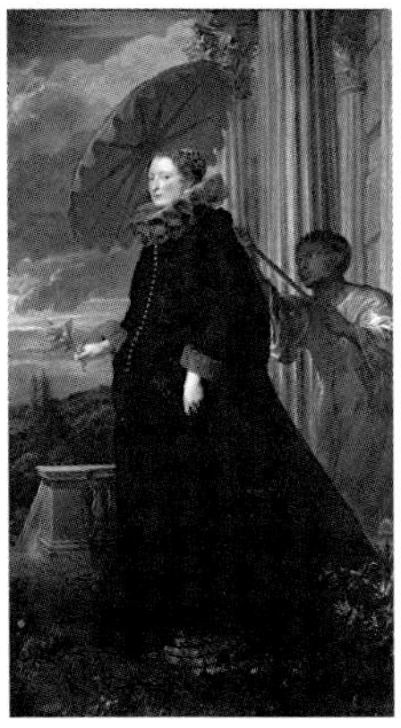

Elena Grimaldi Cattaneo
Genova, 1623-1624
olio su tela, 246 × 173 cm
Washington, National Gallery of Art

Supremo capolavoro della ritrattistica di tutti i tempi, il dipinto si impone per l'eleganza della figura, per la naturalezza della posa che accenna a un leggero movimento accompagnato dal piccolo servitore nero e suggerito anche dal gesto della mano sinistra con la quale la dama raccoglie la gonna, per la magnificenza degli impasti e degli accordi cromatici, per quella luce solare che dichiara apertamente il debito verso la pittura di Paolo Veronese. Pur nel suo preciso riferimento nella sintassi compositiva al ritratto di *Brigida Spinola Doria* (Washington, National Gallery) di Rubens, da cui riprende la figura vista di tre quarti con il volto girato verso lo spettatore e l'ambientazione architettonica con la terrazza e le colonne di lato, la novità del ritratto di Van Dyck è indubbia. La differenza sostanziale con il dipinto di Rubens, come sottolineato dalla Barnes (1986 e 1990), sta proprio nella luce e nell'atmosfera che si diffonde uniforme e che deriva dall'arte veneta e in particolare da Veronese, e dove nel ritratto della Spinola, l'architettura contribuisce a conferire all'opera il senso di solidità e la forma scultorea nel ritratto della Grimaldi, le colonne scanalate e allungate accentuano l'impressione di verticalismo, e perdono consistenza sotto i colpi di luce.
Lo scorcio visto da sotto in su, con il quale Van Dyck costruisce la composizione, enfatizza al massimo l'altezza della figura e il suo aspetto elegante e aristocratico; il delicato incedere della donna, lo stupendo sfondo paesaggistico, il particolare dell'ombrello e del fiore in mano alla Grimaldi esaltano la naturalezza dell'insieme. Al dipinto è riferibile uno schizzo del suo taccuino, il f. 112v, in cui Van Dyck riprende una donna che cammina. Come già più volte indicato dalla critica, l'atteggiamento di Elena Grimaldi ripete quello del ritratto di *Lavinia* di Tiziano, (Dresda, Gemäldegalerie), che Van Dyck aveva copiato nel proprio taccuino al f. 104v, annotando anche i colori delle vesti. L'opera proviene dalla collezione Giambattista Cattaneo, dove rimase fino al 1906, quando venne venduta e acquistata dalla famiglia Widener nel 1908 che lo donò nel 1942 alla National Gallery di Washington.
Bibliografia essenziale: Ratti 1780, p. 106; Barnes 1992, pp. 278-280; Barnes 1986, pp. 112-115, n. 30, pp. 223-227; Larsen 1988, vol. II, n. 335, p. 137; Barnes, in *Anthony van Dyck*, 1990, n. 36, p. 174-177; Boccardo, in *Van Dyck 350*, 1994, pp. 79-104; Barnes, in *Van Dyck a Genova…*, 1997, n. 43, pp. 248-250 (con bibliografia precedente).

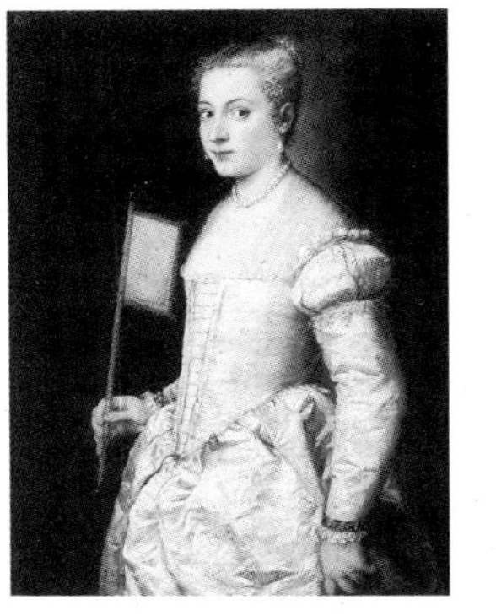

II. Tiziano, *Ritratto di fanciulla (Lavinia)*, Dresda, Gemäldegalerie

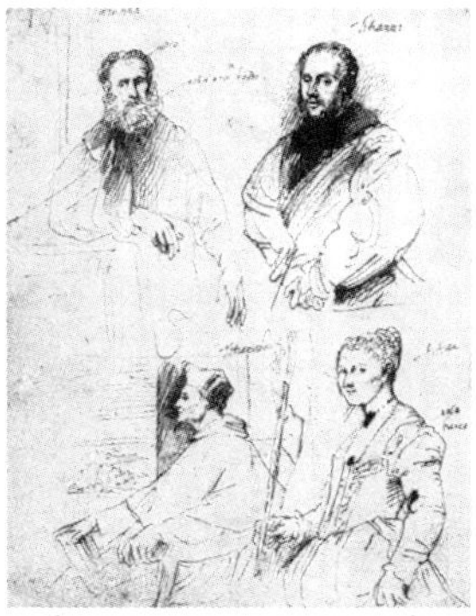

III. Anton van Dyck, studi da Tiziano del *Taccuino italiano*, f.104v
Londra, The British Museum

8

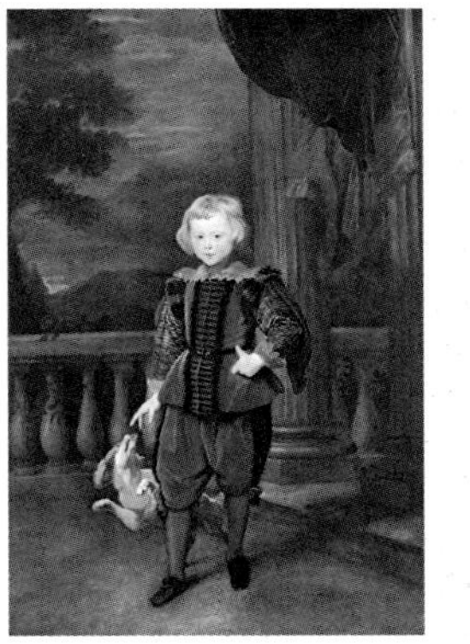

Fanciullo di casa Doria
Genova, 1623-1624
olio su tela, 188 × 125 cm
Dublino, National Gallery of Ireland

L'opera è uno splendido esempio dei numerosi ritratti che van Dyck ha dedicato ai fanciulli, tra i quali vanno citati i ritratti dei bimbi Cattaneo, *Filippo* e *Maddalena*, della National Gallery di Washington, il gruppo di *Tre bambini De Franchi* della National Gallery di Londra, i *Tre bambini di casa Spinola* della Galleria Durazzo Pallavicini di Genova, i *Tre figli maggiori di Carlo I d'Inghilterra* della Galleria Sabauda di Torino. Numerosi sono anche i bambini raffigurati accanto al genitore, come nel dipinto di Cleveland (cat. n. 9) o nella *Dama* di Washington (cat. n. 18), nel ritratto della *Famiglia Lomellini* della National Gallery di Edimburgo, nei ritratti del periodo inglese. Un'attenzione affettuosa quella che l'artista riserva ai fanciulli: infatti, pur nella aulicità della rappresentazione, su sfondi ariosi e solenni, come nel caso del dipinto irlandese, pur abbigliati con vesti ricche ed eleganti di velluti e rasi, i fanciulli mantengono la loro na-

turalezza e spontaneità. Nel dipinto di Dublino, accanto al bambino vi è raffigurato un cagnolino in atteggiamento festoso, che contribuisce a sdrammatizzare il tono solenne dell'opera. Anche in questo genere, Van Dyck aveva il prototipo nei dipinti di Tiziano, come ad esempio nel famoso quadro raffigurante *Clarissa Strozzi* della Gemäldegalerie di Berlino. Ultimamente Boccardo (2002, p. 225) ha potuto identificare il fanciullo, qui ritratto, con un membro della famiglia Doria, in base a documenti relativi alla quadreria del marchese Del Carpio: "le precisazioni relative al mantello pezzato e alla lingua del cagnolino e soprattutto il dettaglio delle rifiniture in passamaneria nera dell'abito rosso del ragazzino costituiscono riferimenti univoci e incontestabili". Per affinità stilistiche con altre opere, come i bimbi Cattaneo, del 1623, l'opera viene preferibilmente datata intorno al 1623-24, anche se l'ambientazione sofisticata e maestosa, così come il particolare del cagnolino che si ritrova identico nel ritratto di *Dama con figlio* della National Gallery di Washington (cat. n. 18), non escludono una datazione più tarda, intorno al 1625.
Bibliografia essenziale: Barnes 1986, n. 78, p. 325; Larsen 1988, vol. II, n. 396, p. 162; Barnes, in *Van Dyck a Genova*..., 1997, n. 46, p. 260 (con bibliografia precedente); *The National Gallery of Ireland*..., 2002, p. 150; Boccardo 2002, p. 225.

9

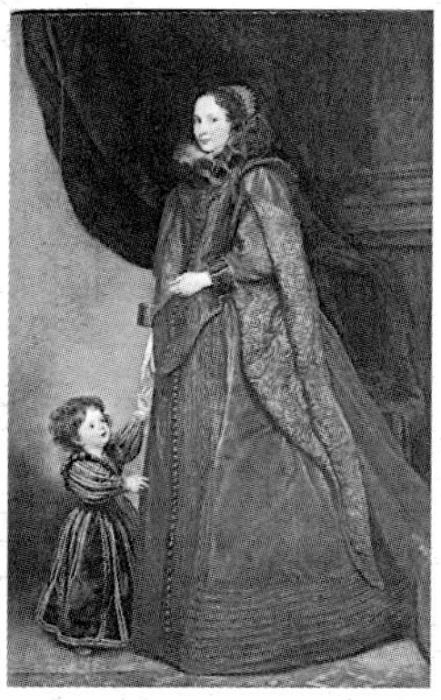

Nobildonna genovese con la figlia
Genova, 1623-1625
olio su tela, 218 × 146 cm
Cleveland, The Cleveland Museum of Art

Non sono stati individuati i personaggi raffigurati, ma è ipotizzabile che l'opera sia da identificare con quella citata dal Ratti nel 1780 nella collezione di Benedetto Spinola. La donna, con un abito dall'intenso colore rosso che si staglia sul verde scuro della tenda, è raffigurata di tre quarti con il volto girato verso lo spettatore e tende la mano destra verso la piccola bambina che le si rivolge con gesto scherzoso. Straordinario capolavoro per il denso impasto cromatico, per la ricercatezza decorativa degli abiti e per l'eleganza delle figure, l'opera si impone per quel rapporto tenero e spontaneo che l'artista ha creato tra madre e figlia.
Van Dyck aveva già sperimentato l'impostazione del ritratto in altri splendidi dipinti come quello della Frick Collection di New York, che raffigura Paola Adorno (?) in uno strepitoso abito bianco bordato d'oro.
Bibliografia essenziale: Barnes 1986, n. 82, pp. 331-333; Larsen 1988, n. 393, p. 160; Barnes, in *Anthony van Dyck*, 1990, n. 37, p. 178; Barnes in *Van Dyck a Genova*..., 1997, n. 47, p. 262 (con bibliografia precedente).

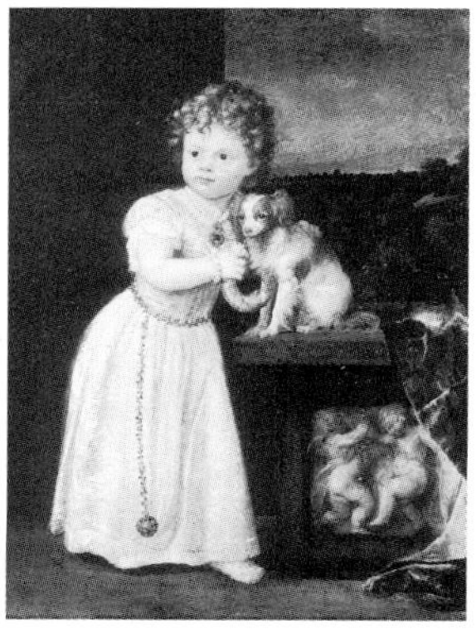

IV. Tiziano, *Clarice Strozzi*
Berlino, Staatliche Museen zu Berlin, Gemäldegalerie

10

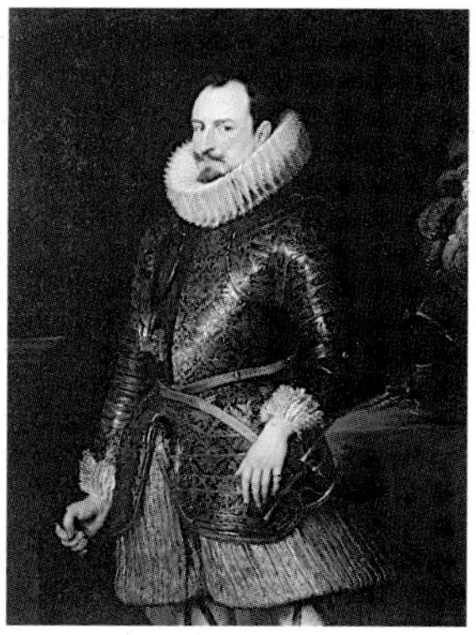

Emanuele Filiberto di Savoia
Palermo, 1624
olio su tela, 126 × 99,6 cm
Londra, Dulwich Picture Gallery

Il dipinto, che ritrae il principe Emanuele Filiberto di Savoia, venne eseguito da Van Dyck a Palermo, dove venne probabilmente chiamato dal principe stesso.
Emanuele Filiberto (1588-1624), terzo figlio di Carlo Emanuele I di Savoia e di Caterina, figlia di Filippo II di Spagna, divenne nel 1621 viceré di Sicilia.
Van Dyck lavorò in più occasioni al servizio di casa Savoia, dapprima durante il suo soggiorno torinese, quando eseguì molto probabilmente il ritratto perduto di Carlo Emanuele I, poi a Palermo e infine a Bruxelles nel 1634 quando dipinse il grande ritratto equestre del fratello di Emanuele Filiberto, *Tommaso di Savoia*, principe di Carignano (cat. n. 33).
Si è supposto che l'opera fosse stata commissionata per inviarla a Mantova in cambio del ritratto di Maria Gonzaga (si rimanda ai saggi di C. Spantigati e di V. Abbate in questo catalogo).
In considerazione della carica del personaggio e della prestigiosa destinazione, Van Dyck ha esaltato la nobiltà della casata e il potere dell'uomo, nel ricercato aspetto aristocratico e nella splendida e decoratissima armatura.
È ancora una volta un'opera di Tiziano, il ritratto di *Carlo V con armatura* (perduto ma conosciuto attraverso una copia di Rubens e un'incisione di Vostermann) a costituire il modello a cui Van Dyck si è ispirato.
Bibliografia essenziale: Bellori ed. 1976, p. 275; Barnes 1986, n. 36, pp. 240-241; Larsen 1988, vol. II, n. 368, p. 149; Barnes, in *Anthony van Dyck*, 1990, n. 38, p. 180; Brown, in *Van Dyck 1599-1641*, 1999, n. 35, p. 172 (con bibliografia precedente).

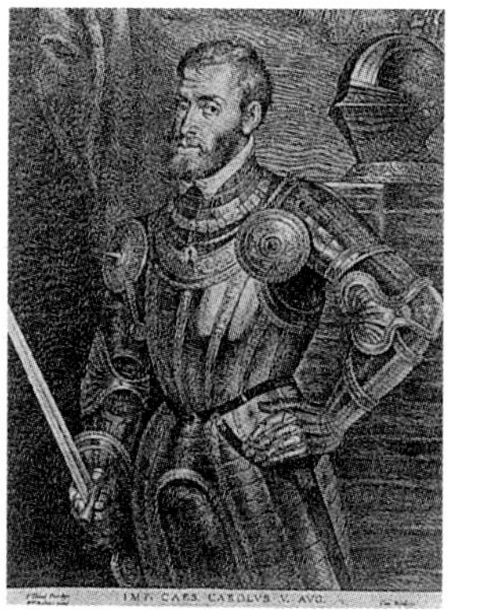

V. Lucas Vostermann,
incisione da *Carlo V in armatura*
di Rubens (copia da Tiziano)

11

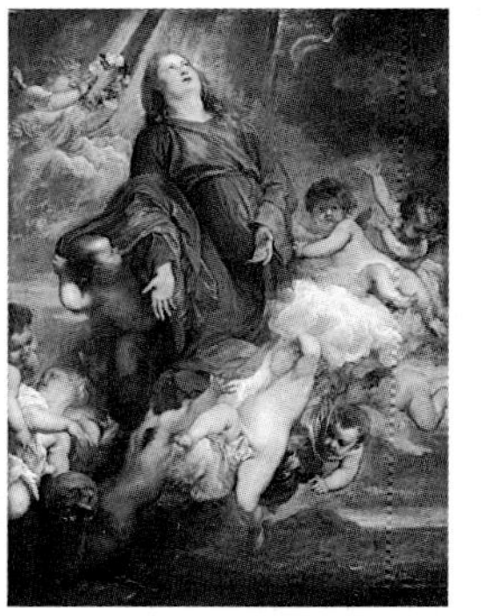

Santa Rosalia in gloria, intercede per la fine della peste a Palermo
Palermo, 1624
olio su tela, 99,7 × 73,7 cm
New York, The Metropolitan Museum of Art

Il 12 luglio 1624 venivano ritrovate le spoglie di santa Rosalia in una grotta del Monte Pellegrino. Nella situazione drammatica che la città di Palermo stava vivendo, colpita dall'epidemia della peste, l'evento venne considerato un segno divino: la santa venne dichiarata patrona della città il 22 febbraio dell'anno successivo affinché intercedesse per porre fine al flagello della peste. La diffusione del culto della santa determinò il proliferare di immagini a lei dedicate. Anche Van Dyck realizzò più opere di santa Rosalia, contribuendo così a fissare l'iconografia della santa in tre diverse raffigurazioni: santa Rosalia in estasi, santa Rosalia inginocchiata che intercede per la fine della peste a Palermo, e infine la santa in gloria. A questo ultimo tipo appartiene l'opera del Metropolitan: la santa, con lo sguardo rivolto in alto, viene trasportata da una gloria di angeli, che le porgono una corona di rose, mentre con le braccia indica il paesaggio sottostante. Nella scelta iconografica della gloria, Van Dyck si rivela aggiornato sugli esiti della cultura figurativa di quegli anni, condizionata dalla mutata temperie culturale profondamente intrisa di spirito religioso e devozionale che esaltava i santi quale esempio supremo di vita: la gloria era il momento culminante del loro percorso spirituale. Il dipinto deve essere identificato con il quadro acquistato nel 1649 da Antonio Ruffo e puntualmente registrato nel suo inventario.
Bibliografia essenziale: Ruffo 1916, p. 29; *100 opere di Van Dyck*, 1955, p. 31; *Van Dyck as religious Artist*, 1979, pp. 125-126; Liedtke, 1984/85, p. 27; Barnes 1986, n. 13, pp. 170-172 (con bibliografia precedente); Larsen 1988, vol. II, n. 449, p. 181.

12

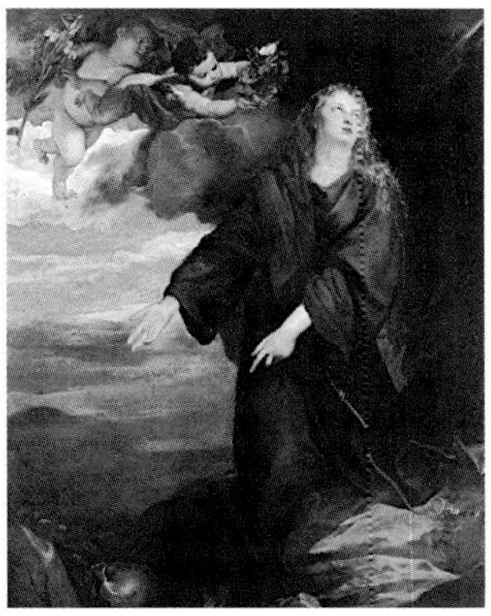

Santa Rosalia che intercede per la fine della peste
Palermo 1624-1625
olio su tela, 157 × 125 cm
Roma, Collezione Germina Campus S.p.A. - Coldiretti (già Collezione Rospigliosi)

L'opera presenta una diversa iconografia dall'altra versione in mostra (cat. n. 11), che raffigura *Santa Rosalia in gloria*. Questa seconda composizione fu quella più replicata da Van Dyck, e ne esistono versioni a Houston, a Ponce, alla Apsley House di Londra, a cui si aggiungono altre copie di bottega quale quella della Galleria di Palazzo Abatellis e quella della chiesa dell'Ospedale dei sacerdoti di Palermo. La versione della collezione Rospigliosi, considerata da Zeri copia di quella della chiesa palermitana, è invece sicuramente autografa per l'alta qualità della resa pittorica e per quell'impasto cromatico delicato e fuso che è proprio dell'artista. Inoltre il recente restauro ha evidenziato particolari che avvalorano tale tesi, come il pentimento della mano destra, in origine più in alto, la diversa tonalità della preparazione più rossiccia a destra e più marrone sulla sinistra funzionale alla cromia del dipinto e infine il sottile alone luminoso che circonda il viso della santa, di rara raffinatezza (Negro 1999, p. 224). Qui la santa viene raffigurata in preghiera con le mani rivolte in basso, ma a differenza della versione di Ponce è priva della veduta della città di Palermo, mentre alcuni angioletti le portano la corona di rose, con chiaro riferimento al nome. Sono presenti gli altri attributi che costituiranno per sempre l'iconografia della santa: il saio francescano, il teschio con riferimento alla penitenza ma anche al morbo della peste, la corona di rose e il giglio dall'evidente richiamo all'etimologia del nome, Rosalia = Rosa-lilia (si rimanda al saggio di V. Abbate). Come già rilevato dalla critica, per la scelta iconografica Van Dyck si ispira ai tanti dipinti di scuola bolognese, che raffigurano santi in preghiera o in estasi, che hanno lo sguardo rivolto al cielo, l'espressione languorosa, di sentimento di abbandono nelle mani di Dio, come nelle opere di Guido Reni. Sentimento che caratterizza il clima spirituale del primo Seicento, e che trova corrispondenza nei numerosi testi religiosi che avevano il compito di indirizzare il fedele verso le corrette pratiche devozionali. Esemplificativo è il famoso scritto di Agostino Manni del 1613, che recita "quando uno all'Oratione sua aggionge l'esclamatione e con l'esclamatione alza le mani e gli occhi al cielo, o piega le ginocchia, o inclina il volto, o si prostra in terra [...] e manda fuori la voce dolorosa e sospira, e si commuove tutto, ha fatto quanto può fare in materia d'orare per provocare Dio alla misericordia". Il dipinto si trovava nella collezione Rospigliosi già nel 1664, dove lo cita il Bellori.

Bibliografia essenziale: Bellori ed. 1976, p. 106; Zeri 1959; Negro 1999, p. 224 (con bibliografia precedente).

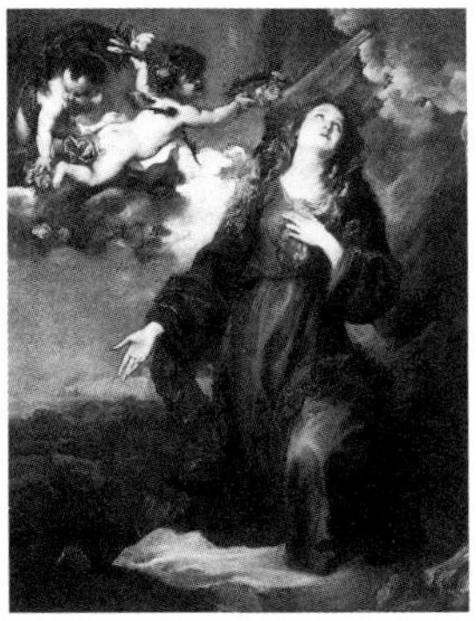

VI. Anton van Dyck, *Santa Rosalia, incoronata dagli angeli, intercede per Palermo*, Houston, The Menil Collection

13

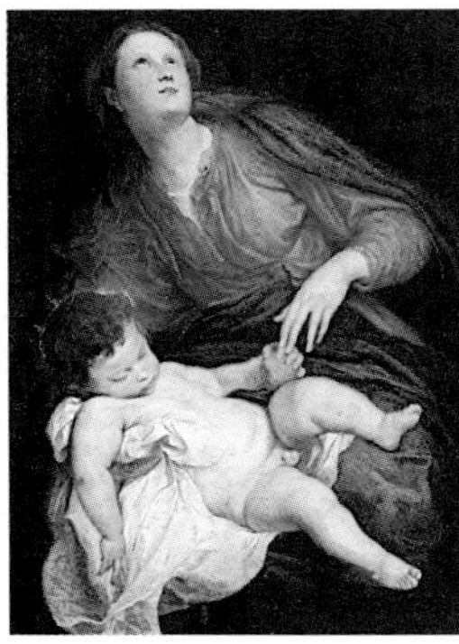

Madonna col Bambino
1623-1625
olio su tela, 62,5 × 52,5 cm
Parma, Galleria Nazionale

Non vi sono riferimenti documentari per questo dipinto, che venne acquistato nel 1820 da Marianna Galli Baldrighi, tuttavia la critica non ne ha mai messo in dubbio l'autografia. Incerta è invece la datazione: il Larsen propone un largo lasso di tempo tra il 1621 e il 1625, mentre Limentani Virdis la ritiene più tarda, del 1627, per una maggiore libertà interpretativa dell'arte di Tiziano, rivissuta secondo la propria sensibilità barocca e influenzata da Rubens. Il tema della Vergine con il Bambino è uno dei motivi che più ricorrono nel suo taccuino di disegni, ripresi da opere di Tiziano o ispirati liberamente a esse, come puntualizza lo stesso Van Dyck quando annota nei suoi fogli "pensieri di Tiziano" (f. 9r). L'opera della Galleria Nazionale di Parma è un esempio tra i più delicati di questo tema e la posa sbilanciata della Vergine crea una leggera tensione in contrasto con l'espressione di completo abbandono del Bambino. Egli tiene nella mano sinistra una mela, che rimanda simbolicamente al tema della redenzione. Secondo la Barnes, può essere messo in relazione con il dipinto lo schizzo del f. 14 del *Taccuino*.

Bibliografia essenziale: Tassoni 1981, pp. 51-55; Barnes 1986, n. 2, pp. 142-143; Larsen 1988, II, n. 438, p. 177; Limentani Virdis 1999, n. 506, p. 77 (con bibliografia precedente).

14

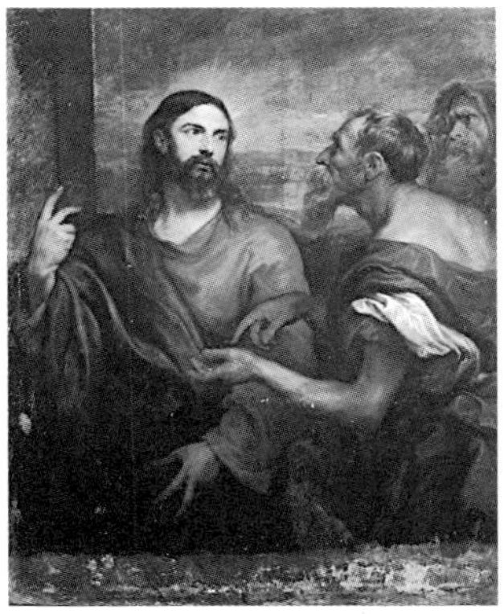

Il tributo della moneta
Genova, 1625 circa
olio su tela, 142 × 119 cm
Genova, Galleria di Palazzo Bianco

La mancanza di documenti rende incerta la datazione dell'opera: Van Puyvelde la riteneva eseguita durante il periodo giovanile ancora ad Anversa, per la derivazione dalla tipologia rubensiana del fariseo, mentre la Barnes, seguita dalla critica attuale, la riferisce al periodo italiano intorno al 1625. Come il *Vertumno e Pomona*, il *Tributo della moneta* deriva da una composizione di Tiziano, oggi conservata nella National Gallery di Londra, ma che al tempo di Van Dyck si trovava in Spagna, presso la corte di Filippo II. L'artista poteva conoscerla attraverso una copia o attraverso l'incisione tratta dal dipinto di Tiziano di Martino Rota. L'esito raggiunto da Van Dyck è comunque molto personale: come nota la Barnes (1986) la maggiore distanza creata tra i due personaggi principali, Cristo e il fariseo, toglie il senso drammatico, che invece connota la composizione di Tiziano, e conferisce al Cristo la superiorità morale di un giudice.

Bibliografia essenziale: Van Puyvelde 1950, p. 60; Barnes 1986, n. 9, pp. 159-161; Larsen 1988, vol. II, n. 474, p. 190; Barnes, in *Anthony van Dyck*, 1990, n. 40, pp. 185-186; Barnes, in *Van Dyck a Genova...*, 1997, n. 69, p. 324; Brown, in *Van Dyck 1599-1641*, 1999, n. 38, p. 178 (con bibliografia precedente).

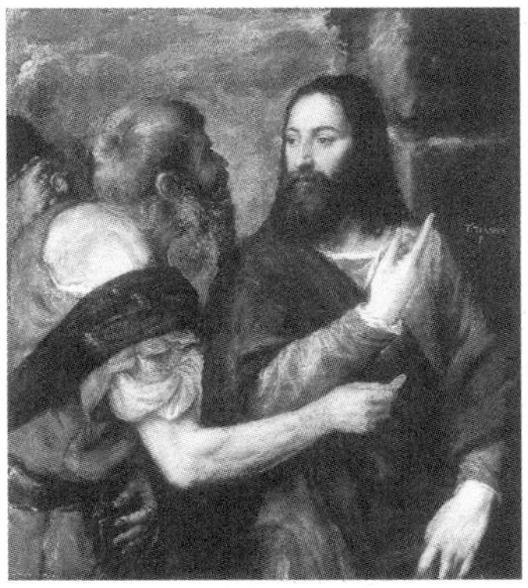

VII. Tiziano, *Tributo della moneta*
Londra, The National Gallery

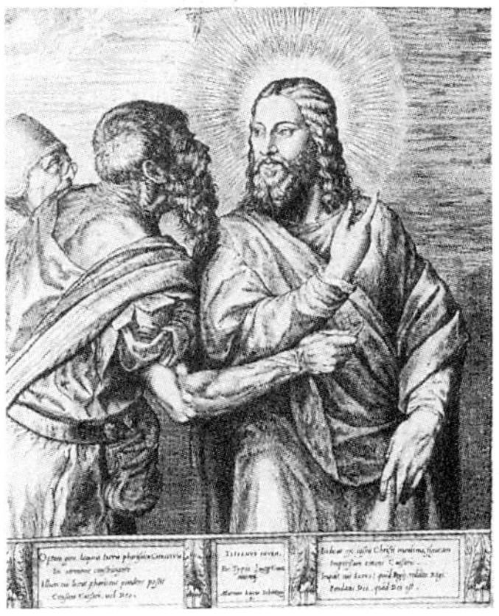

VIII. Martin Rota, *Tributo della moneta*
incisione da Tiziano

15

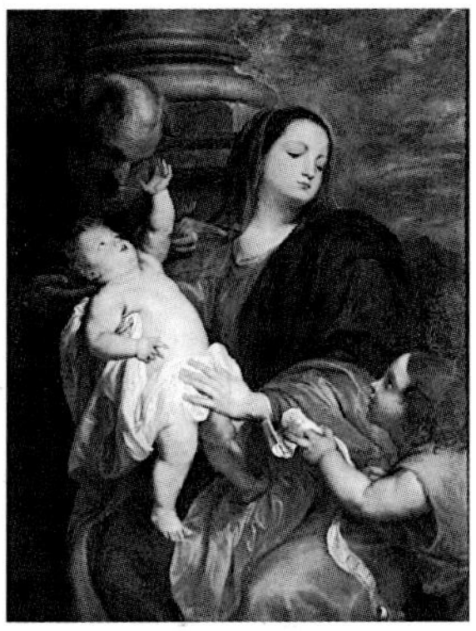

Sacra Famiglia con san Giovannino
Genova, 1625-1626
olio su tela, 123 × 94 cm
Genova, Collezione d'arte
della Banca Carige

Pur derivata per la composizione da un modello rubensiano (Boccardo-Di Fabio 1997), l'opera rivela l'influenza dell'arte veneta nella ricca gamma cromatica e nella tipologia dei volti.
Nel *Taccuino dei disegni* si trovano molti schizzi dedicati al tema della Vergine col Bambino, direttamente ripresi da opere di arte veneta o liberamente ispirati a dipinti di Tiziano, rielaborati poi dall'artista nei suoi dipinti, secondo i suoi propri modi stilistici.
Qui ritroviamo la peculiarità dell'arte vandyckiana, sempre attenta alla resa dei sentimenti, e della più intima affettività, per quell'insieme di relazioni che l'artista stabilisce tra i vari personaggi, tra san Giovannino che porge il suo cartiglio, la Vergine che volge il suo sguardo tenero verso di lui, il bambino Gesù, che si volge scherzosamente verso san Giuseppe.
Questa attenzione alla resa degli affetti, che era la teoria artistica che informò l'arte del primo Seicento, illustrata soprattutto nel trattato del Lomazzo, rivela la profonda attenzione che Van Dyck riservò alla cultura figurativa italiana a lui contemporanea.
La datazione proposta per questo dipinto, che proviene dalla collezione Doria e giunta nella raccolta della banca solo nel 1968, è intorno al 1625-1626 (Boccardo-Di Fabio 1997).
Bibliografia essenziale: Barnes 1986, n. 5, pp. 148-149; Larsen 1988, vol. II, n. 433, p. 175; Boccardo-Di Fabio in *Van Dyck a Genova...*, 1997, n. 71, p. 328 (con bibliografia precedente).

16

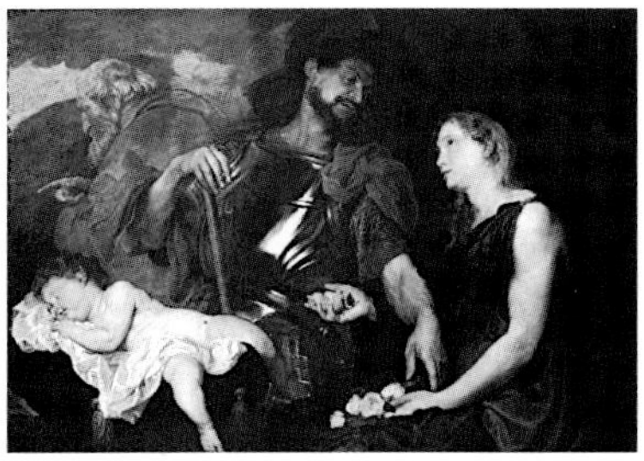

Le età dell'uomo
Genova, 1625-1627
olio su tela, 118 × 164 cm
Vicenza, Museo Civico, Pinacoteca
di Palazzo Chiericati

Van Dyck si cimenta qui con un tema caro alla cultura veneziana del primo Cinquecento, l'allegoria dell'età della vita, e ancora una volta guarda a Tiziano. Pur elaborando una composizione assai differente dall'opera di Tiziano (Edimburgo, National Gallery), Van Dyck si ispira al maestro veneto per l'impostazione filosofica che sottintende l'iconografia: l'età dell'infanzia, innocente e spensierata, è simbolicamente rappresentata dal bambino addormentato, così come nell'opera di Tiziano è rappresentata da due bambini dormienti vegliati da un puttino alato; l'età adulta, responsabile, attiva e tormentata dai legami amorosi, è simbolizzata da una coppia: Tiziano è più esplicito nell'allusione all'amore tra l'uomo e la donna, facendo tenere in mano alla donna il flauto, mentre van Dyck crea un rapporto più tenero e affettuoso, tra la donna che porge all'uomo le rose, e l'uomo che volge uno sguardo dolce alla donna; infine la vecchiaia, nella quale sono lontani gli affanni della vita e si avverte invece l'avvicinarsi della fine, è simboleggiata in Tiziano dal vecchio in secondo piano, che solo medita sulla caducità della vita con il teschio in mano, e in Van Dyck ugualmente da un uomo anziano raffigurato di spalle. La Barnes (1986) nota giustamente come Van Dyck sottolinei, a differenza di Tiziano, la fluidità della vita e l'inevitabile passaggio dall'infanzia alla vecchiaia, ponendo le tre figure maschili una accanto all'altra, in modo serrato.
Compositivamente il dipinto si avvicina a un'altra opera di Tiziano, l'*Allegoria nuziale* (Parigi, Musée du Louvre), da cui riprende in controparte la posa della donna e l'intesa amorosa che si stabilisce tra la coppia, e a un dipinto di Giorgione sullo stesso tema, oggi perduto, ma che allora era visibile a Genova (Barnes 1986).
Verso la metà del Seicento, l'opera si trovava nella collezione Gonzaga di Mantova, ma non si hanno altri riferimenti documentari, che permettano di fissare una datazione. Stilisticamente appare vicino a opere come il *Tributo della moneta* (cat. n. 14), cioè a un periodo in cui è più intensa la riflessione sull'arte veneta e su Tiziano in particolare, intorno al 1625.
Bibliografia essenziale: Barnes 1986, n. 18, pp. 185-186; Larsen 1988, vol. II, n. 475, p. 191; Barnes, in *Anthony van Dyck*, 1990, n. 41; Barnes, in *Van Dyck a Genova...*, 1997, n. 64, p. 314; Brown, in *Van Dyck 1599-1641*, 1999, n. 36, p. 174 (con bibliografia precedente).

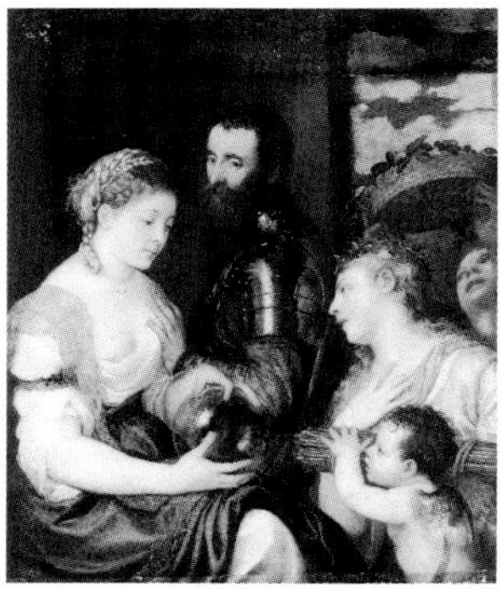

IX. Tiziano, *Allegoria nuziale*,
Parigi, Musée du Louvre

17

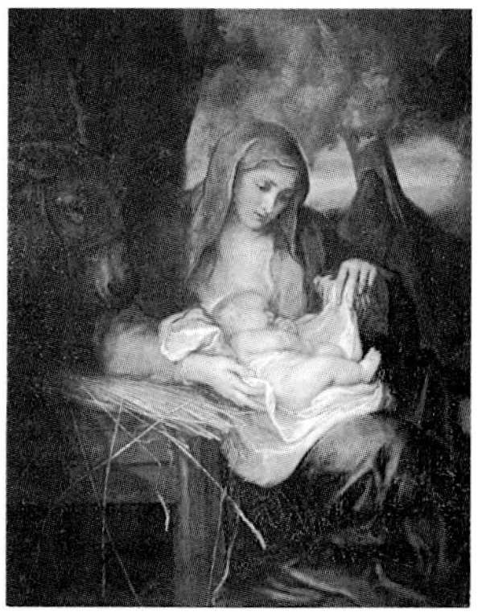

Natività, detta *Madonna della paglia*
Genova, 1625-1627
olio su tela, 110 × 90 cm
Roma, Galleria Nazionale d'Arte Antica
di Palazzo Corsini

Riprendendo una ipotesi formulata da Van Puyvelde, la Barnes (1986) reputa che l'opera potrebbe essere stata donata ai fratelli De Wael a Genova insieme con il loro ritratto (cat. n. 19) e con essi essere giunta ad Anversa, dove è citata nell'inventario di Joan Baptista Anthoine. Nel 1765 era già di nuovo in Italia, documentata presso la Galleria Corsini. Nel manoscritto del Louvre si legge infatti che l'artista donò ai fratelli De Wael il loro ritratto e una *Vergine con il Bambino*. D'altronde, la forte influenza correggesca evidente nel maggior sfumato e soprattutto nella tenera affettività espressa dalla Vergine nell'abbraccio del Figlio, avvalora la tesi che il dipinto sia stato eseguito durante l'ultimo soggiorno genovese, tra il 1625 e il 1627, quando è ipotizzato un suo viaggio a Parma.
Il Larsen (1988) la ritiene di qualche anno precedente, intorno al 1623-1624, mentre per Alloisi l'opera potrebbe essere stata eseguita anche al suo rientro ad Anversa. Inusuale è l'iconografia della Madonna col Bambino inseriti nella stalla, con l'asinello e la paglia che qui non funge da giaciglio del bambino Gesù, come è invece generalmente raffigurata la natività. In effetti l'opera ha un profondo significato religioso e allude alla passione di Cristo, sia attraverso il gesto della Vergine che offre il proprio Figlio, sia attraverso l'esplicito riferimento della croce, posta in secondo piano e quasi nascosta dalle nuvole (Alloisi 2000).
Bibliografia essenziale: Barnes 1986, n. 1, pp. 139-141; Larsen 1988, vol. II, n. 446, p. 180 (con bibliografia precedente); Alloisi 2000, pp. 39-42.

18

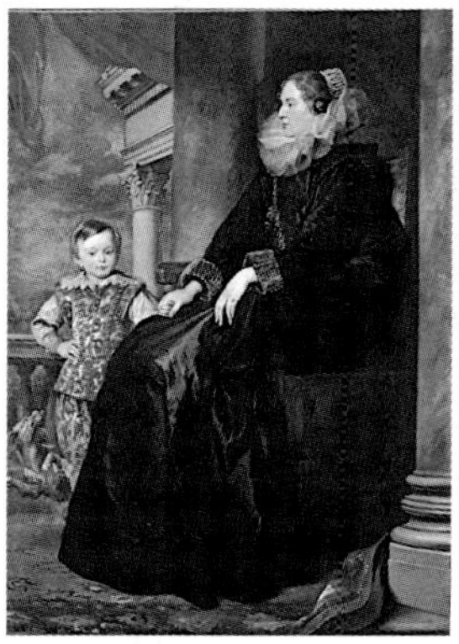

Dama genovese col figlio
Genova, 1625 circa
olio su tela, 189 × 139 cm
Washington, National Gallery of Art

In un sontuoso e raffinatissimo abito nero, la nobildonna genovese è raffigurata seduta su una terrazza delimitata da un edificio decorato da colonne, e tiene la mano del figlio, ancora fanciullo, anch'egli abbiglia-

to con un completo fastoso, rosso con ricami argentati. Resta ignota l'identità della donna: la proposta avanzata in passato che potesse raffigurare Paola Adorno Brignole-Sale non è convincente sia perché non assomiglia al ritratto accertato della nobildonna, sia perché non poteva avere a quella data un figlio di quell'età. Secondo Boccardo, al cui saggio in questo catalogo si rimanda, la posizione della donna ripresa di profilo, lo sguardo perso nel vuoto, il gesto del figlio che stringe con fermezza la mano della madre, potrebbero alludere a uno stato di cecità. È certamente uno dei più bei ritratti di Van Dyck del periodo italiano, per l'altissima qualità pittorica, il denso impasto cromatico, la raffinatezza e l'eleganza dell'abito, per la posa austera e aristocratica della nobildonna. È datato dalla maggior parte della critica nell'ultimo periodo del soggiorno genovese, intorno al 1625-1626.
Bibliografia essenziale: Barnes 1986, n. 83, pp. 335-336; Larsen 1988, n. 323, p. 132; Barnes, in *Anthony van Dyck*, 1990, n. 43, pp. 193-194; Jaffé, in *Van Dyck 350*, 1994, pp. 133-150; Brown, in *Van Dyck 1599-1641*, 1999, n. 37, p. 176 (con bibliografia precedente).

19

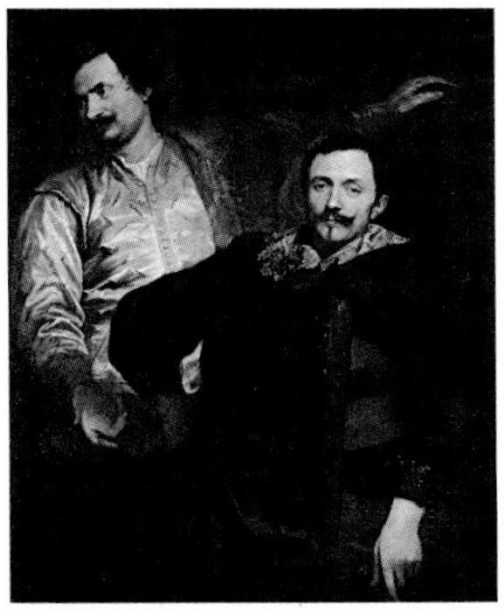

Lucas e Cornelis de Wael
Genova, 1626-1627
olio su tela, 120 × 101 cm
Roma, Pinacoteca Capitolina

Il dipinto raffigura Lucas (1591-1661) e Cornelis de Wael (1592-1667), figli del pittore Jan de Wael, trasferitisi a Genova nel 1619, che accolsero Van Dyck al suo arrivo in Italia, nel novembre del 1621. I De Wael erano infatti il punto di riferimento per la comunità di artisti fiamminghi stabilitisi nella città ligure, che comprendeva tra l'altro Jan Roos e Vincent Malò. Rimasero in contatto con l'artista e la loro corrispondenza con Lucas van Uffel divenne la fonte primaria di notizie per l'anonimo estensore della biografia manoscritta conservata negli archivi del Louvre. Van Dyck fu ospite nuovamente da loro quando tornò a Genova dopo il soggiorno palermitano. Fu in questa occasione che l'artista donò loro il doppio ritratto in segno di riconoscenza e di profonda amicizia. L'opera è uno dei pochi ritratti citati dalle fonti: viene descritto nel manoscritto del Louvre, e quindi può essere datato con certezza a questo suo ultimo periodo italiano, intorno al 1626-1627. L'aspetto informale dei due fratelli rivela il rapporto di frequentazione che esisteva tra di loro: è il ritratto di due amici, colti in un momento di amabile conversazione. Straordinari sono gli effetti luministici, la ricchezza cromatica e la resa pittorica delle stoffe, in particolare quella di raso bianco della figura in piedi, Lucas. Evidente il legame con l'arte lombarda, mentre per lo schema compositivo si è ispirato al dipinto di Raffaello, *Autoritratto con il maestro di scherma* (Parigi, Musée du Louvre).
Bibliografia essenziale: Vaes 1924, p. 230; Larsen 1975, pp. 61-62; Barnes 1986, n. 43, pp. 259-260; Larsen 1988, vol. II, n. 347; Barnes, in *Anthony van Dyck*, 1990, n. 42, pp. 190-192; Jaffé, in *Van Dyck 350*, 1994, pp. 133-150; Barnes, in *Van Dyck a Genova...*, 1997, n. 63, pp. 310-312; Brown, in *Van Dyck 1599-1641*, 1999, n. 45, p. 194 (con bibliografia precedente).

20

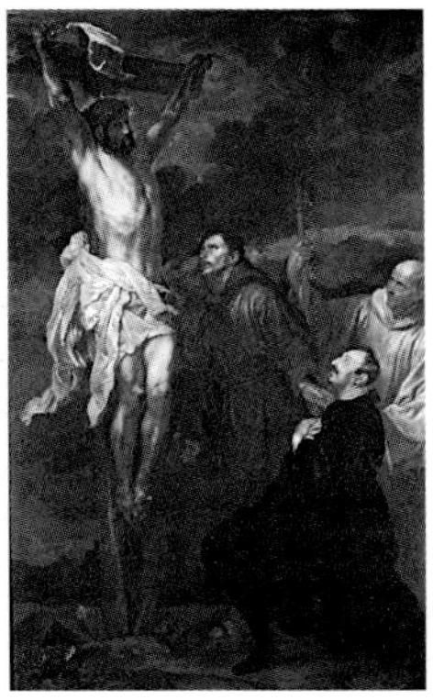

Francesco Orero in adorazione del Crocifisso alla presenza dei santi Francesco e Bernardo
Genova, 1626-1627
olio su tela, 325 × 210 cm
San Michele di Pagana (Rapallo), Chiesa di San Michele

Il dipinto è documentatissimo: è citato dal Bellori, dal Soprani, dalle guide settecentesche e nel testamento del committente Francesco Orero (del 17 aprile 1643), che aveva incaricato Van Dyck del dipinto per la chiesa di San Michele a San Michele di Pagana, da dove proveniva la sua famiglia. Tuttavia non è certa la datazione: recentemente la Barnes, in base a una più attenta lettura dei dati d'archivio ritiene che sia stato eseguito nell'ultima fase del suo soggiorno italiano, nel 1627 circa, opinione con cui l'Algeri (1997) concorda, per l'"essenzialità costruttiva, unita alla disinvoltura dell'esecuzione e al perfetto equilibrio cromatico e chiaroscurale". In effetti l'artista concentra la composizione sulle figure, sul Crocifisso, sui due santi e sul committente inginocchiato in primo piano, riducendo anche la gamma cromatica giocata sui toni del marrone e del nero, con i quali contrasta lo splendido panneggio bianco del perizoma di Cristo. Seguendo la propria sensibilità religiosa, Van Dyck pone l'accento sul dramma di Cristo, facendo emergere i sentimenti di dolore dei personaggi, ai quale fa eco la tonalità plumbea del cielo. È un'opera di grande intensità emotiva, priva del grande apparato decorativo della pala di Palermo o dell'ambientazione paesaggistica e della variata gamma cromatica della *Lapidazione di santo Stefano* (Tatton Park) in conformità con il fermento religioso che attraversava la cultura italiana dell'epoca.
Bibliografia essenziale: Bellori ed. 1976, p. 275; Soprani 1674, p. 306; Barnes 1986, n. 12, pp. 166-169; Larsen 1988, vol. II, n. 466, p. 188; Barnes, in *Van Dyck a Genova...*, 1997, n. 72, pp. 330-332 (con bibliografia precedente).

21

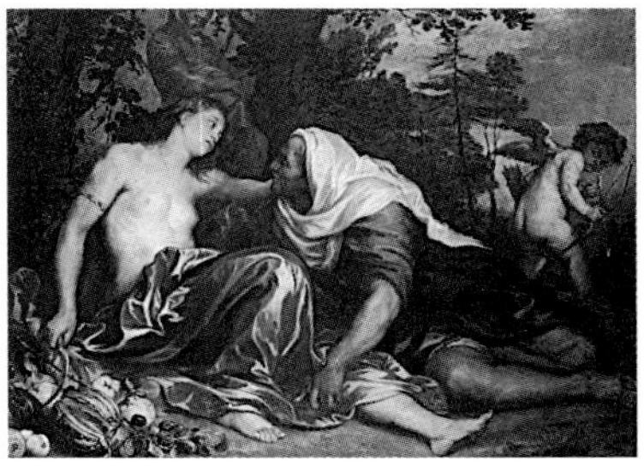

Vertumno e Pomona
Anversa, 1629-1630 circa
olio su tela, cm 142 × 197,5 cm
Genova, Galleria di Palazzo Bianco

Il soggetto è tratto dalle *Metamorfosi* di Ovidio (XIV, 623-694) ed è la storia di Vertumno, che si trasforma in vecchia per accedere alle grazie di Pomona. La dea infatti rifiutava ogni pretendente ed era dedita esclusivamente alle cure del giardino e degli orti. Sotto le nuove sembianze, il dio poté esprimere all'amata Pomona tutto il suo amore e conquistare il suo cuore. Come già evidenziato dalla critica, il dipinto riprende nella struttura compositiva la *Danae* di Tiziano, che poteva aver visto nella collezione Farnese a Roma o, in altra versione, nella collezione Doria a Genova, ma proprio l'evidente ripresa permette di comprendere come l'arte tizianesca venga profondamente rielaborata da Van Dyck: se nella figura nuda della ninfa Tiziano esaltava l'aspetto sensuale, nella figura di Pomona, che un ricco drappo copre in parte, il pittore fiammingo ha espresso sentimenti più delicati e teneri, l'infinita dolcezza e timidezza della ninfa che si sta per concedere. Inoltre il tratto nervoso, i colpi luce che colpiscono i vari particolari, creano un'atmosfera sentimentale. Come giustamente sottolinea la Barnes (1990), fin dalle sue opere giovanili Van Dyck è interessato all'espressione dei sentimenti. Questo suo interesse si ampliò a contatto con l'arte italiana, sia con quella del Cinquecento, in particolare con Correggio e il Cigoli, sia con l'arte a lui contemporanea dei Carracci e della loro scuola. Riferito fino ad ora al periodo italiano, la critica recente lo ritiene piuttosto del periodo anversese, intorno al 1629-1630. S.E. James (1999) sottolinea le stringenti affinità compositive con opere di quegli anni; ad esempio Pomona ha lo stesso gioiello che orna il braccio della ninfa in *Mirtillo e Amarilli* (1631-1632, cat. n. 30), l'angioletto ritorna nel *Rinaldo e Armida* (1629) di Baltimora e nel *Compianto* romano (1629-1630, cat. n. 26). Ma è soprattutto la somiglianza del volto di Pomona con quello delle ninfe degli altri dipinti di quegli anni, che secondo James ritraggono tutte la donna amata da Van Dyck, Margaret Lemon, a rimuovere ogni dubbio sulla datazione. Anche Boccardo (2002), che grazie a recenti scoperte documentarie individua l'opera nella collezione di Gaspar de Haro y Guzmàn alla fine del '600, prima di giungere nelle raccolte di casa Doria, avanza la stessa proposta di riferire l'opera al periodo anversese, quando Van Dyck mostra un nuovo forte avvicinamento all'arte di Tiziano. In effetti l'opera si inserisce molto coerentemente in questa fase del percorso artistico di Van Dyck, in cui l'artista si dedica, quasi più che alla ritrattistica, alle grandi composizioni a soggetto religioso e a soggetto mitologico, si pensi (tralasciando

le grandi pale delle chiese di Anversa) al *Sansone e Dalida* di Vienna, a *Venere nella fucina di Vulcano* nelle due versioni del Louvre e di Vienna, ad *Achille tra le figlie di Licomede* di Pommersfel, al *Rinaldo e Armida* nella versione del Louvre, opere tutte che si sostanziano di quella parte dell'arte veneta che Tiziano definiva "poesie".
Bibliografia essenziale: Barnes 1986, n. 16, pp. 180-181; Larsen 1988, vol. II, n. 477, p. 191; Barnes, in *Anthony van Dyck*, 1990, n. 39, pp. 182-184; Barnes, in *Van Dyck a Genova...*, 1997, n. 65, p. 316 (con bibliografia precedente).

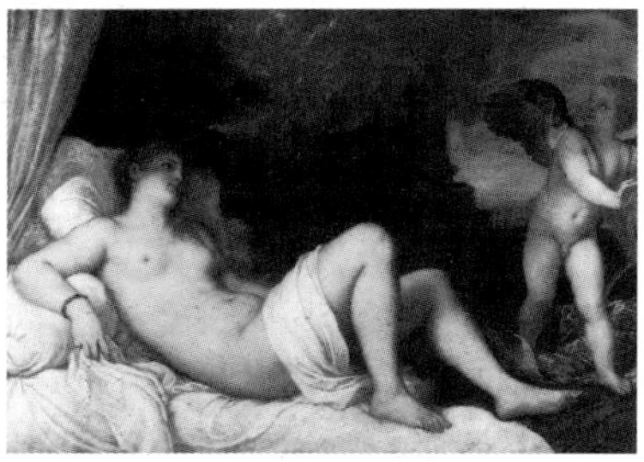

X. Tiziano, *Danae*, Napoli, Museo di Capodimonte

22

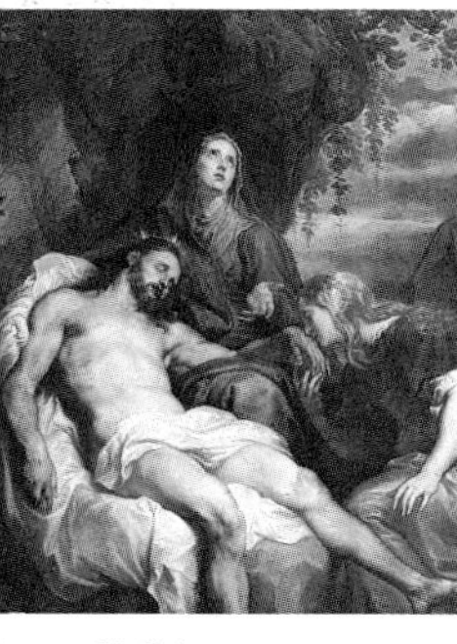

Il compianto di Cristo
Anversa, 1628
olio su tela, 114 × 100 cm
Madrid, Museo Nacional del Prado

Il dipinto è una versione autografa, di dimensioni ridotte, del dipinto conservato oggi nel Museo di Anversa e realizzato nel 1628 per l'altare maggiore della chiesa del Beghinaggio di Anversa, dove vivevano tre sorelle dell'artista. L'incisione, che venne tratta da Paulus Pontius di questa composizione, segue la versione di Madrid, piuttosto che quella di Anversa, come si deduce da alcuni particolari riportati nella stampa: l'aureola sulla testa del Cristo e le foglie cadenti dalla roccia nello sfondo. La versione di Madrid infatti si differenzia da quella di Anversa, non solo per questi particolari, ma soprattutto per una composizione più serrata, dovuta probabilmente proprio alle dimensioni minori della superficie. Il restauro effettuato ultimamente ha rivelato una qualità eccelsa che conferma l'autografia dell'opera. Nel percorso artistico di Van Dyck, la fase del secondo soggiorno ad Anversa è caratterizzata da una commistione di elementi figurativi fiamminghi e italiani, fusi e rielaborati in esiti assolutamente personali, contraddistinti dalla ricchezza dell'impasto cromatico, dalla finezza delle trasparenze, dal sentimentalismo e dal lirismo. Così in quest'opera, se affonda nella cultura italiana per quel carattere devozionale dell'espressione della Vergine, e per quella resa pittorica fatta di sfumature, di trasparenze, di accensioni luministiche (il Larsen la mette in rapporto con il f. 23v dove è riportato lo schizzo derivato da un disegno di Tiziano), rivela quei debiti formali nei confronti di Rubens, che resteranno una costante nel suo linguaggio artistico (*Pietà* della Galleria Borghese di Roma).
Bibliografia essenziale: Cust 1900, p. 248; Larsen 1988, vol. II, n. 719; Diaz Padron 1996, n. 1475; *Antoine van Dyck et l'estampe*, 1999, p. 258.

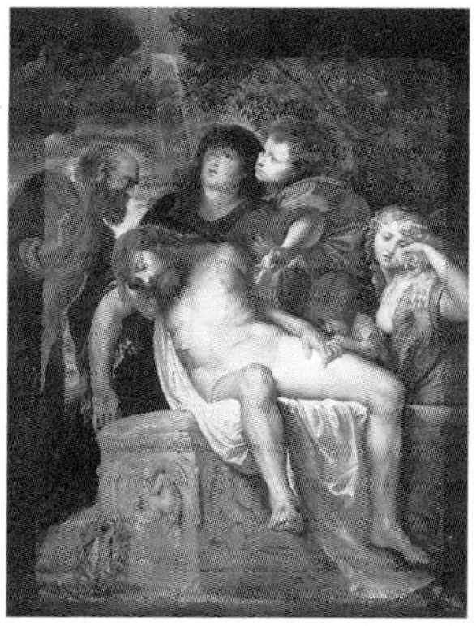

XI. Pieter Paul Rubens, *Pietà*, Roma, Galleria Borghese

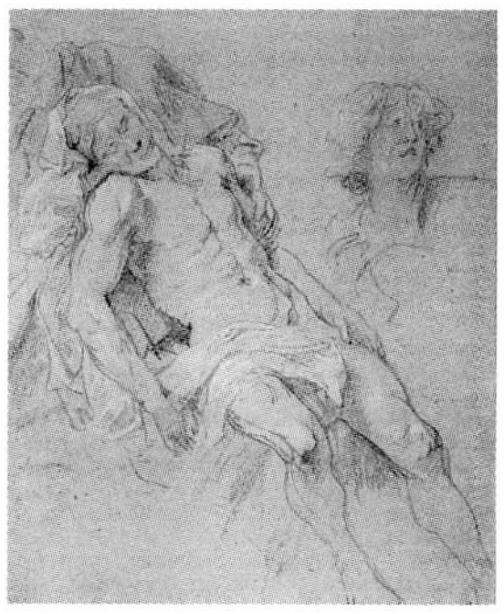

XII. Anton van Dyck, studio per un compianto
Londra, The British Museum

23

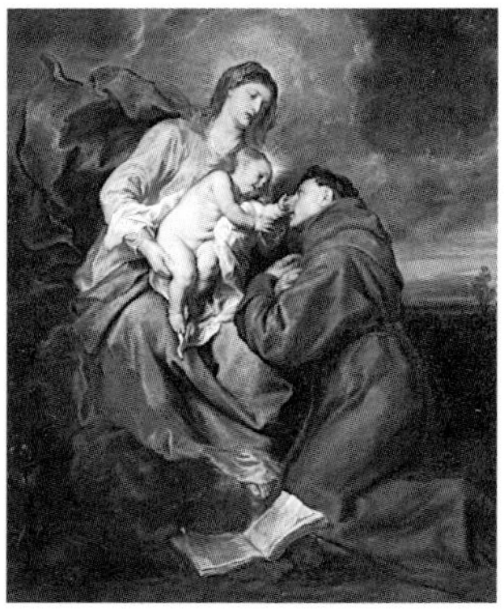

La Vergine offre il Bambino a sant'Antonio
Fiandre, 1628-1632
olio su tela, 185 × 157 cm
Milano, Pinacoteca di Brera

Van Dyck realizza con questo dipinto una delle più intense opere d'arte sacra, affrontando un tema caro alla cultura barocca, la visione. Il dipinto infatti raffigura la visione di sant'Antonio, nella quale gli appare la Vergine che offre il bambino Gesù. Come già dimostrato da Mâle (1984) e ultimamente dalla mostra "Visioni ed Estasi" (Roma 2003), di riflesso della mutata temperie culturale e spirituale, cambiano totalmente i temi iconografici di arte sacra, relativa in particolar modo alla raffigurazione dei santi e della loro vita. Se fino a qualche anno prima venivano illustrati gli episodi salienti esemplificativi della loro virtù e dei martirii subiti, dall'inizio del Seicento si tende a raffigurare sempre più quegli episodi che mettono in evidenza il rapporto del santo con la divinità. L'offerta del Bambino da parte della Vergine era un tema trattato dalla maggior parte dei pittori in quegli anni, basti pensare ai dipinti di Sezze di Orazio Borgianni (1610), a quello della Galleria Nazionale delle Marche a Urbino di Orazio Gentileschi (1611) o a quello più tardo di Pietro da Cortona della Santissima Annunziata di Arezzo. Van Dyck anche elimina ogni elemento decorativo e concentra la composizione sulla visione, ambientando la scena in un esterno, pressoché privo di ogni elemento descrittivo, se non un cielo all'orizzonte. In questo modo lo spettatore non può che soffermare lo sguardo sul Bambino, sull'espressione devota del santo, sull'atteggiamento tenero e protettivo insieme della Vergine, partecipando così egli stesso emotivamente alla visione miracolosa di sant'Antonio. Van Dyck riesce a creare in maniera mirabile una sintesi tra modelli cinquecenteschi e di Tiziano in particolare, sui quali si era soffermato in vari disegni del taccuino (f. 28v), e modelli seicenteschi. È ignota la storia del dipinto, ma per affinità stilistiche e compositive con altre opere degli anni 1629-1630, come la *Vergine con il Bambino e santi* (cat. n. 24), del Kunsthistorisches Museum di Vienna, di cui ripete l'atteggiamento della Vergine, con il *Riposo nella fuga in Egitto* dell'Ermitage e con la *Madonna delle Rose* del Prado, l'opera è databile intorno al 1629-1630.
Bibliografia essenziale: Larsen 1988, vol. II, n. 656 p. 267; Wheelock, in *Anthony van Dyck*, 1990, n. 53, pp. 218-220; Banzato 1995, pp. 87-89.

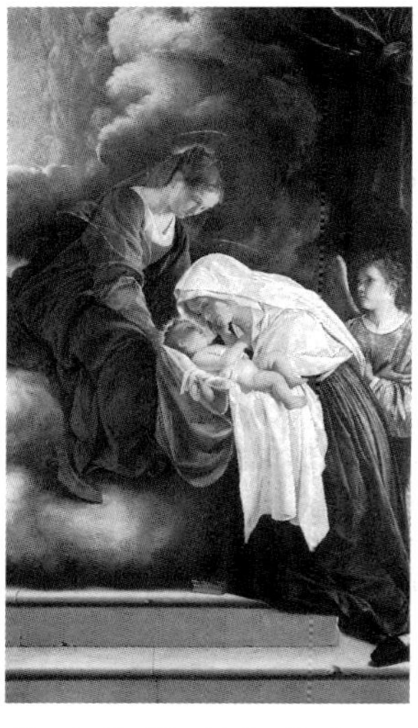

XIII. Orazio Gentileschi, *La Vergine presenta il Bambino a santa Francesca romana*, Urbino, Galleria Nazionale delle Marche

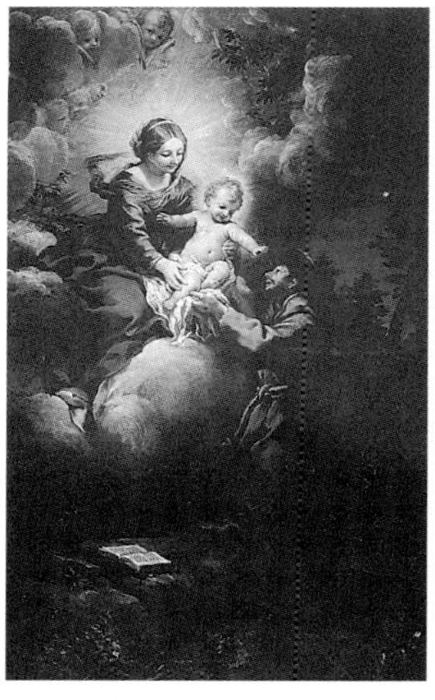

XIV. Pietro da Cortona, *La Vergine offre il Bambino a san Francesco*, Arezzo, chiesa della Santissima Annunziata

24

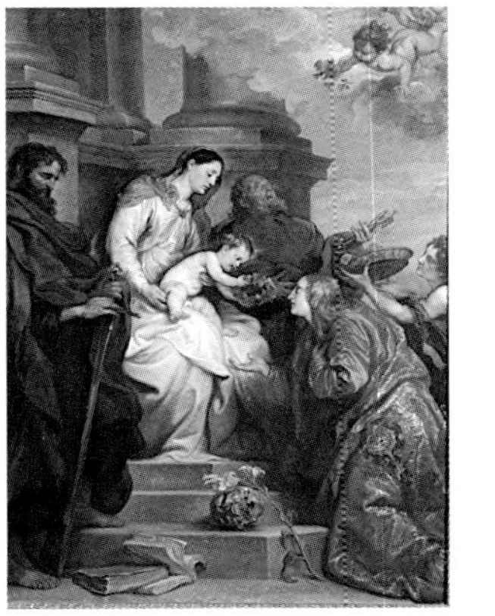

Madonna col Bambino e santa Rosalia, san Pietro e san Paolo
Anversa, 1629
olio su tela, 275 × 210 cm
Vienna, Kunsthistorisches Museum

L'opera fu eseguita nel 1629 da Van Dyck per la Confraternita dei Celibi di Anversa, della quale lo stesso artista faceva parte. Per la stessa confraternita dipingerà l'anno successivo il *Beato Hermann Joseph in ginocchio davanti alla Vergine* (Vienna, Kunsthistorisches Museum). La realizzazione della grande pala va messa in relazione con il culto della santa Rosalia, che diffusosi enormemente a Palermo in seguito alla scoperta dei suoi resti sul Monte Pellegrino nel 1624, si propagò anche nelle Fiandre, tanto che la Confraternita dei Celibi fece venire dalla Sicilia le reliquie della santa. Il dipinto raffigura l'incoronazione di santa Rosalia da parte della Vergine, che le porge una corona di rose, chiara allusione al nome, mentre sui gradini sono posti il teschio e il giglio, attributi della santa. Ai lati della Vergine, i santi Pietro e Paolo, principi degli Apostoli.
Il dipinto è vicino stilisticamente all'opera di Brera (cat. n. 23) raffigurante *La Vergine offre il bambino Gesù a sant'Antonio*, in cui ripete lo stesso atteggiamento della Vergine che porge il Bambino, tuttavia qui resta più legato agli schemi veneziani: in particolare riprende la disposizione diagonale della pala di Paolo Veronese raffigurante lo *Sposalizio di santa Caterina* delle Gallerie dell'Accademia di Venezia, e della *Pala Pesaro* di Tiziano. La fanciulla all'estrema destra che sorregge un vassoio di fiori è un omaggio alla *Salomè* (Madrid, Prado) di Tiziano.
Nel taccuino ai ff. 12r e 28v si trovano gli studi per il gruppo della Vergine; altri studi preparatori si trovano a Chatsworth (inv. n. 986) e all'Albertina (n. 8638).
Bibliografia essenziale: Larsen 1988, vol. II, 648, p. 264 (con bibliografia precedente); Wheelock, in *Anthony van Dyck*, 1990, p. 220; Vlieghe, in *Van Dyck 350*, 1994, pp. 199-220; Vlieghe, in *Van Dyck 1599-1641*, 1999, pp. 66, 218.

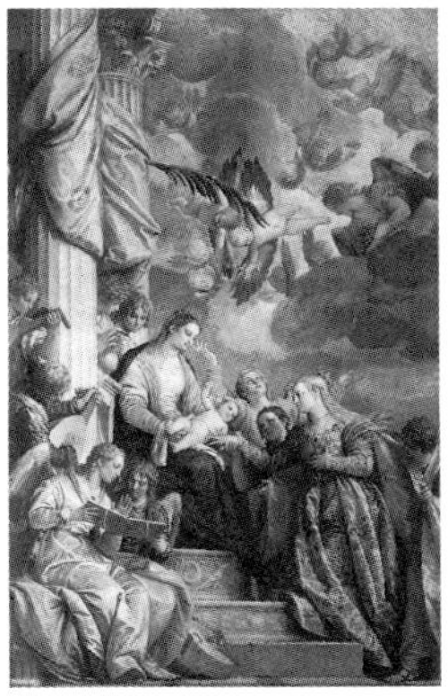

XV. Paolo Veronese, *Sposalizio mistico di santa Caterina*, Venezia, Gallerie dell'Accademia

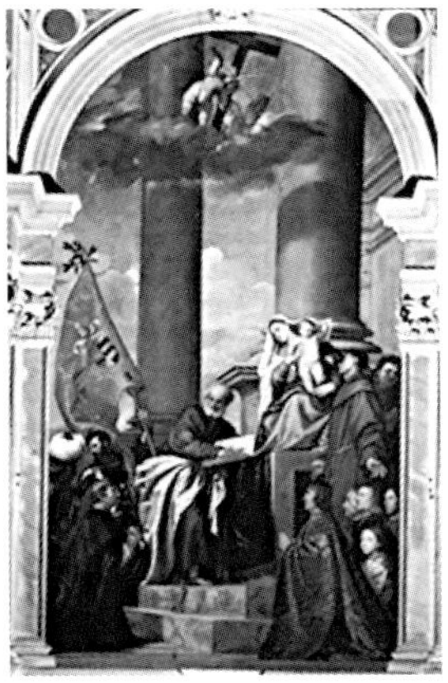

XVI. Tiziano, *Pala Pesaro*, Venezia, Santa Maria Gloriosa dei Frari

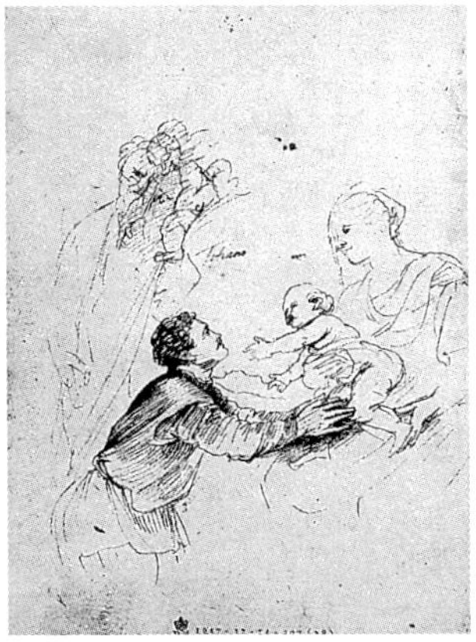

XVII. Anton van Dyck, studio da Tiziano del *Taccuino italiano*, f. 28v
Londra, The British Museum

25

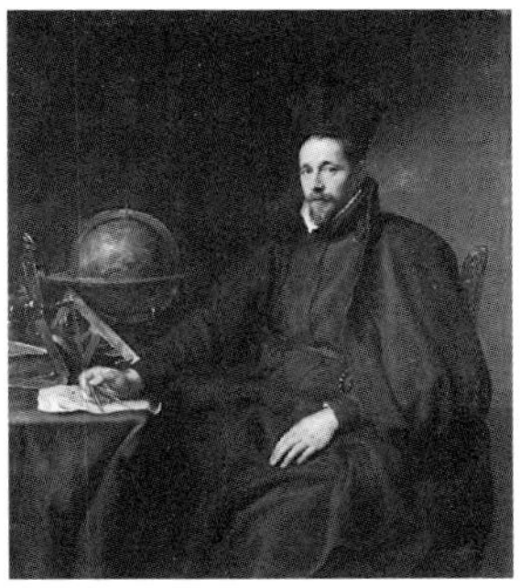

Padre Jean-Charles della Faille
Anversa, 1629
olio su tela, 130 × 118,5 cm
Bruxelles, Musées Royaux des Beaux Arts de Belgique

Il ritratto raffigura padre Jean-Charles della Faille (1599-1652), professore di matematica nel collegio dei Gesuti a Louvain e poi a Madrid, dove divenne consigliere del re. L'opera fu eseguita molto probabilmente prima della sua definitiva partenza dai Paesi Bassi per la Spagna, avvenuta nel 1629. Egli è presentato seduto, con lo sguardo rivolto verso lo spettatore, con la mano destra appoggiata sul tavolo mentre tiene un compasso, chiaro riferimento alla sua professione. Sul tavolo sono posti altri strumenti astronomici e geometrici che definiscono meglio il campo di interessi dello studioso. Come nelle opere a carattere religioso e mitologico di questi anni, in cui è molto forte la riflessione di Van Dyck sull'arte italiana, anche in questo ritratto l'artista si ispira alla cultura italiana da cui riprende lo schema compositivo e la definizione degli interessi culturali e professionali dell'effigiato attraverso oggetti simbolici.
Bibliografia essenziale: Larsen 1988, vol. II, n. 508, p. 204; Vlieghe, in *Van Dyck 1599-1641*, 1999, n. 54, p. 214 (con bibliografia precedente); Meskens 1999, pp. 124-127.

26

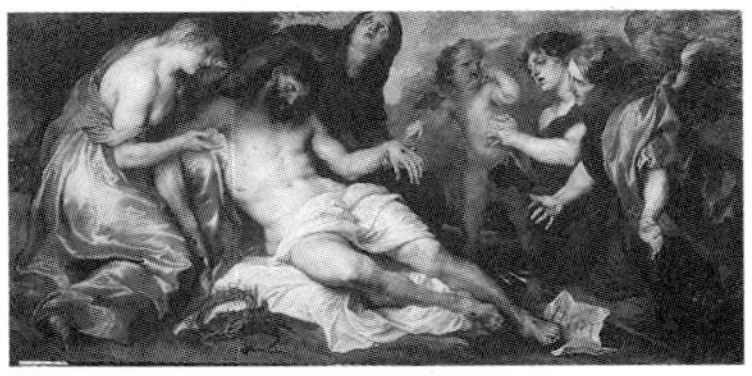

Il compianto di Cristo
Fiandre, 1630 circa
olio su tela, 117,5 × 249,5 cm
Roma, in deposito presso il Museo di Palazzo Venezia

Il dipinto fu pubblicato per la prima volta dall'Hoogewerff, che lo aveva visto a Roma nel 1947, quando i proprietari, i conti Airoldi di Cruillas lo avevano trasportato da Palermo a Roma per sottoporlo a restauro. Da allora è rimasto nella città pontificia, dove tuttora si trova. Straordinario capolavoro di sicura autografia, il dipinto deve essere considerato il prototipo da cui sono derivate le varie opere di bottega o le copie conosciute fino ad allora. Per motivi stilistici si colloca nel secondo soggiorno anversese degli anni 1628-1632.
Per l'analisi dell'opera si rimanda al saggio di Bernardini in questo catalogo.
Bibliografia essenziale: Hoogewerff 1949, pp. 157-162; Larsen 1988, vol. II, n. 1038; Brown 1991, p. 250, ill. 2; *Antoine van Dyck et l'estampe*, 1999, p. 230.

27

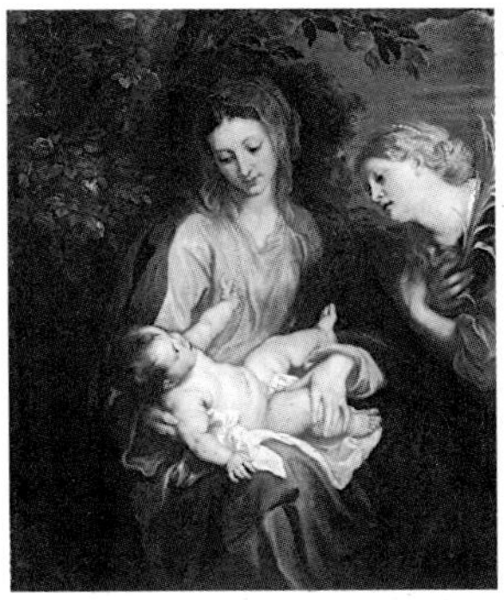

Madonna col Bambino e santa Caterina d'Alessandria
Fiandre, 1628-1632
olio su tela, 112 × 94 cm
New York, The Metropolitan Museum of Art

È probabile che il dipinto sia stato eseguito per la chiesa dei Recolletti di Anversa, dove viene citato nel 1754 e pertanto dovrebbe essere riferito agli anni 1628-1632, durante i quali Van Dyck soggiornò ad Anversa. La datazione in effetti concorda con la cifra stilistica del dipinto che fonde elementi fiamminghi, nella figura di santa Caterina, con motivi desunti da modelli italiani, come la tipologia del volto della Vergine, l'impostazione generale della composizione, la raffinatezza della acconciatura di santa Caterina, che ha un filo di perle tra i capelli, chiaro rimando all'arte veneta.
Nei dipinti di arte sacra, Van Dyck tende a esprimere un profondo senso religioso, sia attraverso l'atteggiamento di devozione dei santi, e quindi attraverso una resa emozionale degli affetti, sia attraverso il ricorso a

simboli che alludono al mistero cristiano. In quest'opera il cespuglio di rose e l'albero di mele sono evidenti elementi simbolici: la mela allude alla caduta dell'uomo ma anche alla sua redenzione, la rosa è attributo della Vergine, ma la rosa rossa rimanda al martirio della santa (Liedtke 1984-85).
Bibliografia essenziale: Liedtke 1984-85, p. 30; Larsen 1988, vol. II, n. 640, p. 261 (con bibliografia precedente).

28

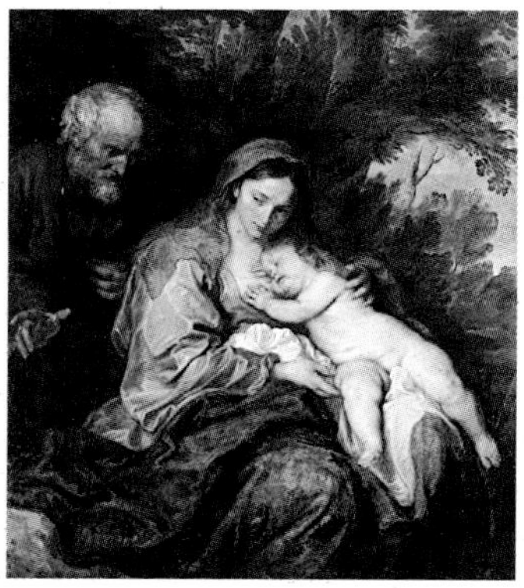

Il riposo nella fuga in Egitto
Fiandre, 1630 circa
olio su tela, 134,7 × 114,8 cm
Monaco, Bayerische Staatsgemäldesammlungen, Alte Pinakothek

Il *Riposo nella fuga in Egitto* di Monaco è una delle versioni più incantevoli e armoniose sul tema della Vergine con il Bambino, sul quale Van Dyck si è soffermato soprattutto lungo il periodo italiano e quello successivo ad Anversa. Tale interesse è testimoniato dai numerosi schizzi che si ritrovano nel *Taccuino italiano* tratti da opere di Tiziano e di altri artisti veneti o liberamente ispirati ad essi: anche in questo caso è evidente il richiamo tizianesco nello schema adottato e nel tono lirico dell'insieme. L'opera si caratterizza per quell'estrema raffinatezza e delicatezza di pennellata, per quell'equilibrio tra figure e paesaggio, a cui corrisponde il sentimento di una affettività intima e profonda. Per la sua vicinanza stilistica a opere come *La visione del beato Hermann Joseph* del Kunsthistorisches Museum di Vienna, e lo *Sposalizio mistico di santa Caterina* della collezione della Regina Elisabetta d'Inghilterra, il dipinto viene datato dalla critica intorno al 1630.
Bibliografia essenziale: Larsen 1988, vol. II, n. 729, p. 291; Vlieghe, in *Van Dyck 1599-1641*, 1999, n. 60, p. 226 (con bibliografia precedente).

29

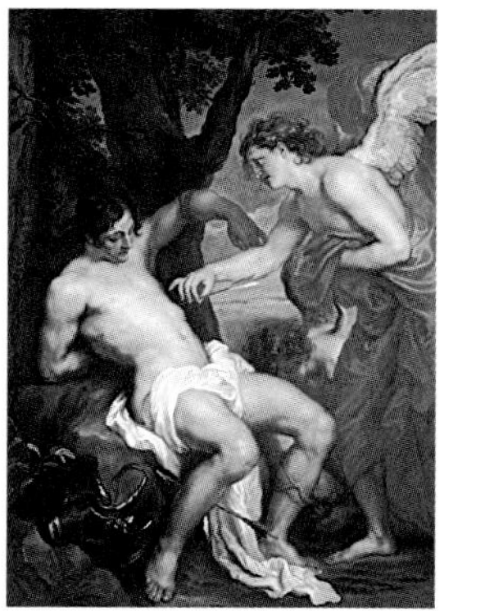

San Sebastiano soccorso dagli angeli
Fiandre, 1630-1631
olio su tela, 160 × 155 cm
Torino, Galleria Sabauda

A differenza delle versioni giovanili del *Martirio di san Sebastiano*, dove l'artista esibisce se stesso e il proprio corpo nella figura del santo (Parigi, Louvre, 1615-1616; Monaco, Alte Pinakothek, 1620 circa), questa redazione, appartenente agli ultimi anni trascorsi nelle Fiandre prima del trasferimento in Inghilterra, mostra tratti meno realistici e quella stilizzazione patetica delle fisionomie rubensiane che si ritrova in buona parte dei dipinti religiosi eseguiti da Van Dyck a cavallo del 1630. Il nostro artista doveva conoscere l'atletico *San Sebastiano soccorso dagli angeli* (Roma, Galleria Nazionale d'Arte Antica a Palazzo Corsini), eseguito da Rubens alla fine del suo soggiorno italiano e portato con sé al suo rientro ad Anversa, come dimostra il disegno trattone nel cosiddetto *Taccuino* d'Anversa di Chatsworth, fol. 19r., e come è avvertibile in quest'opera nel trattamento del nudo del santo e nella citazione dell'angelo inginocchiato a sciogliere i lacci. Ma nella posa franante e angolosa di Sebastiano (per il quale Van Dyck eseguì un bello studio a gessetto nero e bianco, oggi conservato nella Fondation Custodia a Parigi) è anche evidente il ricordo dell'omonimo santo dipinto da Tiziano nel *Polittico Averoldi* della chiesa dei Santi Nazzaro e Celso a Brescia. Del dipinto di Torino, acquistato dalle collezioni sabaude nella prima metà dell'Ottocento, non si conosce con certezza la più antica provenienza, anche se una fonte inventariale da verificare lo dice proveniente dalla collezione del cardinale Fesch. Quanto all'autografia, su di essa in passato vi sono stati pareri discordi, anche in relazione alla replica del dipinto conservata all'Ermitage di San Pietroburgo: considerata per un certo periodo anche dai curatori della Galleria Sabauda come opera di bottega, oggi la versione di Torino viene generalmente riconosciuta come originale. In effetti la qualità del dipinto è alta, e la fattura fluida e accentuatamente patetica delle fisionomie trova diretto riscontro in opere dell'artista del periodo indicato: in particolare, la testa dell'angelo dal manto rosso è appena variata su quella della sirena nel *Rinaldo e Armida* di Baltimora, del 1629. L'agitazione emotiva dell'angelo, evidenziata dall'andamento fiammeggiante della chioma e del panneggio, diventa un *topos* espressivo che ritroviamo negli angeli del *Compianto sul Cristo Morto* datato al 1634, oggi nell'Alte Pinakothek di Monaco, e nel *Compianto* di Roma (cat. n. 26).
Bibliografia essenziale: Schaeffer 1965, p. 22; Larsen 1980, p. 101, scheda n. 678.

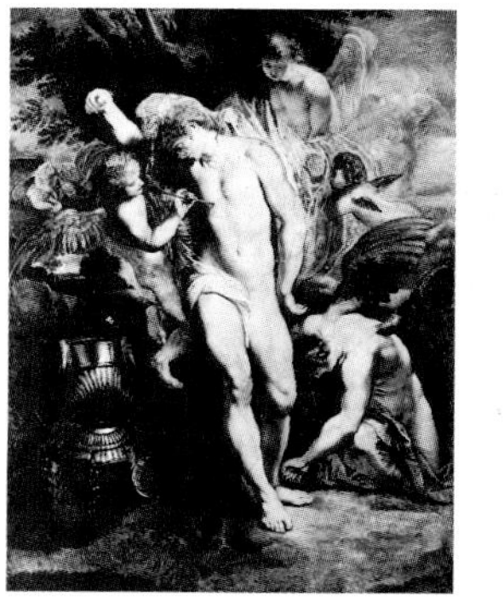

XVIII. Pieter Paul Rubens, *San Sebastiano*, Roma, Galleria Nazionale d'Arte Antica di Palazzo Corsini

30

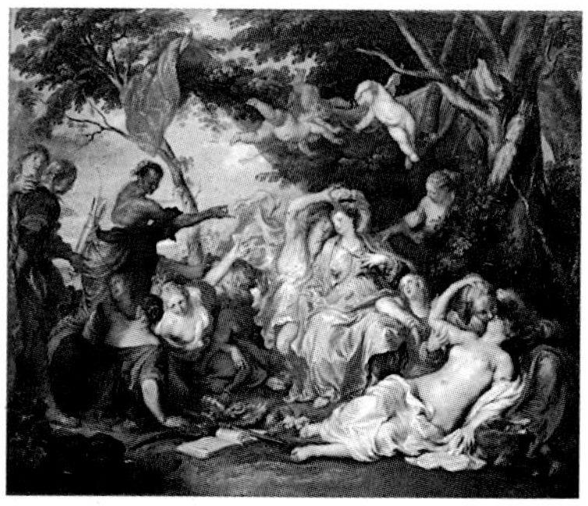

Gli amori di Amarilli e Mirtillo
L'Aja / Fiandre, 1631-1632
olio su tela, 122 × 145,5 cm
Torino, Galleria Sabauda

Tra i dipinti che esercitarono più suggestione sugli artisti presenti a Roma nel primo Seicento vi furono certamente i *Baccanali* di Tiziano, passati dalle collezioni ferraresi degli Este a quella degli Aldobrandini. Del vero e proprio *Baccanale*, cioè la *Festa degli Andrii* oggi al Prado, Anton van Dyck durante il soggiorno romano eseguì almeno uno studio (il folio 56 del *Taccuino italiano*), e alcuni anni dopo il suo rientro nelle Fiandre ne trasse questa variazione, manifesto omaggio ad uno degli archetipi ideali del Rinascimento. Il pittore fiammingo ne mutò tuttavia l'ambientazione, sostituendo all'ebbrezza bacchica un idillio arcadico, più in linea con il gusto del suo tempo. Il tema raffigurato è infatti derivato dal più celebre dramma pastorale ad apertura del Seicento, il *Pastor fido* di Battista Guarini. L'episodio è quello narrato nella scena I dell'Atto II, la gara di baci tra le fanciulle raccolte intorno alla bellissima Amarilli. Il pastore Mirtillo, innamorato di lei, si traveste da ninfa e bacia l'inconsapevole Amarilli, che lo proclama vincitore e lo incorona con una ghirlanda di fiori; Mirtillo a sua volta si toglie la corona vinta e la pone sul capo di Amarilli, lodando la dolcezza dei suoi baci. Van Dyck interpreta liberamente la scena, raffigurando Mirtillo non in abiti femminili e introducendo, in contrapposto agli incarnati chiari delle altre fanciulle, la cacciatrice mora. L'opera è menzionata ed esattamente individuata nel soggetto dal Bellori nella sua *Vita* di Van Dyck, dove è anche ricordato il committente: "Per lo Principe d'Orange colorì una favola del Pastor Fido". Si tratta di Federico Enrico d'Orange Nassau, *Stadhouder* d'Olanda, per il quale Van Dyck eseguì vari dipinti, tra i quali spiccano quelli di carattere mitologico-letterario: l'*Amarilli e Mirtillo*, *Achille tra le figlie di Licomede* (oggi a Pommersfelden, collezione Schönborn), e il *Rinaldo e Armida* (oggi al Louvre): tutti dipinti situabili tra il 1628, epoca del primo viaggio di van Dyck in Olanda, e il 1632, quando compaiono negli inventari del principe d'Orange. La presenza di varie redazioni autografe (oltre ad altre repliche di bottega) dell'*Amarilli e Mirtillo* di Van Dyck rende complessa l'identificazione della versione originale dipinta per il principe d'Orange e ricordata da Bellori; oggi comunque viene riconosciuta come originale la versione della collezione Schönborn a Pommersfelden, sia per la presenza nella stessa raccolta del citato *Achille tra le figlie di Licomede*, di analoghe dimensioni e menzionato unitamente all'*Amarilli e Mirtillo* negli inventari del principe d'Orange, sia, soprattutto, per l'evidente eccellenza dell'esecuzione. Il restauro del 1991 ha restituito piena leggibilità alla tela torinese qui presentata, già nella collezione del principe Eugenio di Savoia a Vienna, in passato anch'essa ritenuta da alcuni studiosi il possibile origi-

nale, che va in ogni caso considerata un'ulteriore redazione autografa almeno nelle figure, mentre lo sfondo d'alberi, risolto più debolmente in confronto al quadro di Pommersfelden, deve forse riferirsi all'intervento della bottega.
Bibliografia essenziale: Bellori ed. 1976, p. 278; Van Gelder 1978, pp. 227-263; Spantigati 1982, pp. 24, 47; Vlieghe 1999, pp. 232-235; Arcangeli 2000, pp. 314-315 (con bibliografia precedente).

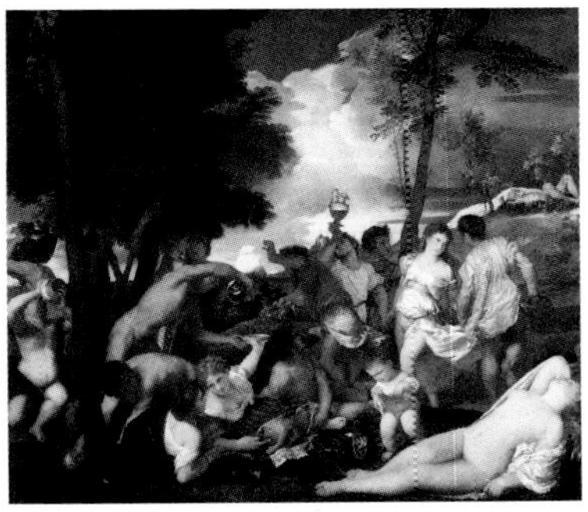

XIX. Tiziano, *Gli Andri*, Madrid, Museo Nacional del Prado

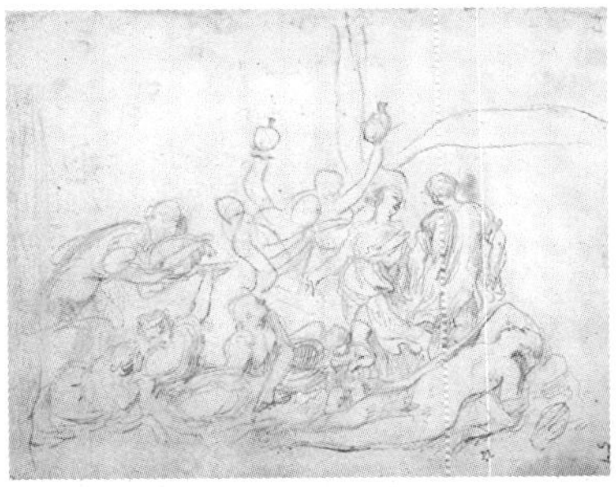

XX. Anton van Dyck, studio da Tiziano del *Taccuino italiano*, f. 56r
Londra, The British Museum

31

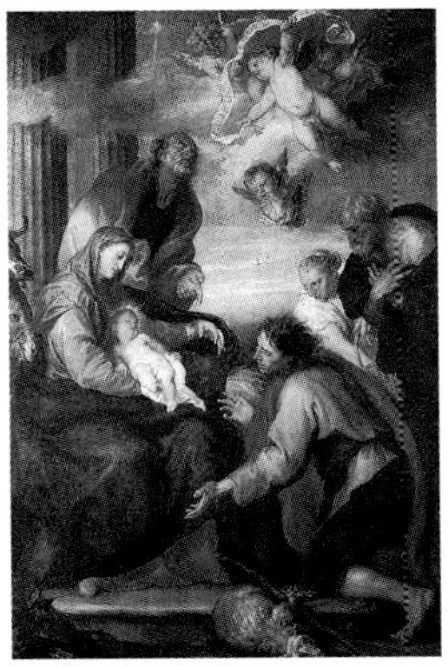

Adorazione dei pastori
Fiandre, 1631-1632
olio su tela, 245 × 173 cm
Dendermonde, Onze-Lieve-Vrouwekerk

La grande pala d'altare venne commissionata nel novembre del 1631 da Cornelius Gheeroffs per la chiesa Onze-Lieve-Vrouwekerk di Dendermonde, dove tuttora è conservata, e per la quale aveva eseguito l'anno precedente una *Crocifissione con la Vergine e santi*. Come ben puntualizza Wheelock (1990), a cui si rimanda per una più dettagliata analisi, l'opera presenta stretti riferimenti al dipinto di Rubens dello stesso soggetto conservato nell'Alte Pinakothek di Monaco: ogni elemento nel dipinto di Van Dyck risente della composizione rubensiana, il gesto della Vergine nello scoprire il bambino, il pathos espresso dai pastori, gli angeli che portano il cartiglio. Tuttavia, al di là di questi debiti formali, l'opera si differenzia per quell'intensità spirituale, per quell'accento sui sentimenti e sull'emozione più intima, per quel senso profondo di religiosità che sono propri del maestro fiammingo. Nei confronti di Rubens, Van Dyck è più tenero e più intimo: ciò che in Rubens è teatrale, in Van Dyck diventa una intima esperienza di devozione, "Ainsi, la relation d'amour entre la mère et l'enfant, exprimée par le regard de Marie ou la façon dont elle serre Jésus contre son sein, n'a pas de correspondance dans l'ouvre de Rubens. L'aura divine qui irradie de la tête du Christ ne procure pas à la composition cette lumière aveuglante qui donne tout leur relief aux profonds contrastes des clair-obscurs et à l'expressivité des mouvements chez Rubens. Les bergers, venus pour rendre hommage à l'enfant Jésus, sont agenouillés devant lui dans une attitude de respect. Cette pose est une réaction à l'intense émotion que leur cause la vue de l'enfant, plutôt qu'à une lumière céleste qui annoncerait énergiquement sa divinité" (Wheelock 1990 p. 243). Ma proprio questa atmosfera di intimità espressa nell'opera e la struttura compositiva armonica e dispiegata in orizzontale rivela quanto ancora sia linfa vitale per il linguaggio vandyckiano la cultura figurativa italiana. Si colloca stilisticamente vicino ad altre opere di questi anni, e in particolare, al *Compianto di Cristo* di Roma (cat. n. 26) per le delicatissime trasparenze, per un impasto cromatico fuso, quasi etereo, e per le tipologie fisionomiche degli angeli.
Bibliografia essenziale: Schellekens 1899; Larsen 1988, vol. II, n. 682; Wheelock, in *Anthony van Dyck*, 1990, n. 61, pp. 243 - 244 (con bibliografia precedente); Vlieghe, in *Van Dyck 1599-1641*, 1999, pp. 65-77.

32

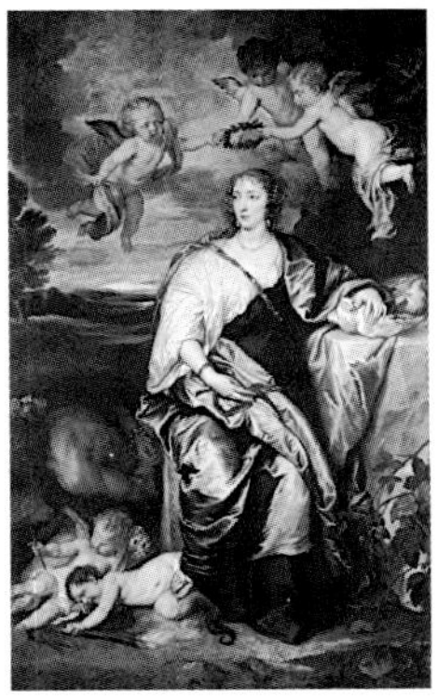

Lady Venetia Digby come La Prudenza
Londra, 1633-1634
olio su tela, 242 × 155 cm
Milano, Palazzo Reale, Soprintendenza per i Beni Ambientali e Architettonici

Con questo imponente ritratto, risalente ai primi anni del soggiorno inglese del pittore (la datazione più attendibile è poco dopo il 1 maggio 1633, giorno della morte improvvisa di Venetia Digby), Van Dyck inaugura una breve serie di ritratti allegorici, caratteristici della fase matura dell'artista e del mutato clima sociale in cui si muove. I personaggi rappresentati in questa veste sono tutti femminili, e gli attributi che ne illustrano le doti e le virtù sono un tipico portato dell'ambito letterario e galante che gravita intorno alla corte di Londra. Nel caso di Venetia Digby, l'immagine assume un forte significato apologetico. Venetia Stanley, poi lady Digby, era stata una delle bellezze più chiacchierate degli ultimi anni del regno di Giacomo I e dell'epoca di Carlo I, amante del conte di Dorset e al centro di altre relazioni, vere o presunte. All'aura di scandalo che circondò presto Venetia si oppose il costante attaccamento di quello che sarebbe stato più tardi suo marito, sir Kenelm Digby. Quando questi riuscì a sposarla, dopo anni tormentati e contro il parere della sua famiglia, mise in atto un eccezionale processo di riabilitazione della figura della moglie; ad esso contribuirono letterati dell'importanza di Ben Jonson, che a Venetia Digby dedicò la raccolta poetica *Eupheme* ("Buona Fama"), e con lui altri poeti della sua cerchia, mentre in campo pittorico tale ruolo fu sostenuto da Van Dyck, che aveva con sir Kenelm Digby, colto e appassionato bibliofilo, legami di amicizia che esulavano dai consueti rapporti tra artista e committente.

Van Dyck ritrasse Venetia almeno tre volte: nel 1632, nel ritratto di famiglia (Inghilterra, collezione privata) in cui siede a fianco di sir Kenelm ed ha accanto a sé i primi due figli avuti da lui, immagine che enfatizza la stabilità della coppia e le doti materne di Venetia; quindi nel 1633, il giorno dopo la morte, nello straordinario ritratto oggi alla Dulwich Picture Gallery di Londra, che ne perpetua il ricordo con elegiaca poeticità (la bellezza addormentata che la morte non osa ancora segnare); e infine in questo grande ritratto allegorico. Bellori, che conobbe Kenelm Digby durante il soggiorno di questi a Roma tra il 1645 e il 1648 per trattare con la corte pontificia il sostegno alla causa degli Stuart mentre divampava in Inghilterra la guerra civile, descrive con grande dovizia di particolari il ritratto, che Digby aveva recato con sé nell'esilio in Francia. La Prudenza, vestita "all'antica", poggia una mano su due colombe, simbolo di innocenza e castità, mentre con l'altra tiene una serpe, attributo proprio della prudenza; la figura siede su di un cubo di pietra cui sono avvinti i vizi: la Frode dai due volti, l'amore profano bendato e un altro amorino riverso con la face ancora accesa, le cui gambe terminanti in code di serpenti alludono alla natura peccaminosa delle passioni da lui suscitate. Mentre quest'ultimo è un'aggiunta rispetto alla descrizione del Bellori (a meno che ad essa non alluda la generica indicazione "altre figure ignude al naturale"), mancano le rappresentazioni dell'Ira "in aspetto furioso" e dell'Invidia "crinita di serpenti", nonché l'iscrizione da Giovenale "NULLUM NUMEN ABEST SI SIT PRUDENTIA", riportate dallo storiografo romano. Anche se il dipinto sembrerebbe aver subito in passato una leggera riduzione sui lati lunghi – e questo potrebbe spiegare la scomparsa dell'iscrizione –, tale riduzione non sembra possa essere stata tale da comportare la perdita di due figure. Pertanto è probabile che Bellori abbia riportato inesattamente la descrizione fatta da Digby, e le due figure siano in realtà le due facce dell'allegoria della Frode. Questa ipotesi viene corroborata dal fatto che tutte le varie repliche e derivazioni dal dipinto presentano lo stesso tipo di composizione, senza aggiunta di ulteriori figure. Bellori ricorda inoltre una replica in formato ridotto eseguita da Van Dyck sempre per Kenelm Digby, che l'avrebbe portata con sé insieme alla versione maggiore in Francia al-

l'epoca della sua fuga dall'Inghilterra. Questa, definita da Bellori "non intera", ha fatto pensare ad una versione a mezzo busto o a due terzi di figura; ma ciò potrebbe anche significare non replicata in tutti i suoi particolari: in effetti la versione oggi nella National Portrait Gallery di Londra (101,1 × 80,2 cm) manca della figura dell'amore bendato.
Quanto alla successiva storia delle due versioni, l'ipotesi più verosimile era che fossero rimaste in Francia, e confluite forse ambedue nella collezione del cardinale Mazzarino, che raccolse diverse opere d'arte giunte in Francia dall'Inghilterra a seguito della caduta degli Stuart. Ma un controllo dell'inventario del 1661 delle collezioni di Mazzarino, da poco pubblicato a cura di P. Michel, indica un solo dipinto di Van Dyck identificabile con il ritratto di Venetia Digby e le cui dimensioni (97 × 78 cm) sono praticamente le stesse della versione più piccola oggi alla National Portrait Gallery. Rimane dunque da chiarire la provenienza del dipinto oggi nel Palazzo Reale di Milano, la cui autografia è peraltro indiscutibile. I documenti consultati dalla Soprintendenza per i Beni Architettonici e per il Paesaggio di Milano, cui appartiene l'opera, risalgono fino alla metà dell'Ottocento: nel 1857 il dipinto si trovava nei depositi del Palazzo, mentre almeno dal 1873 esso risulta collocato nella Sala della Lanterna Grande, con l'attribuzione a Rubens e identificato come "Cleopatra" (errore comprensibile data la presenza così evidente del serpente). L'ideazione di un ritratto allegorico offre a van Dyck ancora una volta la possibilità di riallacciarsi a Tiziano , tanto nell'abbigliamento che nell'espansa serenità della figura femminile (la cui posizione è un ricordo della "Beltà ornata" *nell'Amor sacro e Amor profano* della Galleria Borghese), quanto nel paesaggio.
Bibliografia essenziale: Bellori ed. 1976, p. 280; Amos, Sumner 1995, pp. 26-31; Rogers 1995, pp.108-109; J.Egerton, in *Van Dyck 1599-1641*, 1999, pp. 254-256; Michel 1999, pp. 210, 216, 592-593; Arcangeli 2000, II, pp. 317-318 (con bibliografia precedente); Jansen, Meijer, Squillati Brizio 2001-2002, I, n. 233; Arcangeli 2002, pp. 105-106.

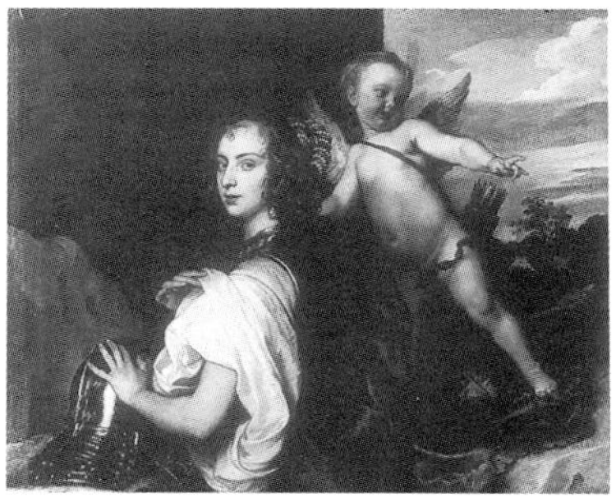

XXI. Anton van Dyck, *Ritratto di dama come Venere*, Blenheim Castle (GB), Collezione del duca di Malborough

33

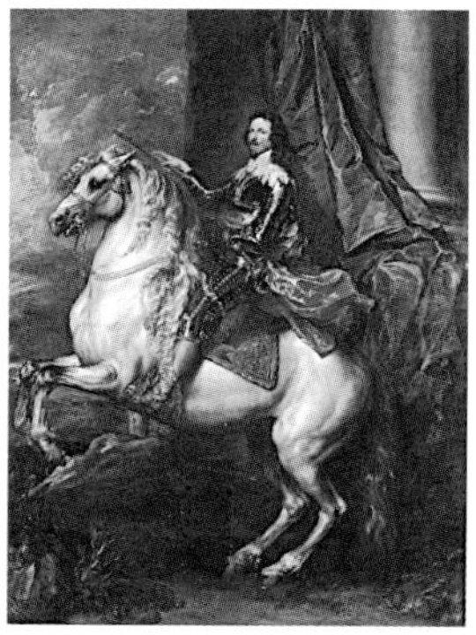

Tommaso Francesco di Carignano, Principe di Savoia
Bruxelles, 1634
olio su tela, 315 × 236 cm
Torino, Galleria Sabauda

Questo esuberante ritratto equestre venne eseguito da Van Dyck nel 1634, durante il suo breve rientro in patria, negli anni 1634-1635, dall'Inghilterra dove ormai viveva stabilmente.
Il motivo che spinse il principe Tommaso Francesco di Savoia (1596-1656) a richiedere al più grande ritrattista del tempo il proprio ritratto e per di più a cavallo era il desiderio di immortalare la propria effigie quale reggente dei Paesi Bassi: infatti alla morte dell'arciduchessa Isabella, figlia di Filippo II di Spagna e zia dello stesso Tommaso, egli era stato nominato reggente dei Paesi Bassi in attesa dell'arrivo di Ferdinando I, fratello del re Filippo IV di Spagna. Van Dyck realizzò un dipinto fastoso, abbagliante, sfavillante: il principe, seduto su un cavallo rampante (a cui si ispirerà il famoso ritratto equestre di Luigi XIV di Giovan Lorenzo Bernini) e con una stupenda armatura, volge lo sguardo verso lo spettatore ostentando la propria potenza; sullo sfondo un ricco panneggio conferisce all'insieme l'impressione di fastosità, ricchezza, dinamismo.
L'artista è d'altronde molto meticoloso nel sottolineare i particolari che possano mettere in evidenza la carica del principe: l'armatura è di fattura spagnola così come il cavallo è di razza spagnola pregiata, a sottolineare i legami con la corona di Spagna, mentre l'indicazione della casa Savoia è limitata alla medaglia che porta al collo, che rappresenta l'insegna dell'ordine dell'Annunciata.
Nello stesso tempo Van Dyck consegna alla storia l'immagine di un principe, che, come felicemente annota Wheelock (1990) si rivela non all'altezza della propria ambizione: esalta infatti i particolari che rivelano l'alta carica che il principe ricopre accentuando il lusso e l'eleganza dell'armatura, delle stoffe, del cavallo, ma non gli conferisce un aspetto autorevole e carismatico che avrebbe dovuto spettargli.
L'opera si inserisce nella tradizione figurativa dei ritratti equestri, dal famoso *Ritratto di Carlo V* (Madrid, Prado) di Tiziano, al *Ritratto del duca di Lerma* (Madrid, Prado) e di *Giovanni Carlo Doria* (Genova, Galleria Nazionale di Palazzo Spinola) di Rubens.
Il linguaggio figurativo vandyckiano è ormai profondamente mutato da quando nel 1632 aveva lasciato Anversa: sono ormai lontani i ricordi dell'arte italiana.
Bibliografia essenziale: Bellori ed. 1976, p. 277; Larsen 1988, vol. II, n. 986, p. 387; Wheelock, in *Anthony van Dyck*, 1990, n. 71, pp. 275-276; Egerton, in *Van Dyck 1599-1641*, 1999, n. 79, pp. 275-276 (con bibliografia precedente).

34

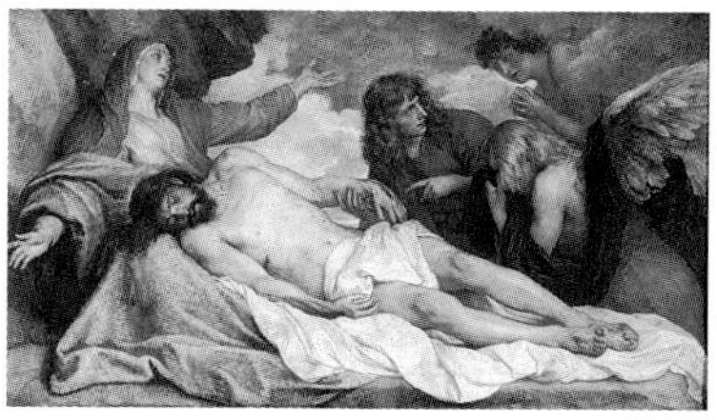

Il compianto di Cristo
Fiandre-Londra, 1634-1636
olio su tela, 115 × 208 cm
Anversa, Koninklijk Museum voor Schone Kunsten

Il dipinto fu commissionato tra la fine del 1634 e il 1635 dall'abate Alessandro Cesare Scaglia, un diplomatico al servizio della famiglia Savoia che abitò per qualche tempo a Bruxelles, per la cappella della Madonna dei sette dolori nella chiesa del monastero dei Recolletti di Anversa. L'occasione dell'incarico fu probabilmente una grave malattia dell'abate. Secondo Hoogewerff, seguito da Wheelock, l'opera venne terminata probabilmente nel 1636, al suo rientro in Inghilterra. Ipotesi percorribile poiché sappiamo che l'altare venne montato solo nel 1641; inoltre spingono verso una datazione più tarda anche i modi stilistici, ben lontani dal *Compianto* di Anversa e di quello di Monaco, entrambi del 1634, mentre questa versione rivela una impasto più largo e una tavolozza più chiara, propria dell'ultima fase del suo percorso artistico. Uno studio preparatorio conservato alla Pierpont Morgan Library di New York testimonia l'attenzione che l'artista ha dedicato alla posa del Cristo, che in confronto con le composizioni precedenti, viene ad assumere un rilievo maggiore. Van Dyck riesce a rendere la drammaticità della scena con lo stupendo atteggiamento della Vergine, con le braccia completamente aperte, e con il gesto di san Giovanni Evangelista che tiene la mano abbandonata di Cristo e indica la ferita, con il movimento dell'angelo che copre il proprio volte piangente con un panno. La differenza con la versione di Roma, di cui riprende le misure sviluppate sensibilmente in orizzontale, è sostanziale, non solo nei modi stilistici, ma anche nella resa del sentimento religioso: il carattere devozionale ed emozionale dell'opera viene ora sostituito con un sentimento più intimo, vissuto più interiormente e drammaticamente dai personaggi.
Bibliografia essenziale: Hoogewerff 1949, pp. 157-162; Larsen 1988, n. 1041, p. 408; *Van Dyck as religous artist*, 1979, p. 172; Wheelock in *Anthony Van Dyck*, 1990, n. 79, p. 300; Brown 1991, n. 79, p. 250; Egerton, in *Van Dyck 1599-1641*, 1999, p. 290, n. 85 (con bibliografia precedente), Osborne 2002, pp. 213-221.

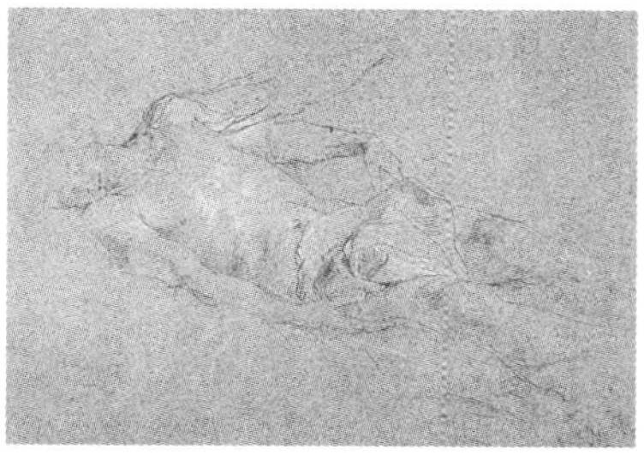

XXII. Anton van Dyck, studio per il *Cristo morto*, New York, Pierpont Morgan Library

Antonio van Dyck

Grande per la Fiandra era la fama di Pietro Paolo Rubens, quando in Aversa nella sua scuola sollevossi un giovinetto portato da così nobile generosità di costumi e da così bello spirito nella pittura che ben diede segno d'illustrarla ed accrescerle splendore in quella dignità ed eccellenza alla quale il maestro l'aveva inalzata. Fu questi Antonio van Dyck, nato nella medesima città l'anno 1599. Il padre si esercitava nella mercanzia delle tele, che in Fiandra superano ogn'altre di finezza e di lavoro; la madre s'impiegava nel ricamo e dipingeva con l'ago, formando paesi e figure con opera di punto. Con questa occasione Antonio nel-l'età sua tenera si pose da se stesso a disegnare, e la madre, che non era oggi mai più bastante ad ammaestrarlo, conobbe che la natura lo voleva far riguardevole nell'arte, e persuase il padre ad accomodarlo col Rubens, il quale, amando li buoni costumi e la grazia del giovinetto nel disegnare, gli parve gran ventura di aver trovato uno allievo a suo modo, che sapesse tradurre in disegno le sue invenzioni per farle intagliare al bulino: fra queste si vede la *Battaglia delle Amazzoni* disegnata allora da Antonio. Non fece egli minor profitto nel colorito, poiché il maestro, non potendo supplire al numero grande de' lavori, impiegavalo a copiare, e l'indirizzava sopra le sue proprie tele in abbozzare ed in condurre ancora li suoi disegni e schizzi in pittura, traendone commodo grandissimo. Fece li cartoni e quadri dipinti per le tappezzerie dell'istorie di Decio, ed altri cartoni ch'egli per lo grande spirito risolveva facilmente.

Dicesi che il Rubens, in questo modo facilitando le sue operazioni, veniva a cavare ben cento fiorini il giorno dalle fatiche di Antonio, il quale molto più ritraeva dal maestro, che era il tesoro dell'arte. Laonde avvedendosi il Rubens che il discepolo si andava usurpando il merito de' suoi colori, e che in breve averebbe posto in dubbio il suo nome, egli che era sagacissimo prese occasione da alcuni ritratti dipinti da Antonio, e celebrandoli con somme lodi proponevalo in suo luogo a chiunque veniva a chieder ritratti, per rimuoverlo dalle figure. Così per la medesima cagione Tiziano più aspramente si tolse di casa il Tintoretto, e molti altri maestri, seguitando tal consiglio, non possono finalmente rintuzzare un genio quando è forte d'inclinazione. Si distolse però Antonio dalla scuola del Rubens, e tiensi che egli facesse allora nella chiesa di San Domenico il quadro del Cristo che porta la croce caduto in ginocchione con le Marie e soldati che lo conducono al Calvario: la quale opera ritiene la prima maniera del Rubens. Ma parendogli tempo di trasferirsi in Italia, partitosi dalla patria si fermò prima in Venezia, tutto rivolto al colorito di Tiziano e di Paolo Veronese, nel quale fonte si era imbevuto anche il maestro. Copiò e disegnò le megliori storie, ma il suo maggiore trattenimento furono teste e ritratti, imprimendo gran numero di carte e di tele, e così intinse il suo pennello ne' buoni colori veneziani. E perché in quella città nel tempo che vi dimorò a studiare aveva consumato i suoi denari, trasferissi a Genova, dove sodisfacendo la sua bella maniera acquistata de' ritratti, ne riportò utile grandissimo ad ogni suo bisogno; siché trascorrendo in altre parti d'Italia, sempre si riparava in Genova non altrimente che nella sua patria, dove era amato e riputato da ciascuno. Tenendo nondimeno Antonio l'animo suo rivolto a Roma, vi si trasferì, e fu trattenuto in corte del card. Bentivogli, amorevole della nazione fiamminga, per essere egli dimorato in Fiandra e per aver scritto quella istoria che vive immortale. Espresse Antonio il cardinale a sedere con una lettera nelle mani, e quasi l'abbia letta si volge, e portò su la tela la similitudine del volto e lo spirito moderato di quel signore, il qual ritratto oggi si trova in Fiorenza nel palazzo del granduca. Dipinse per lo medesimo cardinale un *Crocifisso* sopra una tela di quattro palmi con la testa elevata e spirante; nel qual tempo essendo venuto a Roma don Roberto Scherley inglese, che andava per la cristianità ambasciadore di Abbas re di Persia, da esso inviato principalmente a Gregorio decimoquinto, per la mossa dell'armi contro 'l turco suo nimico, Antonio ritrasse questo signore e la moglie nell'abito persiano, accrescendo con la vaghezza de gli abiti peregrini la bellezza de' ritratti. Era egli ancor giovine, spuntando di poco la barba, ma la giovinezza sua veniva accompagnata da grave modestia di animo e da nobiltà di aspetto, ancorché picciolo di persona. Erano le sue maniere signorili più tosto che di uomo privato, e risplendeva in ricco portamento di abito e divise, perché assuefatto nella scuola del Rubens con uomini nobili, ed essendo egli per natura elevato e desideroso di farsi illustre, perciò oltre li drappi si adornava il capo con penne e cintigli, portava collane d'oro attraversate al petto, con seguito di servitori. Siché imitando egli la pompa di Zeusi, tirava a sé gli occhi di ciascuno: la qual cosa, che doveva riputarsi ad onore da' pittori fiamminghi che dimoravano in Roma, gli concitò contro un astio ed odio grandissimo: poiché essi, avvezzi in quel tempo a vivere giocondamente insieme, erano soliti, venendo uno di loro nuovamente a Roma, convitarsi ad una cena all'osteria ed imporgli un soprannome, col quale dopo da loro veniva chiamato. Ricusò Antonio queste baccanali; ed essi, recandosi a dispregio la sua ritiratezza, lo condannavano come ambizioso, biasimando insieme la superbia e l'arte. Egli era certamente venuto a Roma non per occasione di studiare, ma per intento di operare e di mettere in luce il suo talento disposto ad una bella e dilettevole facilità di dipingere; dove gli altri, disprezzandolo ch'egli non sapesse disegnare ed appena colorire una testa, lo ridussero a segno che disperato si partì di Roma ed a Genova fece ritorno. Trattenevasi egli in quella città con grandissimo guadagno, facendo ritratti di quasi tutti i nobili e senatori. Dipinse li signori della famiglia Raggi, il marchese *Giulio Brignole* celebre poeta disposto a cavallo, e colorì l'altro ritratto della signora marchesa sua consorte, in cui si obligò la natura, perpetuando la sua bellezza. Dipinse il *Serenissimo Doge Pallavicino* in abito di ambasciadore al pontefice, e *Gio Paolo Balbi a cavallo* che era un bellissimo ritratto, ma per la congiura di esso come traditore della patria fu cancellato il volto, e rifattovi sopra l'altro de signor Francesco Maria della medesima famiglia. Appresso l'istesso signore si conserva ancora di mano d'Antonio un vecchio armato d'armi bianche, col bastone di generale nella destra e la sinistra posata su 'l pomo della spada, e questo si tiene essere il marchese Spinola, chiarissimo capitano, volgendosi generoso e vivo nel colore non meno che nell'istessa natura. Vedesi in Roma il ritratto d'un giovinetto della famiglia Imperiale comperato dalla Serenissima Regina di Svezia con tutto lo studio di Gio Vincenzo Imperiale: e fu fatto in quel tempo da Antonio, spirando in vita non altrimente che se fosse di mano di Tiziano. Oltre li ritratti colorì altre figure, tra le quali il *Crocifisso* in Monte Rosso, terra della riviera con San Francesco e 'l beato Salvadore, e'l ritratto del padrone del quadro in orazione.

Venne desiderio ad Antonio di trasferirsi in Sicilia, dove trovandosi il principe Filiberto di Savoia, allora viceré, fece il suo ritratto. Ma accadde in questo tempo il contagio e la morte del principe: a cui essendo succeduto il cardinale Doria, avendo Antonio patito qualche disastro in Palermo, se ne partì il più tosto come in fuga ed a Genova fece ritorno, portando seco la tela del quadro per l'Oratorio della Compagnia del Rosario. Espresse la *Vergine in gloria di angeli* che tengono le corone, e sotto San Domenico con cinque sante Vergini palermitane, tra le quali Santa Caterina e Santa Rosaria, con un putto appresso che si pone la mano al naso per lo fetore d'una testa di morto in terra, contrasegno del morbo da cui la città si era liberata per l'intercessione de' Santi. Fornito il quadro e mandato a Palermo, seguitando Antonio a fare ritratti, adunò buon numero di denari e fece ritorno in Anversa sua patria, acclamato e desiderato da' suoi dopo l'assenza già di alcuni anni. Si occupò ancor quivi ne' ritratti, ma erano insieme non poche le tavole e li componimenti che con sua gloria mandava per la Fiandra ed altrove, delle quali raccoglieremo alcune, vedendosi in istampa alcune delle sue invenzioni. Fra le prime che egli mostrasse in Anversa fu lo *Sposalizio del B. Giuseppe* dell'ordine Premostratense nella chiesa di San Michele, inginocchiato il Santo avanti la Vergine, che gli porge la destra sostenuta dall'angelo. Per le monache del Begginaggio dipinse la *Pietà col Redentore morto nel grembo della Madre*, Madalena genuflessa che gli bacia la piaga della mano, e San Giovanni. Ritrasse nel volto della Santa la sua propria sorella monaca, a cui ne fece dono. Colorì un'altra *Pietà* per la chiesa di San Francesco, che è fra le opere sue di maggiore stima. Figurò il Signore disteso in un lenzuolo con la testa in seno la Madre, la quale apre le braccia e travolge gli occhi dolorosi al cielo: vi è dietro San Giovanni che prende un braccio di Cristo e mostra la piaga della mano; due angeli piangono alli piedi di esso, rimanendo tutte tre queste figure in ombra, con gran forza dell'ignudo del Signore, in cui si riduce il lume. Alla medesima sua sorella donna Susanna van Dyck dedicò egli stesso il disegno intagliato dell'altra tavola in Santo Agostino, che ancora è molto rara per vivezza di colore e per l'invenzione. Espresse il Santo in estasi retto da due angeli, da un lato vi figurò Santa Monaca, dall'altro un Santo dell'Ordine; e quasi ad Agostino rapito al cielo si riveli la divinità, un angelo nel sostentarlo gli addita Cristo in alto con le braccia aperte, alli cui piedi gli Amori celesti esibiscono vari simboli. Tiene uno di loro lo scettro con l'occhio della Providenza, l'altro il ramo d'ulivo della Pace, un altro inalza il serpente che morde la coda, gieroglifico dell'Eternità. Evvi ancora uno che pugna la spada fulminante di fuoco, e 'l compagno s'affissa nel sole della Giustizia con altri misteri sublimi, e sopra la destra di Cristo vi è un triangolo uguale simbolo della Trinità Divina, col nome scritto in ebraico. Per le suore di San Domenico fece la tavola del *Crocifisso*, il Santo da un lato, dall'altro Santa Caterina da Siena; ed un altro *Crocifisso*, in Gante con la Madalena, che a' piedi abbraccia la Croce, San Giovanni, e dietro un armato a cavallo, il quale comanda ad uno de' crocifissori che porga la spognia su la canna al Redentore adorato e pianto da gli angeli. In Malines nella Chiesa di San Francesco trovansi tre altri quadri di sua mano, il *Signore in croce* sopra il maggiore altare, ed in due altri altari *San Bonaventura che celebra la messa*, e 'l *Miracolo di Santo Antonio da Padova*, quando la giumenta si inginocchia avanti l'ostia sacramentale. Circa i ritratti, ne' quali il van Dyck ottenne la maggior lode, dimorando egli in Bruselles dipinse quasi tutti li principi e grandi che al suo tempo capitarono in Fiandra, avendosi egli giustamente acquistato il maggior nome che da Tiziano in qua altro pittore mai abbia meritato; e nel vero che oltre la naturalezza conferiva alle teste una certa nobilità e grazia nell'atto, per la quale Apelle avendo dipinto Alessandro ed Antigono, fu sommamente celebrato. Ritrasse l'infanta in piedi e Maria de' Medici regina madre a sedere col duca d'Orleans suo figliuolo, nel tempo che rifuggirono in Fiandra. Sono ancora di sua mano il *Ritratto del cardinale infante*, del principe *Tomaso di Savoia* tutto armato a cavallo, e molti altri gran personaggi. Nella sala del palazzo della Giustizia della medesima città dipinse al naturale quei signori del Magistrato assisi nel loro Collegio, come sogliono, in render ragione sopra le cause che vertono; e questa è riputata una delle megliori opere sue, avendoli con bell'ordine disposti e condotti. Per lo principe d'Orange colorì una favola del *Pastor fido*, il qual signore comperò ancora un'opera sacra di sua mano, la *Vergine col Bambino Giesù* avanti alcuni angioletti che ballano. Diversi altri quadri e ritratti si veggono in Anversa in casa del signor canonico Van Hamme e del signor Diego Uveerdt, appresso il quale si conservano particolarmente quelli del re *Carlo primo* e della *Regina d'Inghilterra*, ch'egli fece dopo trasferitosi a quella corte, come ora diremo.

In tanto concorso di opere di fama, quasi Antonio avesse riempito la Fiandra del suo nome, prese risoluzione di passare a Londra, chiamato al servigio del re Carlo.

Erasi già il Rubens trattenuto onoratissimamente nella corte di questo principe, benignissimo amatore di ogni nobile disciplina, e tanto amico e rimuneratore de' peregrini ingegni, che da ogni parte li favoriva ed inalzava con benefica fortuna. Siché partendo il Rubens, succedette il van Dyck nella sua grazia, e crebbero ad un tempo li premi e li tesori, per istabilire l'ostentazione de' suoi costumi e la splendidezza delle sue maniere. Diffondeva però egli li suoi grandi acquisti, essendo frequentata la sua casa dalla primaria nobiltà, coll'esempio del re, che andava a trovarlo e prendeva diletto di vederlo dipingere e trattenersi seco. Contrastava egli con la magnificenza di Parrasio, tenendo servi, carrozze, cavalli, suonatori, musici e buffoni, e con questi trattenimenti dava luogo a tutti li maggiori personaggi, cavalieri e dame, che venivano giornalmente a farsi ritrarre in casa sua. Di più trattenendosi questi, apprestava loro lautissime vivande alla sua tavola, con ispesa di trenta scudi il giorno; il che parrà incredibile a chi è avvezzo alla nostra parsimonia d'Italia, ma non a chi è uso ne' paesi forastieri, e nella considerazione di tante persone che nutriva. Imperoché, oltre costoro, manteneva uomini e donne per modelli de' ritratti delle dame e de' signori, quando espressa la rassomiglianza del volto, forniva poi il restante da modelli che stavano al naturale. Si compiacque più volte il re di esser ritratto di sua mano, e dovendo il cavaliere Bernino farne uno di scoltura in marmo, non gli fu difficile l'averne tre dipinti in una tela in tre vedute differenti, in faccia, in profilo ed in mezzo profilo. Dipinse il van Dyck li ritratti del re medesimo e della regina in mezze figure, tenendo fra di loro un ramo di mirto, un altro con li figliuoli, ed il re a cavallo ad imitazione di Carlo quinto espresso da Tiziano, seguitato dietro da uno de' suoi gentiluomini che porta l'elmo. Dipinse il *Generale Gorino in atto di parlamentare*, il *Conte di Neuport Gran Maestro dell'artiglierie che dà ordine a gli ufficiali*, fintovi indietro due figure armate. E perché il conte di Arondel, signore studiosissimo delle belle arti del disegno, aveva introdotto il van Dyck alla grazia del re ed era stato promotore della sua venuta in Inghilterra, lo ritrasse al vivo con la moglie: e sono anzi veri che dipinti. È di sua mano ancora il ritratto della *Duchessa di Buchingan con le figliuole*, ed in segno della memoria sua verso il marito la dispose in atto che tiene il ritratto del duca colorito in piccolo. Dipinse la *Duchessa di Sudanpton* in forma della dea Fortuna sedente sul globo della terra, e 'l *Cavaliere di Digby* con la moglie a sedere sopra due seggi con li figliuoli a lato; ed essendo questo signore per le sue degne qualità e dottrina commendato fra li primi soggetti del regno, il van Dyck, per una vicendevole collegazione di genio e di benevolenza, confidava in lui ogni sua fortuna. Dipinselo in più modi, armato ed in abito di filosofo, con l'impresa di una sfera rotta e 'l motto di Orazio "SI FRACTVS ILLIBATVR ORBIS INTREPIDVM FERIENT RVINAE" il qual ritratto si vede intagliato nel libro de gli uomini illustri, posto in luce da Antonio al numero di cento ritratti stampato in Anversa, nel quale sono principi, letterati, pittori, scultori; e li megliori sono intagliati di sua mano all'acqua forte, col suo proprio ritratto, che ci è servito di esempio al nostro posto qui avanti.

Venne in pensiere al medesimo cavaliere Digby di far dipingere sopra una gran tela la signora sua consorte in forma della Prudenza sedente in candida veste con un velo di colore e balteo di gemme. Stende ella la mano a due candide colombe, e l'altro braccio è avvolto dal serpente. Tiene sotto i piedi un cubo, al quale sono legati in forma di schiavi la Fraude con due faccie, l'Ira in aspetto furioso, l'Invidia magra e crinita di serpenti, l'Amor profano bendato, tarpate l'ali, rotto l'arco, sparsi gli strali, spenta la face, con altre figure ignude al naturale. Sopra una gloria di angeli con suoni e canti, tenendo tre di loro la palma e la ghirlanda sopra la testa della Prudenza in contrasegno di vittoria e di trionfo de' vizii, e 'l motto è cavato da Giovenale "NVLLVM NVMEN ABEST SI SIT PRVDENTIA". Si compiacque tanto il van Dyck di queste invenzioni che ne colorì un'altra in piccolo ancorché non intiera, e l'una e l'altra nelle rivolte d'Inghilterra fu trasportata in Francia. Questo cavaliere nel pontificato di Urbano ottavo dimorando in Roma residente della regina d'Inghilterra, mi diede contezza di quanto avvenne al van Dyck, dopo l'andata sua alla corte di Londra. Per lo medesimo egli dipinse *Cristo sconfitto dalla croce*, con Giuseppe e Nicodemo che l'ungono avanti deporlo nel monumento; e vi è Madalena e la Vergine che vien meno. Con questo altri quadri di divozione, San Gio Battista nel deserto, Madalena rapita in estasi all'armonia de gli angeli, Giuditta con la Testa di Oloferne in mezza figura, il Crocifisso spirante, dal medesimo cavaliere donato alla principessa di Guemené in Parigi. Fecegli il ritratto di una donna bruna in abito di Pallade armata, con la piuma all'elmo, ed è una testa vaghissima e viva. Per lo conte di Nortumberland dipinse il *Crocefisso* con cinque angeli che in tazze d'oro raccolgono il sangue dalle piaghe, e sotto la croce vi dispose la Vergine, San Giovanni e Madalena. Per lo re Carlo, oltre i ritratti ed altri quadri, dipinse il *Ballo delle Muse* con Apolline in mezzo al Parnaso, e l'altro Apolline che scortica Marsia, le *Baccanali*, un altro *Ballo di Amori* che giuocano, mentre Venere dorme con Adone. E perché fra gli altri nobili ingegni di quella corte vi si trovava *Nicolò Lanieri* pittore e musico, lo ritrasse in sembianza di Davide che suona l'arpa aventi Saule. Fece il ritratto della *Duchessa di Bichemont* figliuola del duca di Buchingan, e questo per la sua unica bellezza fa restare in dubbio se più meriti l'arte o la natura, avendola figurata in forma di Venere; e l'accompagna l'altro ritratto del figliuolo il *Duca di Hamilton* tutto ignudo in abito di Amore faretrato e con l'arco. Dipinse la *Contessa di Portland* e la *Duchessa di Aubigny* in abito di ninfe. Colorí una dama in forma di Venere appresso uno etiope, la quale si rimira nello specchio e ridendosi di quel negro fa paragone della sua bianchezza. Per la regina fece la *Madonna col Bambino e San Giuseppe* rivolti ad un ballo di angeli in terra, mentre altri di loro suonano in aria con veduta di paese vaghissima. Ad imitazione del Tintoretto dipinse la *Crocifissione* con li crocifissori che alzano la Croce, ed è opera copiosa di molte figure. Bello è insieme il quadro della *Vergine* fra due angeli che suonano, reggendo il Bambino, il quale con la pianta del piede calca il globo del mondo. Non sono da tralasciarsi li dodici *Apostoli* principiando da Cristo con la croce in mezze figure nello studio delle nobili pitture di monsignor Carlo Bosch vescovo di Gante, che si veggono publicati alle stampe, e *Sansone legato che rompe i lacci*, donato dal signor Van Woonsel all'arciduca Leopoldo governatore de' Paesi Bassi, il qual signore ha superato ciascuno del suo tempo nello studio delle antichità, medaglie e della pittura, come si veggono l'invenzioni de' suoi quadri intagliati ancora in un libro. Oltre li premi acquistati dalla regia munificenza, il re per onorare maggiormente il van Dyck lo creò cavaliere del Bagno; egli intanto, per le sue indisposizioni che già alcuni anni lo travagliavano essendo bramoso di ritirarsi dal continuo uso de' ritratti e de' quadri all'applicazione di un'opera quieta e separata dalla frequenza della corte, e che insieme a lui riuscisse di ornamento e di utile, per lasciare dopo di sé del suo merito memoria e fama, trattava col re, per mezzo del cavaliere Digby, di fare l'invenzione per le tapezzerie ed arazzi del gran salone della corte regia d'Wrhitehal in Londra. Erano l'istorie e 'l soggetto intorno l'elezzione del re, l'institutione dell'Ordine della Giarretiera cominciata da Odoardo terzo, la processione de' cavalieri ne' loro abiti, e le cerimonie civili e militari, con l'altre funzioni regie. Se n'era invaghito il re, per aver e la più ricca tapezzeria di Rafaelle con gli Atti de gli Apostoli e li cartoni originali; se bene questi altri dovevano essere in doppio numero e di grandezza maggiori. Contuttociò l'intento del re non si condusse ad effetto, essendo il van Dyck arrivato a tal segno che non dubitò domandare trecento mila scudi de' suoi cartoni e pitture, che si dovevano fare per condurre le tapezzerie. Il qual prezzo parve eccessivo al re Carlo; e tuttavia si sarebbe aggiustato, se non si fosse interposta la morte di esso van Dyck. Aveva egli ancora la mira in Francia a dipingere la gran galeria del Lovro nel Palazzo Regio; ed essendo con la moglie trascorso in Fiandra, nel ritorno si divertì a questo effetto sino a Parigi, là dove era in quel tempo già pervenuto Nicolò Pussino. Quivi trattenutosi due mesi senza alcuno effetto, se ne tornò in Inghilterra, e poco dopo in Londra venne a morte, e rese pietosamente e cattolicamente lo spirito a Dio l'anno 1641. Fu sepolto il suo corpo nella chiesa di San Paolo, con dispiacere del re e della corte, e con universale rammarico de gli studiosi della pittura. Antonio van Dyck, per tante ricchezze acquistate, lasciò poche facoltà, consumando il tutto nella lautezza del suo vivere più tosto da principe che da pittore. Circa il modo suo di dipingere, soleva egli condurre alla prima, e quando faceva li ritratti li cominciava il mattino per tempo, e senza interrompere il lavoro teneva a desinare seco quei signori; fussero pure personaggi e dame grandi, vi andavano volentieri come a solazzo, tirati dalla varietà de' trattenimenti. Dopo il pranzo egli tornava all'opera, o vero ne avrebbe coloriti due in un giorno, terminandoli poi con qualche ritocco. Questo era il modo suo usato ne' ritratti; se faceva istorie misurava quanto lavoro poteva compiere in un giorno e non più. Si serviva de' riflessi e sbattimenti, e dove prefiggeva i lumi usciva fuori a tempo, con grazia e forza, simile in ciò al suo maestro Rubens, seguitando le medesime regole e massime di colorire, se non che il van Dyck riuscí più delicato nelle incarnazioni e si avvicinò più alle tinte di Tiziano; se bene egli non fu sí capace d'invenzioni, né ebbe pari lo spirito e la facilità nelle opere copiose e grandi, essendo l'armonia de' suoi colori più propria d'una camera. Conseguì egli il pregio maggiore ne' ritratti, ne' quali fu unico, ed alcune volte con l'istesso Tiziano maraviglioso. Nell'istorie però non si mostrò sufficiente e stabile nel disegno, né sodisfece con perfetta idea, mancando in questa e nell'altre parti che si convengono all'azzione de' componimenti. Oltre quello che si è detto de' costumi di questo artefice, egli era buono, onesto, nobile e generoso; e nella statura picciola del corpo riuscí proporzionato, abile e di bello aspetto, candido e biondo, qualità naturali del suo clima nativo.

Fonti e bibliografia

a cura di Roberta Rinaldi

Inventaro de' Quadri di Pittura di S.A.R. Descritti col medesimo ordin.o nel quale furono ritrovati L'anno 1635 Antonio della Cornia.

Inventaro Legale degli effetti hereditarij del fu Ser.mo S. Principe Francesco Tomaso di Savoia, 22 gennaio 1658, Archivio di Stato di Torino, Insinuazione di Torino, vol. 629, 1658, lib. 2, vol. 1 (Maria Beatrice Failla).

Testimoniali di Incoatione di Inventaro, 20 marzo 1710 del fu Emanuel Filiberto Amedeo di Savoia Carignano (figlio di Tommaso, fratello di Eugenio Maurizio che sposa Olimpia Mancini ed ha il principe Eugenio).

Catalogue des tableaux du cabinet de feu S.A.S. Monseigneur le Prince de Carignan premier prince du sang de Sardaigne, ... 30 Juillet 1742 et jours suivants, Biblioteca Reale Misc. Stampa 175 (Vittorio Amedeo, figlio di Emanuele Filiberto Amedeo, nipote di Tommaso, cugino primo del principe Eugenio).

Abbate V., *Quadrerie e collezionisti palermitani del Seicento*, in *Pittori del Seicento a Palazzo Abatellis*, catalogo della mostra (Palermo), a cura di V. Abbate, Milano 1990[a], pp. 13-57.

Abbate V., *Esperienze di Pietro Novelli*, in *Pietro Novelli e il suo ambiente*, catalogo della mostra, Palermo 1990[b], pp. 67-85.

Abbate V., *Il '600: Santa Rosalia nella rappresentazione pittorica*, in *La Rosa dell'Ercta. 1196-1991, Rosalia Sinibaldi: sacralità, linguaggi e rappresentazione*, a cura di A. Gerbino, Palermo 1991, pp. 89-107.

Abbate V., *La città aperta*, in *Porto di mare 1570-1670. Pittori e pittura a Palermo tra memoria e recupero*, catalogo della mostra (Palermo), a cura di V. Abbate, Napoli 1999, pp. 11-56.

Abbate V., *La stagione del grande collezionismo*, in *Porto di mare 1570-1670. Pittori e pittura a Palermo tra memoria e recupero*, catalogo della mostra (Palermo), a cura di V. Abbate, Napoli 1999, pp. 107-140.

Abbate V., *Contesti e momenti del primo caravaggismo a Palermo*, in *Sulle orme di Caravaggio tra Roma e la Sicilia*, catalogo della mostra (Palermo), Venezia 2001, pp. 77-97.

Adriani G., *Anton van Dyck. Italienisches Skizzenbuch herausgegeben von Gert Adriani*,Wien 1940.

Algeri G., scheda 72, in *Van Dyck a Genova. Grande pittura e collezionismo*, catalogo della mostra (Genova), a cura di S.J. Barnes, P. Boccardo, C. Di Fabio, L. Tagliaferro, Milano 1997, pp. 330-332.

Alloisi S., *Guida alla Galleria Corsini*, Roma 2000.

Amos P. - Sumner A., *Kenelm Dygby and Venetia Stanley: a love story of the Seventeenth-Century*, in *Death, Passions and Politics*, catalogo della mostra (Londra, Dulwich Picture Gallery), London 1995, pp. 26-31.

Anthony van Dyck, catalogo della mostra, a cura di A.K. Wheelock jr., S.J. Barnes, J.S. Held, Washington 1990.

Antoine van Dyck et l'éstampe, un graveur touché par la grâce, catalogo della mostra, a cura di C. Depauw, G. Luijten, Antwerpen 1999.

Arcangeli L., *Anton van Dyck*, in *L'Idea del Bello. Viaggio per Roma nel Seicento con Giovan Pietro Bellori*, voll. 2, Roma 2000, vol. II, pp. 305-320.

Arcangeli L., scheda 53, in *Fiamminghi e Olandesi. Dipinti dalle collezioni lombarde*, catalogo della mostra (Milano), a cura di Bert W. Meijer, Cinisello Balsamo 2002, pp. 105-106.

Balis A., *Van Dyck's Drawings after the Antique*, in *Van Dyck 1599-1999. Conjectures and Refutations*, a cura di H. Vlieghe, Turnhout 2001, pp. 29-42.

Ballaira E. - Griseri Ang. - Zeri F., *Le stanze dei piccoli principi*, catalogo della mostra, Torino 1995.

Banzato D., *Pinacoteca di Brera. Scuole straniere*, Milano 1995.

Barnes S.J., *Van Dyck in Italy: 1621-1628*, New York University, New York 1986.

Barnes S.J., in *Genova nell'età barocca*, catalogo della mostra (Genova), a cura di E. Gavazza e G. Rotondi Terminiello, Bologna 1992, pp. 278-280.

Barnes S.J., *Van Dyck e George Gage*, in *Art and patronage in the Caroline Courts: essays in honour of Sir Oliver Millar*, Cambridge1993, pp.1-11.

Barnes S.J., *Van Dyck a Genova*, in *Van Dyck a Genova. Grande pittura e collezionismo*, catalogo della mostra (Genova), a cura di S.J. Barnes, P. Boccardo, C. Di Fabio, L. Tagliaferro, Milano 1997, pp. 64-81.

Barnes S.J., *La società genovese nei ritratti di Van Dyck*, in *Pittura fiamminga in Liguria (secoli XIV-XVII)*, a cura di P. Boccardo e C. Di Fabio, Cinisello Balsamo 1997, pp. 229-258.

Barnes S.J. - Wheelock A.K. jr. (a cura di), *Van Dyck 350. A Symposium*, atti del convegno (1991), Washington 1994.

Baudi Di Vesme E.A., *Van Dyck peintre de portraits des Princes de Savoie avec le Fac-Similé d'un Autographe inédit de l'Artiste*, Torino 1885.

Baudouin F. - D'Hulst R.A. - Vanderhoeght K., *Het Rockoxhuis te Antwerpen*, Antwerpen 1995.

Bava A.M., *Arti figurative e collezionismo alle corti di Emanuele Filiberto e Carlo Emanuele I*, in *Storia di Torino, III, Dalla dominazione francese alla ricomposizione dello stato (1563-1630)*, a cura di G. Ricuperati, Torino 1998, pp. 312-340.

Bedoni S., *Jan Brueghel in Italia e il collezionismo del Seicento*, Firenze – Milano 1983.

Belloni V., *Penne-pennelli e quadrerie. Cultura e pittura genovese del Seicento*, Genova 1973.

Bellori G.P., *Le Vite de' pittori, scultori et architetti moderni*, Roma 1672; ed. a cura di E. Borea, con introduzione di G. Previtali, Torino 1976, pp. 269-284.

Bergvelt E. - Kistermaker R., *De wereld binnen handbereik: Nederlandse kunst-en rariteitenverzamelingen 1585-1735*, catalogo della mostra, Amsterdam 1992.

Bernardini M.G., "Quando uno all'Oratione sua aggionge l'esclamazione e... alza le mani e gli occhi al cielo...": *arte e devozione nel primo Seicento*, in *Visione ed Estasi*, catalogo della mostra (Roma), a cura di G. Morello, M.G. Bernardini, V. Casale, B. Treffers, Roma 2003, pp. 43-55.

Bitossi C., *Il governo dei magnifici. Patri-*

ziato e politica a Genova fra Cinque e Seicento, Genova 1990.

Boccardo P., *Le "rotte mediterranee" del collezionismo genovese. Vicende della* Caduta di San Paolo *di Caravaggio, di un inedito Pietro Novelli, della* Giuditta *di Veronese e di altre opere delle quadrerie di Francesco M. Balbi e Giuseppe M. Durazzo*, in "Bollettino dei Musei Civici Genovesi", 1988, 28-29-30, pp. 99-117.

Boccardo P., *Dogi, "Magnifici" e Cardinali: committenza e collezionismo della classe dirigente genovese nel Seicento*, in *Genova nell'Età barocca*, catalogo della mostra (Genova), a cura di E. Gavazza e G. Rotondi Terminiello, Bologna 1992, pp. 459-463.

Boccardo P., *Ritratti di Genovesi di Rubens e di van Dyck: contesto e identificazioni*, in *Van Dyck 350. A Symposium*, atti del convegno (1991), a cura di S.J. Barnes, A.K. Wheelock jr., Washington 1994, pp. 79-102.

Boccardo P., *Ritratti di collezionisti e committenti*, in *Van Dyck a Genova. Grande pittura e collezionismo*, catalogo della mostra (Genova), a cura di S.J. Barnes, P. Boccardo, C. Di Fabio, L. Tagliaferro, Milano 1997, pp. 29-58.

Boccardo P., *Genoa and the Genoese at the Time of van Dyck*, in *Van Dyck 1599-1641*, catalogo della mostra (Anversa-Londra), a cura di C.Brown e H. Vlieghe, Milano 1999, pp. 49-57.

Boccardo P., *Viceré e finanzieri: mercato artistico e collezionismo tra Madrid e Genova (secoli XVII-XVIII)*, in *Genova e la Spagna. Opere, artisti, committenti, collezionisti*, a cura di P.Boccardo, J.L. Colomer, C. Di Fabio, Milano 2002, pp. 221-239.

Boccardo P. - Di Fabio C., *Fiamminghi e Olandesi da Roma a Genova. Temi e ragioni di una mostra*, in *Dipinti Fiamminghi e Olandesi della Galleria Doria Pamphilj*, catalogo della mostra, a cura di P. Boccardo e C. Di Fabio, Genova 1996, pp. 13-20.

Boccardo P. - Di Fabio C., schede, in *Van Dyck a Genova. Grande pittura e collezionismo*, catalogo della mostra (Genova) a cura di S.J. Barnes, P. Boccardo, C. Di Fabio, L. Tagliaferro, Milano 1997.

Boccardo P. - Magnani L., *La committenza della famiglia Balbi*, in *Il Palazzo dell'Università di Genova. Il Collegio dei Gesuiti nella strada dei Balbi*, Genova 1987, pp. 47-88.

Bologna F., *Battistello e gli altri. Il primo tempo della pittura caravaggesca a Napoli*, in *Battistello Caracciolo e il primo naturalismo a Napoli*, catalogo della mostra, Napoli 1991, pp. 15-180.

Bonaccorso M.T., *Di Novelli e di van Dyck: un itinerario tra Genova e Palermo, "quadri tagliati", e una traccia per Cavallino giovane. Alcuni inediti*, in "Quaderni dell'Istituto di Storia dell'Arte Medievale e Moderna, Facoltà di Lettere e Filosofia, Università di Messina", 1988, 12, pp.19-32.

Bonaccorso M.T., *L'ultimo dei grandi: sulla mostra "Pietro Novelli e il suo ambiente"*, in "Quaderni dell'Istituto di Storia dell'Arte Medievale e Moderna, Facoltà di Lettere e Filosofia, Università di Messina", 1990, 14, pp. 5-30.

Boschloo A.W.A., *Annibale Carracci: rappresentazione della Pietà*, in *Docere Delectare Movere. Affetti, devozione e retorica nel linguaggio artistico del primo barocco*, atti del convegno a cura dell'Istituto Olandese a Roma e della Bibliotheca Hertziana (Roma 1996), Roma 1998, pp. 41-60

Brown C., *A. van Dyck*, Oxford 1982.

Brown C. (a cura di), *Van Dyck. Dessins*, vol. II, Anvers 1991; ed. inglese, New York 1991 (vol. I, *Van Dyck. Peintures*, a cura di A.K. Wheelock jr, S.J. Barnes, J.S. Held).

Brown C. - Vlieghe H. (a cura di), *Van Dyck 1599-1641*, catalogo della mostra (Anversa-Londra), Antwerp 1999; ed. it. Milano 1999.

Burke M.A. - Cherry P., *Collections of Paintings in Madrid (1601-1755)*, Los Angeles 1997.

Capaccio G. C., *Il Forastiero*, Napoli 1634; ed. cons. Napoli 1989, voll. 3.

Casale G., *Giovanna Garzoni "Insigne miniatrice" 1600-1670*, con un saggio di P. Zanzara, Milano-Roma 1991.

Cascini G., *Di Santa Rosalia Vergine palermitana*, libri tre, Palermo 1651.

Cataldi Gallo M., *Per una storia del costume genovese nel primo quarto del Seicento*, in *Van Dyck 350. A Symposium*, atti del convegno (1991), a cura di S.J. Barnes, A.K. Wheelock jr., Washington 1994, pp. 105-131.

Ceci G., *Un mercante mecenate del sec. XVII: Gaspare Roomer*, in "Napoli nobilissima",1920, XI-XII, pp. 160-164.

100 opere di van Dyck, catalogo della mostra, Genova 1955.

Cifani A. – Monetti I F., *New light on the Abbé Scaglia and van Dyck*, in "The Burlington Magazine", 1992, 1073, pp. 506-514.

Claretta G., *Le peripezie del celebre quadro di van Dyck, il ritratto equestre del Principe Tomaso di Savoia*, in "Atti della R. Accademia delle Scienze di Torino", 1890, vol. XXV.

Collura P., *Santa Rosalia nella storia e nell'arte*, Palermo 1977.

Cust L., *Anthony van Dyck. An Historical Study of His Life and Works*, London 1900.

Death, Passions and Politics, catalogo della mostra (Londra, Dulwich Picture Gallery), London 1995.

Debeuckelaere M., *Het atelier van Anton van Dyck(1599-1641) in de Zuidelijke Nederlanden: een historische en stilistische studie*, tesi di laurea non pubblicata, Leuven 2000.

Diaz Padron M., *El siglo de Rubens en el Museo del Prado. Catalogo razonado de pintura flamenca del siglo XVII*, Barcelona 1996.

Di Fabio C., *Due generazioni di pittori fiamminghi a Genova (1602-1657) e la bottega di Cornelis De Wael*, in *Van Dyck a Genova. Grande pittura e collezionismo*, catalogo della mostra (Genova) a cura di S.J. Barnes, P. Boccardo, C. Di Fabio, L. Tagliaferro, Milano 1997, pp. 82-104.

Di Giovanni V., *I Paruta in Palermo e nella Signoria del Castello di Sala di Madonna Alvira, indi Sala di Paruta*, in "Archivio Storico Siciliano", n.s., 1889, pp. 269-292.

Di Macco M., *Il ritratto e l'omaggio simbolico*, in *Diana Trionfatrice. Arte di corte nel Piemonte del Seicento*, catalogo della mostra, Torino 1989, pp. 18-19; e scheda 20 *Pittore piemontese, seconda metà del XVII secolo "Ritratto di Vittorio Amedeo I duca di Savoia*, p. 20; scheda 225, *Baldassarre Mathieu, "Ultima Cena", 1657*, pp. 200-201.

Di Macco M., *"L'ornamento del principe". Cultura figurativa di Maurizio di Savoia (1619-1627)*, in *Le collezioni di Carlo Emanuele I di Savoia*, a cura di G.Romano, Torino 1995, pp. 349-374.

Di Macco M. - Romano G. (a cura di), *Diana Trionfatrice. Arte di corte nel Piemonte del Seicento*, catalogo della mostra, Torino 1989.

Di Natale M.C., *S. Rosaliae Patriae Servatrici*, Palermo 1994.

Diskant Muir C., *Art and Religion in Seventeenth-century Antwerp: Van Dyck's Mystic Marriage of the Blessed Herman Joseph*, in "Simiolus", 2000, 28, pp. 51-69

Doria G. - Savelli R., *"Cittadini di governo" a Genova: ricchezza e potere tra Cinque e Seicento*, in "Materiali per una storia della cultura giuridica", X, 1980, pp. 277-355.

Duverger E., *Antwerpse kunstinventarissen uit de zeventiende eeuw, 4. 1636-1642*, in "Fontes Historiae Artis Neerlandicae", I, Brussel 1989, pp. 200-211.

Van Dyck as religious Artist, catalogo della mostra, Princeton 1979.

Van Dyck 350. A Symposium, atti del convegno (1991), a cura di S.J. Barnes, A.K. Wheelock Jr., Washington 1994.

Van Dyck a Genova: Grande pittura e collezionismo, catalogo della mostra (Genova), a cura di S.J. Barnes, P. Boccardo, C. Di Fabio, L. Tagliaferro, Milano 1997.

Van Dyck 1599-1641, catalogo della mostra (Anversa-Londra), a cura di C. Brown e H. Vlieghe, Milano 1999.

Egerton J., schede 70, 78, 79, in *Van Dyck 1599-1641*, catalogo della mostra (Anversa-Londra), a cura di C. Brown e H. Vlieghe, Antwerp 1999; ed. it. Milano 1999, pp. 254-256, 272-277.

Elkins J., *Pictures and Tears. A History of People Who Have Cried in Front of Paintings*, New York-London 2001.

Failla M.B., *Il principe Emanuele Filiberto di Savoia collezionista tra Ducato Sabaudo, corte spagnola e Viceregno di Sicilia*, in *Committenti d'età barocca. Le collezioni del principe Emanuele Filiberto di Savoia a Palermo e la decorazione di Palazzo Taffini d'Acceglio a Savigliano*, a cura di M. B. Failla, C. Goria, Torino 2003, pp. 13-112.

Failla M.B. - Goria C. (a cura di), *Committenti d'età barocca. Le collezioni del principe Emanuele Filiberto di Savoia a Palermo e la decorazione di Palazzo Taffini d'Acceglio a Savigliano*, Torino 2003.

Fiammingi e Olandesi. Dipinti dalle collezioni lombarde, catalogo della mostra (Milano), a cura di Bert W. Meijer, Cinisello Balsamo 2002.

Fierens P., *Le sentiment religieux chez van Dyck*, in *Scritti di storia dell'arte in onore di Lionello Venturi*, Roma 1956, vol. II, pp. 43-58.

Filipczak Z.Z., *Picturing Art in Antwerp 1550-1700*, Princeton 1987.

Fornari Schianchi L., *Antonio van Dyck, Madonna col Bambino*, in *La Galleria Nazionale di Parma*, Parma s.d., pp. 162-163.

Fornari Schianchi L., *Galleria Nazionale di Parma. Catalogo delle opere. Il Seicento*, Milano 1999.

Frangi F., *Francesco Cairo*, Torino 1998.

Freedberg D., *Van Dyck and Virginio Cesarini: A Contribution to the Study of Van Dyck's Roman Sojourns*, in *Van Dyck 350. A Symposium*, atti del convegno (1991), a cura di S.J. Barnes, A.K. Wheelock jr., Washington 1994, pp. 153-174.

Gabrielli N., *La Galleria Sabauda di Torino*, ed. 2ª, Torino 1965.

Garard M.D., *Artemisia Gentileschi: the image of the female hero in Italian Baroque Art*, Princeton 1989.

van Gelder J.G., *Pastor Fido – voorstellingen in de Nederlandse kunst van de zeventiende eeuw*, in "Oud Holland", XCII, 1978, pp. 227-263.

Genova nell'età barocca, catalogo della mostra (Genova) a cura di E. Gavazza e G. Rotondi Terminiello, Bologna 1992, pp. 278-280.

Glück G., *Anton van Dyck*, Stuttgart 1931.

Glück G., *Notes on Van Dyck's stay in Italy*, in "The Burlington Magazine", 1939, CDXXXIV, pp. 207-212.

Griseri A., *Il Diamante. La Villa di Madama Reale Cristina di Francia*, Torino 1988.

Griseri A., *Nuovi programmi per le tecniche e la diffusione delle immagini*, in *Storia di Torino, III, Dalla dominazione francese alla ricomposizione dello stato (1563-1630)*, a cura di G. Ricuperati, Torino 1998, pp. 295-311.

Griseri A., *"L'orologio del Principe". La diffusione dell'immagine e l'incisione*, in *Politica e cultura nell'età di Carlo Emanuele I. Torino, Parigi, Madrid*, Atti del Convegno internazionale di studi (Torino, 21-24 febbraio 1995), a cura di M. Masoero, S. Mamino e C. Rosso, Firenze 1999, pp. 277-288.

Griseri A. - Bava A.M. - Basso A., *La corte e le arti*, in *Storia di Torino, III, Dalla dominazione francese alla ricomposizione dello stato (1563-1630)*, a cura di G. Ricuperati, Torino 1998, pp. 295-351.

Guide brevi, primo e secondo settore, Torino 1991.

Haskell F., *Mecenate e pittori. Studio sui rapporti tra arte e società italiana nell'età barocca* (1966), ed. it. Firenze 1985.

Healy F., *Images of the Madonna and Child and The Holy Family in Van Dyck's Oeuvre*, in *Van Dyck 1599-1999. Conjectures and Refutations*, a cura di H. Vlieghe, Turnhout, 2001, pp. 89-112.

Held J.S., 'Artis pictoriae amator': *An Antwerp Art Patron and His Collection*, in "Gazette des Beaux-Arts", 1957, 50, pp. 53-84.

Hess J. (a cura di), *Die Künstlerbiographien von Giovanni Battista Passeri, Römische Forschungen der Bibliotheca Hertziana*, Leipzig-Wien 1934.

Hoogewerff G.J., *Een "Nood Gods" door van Dijck geschilderd*, in Miscellanea Leo van Puyvelde, Brussels 1949, pp. 157-162.

Howarth D., *The Arrival of van Dyck in England*, in "The Burlington Magazine", 1990, 1051, pp. 709-710.

Jaffé M., *The second sketch Book by van Dyck*, in "The Burlington Magazine", 1959, 678-679, pp. 317-321.

Jaffé M., *Rubens. Catalogo completo*, Milano 1989.

Jaffé M., *On some Portraits Painted by Van Dyck in Italy*, in *Van Dyck 350. A Symposium*, atti del convegno (1991), a cura di S.J.Barnes, A.K. Wheelock jr., Washington 1994, pp. 133-150.

James S.E., *Margaret Lemon: Model, Mistress, Muse*, in "Jaarboek Koninklijk voor Schone Kunsten", 1999, pp. 99-110.

Klemm C., *Joachim von Sandrart. Kunst-Werke und Lebenslauf*, Berlin 1986.

Kurz O., *van Dyck and Reni*, in Miscellanea Prof. Dr. D. Roggen, Antwerpen 1957, pp. 179-182.

Larsen E., *La vie, les ouvrages et les élèves de van Dyck*, in "Mémoires de la classe des Beaux-Arts de l'Académie Royale de Belgique", 1975, 2, pp. 5-162.

Larsen E., *Anton van Dyck*, Classici dell'Arte Rizzoli, voll. 2, Milano 1980.

Larsen E., *The Paintings of Anthony van Dyck*, voll. 2, Freren 1988.

Liechtenstein: The Princely Collections, catalogo della mostra, New York 1985.

Liedtke W.A., *Anton van Dyck*, in "Bulletin of The Metropolitan Museum of Art", vol. XLII, 1984-1985, 3, pp. 3-48.

Limentani Virdis C., scheda 506, in *Galleria Nazionale di Parma. Catalogo delle opere. Il Seicento*, a cura di L. Fornari Schianchi, Milano 1999, p. 77 n. 506.

Mâle E., *L'art religieux après le Concile de Trente*, Paris 1932.

Marcenaro C., *Precisazioni sulla pala vandyckhiana di S. Michele di Rapallo*, in "Bulletin de l'Institut Historique Belge de Rome", 1937, pp. 209-213.

Martin R. - Feigenbaum G., *van Dyck as religious Artist*, catalogo della mostra, Princeton 1979.

Matranga C., *Dipinti di van Dyck e della sua scuola nel Museo Nazionale di Palermo*, in "Bollettino d'Arte", 1908, 1, pp.11-18.

Mauquoy Hendrickx M., *L'Iconographie d'Antoine van Dyck*, Brussel 1991.

Mazarin prince des collectionneurs. Notes et documents des Musées de France, 34, a cura di P. Michel, Paris 1999.

McGrath E., *"Una striga in Palermo". Un documento siciliano tratto dal taccuino italiano*, in *Van Dyck 1599-1999. Conjectures and Refutations*, a cura di H. Vlieghe, Turnhout 2001, pp. 43-51.

Mees C., *En seggen wat Van Dyck was voor een edel-man. Een kritische bijdrage tot de studie van de zeventiende-eeuwse biografieën van Anton van Dyck*, tesi di laurea non pubblicata, Leuven 1989.

Meli G., *Documento relativo al quadro dell'altar maggiore dell'oratorio della Compagnia del Rosario di San Domenico, dipinto dal celebre Antonio van Dyck fiammingo*, in "Archivio Storico Siciliano", 1878, II, pp. 208-211.

Mendola G., *Un approdo sicuro. Nuovi documenti per van Dyck e Gerardi a Palermo*, in *Porto di mare 1570-1670. Pittori e pittura a Palermo tra memoria e recupero*, catalogo della mostra (Palermo), a cura di V. Abbate, Napoli 1999, pp. 88-105.

Meschens A., *The Portrait of Jan-Karel della Faille by Van Dyck*, in "Jaarboek Koninklijk voor Schone Kunsten", 1999, pp. 124-137.

Millar O., *Notes on three Pictures by van Dyck*, in "The Burlington Magazine", 1969, 796, pp. 414-418.

Morreale A., *Libri, Quadri e "artificiose machine". L'inventario di Don Marco Gezio cappellano della Cattedrale di Palermo (1658)*, in "Annali della Facoltà di Lettere e Filosofia dell'Università di Palermo", 1990, 17.

Morreale A., *Palermo: la cultura del Seicento*, in *Porto di mare 1570-1670. Pittori e pittura a Palermo tra memoria e recupero*, catalogo della mostra (Palermo), a cura di V. Abbate, Napoli 1999, pp. 141-146.

Muller J.M., *Rubens: The Artist as Collector*, Princeton 1989.

Muller J.M., *La grâce dans l'art d'Antoine van Dyck*, in *Antony van Dyck*, catalogo della mostra a cura di A.K.Wheelock jr., S.J. Barnes, J.S. Held, Washington 1990, pp. 27-36.

Müller Rostock J., *Ein Verzeichnis von Bildern aus dem Besitze des Van Dyck*, in "Zeitschrift für bildende Kunst", 1922, Heft 1-2, pp. 22-24

The National Gallery of Ireland, essential guide, a cura di S. Benedetti, London 2002, p. 150.

Negro A., scheda 32, in *La collezione Rospigliosi: la quadreria e la committenza artistica di una famiglia patrizia a Roma nel Sei e Settecento*, Roma 1999, pp. 224-225.

Neri A., *Passaggio del cardinale Pietro Aldobrandini nel Genovesato l'anno 1601*, in "Giornale Ligustico", 1877, pp. 263-278.

Osborne T., *Dynasty and Diplomacy in the court of Savoy. Political culture and the Thirty Years' War*, Cambridge University Press, 2002.

Paruta O., *Relazione delle feste fatte in Palermo nel MDCXXV per lo trionfo delle Gloriose Reliquie di S. Rosalia Vergine palermitana*, Palermo 1651.

Passeri G., *Vite de' pittori, scultori ed architetti moderni che hanno lavorato in Roma*, Roma 1772; ed. a cura di J. Hess, Leipzig-Wien 1934.

Petersen J.H., *Notes on Van Dyck's two subject etchings*, in "Revue Belge d'Archéologie et d'Histoire de l'Art", 1978, 47, pp. 109-110.

Van Puyvelde L., *Van Dyck*, Bruxelles 1950.

Ratti C.G., *Instruzione di quanto può vedersi di più bello in Genova in Pittura, Scultura ed Architettura*, Genova 1780.

Robbroeckx M., *De vijftien Rozenkransschilderrijen in the Antwerpse Sint-Pauluskerk van 1617*, tesi di laurea non pubblicata, Gent 1972.

Rogers M., scheda 38, in *Death, Passions and Politics*, catalogo della mostra (Londra, Dulwich Picture Gallery), London 1995, pp.108-109.

Roma 1630. Il trionfo del pennello, catalogo della mostra (Roma), Milano 1994.

Romanengo M., *Riflessioni per Anton van Dyck a Genova: a proposito della stesura pittorica, della cronologia, delle attribuzioni*, in "Arte Documento", 2002, 16, pp.108-113.

Romano G., *Artisti alla corte di Carlo Emanuele I: la costruzione di una nuova tradizione figurativa*, in *Le collezioni di Carlo Emanuele I di Savoia*, a cura di G. Romano, Torino 1995, pp. 13-52.

Ruffo V., *La Galleria Ruffo nel secolo XVII in Messina*, in "Bollettino d'Arte", 1916, I-XII, pp. 21-64, 95-128, 165-192, 237-256, 284-320, 369-388; estratto 1917.

Ruiz Gomez L., *Diana y una ninfa sorprendidas por un satiro*, y no *Diana y Endimion. A proposito del tema y titulo de una obra de Anton van Dyck en el Museo del Prado*, in "Boletin del Museo del Prado", t. XX, 2002, 28, pp. 85-90.

Sacchi R., *Tra la Sicilia e Genova: Sofonisba Anguissola Moncada e poi Lomellini*, in *Sofonisba Anguissola e le sue sorelle*, catalogo della mostra (Cremona), Corsico-Milano 1994, pp. 153-172.

Salamone L., *L'archivio privato gentilizio Papé di Valdina*, in "Archivio Storico Messinese", 1999, 79.

Von Sandrart J., *L'Academia Todesca della Architectura Scultura et Pictura: Oder Teutsche Academie der Edlen Bau- Bild- und Mahlerey-Künste*, Nürnberg-Frankfurt 1675.

Schaeffer E., *Van Dyck: des Meisters Gemälde*, Leipzig 1909.

Schellekens O., *Deux tableaux d'Antoine van Dyck en l'eglise Notre-Dame de Termonde*, Bruxelles 1899.

Sciascia L., *Quadri come diamanti*, in *Fatti diversi di storia letteraria e civile*, Palermo 1989, pp. 30-43.

Soprani C., *Le vite de' pittori, scultori et architetti genovesi e de' forastieri, che in Genova operarono con alcuni Ritratti de gli stessi. Opera postuma... Aggiontavi la vita dell'Autore per opera di Gio Nicolo Cavana*, Genova 1674.

Spantigati C., *Per una storia del collezionismo sabaudo. Pittura fiamminga ed olandese in Galleria Sabauda. Il Principe Eugenio di Savoia-Soissons uomo d'arme e collezionista*, Torino 1982.

Spantigati C. (a cura di), *Vecchie e nuove precisazioni sulla quadreria del principe Eugenio di Savoia*, in *Conoscere la Galleria Sabauda. Documenti sulla storia delle sue collezioni*, Strumenti per la didattica e la ricerca, 2, Torino 1982, pp. 17-51.

Sterling C., *van Dyck's paintings of St. Rosalie*, in "The Burlington Magazine", 1939, CDXXX-CDXXXV, pp. 53-63.

Van der Stighelen K., *Cornelia Pruystinck en Lynken Cuypers: over de grootmoederlijke erfenis van Anton Van Dijck*, in "Jaarboek Koninklijk Museum voor Schone Kunsten Antwerpen", 1995, pp. 243-287.

Van der Stighelen K. - Pruystinck C. - Cuypers L., *Over de grootmoederlijke erfenis van Anton van Dyck*, in "Jaarboek Koninklijk Museum voor Schone Kunsten Antwerpen", 1995, pp. 243-287

Susinno F., *Le Vite de' Pittori Messinesi* (1724); ed. a cura di V. Martinelli, Firenze 1960.

Tamburini L. (a cura di), *A. Bosio, Iscrizioni torinesi*, Torino s.d.

Tassoni G.A., *La Madonna con il Bambino dormente di A. van Dyck già nella collezione Baldrighi*, in "Aurea Parma", 1981, pp. 51-55.

Treffers B., 'Per soddisfatione di Roma e mia insieme'. *La furberia di Rubens ossia l'arte di sopravvivere in Italia*, in *'Aux Quatre Vents' Festschrift for Bert W. Meijer*, Firenze 2002, pp. 293-297.

Vaes M., *Le Séjour de van Dyck en Italie (novembre 1621 – Automne 1627)*, in "Bulletin de l'Institut Historique Belge de Rome", 1924, 4, pp. 163-234.

Vaes M., *Corneille de Wael*, in "Bulletin de l'Institut Historique Belge de Rome", 1925, 5, pp. 137-247.

Vaes M., *Il soggiorno di Antonio van Dyck alla corte di Torino 4 dicembre 1622 – febbraio 1623*, in "Bollettino Storico Bibliografico Subalpino", 1941, 43, pp. 227-239.

Vannugli A., *La collezione Serra di Cassano*, Salerno 1989.

Vey H., *Die Zeichnungen Anton van Dycks*, voll. 2, Bruxelles 1962.

(La) Vie, les ouvrages et les élèves de Van Dyck. Manuscript inédit des Archives du Louvre par un auteur anonyme (1785 ca), ed. a cura di E.Larsen, in "Mémoires de la classe des Beaux-Arts de l'Académie Royale de Belgique", 1975, 2, pp. 5-162.

Viscuso T., *Anton van Dyck*, in *Pittori del Seicento a Palazzo Abatellis*, catalogo della mostra (Palermo), a cura di V. Abbate, Milano 1990[a], pp. 166-169.

Viscuso T., *Pietro Novelli Architetto del Senato di Palermo e Architetto del regno*, in *Pietro Novelli e il suo ambiente*, catalogo della mostra, Palermo 1990[b], pp. 86-100.

Visioni ed Estasi, catalogo della mostra (Roma), a cura di G. Morello con la collaborazione di M.G. Bernardini, V. Casale e B. Treffers, Roma 2003.

Vitella M., *Il primo festino*, in *S. Rosaliae Patriae Servatrici*, a cura di M.C. Di Natale, Palermo 1994, pp. 81-117.

Vlieghe H. - Van Der Stighelen K.- Gibson K., *Cronologia. Avvenimenti politici e artistici e della vita di Sir Antoine van Dyck*, in *van Dyck 1599-1641*, catalogo della mostra (Anversa-Londra), a cura di C. Brown e H. Vlieghe, Antwerp 1999; ed. it. Milano 1999, pp. 340-347.

Wheelock A.K. - Barnes S.J. (a cura di), *Anthony van Dyck*, catalogo della mostra, Washington 1990.

Wheelock A.K Jr. - Barnes S.J.-Held J.S., *Van Dyck. Peintures*, vol. I Anvers 1991 (vol. II, *Van Dyck. Dessins*, a cura di C. Brown).

White C., *Anthony van Dyck. Thomas Howard. The Earl of Arundel, Getty Museum Studies of Art*, Malibu 1995.

van den Wijngaert F., *Antoon van Dyck*, Antwerpen 1943.

Wood J., *Van Dyck's "Cabinet de Titien": the contents and dispersal of his collection*, in "The Burlington Magazine", 1990, 1051, pp. 680-695.

Zeri F., *La Galleria Pallavicini in Roma*, Roma 1959.